比較民事手続法研究

実効的権利保護のあり方

春日偉知郎
Ichiro Kasuga

慶應義塾大学出版会

はしがき

本書は、比較法的な視点から、主にヨーロッパの民事手続における証拠法上の問題について考察を試みたものである。わが国の同種の問題に対応するための素材を提供し、今後のあるべき方向について示唆を得ようとする意図に基づくものである。証拠調べにおける秘密保護の問題、具体的な訴訟における証明問題のほか、欧州連合（EU）における司法協力や証拠調べの問題、さらには仲裁法にも視野を広げてみた。これらの領域における比較研究にいささかでも寄与することができるならば、幸いであると考えている。

拙著『民事証拠法論――民事裁判における事案解明』（商事法務、2009年3月）を公刊してから7年の歳月が経過した。この間に、わが国はもとより、諸外国においても、民事裁判における事案の解明と秘密の保護とに関する実務および研究には、大きな展開がみられる。特に、ヨーロッパ諸国では、訴訟における秘密保護の問題に焦点が移行しつつあり、その解決に注目が集まっている。また、新たな民事訴訟法を制定した国（スイス連邦）や、欧州連合（EU）における近時の動きにも瞠目すべきものがあり、民事証拠法の領域では研究の素材に事欠かない。本書の公刊を機に、今までの論考のほかに、新たに一編（第3章）を加えたのは、こうした理由による。

記憶の彼方へと流れつつあるが、ヨーロッパの風景や文化に対する憧憬は、かつて、ライン河畔を舞台にして描かれた文学作品に接したときに遡る。そこには、人間の創作を超越する美しい自然が広がっており、漠然とではあるが、彼の地に惹かれることとなった。また、こうしたきっかけにより、その後の研究においては、ドイツ法や欧州連合の法制度を意識的に対象とするに至った。今、本書の公刊にあたり、こうした記憶を経て、その後の留学における経験など、さまざまなことを感慨深く想い出している。

本書にこれまで執筆した論考を収録するに際しては、それぞれの出版社からご快諾をいただいた。この場を借りて、厚くお礼を申し上げる。

また、本書に収録した論考は、筆者が、慶應義塾大学に在職中と現在在職している関西大学において執筆したものである。恵まれた研究環境を与えてくださった両大学に、心より感謝を申し上げる。

さらに、本書を公刊してくださった慶應義塾大学出版会と、本書の企画当初から公刊に至るまですべてにわたってご尽力いただいた同第一出版部の岡田智武氏に、心よりの感謝とお礼を申し上げたい。

研究生活40年の節目に、家族に感謝しつつ。

2016年春

春日 偉知郎

目　次

序 ——全体の鳥瞰

冒頭に、本書の全体を鳥瞰し、それぞれの論考の位置づけを素描しておくこととする。

(1) 本書は、題名にあるように、比較法的な観点から、主として民事証拠法に関する諸問題を検討しようとするものである。対象は、母法国であるドイツの民事証拠法を中心とし、その周辺国や欧州連合（EU）の証拠法にも及んでいる。

考察の方法として、対象に応じて限界はあるものの、可能な限り裁判に現れた具体例を取り上げるよう心掛けた。判例に素材を求めることによって、抽象論よりも実務上の議論に焦点を当てて、帰納的に具体的な問題の解決策を導くよう努めることとした。

(2) テーマとして、最初に、民事裁判における秘密保護手続を俎上に載せている。筆者のこれまでの研究は、民事裁判における事案解明の問題に多くを集中してきたが、他面で、当事者や第三者の保護に値する秘密（私的領域や営業秘密の保護など）についてどのように対処するかという、優るとも劣らない問題が併存しているからである。双方は一対の重要課題であり、各国法がこぞって取り上げている現状に呼応して、筆者もその研究の必要性を強く意識しているところである。

第1章から第3章までが、こうした秘密保護手続を扱っている部分である。

まず、インカメラ手続をめぐって、否定（民事訴訟）と肯定（行政訴訟）という対称を形作っているドイツ法を眺め（第1章および第2章）、次に、秘密保護措置を正面から認めているスイスの民事訴訟を取り上げてみた（第3章）。民事訴訟において、ドイツとスイスとは、すでにその基本姿勢からして相違している。他方で、一口に秘密保護措置と言っても、スイスのそれと、わが国のインカメラ手続および秘密保持命令とでは、異なった方策をとっている。三者三様のコントラストを眺めることによって、特殊性のなかに、なお普遍性を認識することが可能かどうかという視点から検討することが必要であろう。

(3) 第二のテーマは、専門訴訟における証明問題とその周辺における証拠法の問題を扱っている。初めに、ドイツの独立証拠手続における訴訟前の事案解明の機能およびその要件について、医師責任訴訟の判例に則して検討を試みた（第4章）。わが国の提訴前の証拠収集の処分に対して示唆を与えるものである。次いで、専門訴訟の典型例である、医師責任訴訟と弁護士責任訴訟の2つを俎上に載せて、前者においては法律上の事実推定の機能を、また、後者においては証明責任の分配を、それぞれ検討してみた（第5章および第6章）。推定規定を介して証明軽減を積極的に推し進める前者に対して、規範説に従ったこれまでの証明責任の分配を維持している後者は、明らかに対照的な存在である。いずれにおいても、多数の判例の分析を基にして、なぜそのような違いを生じているのかを考えてみようとした。この他に、大陸法系の証拠法から英米法系の証拠法へも視野を広げて、証拠の収集および事案の解明のあり方について、アメリカ法律協会・私法統一国際協会の共同プロジェクトによって採択された『国際民事訴訟原則』に依拠して、将来の展望を試みてみた（第7章）。

特に、第5章の部分は、ドイツ民法典において新設された法律上の事実推定の規定を対象とするものであり、新味を提供している。法律上の推定規定を介して証明軽減を図る試みは、従来あまり顧みられなかったが、今回の立法を契機として、議論が沸騰するであろうと予測している。

(4) さらに、第三として、欧州連合（EU）の民事訴訟における証拠の取扱いについて、EU証拠規則に関するEU裁判所の先決裁定を素材として検討を加えてみた（第9章）。また、これに先立って個別の問題を理解するために、EUの司法協力の一環である、民事手続法（民事手続規則）の基本構造の把握に力を注いでみた（第8章）。いずれも、これまではほとんど手が着けられていない分野であるが、その必要性は、今後ますます増大するであろう。ここでは、特に、EU諸規則を対象として、その分析を通じて、EU域内での司法協力のあり方を明らかにしてみた。

とりわけ、第8章では、EU域内における民事判決の相互承認の原則に基づいて、判決の承認・執行を簡素化する試みとその基盤を分析してみた。EUの多様な民事手続規則と、そこにおける実効的な権利保護という目的とを理解する上で不可欠な作業と考えた結果である。

関連して、上記の諸規則については、拙訳『欧州連合（EU）民事手続法（法務資料第464号）』（法曹会、2015年）を参照していただきたい（法務省のサイトにおいても閲覧が可能である。）。

(5) 最後の部分は、ドイツとオーストリアにおいて新たに制定された仲裁法の紹介と検討に当てた（第10章および第11章）。いずれも、アンシトラル・モデル仲裁法を基本的に受容しており、わが国の仲裁法との連続性を知る上で有意味であろうと考えたことによる。

民事手続法の比較考察の一環であり、前記の第三のテーマなどと同様に、手続法の国際化という潮流を意識したものである。

(6) 冒頭(1)において述べたように、民事裁判をめぐって、実務において取り上げられた問題について判例に則して眺め、また、比較検討を試みるという方法によって、わが国の同種の問題に対処しようと模索してみた。また、本書の各章は、いずれも、どのようにして、手続原則を維持しながら実効的な権利保護を実現し、これを促進すべきであるかという問題意識から出発している。副題において、「実効的権利保護のあり方」を掲げたのはそうした意図によるものであり、随所にこれを展開するよう試みたつもりである。

種々の法秩序の比較を通じて、批判的・法政策的考察を試み、自国法の解釈のための結論を導き出す、という比較法の目的・機能（Konrad Zweigert/Hein Kötz,

Einführung in die Rechtsvergleichung auf Gebiete des Privatrechts 3.Aufl. (1996), §1 III (S.6)）に照らしてみて、はたして、本書が、外国法の研究にとどまらず、比較法本来の目的および機能に即したものになっているかについては、はなはだ心許なく思っている。反省と自戒をし、わずかでも寄与するところがあることを願いつつ、あえて本書を公刊することとした。

以上を踏まえて、以下、本論に入ることにする。

第1章　民事裁判における秘密保護の新たな展開
——ドイツ法における模索とわが法への示唆

本章は、わが国におけるインカメラ手続の問題について、2000年前後から急速に変化しているドイツ法の現況を参考にしながら、再考を試みようとするものである。ドイツでは、インカメラ手続は、行政訴訟において存在するけれども、民事訴訟においては存在しない。しかしながら、知的財産関係訴訟においては、鑑定人によりインカメラ手続に類似の手続が行われており、実務的に定着・発展している。また、行政訴訟においては、本案の裁判所がインカメラ手続を実施することが例外的ではあるが実定法上認められており、これに伴って証拠調べそのものにおけるインカメラ手続の可否について理論的な関心を呼んでいる。特に、実務における工夫は、わが国のインカメラ手続のあり方に対して寄与するところが多く、こうした視点からわが国のインカメラ手続を見直すことは意義のあるものと考える。

I　わが国におけるインカメラ手続と秘密保護をめぐる課題

民事裁判におけるインカメラ手続およびこれによる秘密保護をめぐっては、これまでに多数の論考があり[1]、一見すると、現在ではもはや考察する余地はほとんど尽きているとの印象を受けるかもしれない。しかしながら、以下に述べるように、未解決の重要な問題はなおも存続したままであるし、これに加えて、最近では新たな問題も浮上している。そこで、まずは、本章による検討の対象を明らかにするために、問題の現況を一瞥し、課題を素描しておきたい。

1　従来から指摘のあった問題

まず、民事訴訟の領域において、これまでの議論から未解決の問題を整理してみると、以下のように要約することができるであろう[2)]。すなわち、文書提出命令の発令をめぐって、①インカメラ手続により提出義務の存否を判断する裁判官が、当該文書を閲読するため、その段階ですでに係争事実についても心証を形成してしまうのではないかという危惧が存していること、また、これに関連して、②こうした危惧を解消するために、インカメラ手続の代替手段であるヴォーン・インデックスをまずは用いることの当否が問題となっていることは周知の通りである。さらに、③提出義務の存否の審理（特許法では文書の所持者が書類の提出を拒むことについて正当な利益があるか否かの審理）のために設けられているインカメラ手続について、文書提出命令の申立人が文書の内容について知る機会を与えられていない——手続権の保障に欠ける——点も問題となるし、そのためには、④知的財産関係訴訟において導入された秘密保持命令[3)]の一般化、すなわち、民事訴訟一般においてもこうした秘密保持命令を導入する可能性について検討の余地があるといわれている[4)]。

1）　奥博司「文書提出命令⑤—インカメラ手続」三宅省三ほか編『新民事訴訟法大系(3)』（青林書院、1997年）207頁以下、三木浩一「文書提出命令の申立ておよび審理手続」松本博之・宮崎公男編『講座・新民事訴訟法Ⅱ』（弘文堂、1999年）59頁以下、伊藤眞「イン・カメラ手続の光と影—東京高裁平成10年7月16日決定を素材として—」新堂幸司先生古稀祝賀『民事訴訟法理論の新たな構築（下）』（有斐閣、2001年）191頁以下ほか、萩澤達彦「文書提出命令の手続・効果」伊藤眞・山本和彦編『民事訴訟法の争点』（有斐閣、2009年）202頁以下およびそこに掲記の諸論文等。
　また、本稿執筆後のものとして森脇純夫「企業秘密と訴訟審理」新堂幸司監修『実務民事訴訟法講座［第3期］第4巻』（日本評論社、2012年）189頁以下、長谷部由起子『民事手続原則の限界』（有斐閣、2016年）2頁以下、安西明子『民事訴訟における争点形成』（有斐閣、2016年）119頁以下等。

2）　問題の詳細およびその解決策について、特に、伊藤・前掲注1）197頁以下参照。

3）　平成16年の特許法改正等によって営業秘密の保護のために導入された秘密保持命令の制度については、近藤昌昭・齋藤友嘉『知的財産関係二法・労働審判法』（商事法務、2004年）32頁以下、伊藤眞ほか「〈座談会〉司法制度改革における知的財産訴訟の充実・迅速化を図るための法改正について［下］」判例タイムズ1162号（2004年）4頁以下のほか、実務の運用上の問題点について、三村量一・山田知司「知的財産権訴訟における秘密保持命令の運用について」判例タイムズ1170号（2005年）4頁以下、片山英二「〈シンポジウム〉民事裁判における情報の開示・保護—知財訴訟における情報の開示・保護に関する現状と課題」民事訴訟雑誌54号（2008年）103頁以下等参照。

4）　山本和彦「〈シンポジウム〉民事裁判における情報の開示・保護—Ⅳ各論2 書証を中心に」民事訴訟雑誌54号（2008年）110頁。

したがって、これら諸点について検討を継続する必要があることは、改めていうまでもない。

2 情報公開訴訟で浮上してきた問題

(1) また、行政訴訟の領域においては、最一小決平成21年1月15日民集63巻1号46頁[5]によって、新たに次のような問題が提起されている。この事案は、情報公開法に基づく行政文書の開示請求に対する不開示決定の取消訴訟(以下「情報公開訴訟」という。)において、原告が本件不開示文書の検証の申出と併せて検証物の提示命令の申立てをしたというものである。だが、問題は、原告が、その際に、検証への立会権を放棄し、また本件不開示文書の記載内容の詳細が明らかになる方法での検証調書の作成を求めない旨を陳述し、「事実上の」インカメラ審理を求めたという点にある。なぜなら、情報公開法にはインカメラ審理について規定がなく[6]、原告は、インカメラ審理を意図して、あえてこのような形で検証物の提示命令を申し立てたからである。そこで、こうした場合に、裁判所は提示命令を発令することが許されるかどうかが新たな問題点となった。

(2) これについて、詳細は割愛するが、上記事件の法廷意見は、立会権の放棄等を介した事実上のインカメラ審理について、「情報公開訴訟において裁判所が不開示事由該当性を判断するために証拠調べとしてのインカメラ審理を行った場合、裁判所は不開示とされた文書を直接見分して本案の判断をするに

---

5) 本件については、鎌野真敬「情報公開法に基づく行政文書の開示請求に対する不開示決定の取消訴訟において、不開示とされた文書を検証の目的として被告にその提示を命ずることの許否」ジュリスト1382号(2009年)122頁以下、同「(最高裁判所判例解説)情報公開法に基づく行政文書の開示請求に対する不開示決定の取消訴訟において、不開示とされた文書を検証の目的として被告にその提示を命ずることの許否」法曹時報62巻12号(2016年)3263頁以下。三宅弘「情報公開法に基づく行政文書の開示請求に対する不開示決定の取消訴訟において、不開示とされた文書を検証の目的として被告にその提示を命ずることの許否」民商法雑誌140巻6号(2009年)700頁以下、渡井理佳子「検証物提示命令申立て一部提示決定に対する許可抗告事件」情報公開・個人情報保護34号(2009年)28頁以下、平野朝子「いわゆる『インカメラ審理』を巡る最高裁決定」法律のひろば62巻10号(2009年)62頁以下等のほか、長谷部・前掲注1) 2頁以下に詳しく論じられている。

6) 詳細は、宇賀克也『新・情報公開法の逐条解説[第6版]』(有斐閣、2014年)178頁以下。

もかかわらず、原告は、当該文書の内容を確認した上で弁論を行うことができず、被告も、当該文書の具体的内容を援用しながら弁論を行うことができない。また、裁判所がインカメラ審理の結果に基づき判決をした場合、当事者が上訴理由を的確に主張することが困難となる上、上級審も原審の判断の根拠を直接確認することができないまま原判決の審査をしなければならないことになる。このように、情報公開訴訟において証拠調べとしてのインカメラ審理を行うことは、民事訴訟の基本原則に反するから、明文の規定がない限り、許されないものといわざるを得ない。」と述べて、その許容性を否定している。また、その前提として、民事(行政)訴訟においては、証拠申出の採否を判断するためのインカメラ手続は存するものの、証拠調べそのもののインカメラ手続は存せず、情報公開訴訟においても後者と同様の結果を生ずるインカメラ審理は認められないと指摘した上で、被告に当該不開示文書の提示を命ずることは許されないとしている。

もっとも、他方で、補足意見は、こうした結果を生ずるインカメラ審理であっても、裁判を受ける権利の一層の充実の観点から憲法82条違反の問題を克服することができることおよび情報公開制度を実効的に機能させることを理由として、立法論ではあるがこれを認める方向を示唆している[7)]。

(3) 近時、こうした問題を契機として、総務省行政透明化検討チームは、国の情報公開制度のあり方について抜本的な見直しを図るための具体策の一環として、「第5　情報公開訴訟に関する改正」において、①いわゆる「ヴォーン・インデックス」の作成・提出に関する手続を創設すること、②いわゆる「インカメラ審理」を導入すること、の2つを提言するに至っている[8)]。こうした制度の内容は未知数であるが、後者については、「申立てがあった場合には、裁判所は、裁判官の全員一致により、審理の状況及び当事者の訴訟遂行の状況その他の事情を考慮して、不開示事由の有無等につき、当該行政文書・法人文

7) 松井茂記『情報公開法[第2版]』(有斐閣、2003年)368頁は、明文の規定がなくても裁判所は憲法上の権限により当然インカメラ審査を行いうるとする。

8) 平成22年8月24日付け総務省「行政透明化検討チームとりまとめ」10頁以下。なお、この提言に先立って、同年4月15日に公表された「大臣提案」をめぐっては、自由と正義61巻9号(2010年)に所収の渋谷秀樹教授、橋本博之教授、島村謙弁護士および牧田潤一朗弁護士、4氏の論文に詳しい。

書の提出を受けなければ公正な判断をすることができないと認めるときは、当事者（当該行政文書・法人文書を保有する行政機関の長・独立行政法人等を除く。）の同意を得た上で、決定により、当該行政文書・法人文書を保有する行政機関の長・独立行政法人等に対し、当該行政文書・法人文書の提出を命ずることができる。この場合においては、何人も、裁判所に対し、提出された行政文書・法人文書の開示を求めることができない。」との具体的内容が示されている。また、前者のヴォーン・インデックスについても、「インカメラ審理を行う場合には、裁判所は、その作成・提出を求めなければならない。」との説明があり、いわゆる補充性原則を貫こうとしているものと考えられる。

(4) このように、インカメラ審理とヴォーン・インデックスの活用が俎上に載せられており、その内容の如何によっては、民事訴訟におけるインカメラ手続に対しても少なからず影響を及ぼすことは否めないであろう。また、同時に、民事訴訟におけるインカメラ手続の諸問題（前記1）が情報公開訴訟においても当てはまるであろうことは当然に予想される。

さらに、関連して、筆者としては特に次の点にも注意を喚起しておきたい。すなわち、仮に、情報公開訴訟の場面においてインカメラ審理によって不開示文書について提出義務を認める結果になれば、不開示事由の存否をめぐる終局判断に先立って、不開示決定を取り消して開示されたのと実質的に同様の結果を生じてしまい、（取消）訴訟の目的が達成されてしまう[9]。けれども、不開示事由該当性を判断するために証拠調べとして行うこのようなインカメラ審理は、証拠の申出の採否を判断するためのインカメラ手続とは明らかに別のものであって、現行法においては採用されていない。これについては、前記2(2)の法廷意見が指摘する通りであるけれども、情報公開訴訟におけるインカメラ審理の導入が現実化するならば、これに伴って証拠調べそのものを非公開で行いうるかという、これまでは視野に入れてこなかった問題についても検討する必要が生じるであろう。

---

9) 鎌野・前掲注5）122頁、判例時報2034号25頁（前掲最一小決平成21年1月15日解説）のほか、安井英俊「情報公開訴訟において不開示文書につき被告に受忍義務を負わせて検証を行うことは、原告が立会権を放棄するなどしたとしても許されず、そのために被告に当該文書の提示を命ずることも許されないとした事例（最高裁第一小法廷平成21.1.15決定）」法政研究76巻3号（2009年）380頁は、根本的な問題であるとする。

3　本章における考察の対象と方法

(1)　このように、インカメラ手続による秘密保護をめぐっては、相互に関連するが別個の考量も必要となるであろう多様な問題が存しており、いずれも容易に解決しがたいことは、これまでの経緯からしても明らかである。

だが、このような現状は他国においても大同小異であって[10]、裁判における事案解明と訴訟当事者の秘密保護という2つの価値の緊張関係のなかで、一方でインカメラ審理を用いずに、また他方でこれを通じて、いかにして適正な裁判を実現するかという問題の解決が模索されている。

(2)　なかでも特筆に値するのは、ドイツの民事裁判実務が、わが国におけるのとは対照的であって、真実の解明を促進し、これに寄与するインカメラ手続を用いずに秘密保護を図ろうとしている点であり、そこでの工夫はある意味で反面教師として、前記1および2において示した諸問題の解決にとって十分に参考に値するものと思われる。具体的には、特許侵害訴訟における審理方式としての「デュッセルドルフ手続（Düsseldorfer Verfahren）」が、解決の糸口になるであろうと考えられる（後記Ⅱ）。すなわち、裁判官によるインカメラ手続ではなく、これに代わるものとして、秘密保持義務を負う鑑定人による鑑定の実施と鑑定意見について当事者の閲覧を制限をする方法を介して秘密保護を図ろうとするものである。

しかし他方で、ドイツの行政訴訟においては、民事訴訟とは異なり、行政裁判所法がインカメラ手続を規定しており、その積極的利用は、特に前記2の問題に対して少なからぬ示唆を与えるものであろう（後記Ⅲ）。また、ここでは、一定の領域に限ってではあるがインカメラ手続を本案の証拠調べにおいても可能にしようとする主張が展開されており、前記2(4)において注意を促した点との関連において、このような最近の動向に眼を向ける必要があろう。

(3)　もちろん、こうしたドイツにおける秘密保護をめぐる対応が民事訴訟と行政訴訟とでは対極的または正反対であるということ、また、冒頭の諸問題が

10)　本章のⅡ以下で述べるが、詳細は、ドイツ民事訴訟雑誌123巻3号261頁以下（ZZP 123 (2010), 261 ff.）におけるシュタッドラー教授（ドイツ）、シューマッハー教授（オーストリア）およびロドゥディゲッツ教授（スイス）の3氏による、各国からの観点からみた「民事訴訟における秘密保護」に関する諸論文参照。

多岐にわたるということからしても、以下において考察するドイツの裁判実務や学説の一端を眺めることによって、直ちに何らかの結論を導くことができるというわけではない。むしろ、本稿は、そのための基礎的な作業として、ドイツの訴訟手続におけるインカメラ手続を含む秘密保護措置からわが国の問題解決のために必要な示唆を得ようとするものである。

以下、比較法的な観点から、最近の実情をやや詳しく眺め、参考に供することとしたい。もちろん、可能な限りで、そうしたものの背後に存する基本的な考え方や制度基盤の相違をも含めて紹介するよう心掛けるつもりであり、また、これを踏まえて、わが国のインカメラ手続の行方についていくつかの検討を加えてみたい。

II　ドイツの知的財産関係訴訟におけるインカメラ手続なき秘密保護

1　実務における事態の急変

さて、当面の比較の対象は、ドイツの特許侵害訴訟におけるデュッセルドルフ方式であり、これはインカメラ手続のない秘密保護という点で、わが国の知的財産関係訴訟において考案された秘密保護手続とは対照的である。ドイツにおいては、インカメラ手続のような秘密保護手続は、法的審問請求権を規定したドイツ連邦共和国基本法103条（以下、単に「基本法」という。）に違反するとの理由から[11]、未成熟のままであったため、一部の論者を除いては[12]、消極的態度に終始してきたことの結果である。

けれども、後に述べるように（後記III）、2001年の行政裁判所法（以下、単に

11）　MünchKomm-ZPO/Prütting, 3.Aufl. (2008), §285 Rdnr.10–12を典型とする。

これ以前の詳細は、出口雅久「ドイツ訴訟法における秘密手続の動向」木川統一郎博士古稀祝賀『民事裁判の充実と促進（下）』（判例タイムズ社、1994年）58頁以下参照。また、杉山悦子『民事訴訟と専門家』（有斐閣、2007年）407頁以下は、秘密保護のための専門家の利用について、特に秘密手続の適法性を中心に学説および判例について述べている。同「ドイツにおける情報収集と秘密保護」知的財産訴訟外国法制研究会編『知的財産訴訟制度の国際比較』（商事法務、2003年）124頁以下。

なお、スイスの秘密保護手続については、本間靖規「秘密保護手続について―チューリッヒの民事裁判を手がかりとして」白川和雄先生古稀記念『民事紛争をめぐる法的諸問題』（信山社、1999年）309頁以下参照（後に、本間靖規『手続保障論集』（信山社、2015年）411頁以下所収、特に417頁）。

「行政裁判所法」という。）の改正によって証拠の採否としてのインカメラ手続が同法 99 条 2 項において創設されたことと相前後して、知的財産関係訴訟においても秘密保護措置に対する関心は著しく高まり、状況は一変する。すなわち、この領域において高度な秘密保護の要請が内的に高まったことと並んで、「知的財産権の権利行使のための EU 指令」[13)]という外圧が加わり、裁判実務は双方の圧力に対応することを迫られた[14)]。

もっとも、法的審問請求権の保障といった従来からの呪縛を払拭することは容易でなく、これを反映したせいか、わが国のインカメラ手続とは著しく異なる形において、すなわち、これまでも学説の一部において主張されていた鑑定人の活用[15)] による実務の工夫が展開されるようになった。以下では、まずその具体例を簡略に紹介し、実務の一端をみておこう。

2　秘密保護の具体例

【連邦通常裁判所 2009 年 11 月 16 日決定】[16)]

〈事案の概要〉

申立人は、レーザー光線による溶接方法に関するドイツ特許の権利者である。相手方の自動車メーカーは、自動車のあるモデルの製造に際して、この特許によって保護されている溶接方法を用いている可能性があった。ミュンヘン地裁は、独立証拠手続における鑑定の実施および受忍命令の申立てに対して、8 点のメルクマールに即して鑑定人が書面鑑定を実施することにより、相手方の工場内の所定

12）　Stürner, Die Aufklärungspflicht der Parteien des Zivilprozesses (1976), §14 Ⅲ 5 (S.223 ff.); Stadler, Der Schutz des Unternehmensgeheimnisses im deutschen und U.S.-amerikanischen Zivilprozeß und im Rechtshilfeverfahren (1989), 5 (S.108 ff.). 木川統一郎・生田美弥子「秘密民事訴訟手続と鑑定」木川統一郎『民事鑑定の研究』（判例タイムズ社、2003 年）483 頁以下参照。

13）　これについては、春日偉知郎『民事証拠法論』（商事法務、2009 年）277 頁以下参照。

14）　Stadler, Geheimnisschutz im Zivilprozess aus deutscher Sicht, ZZP 123, 262 f. は、ドイツの実務および学説が、民事訴訟における秘密保護の問題に関わらなければならない理由として、①この問題について前記 EU 指令によって改革が強く求められていること、②行政訴訟における秘密保護の問題の顕在化と行政裁判所法によるインカメラ手続の創設、③訴訟における情報へのアクセスと秘密保護との密接な相互関係の面から国際比較のなかで問題解決を考える必要があること、の 3 つを指摘している。

15）　この点に関しては、田邊誠「民事訴訟における企業秘密の保護（下）」判例タイムズ 777 号（1992 年）31 頁以下参照。

16）　BGH, Beschl.v.16.11.2009, BGHZ 183, 153 = GRUR 2010, 318 (Lichtbogenschnürung).

の場所にあるMIGハイブリッド溶接工程が係争特許を用いた方法によるものであるか否かについて証拠調べをする旨の決定をした。また、ミュンヘン地裁は、申立人の申立てに基づいて相手方に対して、裁判所が選任した鑑定人が所定の場所にある溶接工程を検分・検査することを受忍せよとの仮処分命令および秩序命令を発令すると同時に、鑑定人の検査にあたっては、相手方およびその補助者ならびに申立人の代理人3名（弁理士および弁護士）の立会いを受忍することを命じた。また、申立人の代理人に対しては、独立証拠調べの過程において知った事実および相手方の工場内に関する事実について守秘義務を課した（申立人およびその補助者に対しても同様）。

鑑定人は、書面鑑定において、5点のメルクマールの完全な充足、1点の部分的充足、もう1点の限定的充足、その他の1点については不明等々の判断をした。

これを踏まえて、ミュンヘン地裁は、相手方に対して、申立人がこの鑑定を制限なしに閲読してよいかどうかに関して意見を述べる機会を与えた。これに対して、相手方は、鑑定意見の要約であって、上記のメルクマールについて鑑定人が簡略に言及した部分の手交については同意するとしたが、鑑定意見のその他の部分を申立人またはその代理人に引き渡すことには同意しないと述べた。その上で、相手方は、鑑定中には秘密とされている技術上のノウハウが多数含まれており、しかもこれらは申立人の特許とは関係がなく、特許侵害の問題に関して重要なものではないと主張した。

そこで、同地裁は、前記の鑑定意見の要約のほかに、鑑定書の一部については、秘密保持義務を課すことなく申立人の代理人に引き渡せとの決定をした。しかし、鑑定書のその他の部分については、代理人に当事者に対する秘密保持義務を課した上での引渡しを認めなかった。そこで、申立人は、即時抗告をしたが、高裁はこれを却下したため、さらに不服申立てをした。その結果、連邦通常裁判所は、高裁の決定を取り消して、以下の内容の決定によって、鑑定書の引渡しを命じるとともに、申立人の弁護士と弁理士に対して当事者に鑑定の内容を開示しないとの秘密保持義務を課した。

〈決定要旨〉

① 特許権侵害の争いをめぐって独立証拠手続において鑑定が実施された場合に、特許権の侵害者とされた相手方に関係する秘密保持利益は、特許権者の弁護士または弁理士たる代理人にその鑑定の閲覧を制限することによって、かつ、これらの代理人に閲覧の範囲で包括的に秘密保持義務を課すことによって、原則として保護することができる。

② そのような鑑定について、特許権の侵害者とされている者が自己の秘密保持利益に関して主張の機会を与えられる前に、特許権者自身がこれを閲覧することは許されない。特許権の侵害者とされた者は、鑑定中のいかなる情報が秘密保持に値するものであり、したがって、営業秘密が開示されることによってどのよ

うな不利益を被るおそれがあるかということを、個別的に明らかにしなければならない。

3 デュッセルドルフ地方裁判所の実務とその理論的な基盤

(a) デュッセルドルフ地裁の実務

こうした連邦通常裁判所の決定を眺めてみると、インカメラ手続を経ないながらも、すでにそれに匹敵するような秘密保護の工夫がなされていることを理解できるであろう。デュッセルドルフ地裁の知的財産部が考案し、実施している手続であることに因んで、「デュッセルドルフ手続」または「デュッセルドルフ実務」と呼ばれており[17]、実務上はすでに定着している[18]。この手続は、一言でいうと、特許権侵害の事実を立証するために、訴訟に先立って、ドイツ民訴法（以下、単に「民訴法」という。）485条以下の規定による独立証拠手続とセットで、ドイツ民法（以下、単に「民法」という。）809条が規定する「物の提示・検分請求権（Vorlegungs- und Besichtigungsanspruch）」（以下「提示・検分請求権」と記す。）を被保全権利とする仮処分によって、侵害物件を証拠として確保することを目的とするものである。

詳細を説明する前に、まずはドイツの知財訴訟、特に特許侵害訴訟における証拠（物）の提示・検分請求権の要件等について述べておく必要があろう（ドイツの条文については後掲の〈参考条文〉参照）。

(b) ドイツ民法809条に基づく提示・検分請求権の要件

(1) 従来から、提示・検分請求権が、特許侵害を理由とする損害賠償請求権等の解明に役立ちうることは理解されていたが、この請求権を認めるための要件は厳格であった。すなわち、侵害物件とされる製品が特許権を侵害していることの高度な蓋然性（erheblicher Grad an Wahrscheinlichkeit einer Schutzrechtsverletzung）が存在すること、特許権者が相手方の協力なくしては必要な情報を入手するこ

---

17) Kühnen, Die Besichtigung im Patentrecht—Eine Bestandsaufnahme zwei Jahre nach „Faxkarte", GRUR 2005, 185, 187 ff.; ders, Update zum Düsseldorfer Besichtigungsverfahren, Mitt. 2009, 211 ff.; Benkard/Rogge/Grabinski, PatG (2006), §139 Rdnr.117 ff.

18) Benkard/Rogge/Grabinski, PatG, §139 Rdnr.117 ff., Müller-Stoy, Durchsetzung des Besichtigungsanspruchs, GRUR-RR 2009, 161.

とが到底期待不可能であること、などが要件とされていた[19]。

(2) しかし、その後、連邦通常裁判所は、1995年のTRIPS協定（知的財産権の貿易関連の側面に関する協定）の発効に影響されて[20]——特に同協定43条（証拠）ならびに50条2項および4項（暫定措置）——、ファックス・カルテ事件判決（2002年）[21]において、こうした厳格な要件を修正するに至った。具体的には、権利者の利益、すなわち権利侵害の証拠の提出を可能にする手段を入手することの利益と、提出を求められた目的物に関する所持者の利益、すなわち保護に値する理由に基づいて秘密保持が必要とされている情報を検分・調査から防御する利益、との双方を包括的に比較衡量することとした。その結果、提示・検分請求権の要件として、①侵害物件が特許権を侵害していることの一定程度の蓋然性（eine gewisse Wahrscheinlichkeit）が存していること、②上記の利益衡量においては権利侵害を証明するために他に期待可能な方法が存するか否かということを考慮し、また、③目的物の所持者の正当な秘密保持利益を尊重すること、という3つの基準が示された。

(3) これによって、判例は、従前の要件——「特許権侵害の高度な蓋然性」——を著しく緩和する一方で、後に詳述する2段階の手続（後述(d)）において、相手方（債務者）の正当な秘密保持利益を十分に斟酌することとした。そして、権利者（債権者）のために検分に基づく鑑定結果を提供するのは、相手方の正当な秘密保持利益に関係する事実が鑑定書には含まれていない（場合によっては一部黒塗りによる）ことおよび権利侵害の疑いが認められること、の2点を裁判所が確定した場合に限ることとした。

(c) 独立証拠手続と提示・検分請求権との連携

(1) 次に、独立証拠手続と前記(b)において示した提示・検分請求権の実行手続との関係であるが、実務上、この両者は、特許侵害訴訟に先立って双方を重

19) BGHZ 93, 191 = GRUR 85, 512. Vgl. Benkard/et al., PatG, §139 Rdnr.117a.

20) もっとも、TRIPS協定43条2項は、必要な情報を提供しない当事者の行為について、証拠評価の面で不利に扱うことで足りるとしている点で、後述(d)(4)の知的所有権の権利行使のためのEU指令よりも不完全である。

21) BGHZ 150, 377 = GRUR 2002, 1046. この事件は著作権侵害事件であるが、提示・検分請求権との関係においては、特許侵害事件においても変わるところはない（Benkard, §139, Rdnr.117a）。

畳する形で裁判所に申し立てるという取扱いをしている。すなわち、民訴法485条以下の規定による独立証拠手続の申立てと、提示・検分請求権（民法809条）を被保全権利とする仮処分（民訴法935条・940条）による受忍処分（Duldungsverfügung）の申立てとをワンセットとして、特許権侵害の証拠を保全するために用いられている[22]。

(2) 独立証拠手続は[23]、証拠の散逸またはその利用が困難となるおそれがあることを要件とし、訴訟係属前であっても、物の現状が確定されることについて法的利益があれば足り、物の現状の確定が訴訟の回避に役立つ場合には法的利益が認められる（民訴法485条）。また、独立証拠手続は、受訴裁判所における証拠調べに等しく、そこにおける鑑定結果は、相手方が適時に呼び出されていたならば、事後の特許侵害訴訟において援用することができる（同493条）。要するに、申立人にとっては、訴え提起前であっても、受訴裁判所における証拠調べに相当する鑑定をあらかじめ実施することができる点においてメリットがある。

(3) また、実務上両者を同時に申し立てる趣旨は、独立証拠手続の規定のみに基づく場合には、申立人の相手方に対して裁判所が選任した鑑定人による検査を受忍させることができないため、想定される特許侵害の形態がどのようなものであるかということについて解明できない不都合を避けるためである。後者の受忍命令を伴わない独立証拠手続は、侵害物件が市場に出回っていたり、相手方が申立人による検査を容認していて、鑑定人が直ちに鑑定できる場合には有効であるが、相手方が鑑定人による検分に異議をとなえる場合にはもはや独立証拠手続を行うことは期待できない。侵害物件が相手方の処分領域内（企業内）にあって、鑑定人による検分の受忍を期待できない場合には、独立証拠手続の命令のみによっては、相手方が立入りを拒否したり、証拠調べを妨害したりすることに対応することができないからである。

---

22) 両者をワンセットとすることが可能なのは、独立証拠手続においても手続目的が達せられないおそれがある場合には、相手方を事前に審尋ぜずに民訴法485条以下に基づく命令を発令することが可能である（通説）ことによる（もっとも、相手方には事後に意見表明の機会を与えなければならない。）。Vgl. Stadler, „Was drei wissen, das erfahren hundert"—Auskunftspflichten und Geheimnisschutz im Zivilprozess nach Umsetzung der Richtlinie zur Durchsetzung der Rechte des geistigen Eigentums, Festschrift für Leipold (2009), S.212. Fn.49.

23) 詳細は、春日偉知郎『民事証拠法論集』（有斐閣、1995年）111頁以下参照。

(4) そこで、民法809条に基づいて受忍処分を求める請求権（Verfügungsanspruch einer Duldungsverfügung）が必要となる。そして、この請求権の要件としては、①特許侵害の蓋然性があること、および②期待される代替証拠のないこと、の2点を申立人が理由づけて疎明していることのほか、③受忍処分の理由が存在していることが必要であるとされている。したがって、例えば、妨害の危険が存し証拠を保全しなければならない場合には、受忍処分の理由は、多くの場合に肯定されることとなる。

(d) デュッセルドルフ手続――インカメラ類似の「2段階手続」[24]

(1) 上記のような、独立証拠手続の要件と受忍処分の発令の要件とが備わったときに、デュッセルドルフ地裁の実務においては以下の「2段階手続」が行われることになる。また、インカメラ手続との類似性は、こうした2段階手続において、①一定の要件の下に申立人側の立会権を認めないこと、②相手方の正当な秘密保持利益を保護するために鑑定人や申立人側の訴訟代理人等に対して刑法に基づく制裁を伴う守秘義務を課していること、これら2点において明確に現われている。以下、この点を中心として2段階手続を眺めてみよう[25]。

(2) まず、検分期日について。この期日においては裁判所によって選任されかつドイツ刑法203条1項3号により守秘義務を課された鑑定人が、問題とされている侵害物件を検分するが、その際に、申立人の相手方は検分を受忍することおよび鑑定期間中に侵害物件を変更することの禁止を命じられる。また、申立人の申立てにより、裁判所は、調査すべき技術的な事実関係が複雑なため申立人も検分の際に立ち会うことが必要であると考えるときは、相手方と並んで、刑法353条d第2号により守秘義務を課された申立人側の訴訟代理人および弁理士が手続に関与することを認めることができる。また他方、相手方の秘密領域に対する重大な侵害がありかつ特許侵害の蓋然性が低い場合には、申立人の代理人が検分に立ち会うことを許可しないし、そのほか、相手方の正当な秘密保持利益が保障されない場合には、もちろん申立人自身が検査に関与する

24) Benkard/Rogge/Grabinski, PatG. §139 Rdnr.117b; Pitz, Patentverletzungsverfahren, 2.Aufl. (2010), §139 Rdnr.38b.
25) Benkard/Rogge/Grabinski, PatG. §139 Rdnr.117c.

ことを認められない。

(3) 次に、検分期日後について。検分期日を実施した後に、鑑定人は鑑定書を作成し、まず裁判所および相手方にのみこれを見せて、また必要な場合には守秘義務を負っている申立人側の訴訟代理人および弁理士に見せることとなる。相手方および申立人の代理人を審尋した後に、場合によっては鑑定人が書面または口頭により鑑定を補充した後に、裁判所は、鑑定人が申立人に対しても鑑定書を開示するか否かについて決定する。また、その要件は、①鑑定書——必要なときは重要な秘密部分を黒塗りした上で——が相手方の秘密保持利益に関係しないこと、又は②鑑定書が重要な秘密を含んではいるものの、特許権侵害の疑いが確定されるため相手方の秘密利益が後退すべきこと、のいずれかである。特許侵害が示唆されているにすぎない場合には、必要とあれば、申立人も立ち会って新たな検分を命じることができる。申立人は、鑑定書の開示の拒否または部分的に黒塗りした鑑定書の開示に対して、また、相手方は、開示の決定に対して、民訴法567条1項2号により即時抗告することができる[26)]。

(4) なお、こうした手続は、すでに述べたTRIPS協定50条（特に3項）——直接的な適用はないものの——の暫定手続における証拠の提出に即応しているほか、その後の「知的所有権の権利行使のためのEU指令（2004年4月29日）」7条の証拠保全およびこれを国内法化したドイツ特許法（以下、単に「特許法」という。）140a条から同e条までの規定に反映されていることも明らかである[27)]。

26) 関連して、独立証拠手続を命ずる決定に対して不服申立てはできないが（民訴法490条2項2文）、提示・検分を命ずる決定に対しては、民訴法924条・936条に基づいて異議の申立てができる。ただし、通常は、提示・検分の実施によってこの請求権の満足が図られてしまうため、提示・検分の決定の適法性の完全な審査および取消しについては、もはや問題にされなくなる。そのため、デュッセルドルフ手続を満足的仮処分であると理解する余地がないわけではない。しかしながら、鑑定人が提示・検分を実施したことによって、この請求権が満足されたことにはならない。なぜなら、鑑定書が申立人に引き渡されてはじめて提示・検分請求権は満足されたことになるからである。したがって、それまでは、相手方に異議によって引渡しを阻止できる可能性が残っているため、満足的仮処分として理解することは必ずしも正鵠を射ていない。Vgl. Stadler, ZZP 123, 271.

27) 条文訳については、春日・前掲注13）278頁以下参照。

III　ドイツの行政訴訟におけるインカメラ手続

これに関しては、第2章において[28]、2001年の行政裁判所法改正によって証拠の採否としてのインカメラ手続が同法99条2項において創設された経緯を詳細に述べるので、要点のみを記すことにする。

具体的には、まず、行政裁判所法99条2項の内容を素描する（条文については後掲〈参考条文〉参照）。次いで、その後の判例において、証拠申出の採否を判断するためのインカメラ手続とは別に、証拠調べそのもののインカメラ手続の許容性に関して——直接的な争点ではなかったものの——法廷意見によって言及がなされ、また、少数意見がこうしたインカメラ手続を肯定する旨の理由に言及しているので、これを中心にみてみよう。わが国の前掲最一小決平成21年1月15日に関連して示唆に富むであろうと考える。

1　行政裁判所法99条2項の趣旨

同条1項は、行政庁が記録の提出および情報の提供義務を負うとした上で、例外的にこうした提出または提供義務を拒絶できる場合を定めている。すなわち、行政庁は、記録や情報等の内容を公にすることにより「連邦又は州の安全に不利益をもたらすおそれがある場合又は当該事実が法律により若しくはその性質上秘密とされなければならない場合には」提出等を拒絶することができる。これに続いて、インカメラ手続を規定している2項は、14文まである長いものであるため、その内容をかいつまんで紹介する。

まず、2項1文は、行政庁による記録の提出や情報の提供の拒絶の適法性について、上級行政裁判所が口頭弁論を経ずに決定により確定するとしている。また、この決定手続には最上級監督官庁が参加義務を負い（6文）、この手続は実体的秘密を保護する諸規定に従うものであるとする（7文）。その上で、8文

28）　初出は、春日偉知郎「ドイツにおける行政庁の文書提出義務とその審理—行政裁判所法におけるインカメラ手続を中心として—」法学研究83巻1号（2010年）183頁以下。
　なお、行政裁判所法99条の改正の契機となった、連邦憲法裁判所1999年10月27日決定（BVerfGE 101, 106）については、笹田栄司「イン・カメラ手続の憲法的定礎」川上宏二郎先生古稀記念『情報社会の公法学』（信山社、2002年）479頁以下および山下義昭「行政上の秘密文書とインカメラ審理」同上書519頁以下に詳しい。

は、「実体的秘密を保護する諸規定を遵守することができない場合、又は監督官庁が、秘密保持若しくは秘密保護の特別の理由に基づいて、裁判所に対して文書若しくは記録の引渡し又は電子文書の送付をすることができないと主張した場合には、第5文による提出又は送付は、最上級監督官庁が指定した場所において裁判所に委ねる方法により行うこととする。」とのインカメラ手続を定めている。続く9文は、記録の閲覧権を規定した100条を適用しないこと、また、10文は、裁判所構成員の秘密保持義務のほかに、秘密保持を必要とする内容が裁判の理由から認識されないようにすることを規定している。

このように規定されているインカメラ手続をめぐって、以下では、連邦行政裁判所を経て連邦憲法裁判所において判断がなされた判例を1つ紹介して、証拠調べそのもののインカメラ手続の許容性をめぐる議論を眺めてみよう。

2 テレコム事件

【連邦憲法裁判所2006年3月14日決定】[29)]

〈事案の概要〉

事案は、ドイツテレコム株式会社が開設しているテレコム・ネットの接続料金に関する行政庁の決定に対して競争企業7社が取消訴訟を提起し、その訴訟で設定料金の認可手続の際にテレコムが行政庁に提出した文書の開示を求めたものである。

これに関して、連邦行政裁判所は、インカメラ手続において、継続するまたは現に存する差し迫った不利益はないとの理由で行政庁に対して提供のあったテレコムの文書の提出を命じた。

これに対して、テレコム側（申立人）が、連邦行政裁判所の開示命令は、営業または企業秘密の保護をも対象としている基本法12条1項（職業の自由）に違反するとして、憲法異議の訴えを提起した。また、関連して証拠調べにおけるインカメラ手続も争点となった。その結果、連邦憲法裁判所は、この異議を認めて、連邦行政裁判所の決定を破棄して差し戻した。しかしながら、証拠調べにおけるインカメラ手続については以下のように判断した。

〈決定要旨〉

① 憲法裁判所は、決定理由において、まず、①法律中に開示による実効的な権利保護の利益かそれとも秘密保護の利益かのいずれを優先させるべきかをめぐ

29） BVerfGE 115, 205 ff.

る適切な考量をするための措置（本案裁判所におけるインカメラ手続＝証拠調べそのもののインカメラ手続）は存しないとする。また、仮に存するとして、裁判所のみがすべての記録にアクセスし実効的な権利保護を妨げられることはないとしても、相手方は閲覧できない部分について意見を述べることができず、法的審問請求権は後退してしまうし、他方で、記録を提出した当事者にとっても、インカメラ手続に立ち会えず、営業秘密として保護を望んでいるデータを援用できない限りにおいて、実効的な権利保護に一定の限界を生ずるとする。次に、②権利保護の保障と法的審問の保障とは、双方ともに実効的な権利保護を目的としており、相互に背反せしめられるものではない。したがって、行政裁判所の以下の判断、すなわち、行政庁による接続料金の決定を裁判所が審査することは、関係者のみならず公共の利益にも適うから、記録のすべての提出が原則であって、秘密保護を理由とする拒絶は例外であり、市場を支配している企業のために継続的または差し迫った不利益を顧慮しなければならない場合に限って原則的な開示からの例外を認めるべきである、とするのは誤りであるとした。

② 続いて、法廷意見は、焦点である証拠調べそのもののインカメラ手続の可能性に関して、次のように述べている。すなわち、「インカメラ手続が本件のような多極的な法的財貨の抵触を適切に克服することができるか否かに関しては、（当裁判所の）審査の対象とはならない。なぜなら、立法者は、インカメラ手続に対して法的財貨の抵触を克服する権能を認めてはおらず、インカメラ手続を中間手続（証拠申出の採否の判断のためのインカメラ手続）に限定しているからである。このように明示的に制限を加えているゆえに、連邦行政裁判所にとっては、行政裁判所法 99 条 2 項を類推適用しまたは憲法に即応する形で解釈して、インカメラ手続を本案訴訟においても認める旨の結論を採用すべきでない。また、中間手続におけるインカメラ手続と本案手続におけるインカメラ手続との境界線は、本案の裁判所が記録の提出について裁判するとの新規定（ドイツ電気通信法〔以下、単に「電気通信法」という。〕138 条 2 項）によって薄らいでいるとはいえ、上記の限定を取り除いているわけではない。これによって、本案の裁判所は秘密保持の必要性がある記録に関して知識を有することになるが、しかし、関係者の同意なしには、本案の裁判においてこれを利用することはできないのである（同法 138 条 4 項 2 文）。」と。

③ こうした法廷意見に対して、少数意見の 1 人であるガイアー判事（Dr. Reinhard Gaier）は、次のように述べている（Rn.155 ff.）。すなわち、当合議部は、本件を、多極的な視点に立脚してインカメラ手続の判例を形成するために用いなければならず、裁判の保障と秘密の保護との間の最適な効果をもたらす調整（wirkungsoptimierte Zuordnung von Justizgewährung und Geheimnisschutz）を図ることを目的とすべきであるとする。その上で、上記の「二者択一を解消することは、インカメラ手続を記録の提出をめぐる中間の争いに限定するのではなく、本案自体における訴訟にも拡大する場合にはじめて可能となり、また、最適な効果をもたらす調整もこれ

によって生み出すことができる。行政裁判所法99条に対して特則に当たる電気通信法の新138条については、同法4項2文に規定されている関係者の同意（という文言）を放棄することによって可能になる。……（中略）……もちろん、秘密保護を確保するために、本案手続におけるこの（インカメラ）部分も、秘密を保持すべき記録が対象となっている限り、インカメラによって行わなければならない。記録の閲覧権（行政裁判所法100条）は、中間手続におけると同様に、排除されなければならないし、また、秘密保持を要する事実は、判決理由からも認識しうるものであってはならない（同法99条2項10文）。」とする。

④　また、インカメラ手続を本案において用いる実質的な理由について次のように述べている。すなわち、「このような解決方法は、不可避的に、秘密保護を理由として法的審問請求権の制限をもたらすことになる。しかしながら、この点は憲法上の疑義を生じない。（蓋し、）連邦憲法裁判所は、かつてこうした制限をめぐって、実効的な権利保護と法的審問の保障とを相互に対抗させるべきではなく、法的審問権は、実質的な理由によってそれが正当化されるときには制限もやむをえないとしているからである。さらに、同裁判所は、権利を求める者が法的審問権を限定的に放棄することによって、その者の法的保護がより改善される場合にはこれを是とすることができる、と明言している（vgl. BVerfGE 101, 106 (130)）[30)] からである。加えて、本案におけるインカメラ手続によって図られる権利保護の改善は、現行法において秘密とされた記録の内容を斟酌できなかったことによる権利保護の不備と対比した場合には、明白である。基本法103条1項の法的審問を根拠として本案におけるインカメラ手続を疑問視するのは、『角を矯めて牛を殺す』ごとくであることを想起すべきである。（Rn.159）」と述べており、本案におけるインカメラ手続の導入の必要性をはっきりと説いている。

3　連邦憲法裁判所決定における少数意見に関する若干の補足

テレコム事件の連邦憲法裁判所決定が証拠調べそのもののインカメラ手続を

30）　これは、立法者に対して、行政裁判所法99条を改正してインカメラ手続の創設を命じた連邦憲法裁判所1999年10月27日決定である。詳細は、前掲注28）の笹田、山下および春日の諸論文参照。なお、該当する決定部分は、以下のように述べている。「基本法19条4項（出訴権の保障――訳者）によって保障されている実効的な権利保護が、――事実を秘密にしておく必要性がある場合において――法的審問請求権を制限することによってはじめて可能になる場合には、これ（法的審問請求権の制限）につながっている利益、すなわち、裁判所が完全な記録をみて、これを基にして秘密保持の利益が存しないまたはそうした利益が優越するものではないという結論を導くことができるという利益のなかに、連邦憲法裁判所の判例の意味における十分な実質的な根拠が存している。個人の権利保護に奉仕する法的審問請求権は、それを限定的に放棄することによって例外的に個人の権利保護をより改善することとなる場合には法的審問に抵触しない。こうした要件の下でのみ、つまり関係者の法的地位の縮小化にならないという要件の下でのみ、インカメラ手続は基本法に合致する。」と。

否定したことは明らかであるが、逆にこれを肯定した少数意見については少々敷衍を必要とする。

まず、この事件が係属している間に、決定中でも言及されているように、電気通信法138条が改正されて（2004年）、本案の裁判所がインカメラ手続を行うことおよび電気通信事業者が営業または企業秘密に関する文書の提出を義務づけられる要件が定められたほか（2項）、インカメラ手続の過程において本案の裁判所が得た情報で秘密保持の必要性があるものについては関係者の同意がない限り裁判の基礎にすることができないこととされた（4項）。

法廷意見は、この4項（2文）を根拠にして本案の裁判所がインカメラ手続を行うことを否定したが、他方、ガイアー判事は、権利者が有している法的審問請求権とその者に付与されるべき実効的な権利保護との関係について、二者択一ではなく、前者を部分的に制限することによって後者を実現する方が、より実効的な権利保護に資すると考えた。また、その結果として、4項2文の関係者の同意という文言については解釈上削除すべきであるとする。誤解をおそれずにいうならば、法的審問請求権という手段に拘泥して、権利保護の実効性という目的を見失うことがあってはならず、インカメラ手続による法的審問請求権の制限も、これによって実効的な権利保護が図られるのであればやむをえない、と主張しているものと理解することができるであろう。

後にみるシュタッドラー教授の見解もこれに与するものであるが、その前に、上記テレコム事件決定があった後に意外な展開があったので、これも紹介しなければならない。

4　テレコム事件決定後の劇的変化と反論

(1)　こうしたテレコム事件決定に対して、同じ年に、欧州共同体裁判所は、「モビスタ（Mobistar）事件」[31]において本案の裁判所におけるインカメラ手続を示唆する内容の判決をした。事案は、移動式電話の譲渡の際の設置費用に関して国の監督官庁がした決定に対して不服申立てがあったものであり、これに関連する「EU共通サービス指令（Universaldienstrichtlinie）」をめぐる裁判において

31)　EuGH >Mobistar<, Urt.13.7.2006, C438/04.

以下のように述べている。すなわち、裁判所は、「この不服申立てを理由あらしめるすべての事実を完全に知った上で、つまり秘密情報に関しても知った上で裁判することを可能にするよう、必要なすべての情報を用いることができなければならない。もっとも、企業秘密とされているこうした情報の保護は、実効的な権利保護および訴訟関係者の防御権の保障に調和するような形で行われなければならない。」と判示した。また、その上で、こうした保護がなされている限り、事業者は経営上または営業上の秘密を理由として記録の提出を拒絶することは認められないとした。

(2) そこで、この判決を受けて、翌年には、ドイツ連邦行政裁判所2007年1月9日決定[32]は、前掲テレコム事件とは別の事件において先にみた電気通信法138条（前記2および3）について次のような解釈をするに至った。すなわち、同条2項は、秘密とされている行政上の記録について当事者には開示せずに、これを受訴裁判所が完全に閲覧するという、本案におけるインカメラ手続の実施を要請するものであるとの解釈を認めるものであるとした。

また、その理由として次のように述べている。まず、電気通信法138条を欧州共同体の法解釈に調和して解釈しなければならないこと、したがって、そうした解釈が否定されるのは、法律の文言および立法者の明確に認識しうる意思に反する場合に限られるが、本件ではそうした場合に当たらない。次に、同条は、電気通信法上の紛争の特殊性に即して企業秘密を保護することを目的としており、こうした法律の目的は、インカメラ手続を本案訴訟に拡張することによって少なからず効果的に達成できる。またさらに、本案における秘密の保護によって、行政庁の記録提出義務の適用範囲が拡大される面が少なくない点からしても、欧州共同体法に則した解釈が可能である。以上のような理由が示されている。

(3) もっとも、こうした状況変化に対しては、むしろ多数説と思われる側から次のような反論が述べられている[33]。すなわち、電気通信法138条によって、行政訴訟における記録の秘密保持の必要性に関する中間手続（インカメラ手続）について特則が設けられて、「本案の裁判所」がインカメラで裁判することと

32） BVerwGE 127, 282.

33） Schoch/Schmidt-Aßmann/Pietzner, VwGO (2010), §99 Rn.68.

なった（同 138 条 2 項および 3 項）。また、その結果、記録の提出がなされず、または記録の提出が許されない場合には、確かに、原則としてその記録を本案手続の基礎とすることはできない。しかし、すべての関係者の同意がある場合には、例外的にインカメラで用いた記録の利用（in camera Verwertung）が許容されることとなった（同 138 条 4 項）。ところが、連邦行政裁判所は、さらにこれを超えて、欧州共同体法に則した解釈（前掲モビスタ事件）に基づいて、インカメラで用いた記録の本案手続における利用に至っている（前掲連邦行政裁判所 2007 年 1 月 9 日決定）。しかしながら、こうした行政裁判所の裁判については、著しく疑問である。なぜなら、連邦憲法裁判所は、一方で、行政裁判所法 99 条および電気通信法 138 条の文言から乖離するところの、本案におけるインカメラ手続については否定されていると解釈しているからである。また他方で、欧州共同体の解釈が実際に十分に納得のいくものであるか否かも疑問である（Herrmann/Bosch, N&R 2007, 79 (80 f.) も参照）。

以上のような批判があり、従来の流れからしても、前記(1)および(2)のような変化はあるものの、本案におけるインカメラ手続は一般的にはやはり否定すべきであるとの解釈が素直なように思われる。

(4) 以上のようにして、ドイツでは、少なくとも電気通信法のほか特殊な訴訟領域に限ってのみ[34]、本案の裁判所によるインカメラ手続が認められることとなった。しかしながら、こうした実定法上の根拠を欠いているこれ以外の法領域において、本案の裁判所におけるインカメラ手続が可能かどうかについては、現状では否定せざるをえないように思われる。

IV 実務に対する学説の反応の一端と インカメラ手続（秘密保護手続）の理論的基礎

1 概 観

(1) このように、最近の実務においては、一方で特許侵害訴訟における必要性と EU 指令による外圧によって、また、他方で行政訴訟の一部領域に限って

34) ほかに、スタージ記録法（Stasi-Unterlagen Gesetz）31 条における特則がある。後掲〈参照条文〉参照。

ではあるが本案の証拠調べにおけるインカメラ手続を肯定したことに伴って、インカメラ手続への関心の高まり（前者）およびインカメラ手続による秘密保護の進展（後者）は、加速の一途をたどっている。

(2) しかしながら、これに対する学説の反応は、率直にいって比較的緩慢であるといわざるをえない。すなわち、特許法140c条1項3文および3項は、特許侵害訴訟において秘密情報の保護を確保するために必要な措置を講ずることを裁判所に命じている。しかし、これについて学説の多くは、こうした一般的な規定に基づいてインカメラ手続を具体化することに対して懐疑的であり、連邦憲法裁判所の判例を十分に咀嚼することなく、インカメラ手続を依然として否定している[35]。とはいえ、例外もないわけではなく、とりわけシュタッドラー教授のドラスティックな主張[36]——すなわち民事訴訟へのインカメラ手続の転用——は注目に値するので、この範囲に限定して若干の言及を試みてみたい。また、これに先駆けて、1976年にはすでにシュテュルナー教授が秘密保護手続（インカメラ手続）の提唱と理論的な基礎づけを行っており、前者に対する影響の大きさは計り知れない。時間的な順序は逆になるが、両者について眺めてみよう。

2 インカメラ手続による秘密保護の促進

(1) シュタッドラー教授は、まず、デュッセルドルフ手続に対して次のような疑問を提起している[37]。すなわち、同手続においては、本案である特許侵害の問題に先行して、鑑定書の開示の問題が判断されるが、その場合に、開示の要件として、本案の問題である特許侵害の蓋然性の高さが問題となる（Ⅱ3(b)(1)(2)）。そのため、本体である特許侵害訴訟に先立って、鑑定書の開示をめぐる判断過程においてすでに特許侵害があるかどうかという蓋然性判断を先行さ

35) Schulte, PatentG mit Europa.PatÜb., 8.Aufl. (2008), §139 Rdnr.290（原告が同意する場合に限り原告を手続から排除するとする。). Benkard/Rogge/Grabinski, PatG, 10.Aufl., §139 Rdnr. 123.

36) Stadler, „Was drei wissen, das erfahren hundert" — Auskunftspflicht und Geheimnisschutz im Zivilprozess nach Umsetzung der Richtlinie zur Durchsetzung der Rechte des geistiges Eigentums —, Festschrift für Leipold, S.218 ff.; dieselbe, Geheimnisschutz im Zivilprozess aus deutscher Sicht, ZZP 123, 261 ff.

37) Stadler, ZZP 123, 272.

せなければならない（しかもこの判断は鑑定人が先取りして行う――この部分は筆者）。この点について、一般的には鑑定人が判断することは可能であるといえるが、他方で相手方の秘密保持利益を後退させるためには特許侵害の高度な蓋然性があるとの判断が要求されるため、その存否をめぐって明確な判断をすることが不可能な場合も存する。実務が指摘するこうした点からみて、鑑定書の開示をめぐる判断の過程において、すでに秘密保護か実効的な権利保護かというオール・オア・ナッシングの悉無律的な判断が要求されている。それならば、本案に先行して鑑定人にそのような難しい判断を要求するよりも、むしろ、これに相当する秘密保護措置を特許侵害訴訟自体において設ける方が、問題の解消になる。このように述べている。

(2) また、従前の方法によれば、特許権者は、特許侵害訴訟に先立ってまたはこれと併行して閲覧・検分請求権を行使して情報入手をすることになる。しかし、こうした方法はいずれも迂遠であるほか（この点は行政裁判所法のインカメラ手続も中間手続であって同様である――筆者）、後者では侵害訴訟の自動停止がないため、複雑化を避けられない[38]。この点に関して、「知的所有権の権利行使のための EU 指令（2004 年）」の 3 条 1 項は、不必要に複雑かつ費用のかかるものではない秘密保護措置を講ずるよう義務づけており（後掲〈参考条文〉参照）、また、特許法 140c 条は――抽象的規定にとどまるとはいえ――、裁判所が必要な措置を講ずることを規定し、そのなかにはインカメラ手続が究極的な存在として含まれている。したがって、同条を具体化することが必要であり、またその際には、インカメラ手続の関係者（特に弁護士）に秘密保持義務を課すことも当然の内容として必要になると述べている[39]。

(3) そこで、特許侵害訴訟だけでなく、行政裁判所法に規定されているインカメラ手続に倣って、民事訴訟一般にもインカメラ手続（しかも本案の証拠調べにおけるインカメラ手続も含めて）を導入することを提案するが、なお、その前提として克服すべき問題が存している。

38） Stadler, ZZP 123, 278.
39） Stadler, ZZO 123, 280.

すなわち、ドイツの学説は[40]、行政訴訟とは異なり、こうしたインカメラ手続を民事訴訟において導入するためには、実定法上の根拠がなければならないとして、可能な手段としては当事者（挙証者）が証拠手続への関与を任意で放棄するかまたは当事者の合意による方法が考えられるとしてきた。けれども、そもそも、手続法上の基本権である法的審問請求権を当事者が任意に放棄することができるか否かという大問題が存しており、その検討は不可欠である。以下、この点の克服に焦点を絞ってみてみよう。

シュタッドラー教授は[41]、憲法上の理由づけを援用して次のようにいう。すなわち、先にみたように（Ⅲ 2〈決定要旨〉③〔少数意見〕）、保護に値する秘密情報の利用を完全に放棄してしまうよりも、原告の法的審問請求権を制限して実効的な権利保護を図ることの方が、より適切であるとの議論は、そのまま民事訴訟においても妥当する。なぜなら、民事訴訟においては、証明責任を負っていない当事者の企業秘密の保護と証明責任を負っている当事者の企業秘密へのアクセスの排除とが問題となっている。しかし、後者の権利保護のチャンスは、最終的にはこの者の法的審問請求権を制限することによってのみ拡大可能になるという点で行政訴訟においても民事訴訟においても共通しており、これによってはじめて両者の緊張関係は解消可能になるからである、と。同教授の見

40） Schlosser, Wirtschaftprüfervorbehalt und prozessuales Vertraulichkeitsinteresse der nicht primär beweis- und substanziierungsbelasteten Prozeßpartei, Festschrift für Großfeld zum 65.Geburtstag (1999), 997 ff.

41） Stadler, ZZP 123, 276.; dieselbe, Der Schutz von Unternehmensgeheimnissen im Zivilprozeß, NJW 1989, 1204.

これに関連して、シュタッドラー教授は、実効的な権利保護と法的審問請求権（ドイツ基本法 103 条 1 項）との関係について、次のように述べている。すなわち、前者は包括的な権利であるのに対して、後者はそうした包括的な権利から導かれる個別的な権利であって、企業秘密を損なわずに法的審問請求権を完全に保障しようとすると、実効的な権利保護が不可能になってしまう状況の下では、後者の法的審問請求権を後退させて、企業秘密を保護しながら実効的な権利保護を可能にすべきであるとする。また、異なる利益を追求している双方の当事者を審問すること（法的審問）は、最も早く真実を発見することにかない、権利保護に奉仕する存在であるとする。

これを裏返せば、民事訴訟の目的は、真実発見による事案の解明を通じて権利保護を図るということになるであろうと、筆者は考える。また、併せて、本章の範囲を外れるが、筆者がつとに主張する事案解明義務（春日・前掲注 13）27 頁以下等）の根拠も、最終的にはこうした事案解明によって実効的な権利保護を実現することおよびこれにより国民の裁判への信頼の確保・促進を図るという点に求めることができると考える。

解について、誤解をおそれずにいうならば、このようにまとめることができるであろう。

(4) このようにして、シュタッドラー教授は、秘密保護措置を抽象的にしか規定していない特許法140c条にインカメラ手続の実定法上の根拠を求めつつ、憲法上の考量に則して、その具体化を試みている。詳細は割愛するが、いずれにせよ、前記のガイアー判事の少数意見やその後の欧州共同体裁判所の判決およびこれに続くドイツ連邦行政裁判所の決定に後押しされて、インカメラ手続による秘密保護を強力に推し進めようとしている。

3 インカメラ手続による権利保護の優先と法的審問請求権との関係

(1) もちろん、こうしたシュタッドラー教授の考え方は、すでに指摘しておいたように、法的審問請求権の放棄に関するシュテュルナー教授の理由づけ[42]に多くを依拠している。簡単な説明をし、同教授の考えをそのまま引用することにする。

シュテュルナー教授は、当時の一般的な学説と同様に、秘密保護（インカメラ）手続を実定法上の根拠なしに民事訴訟（特に知的財産関係訴訟）に持ち込むことには無理があると考えていた。ただ、一部の学説が主張するように、証拠調べへの立会権等の当事者公開（ドイツ民訴法357条）を中核とする法的審問請求権（手続権）を当事者が任意に放棄することによって、秘密保護手続を実施しようとする見解には与すべきであると考えていた。なぜなら、秘密手続がないために当事者は権利の救済のために自己の企業秘密の開示を余儀なくされて、これによって失う利益が救済を求めている権利を上回ってしまうからである。そこで、秘密手続を設けるためには、法的審問請求権を後退させなければならず、そのためには、その利益を享受している当事者による法的審問請求権の放棄が必要となる。しかし、その際には、こうした基本法上の権利を私人が放棄

42) Stürner, Die Aufklärungspflicht der Parteien des Zivilprozesses (1976), S.226 ff.
これと同じ考え方は、その後、Stürner, Die gewerbliche Geheimsphäre im Zivilprozeß, JZ 1985, 453, 459.（ロルフ・シュテュルナー（鈴木正裕・小橋馨訳）「民事訴訟における職業上の秘密」民商法雑誌94巻4号（1986年）423頁以下）においても述べられている。
なお、シュテュルナー教授は、秘密保護手続は、実体法上の情報請求権について実務が発展させた方法（前掲Ⅱ 3）を訴訟手続に移行したものであるとしている。

できるか否かという問題を解決しなければならない。

(2) これについて、シュテュルナー教授は、次の解答を用意した。すなわち、「法的審問請求権は基本権であって、これをあらかじめ放棄することはできない、と一般的に解されている。しかしながら、こうした理解に対しては、法的審問請求権が法治国家の訴訟手続に対してもっている基本的な意義を考えることによって反論することが可能である。すなわち、司法機関が私人の主体的な地位を意識的に無視するような訴訟手続は、私人がこれに同意しようがしまいが、存在すべきでない。このテーゼの基本的正当性を争おうとすることは誤りであろう。問題は、このテーゼが具体的な場合においても完全に維持されているか否かという点にある。証明責任を負っている当事者は、法的審問請求権を保障されてはいるものの、相手方による事案解明のないままであるために*、不完全な権利保護を甘受するか、それとも、法的審問請求権の保障は完全ではないものの、相手方による事案解明があることによって実効的な権利保護を得られるか、このいずれか一方の選択を迫られる。証明上の危険を克服するためには、相手方の事案解明が不可欠であるにもかかわらず、そうした相手方の事案解明を要求できない場合には、実効的な権利保護を保障すべき法的審問請求権が空洞化してしまう。したがって、法的審問が不完全である場合に実効的な権利保護が可能であると考えられるならば、法的審問請求権に固執すべきではなく、完全な法的審問を放棄して実効的な権利保護を得るという選択権を、基本権の担い手に与えるべきである。このことは、仮の権利保護の手続において、申立人の即時の実効的な権利保護のために相手方の法的審問請求権を犠牲にしていることを想起するならば、ますます妥当性を強めるであろう。」と。

＊ シュテュルナー教授は、証明責任を負っていない当事者の事案解明義務を前提として議論を展開しているため、「相手方による事案解明がないままであるために」という記述になっているが、例えば、わが国の特許侵害訴訟において被告が具体的態様の明示義務（特許法 104 条の 2）を負う場合（理由付否認（民訴規 79 条 3 項）の場合も）のことを想定するならば、教授が前提としていることと同様のことが当てはまるであろう。

(3) さらに続いて、シュテュルナー教授[43]は、法的審問請求権の放棄は、訴

43） Stürner, a.a.O., S.227.
わが国で、この点を詳しく論ずるものとして、木川・生田・前掲注 12）506 頁。

訟記録のうち企業秘密に関係する部分の閲覧の放棄のほか、証明責任を負っている当事者に対して企業秘密の漏洩をもたらす判決理由を開示しないことも内容とするとしている。したがって、その反面、控訴するに際しては、控訴理由の詳細な理由づけ（ドイツ民訴法520条）ではなく、判決理由の「配慮のある（schonend）」記載――営業秘密を扱ったライヒ最高裁の言葉[44]――に応じた程度の理由づけを容認せざるをえないとする。また、上告理由についても同様である。そして、このような秘密保護手続による民事訴訟の基本構造に対する介入は、企業秘密のために権利保護を拒絶することに比較するならば、弊害はより少ないものといえるとする。

他方、証明責任を負っていない当事者は、秘密保護手続において事案の解明を義務づけられるが、この者は証拠調べに立ち会い、記録を閲覧できるので、その地位を制限されることはない。また、判決理由の「配慮ある」記載に関しても、この者は証拠調べの結果を記録から詳しく知るため、問題はない。「秘密とされている」事実に関して解明できなかったことの危険（証明責任――筆者）を負っている当事者の手続権のみが制限されているにすぎず、これとても秘密保護手続を通じて利益になることはあっても、失うものはない。このように述べている。

(4) 以上が、当事者による法的審問請求権の放棄の許容性に関するシュテュルナー教授の理由づけの要点である[45]。法的審問請求権の放棄の内容とそれに伴って生ずる、放棄した当事者が後に提起しようとする上訴の際に生ずる問題点（Ⅰ2(2)（前掲最一小決平成21年1月15日）参照）にも周到に言及していることが理解できる。一方で根拠づけを、また他方でインカメラ手続の課題も浮き彫りにしている点で、その鋭さに感心せざるをえない。

44) RG MuW (XV) 1916, 48（判例掲載誌を参照できず、Stürner, a.a.O., S.227. Fn.87. によった。）.

45) こうした実効的な権利保護の観点からの法的審問請求権の制限（インカメラ手続の許容）については、笹田・前掲注28）488頁以下および山下・前掲注28）が、いずれも連邦憲法裁判所1999年10月27日決定に即して詳細に論じている。この2論文においては、情報公開訴訟におけるインカメラ手続の問題に焦点が絞られており、本稿の民事訴訟を中心とする視点とはやや異なるため、これらについて言及はできないが、今後の情報公開制度のあり方（Ⅰ2(3)）に対して寄与するところが大きいと考える。

V　わが国におけるインカメラ手続との対比と将来の方向

1　ドイツのインカメラ手続を含む秘密保護手続の特徴

Ⅲにおいて眺めたドイツの手続については、次の特徴を指摘することができる。まず、民事訴訟においては、インカメラ手続は存在しないものの、これに匹敵する手続が知的財産関係訴訟においてデュッセルドルフ手続という形で定着・実施されている。他方、行政訴訟においてはインカメラ手続が規定されており、また、最近ではごく限られた領域ではあるが本案の裁判所がインカメラ手続を行うことも認められている。こうした実務の現状の下で、民事訴訟の領域では学説の対応は必ずしも十分とはいえない。しかし、最近では、従来から存した秘密保護手続の必要性を説く学説に支えられて、民事訴訟において行政訴訟のインカメラ手続を転用しようとする動きが活発化している。また、行政訴訟の領域では、本案の証拠調べにおいてもインカメラ手続を用いるべきであるとの議論が拡大しており、インカメラ手続の問題領域における従来の対応の遅れ――わが国からみて――は、ほとんど解消しているといえよう。

(2)　個別的にみた場合に、知的財産関係訴訟のデュッセルドルフ手続（Ⅱ3）においてインカメラ手続に代替するところの、提示・検分の受忍処分に関しては、鑑定人、申立人の相手方および限定された申立人の代理人に対してのみ検査に関与または立ち会うことが認められ、申立人自身には認められないという点に特徴がある。そして、関与または立会いを認められた者には、相手方に対する関係で刑事制裁を伴う守秘義務が課される。また、通常は受忍処分の発令に先立って相手方は審尋されないけれども、検査の後に秘密保持利益に関して意見を述べる機会を保障される。その上で、裁判所は、鑑定結果を申立人に開示するか否かおよびその範囲を決定することができる。中立的な鑑定人による検査の方法によって、相手方による特許権侵害の蓋然性が明白または高度であると判明したときは、相手方の秘密保持利益は失われ、その場合に限って、実施された鑑定結果は、制限なく開示することが可能となる。また、裁判所による開示・不開示の決定は、正当な秘密保持利益について十分な拠り所がなお存している限り、特許権者の関与なくして行われる。

わが国の民訴法223条6項や特許法105条2項等のインカメラ手続との相違

は、手続を行う主体がドイツでは守秘義務を負っている鑑定人であって、裁判所ではないのに対して、わが国では裁判所である点にある。他方、守秘義務を課す根拠については、刑法による（ドイツ）か、それとも特許法等の個別の法律による（わが国）かの違いはあるとしても、基本的に異ならないといえる。いずれにせよ、先に述べたドイツの知財関係訴訟をめぐるデュッセルドルフ実務は、このような方法および範囲においてインカメラ手続と類似・匹敵するものといって過言ではない。

(3) 行政訴訟におけるインカメラ手続（Ⅲ）については、連邦憲法裁判所の決定（2006年）中の少数意見において、本案の裁判官がインカメラ手続に関与すべきであるとの見解が述べられており、これに賛同する学説がある点にも注目すべきであろう。また、ドイツ電気通信法138条において本案の裁判官がインカメラ手続を実施することが明文で規定されたが、その結果の利用については関係者の同意に依拠すると規定している点において、なおも完全な本案のインカメラ手続との間には間隙があるものと考える（関連して、同法138条2項2文が、営業または企業秘密が関係する文書等の提出義務について、本案の裁判所がする具体的な判断要素――当該文書の裁判における重要性、代替証拠による解明可能性、秘密保持の利益をめぐる相互に対抗する利益の比較衡量――を規定している点も看過できない。)。

(4) 学説については、実務の後追いとの感を否めない面があるけれども、インカメラ手続または秘密保護手続による実効的な権利保護と法的審問請求権との関係について、基本法上の2つの権利の緊張関係に対して、前者を優先するとの究極的な決断とその理論的根拠を明確にしている点において、確固たる基盤を提供していると評価できる。

そこで、これらを踏まえて、わが国のインカメラ手続について従来から指摘されている問題点について、若干の検討を加えることとする。

2 インカメラ手続における申立人の手続保障と裁判官の心証形成の排除をめぐって

(a) これまでの議論

(1) Ⅰ1で示したように、現行法におけるインカメラ手続は、文書提出義務の存否の審理（特許法では文書の所持者が書類の提出を拒むことについて正当な理由があるか否かの審理）のために設けられており、裁判所のみが所持者の提出した文書を閲読して、文書の提出を拒むことの正当な理由があるか否かを判断するものである。そこでの問題点としては、①文書提出命令の申立人は文書の内容について知る機会を与えられていないこと――手続権の保障に欠ける――、②提出義務の存否の判断のために文書を閲読する裁判官が、係争事実について心証形成する可能性に対する危惧が存すること――本案の判断に対する影響――、の2つが指摘されている[46)]。

(2) そこで、この問題を解消する方策として、①に対しては、文書提出命令の申立人等の訴訟関係人に秘密保持命令を発令して文書閲読の機会を保障すること、また、②に対しては、インカメラ手続における文書の閲読は証拠調べとしての性質をもたず、その結果を心証に反映させてはならないとの指摘が、刑事訴訟規則192条・207条を援用して、なされた。また、③インカメラ手続に先行してヴォーン・インデックス方式を用いて[47)]、これが不奏功の場合にはじめてインカメラ手続を実施するとの方法が提案されたほか、④受訴裁判所以外の中立的第三者による文書の閲読およびその結果としての秘密該当性についての意見提出という考え方（特許法改正の際の「技術鑑定人」）[48)] もあった。

(3) これに対して、伊藤眞教授は[49)]、それぞれの難点を踏まえて、次のような認識の下に、新たな提案を行っている。すなわち、アメリカのプリトライアル手続におけるインカメラ手続が、①秘密保護措置の下で第三者は排除するが申立人の代理人を参加させて行われること、また、②行政情報公開訴訟においては文書提出拒絶事由の証明責任が相手方たる行政庁にあり（この点はドイツで

46） 以下の問題点の指摘については、伊藤・前掲注1）191頁によった。

47） 奥・前掲注1）207頁以下。

48） 工業所有権審議会損害賠償等小委員会報告書（1997年）114頁。同書では、特許権者等が、侵害行為を特定し、その具体的構成態様を根拠を明示して主張した場合において、「相手方がその主張を否認するときは、裁判所は、当事者の申立により決定をもって、当該侵害とする行為を明確にするために技術鑑定人に左の事項を調査鑑定させることができる。」とし、「一　裁判所が当事者及び技術鑑定人の意見を聞いた上で、調査の必要があると認める、当事者の文書、検証物その他の設備に基づいて当該侵害とする行為の内容を明らかにすること。二　前号の文書、検証物その他の設備状況が、法令及び慣行に照らし適正か否か。」としている。詳細は、同書参照。

49） 伊藤・前掲注1）205頁以下

も同様である。)[50]、わが国のように裁判所が提出拒絶事由の不存在について心証形成ができないことを理由として文書提出命令を却下する可能性があるのと比較して、申立人の不利益を小さくする努力がなされているとする。また併せて、ヴォーン・インデックス方式については、インカメラ手続の実施場面を限定するとしても、インカメラ手続自体の適正な運用には寄与しないと指摘している。

その結果、山本和彦教授の審理契約の考え方[51]を参考にして、裁判所と両当事者との審理契約に則って、「インカメラ手続の実施に際して裁判所が文書提出命令申立人の代理人たる弁護士の立会いを認める」という具体策を提案している[52]。それは、インカメラ手続において裁判官の心証形成の余地があることを認めた上で、その可能性を当事者の合意による代理人の関与によって抑制しようとするものであり、当事者間で合意が成立するならば、手続の運用の公正さに大きく寄与すると考えられるため、筆者としては積極的に評価したいと考えている。しかし、なお、これまで眺めてきた前記ドイツ法の議論から参考に供すべきものもいくつかあろうと考えるので、次にそれを点描してみたい。

(b) ドイツの議論からの示唆と若干の私見

(1) 先にみたように、ドイツ法におけるインカメラ手続を含む秘密手続については、鑑定人（及び代理人たる弁護士）による手続の実施という点で徹底している。これは、ドイツでは鑑定人の利用が、とりわけ知財関連訴訟等の高度な技術的・専門的問題に関わる場合に積極的であったという伝統に由来するであろうが[53]、わが国の訴訟においても、近時は、先の技術鑑定人等に象徴される専門家の利用がつとに説かれている[54]。また、鑑定人には中立性が要求されていることはもちろん、守秘義務も課せられており、秘密保持の面でもインカメ

50） 春日・前掲注 28）207 頁。ちなみに、特許法 105 条 1 項に基づく文書提出命令の申立てにおいては、被告（所持人）側に提出拒絶の正当理由の主張・証明責任がある。司法研修所『特許権侵害訴訟の審理の迅速化に関する研究』司法研究報告書 54 輯 2 号（2003 年）91 頁。

51） 山本和彦『民事訴訟審理構造論』（信山社、1995 年）335 頁以下。

52） 伊藤・前掲注 1）208 頁。

53） ドイツにおける秘密手続と鑑定の利用をめぐっては、木川・生田・前掲注 12）483 頁以下参照。また、司法研修所『イギリス、ドイツ及びフランスにおける司法制度の現状』司法研究報告書 53 輯 1 号（1999 年）110 頁以下。

ラ手続の実施主体として機能的であると考える。しかも、秘密保持命令についてはいくつかの批判があり、これを解消するためには、やはり中立的な鑑定人等の利用を考える必要があろう。また、仮に鑑定人が裁判官に代わってインカメラ手続の実施主体となるならば、伊藤教授が提案する当事者の合意によって代理人たる弁護士を関与させて裁判官の心証形成の余地に対して掣肘を加えるという必要も解消してしまう。

(2) もっとも、問題としては、文書の提出義務の存否と証拠調べの必要性の判断を切り離して、前者についてだけ、受訴裁判所の構成員ではない中立的な鑑定人による判断に委ねることは、審理の遅延とコスト増を招くといったマイナス面があろう。しかしながら、これについては、特化した専門技術的な知識を有しない裁判官による文書の閲読とこれに基づく提出義務の存否の判断の方が時間がかかり、また、適切な判断の保障を求めて不服申立てがなされることを想定するならば、受訴裁判所の構成員に閲読をさせる方が遅延と負担の増大を招く可能性が大きく、それよりも鑑定人に委ねる方が合目的的ではなかろうかと考える。

(3) したがって、冒頭Ⅰ１に示した①および②の問題を解決する方向性としては、現在の裁判官によるインカメラ手続はそのままにしておくとして、なお、ドイツの秘密手続と同じように鑑定人に委ねる方式（および当事者間でのこうした方式の合意）についても検討の余地は十分に残っているのではなかろうかと考える。もちろん、筆者としては、伊藤眞教授が提唱されるように、裁判所および両当事者間で先のような内容の審理契約（(a)(3)参照）が可能となるのであれば、そうした関係者の意思を優先することに吝かではない。しかし、そのような合意が整わない場合も十分にありうることを想定するならば、裁判所が、文書の提出義務の存否の判断を鑑定人に委ねる方法という選択の余地も残しておき、柔軟な対応を図ることができるようにすべきではないかと考える[55)]。

---

54) 司法研修所『専門的な知見を必要とする民事訴訟の運営』司法研究報告書 52 輯 1 号（2000 年）特に 94 頁以下等参照。

3　申立人による手続権の放棄とインカメラ手続の許容性
——情報公開訴訟における問題について

(1)　Ｉ２で取り上げた最一小決平成21年1月15日をめぐっては、証拠申出の採否を判断するためのインカメラ手続とは別に、証拠調べそのもののインカメラ手続を当事者が手続権を放棄して求めることが可能であるかどうかということが問題となる。

前記最決は、「情報公開訴訟において不開示とされた文書を対象とする検証を被告に受忍させることは、それにより当該文書の不開示決定を取り消して当該文書が開示されたのと実質的に同じ事態を生じさせ、訴訟の目的を達成させてしまうこととなるところ、……立会権の放棄等を前提とした検証の申出等は、上記のような結果が生ずることを回避するため、事実上のインカメラ審理を行うことを求めるものにほかならない。」とした上で、「しかしながら、訴訟で用いられる証拠は当事者の吟味、弾劾の機会を経たものに限られることは、民事訴訟の基本原則であるところ、情報公開訴訟において裁判所が不開示事由該当性を判断するために証拠調べとしてのインカメラ審理を行った場合、裁判所は不開示とされた文書を直接見分して本案の判断をするにもかかわらず、原告は、当該文書の内容を確認した上で弁論を行うことができず、被告も、当該文書の具体的内容を援用しながら弁論を行うことができない。また、裁判所がインカメラ審理の結果に基づき判決をした場合、当事者が上訴理由を的確に主張することが困難となる上、上級審も原審の判断の根拠を直接確認することができないまま原判決の審査をしなければならないことにな（り）」、民事訴訟の基本原

---

55)　なお、ヴォーン・インデックスの必要性について、筆者は、情報公開訴訟を含む行政訴訟と民事訴訟とでは、前者の方が格段に高いと考える。宇賀・前掲注6）230頁が、情報公開・個人情報保護審査会設置法9条3項によるヴォーン・インデックスに関して指摘しているように、例えば国家安全保障にかかわる機密文書の提出において公益が関係する度合いは、民事訴訟におけるそれと比較しえないほど高いため、ヴォーン・インデックスは不可欠といえるであろう。他方、仮に民事訴訟においてヴォーン・インデックスを補充的に用いることができるとしても、文書の提出義務の存否についてより明確な判断を可能にする手段としてのインカメラ手続が存在し、かつ、行政訴訟におけるようなヴォーン・インデックスによらなければならないという必要性が乏しい場合には、インカメラ手続によった方が直截であると考えられる。伊藤・前掲注1）205頁以下が指摘する理由とも相俟って、筆者も民事訴訟においてヴォーン・インデックスを導入することについては消極的にならざるをえない。

則に反するから、情報公開訴訟において証拠調べとしてのインカメラ審理を行うことは、明文の規定がない限り許されないとした。

しかし、同決定の補足意見（泉徳治判事）は、こうした放棄の下で行われるインカメラ審理が民事訴訟法の基本原則に抵触するとの考え方は、双方審尋主義の形式的解釈に起因するにすぎないとして、手続権の放棄を硬直的に捉える必要はないとしている。

ここでの焦点は、現行法の下で当事者は手続への立会権や検証調書の閲覧権といった手続法上の権利——ドイツ法の法的審問請求権（ドイツ基本法 103 条）——をあらかじめ放棄することがそもそもできるのか否かといった問題に集約され[56)]、また、憲法 32 条との関連を度外視することもできないであろう[57)]。

(2) この基本問題に対しては、前記Ⅳ 3 に掲げたシュテュルナー教授の解答が、正鵠を射ているのではなかろうか。繰返しは避けるが、実効的な権利保護と法的審問請求権の保障のいずれを優先させるかという問題である。極限的な場面における最後の手段（Ultima ratio）としては、権利者にとって、法的審問

---

56) 証言拒絶権のような公法上の権利（抗弁権）については、証人義務が一般的な公法上の義務であることから、これを当事者が訴訟契約の一種としての証拠契約によって、あらかじめ放棄することは許されない。だが、証拠調べの立会権については、裁判所は期日を指定して呼び出さなければならないが（わが国の民訴法 94 条 1 項）、呼出しにもかかわらず、証拠調べ期日や審尋期日に出頭しない場合には証拠調べを実施することができる（同 183 条）。また、証拠保全についても期日の呼出しに例外が認められている（同 240 条但書）。さらに、民事訴訟の原則の 1 つである直接主義の貫徹も当事者の意思によっていることは明らかであろう（同 249 条 3 項）。これらに照らすと、立会権や調書の閲覧権は、証言拒絶権のように当事者の意思によって左右しえない絶対的なものとはいえず、一般的には放棄も可能であると考えることは可能であるといえよう。もっとも、必ずしも十分な根拠づけとはいえず、憲法上のより積極的な根拠を探求する必要があろう。

57) この点について、平野朝子「最近の判例から—いわゆる『インカメラ審理』を巡る最高裁決定」法律のひろば 62 巻 10 号（2009 年）68 頁は、「インカメラ審理は、憲法 82 条の一般公開問題だけでなく、32 条の前記諸学説が指摘するような審尋（問）請求権との抵触という問題も生じ得るところ、同条との関係に関して、本決定は、単に、前記審尋（問）請求権の内容を民訴法の一般原則として言及するにとどまっており、そもそも憲法 32 条の保障が及ばないという前提に立っているのか、それとも、憲法 32 条の保障が及ぶという前提に立った上で、明文で手続を定めれば憲法 82 条に抵触しないと解しているのかは本決定からは必ずしも十分明らかではない。インカメラ審理の導入は、現行民訴法の原則との関係で問題となるにすぎず、その導入には憲法違反の問題が一切生じないと解し得るかについては、今後とも慎重な議論を要すると思われる。」と述べている。なお、藤原昌子・平野朝子「検証物提示命令申立て一部提示決定に対する許可抗告事件」訟務月報 55 巻 8 号 2802 頁以下も参照。

（手続権の保障）が不完全であっても、これによって実効的な権利保護が可能になるのであれば、後者を優先させて（前者を後退させて）、インカメラ手続を認めるべきであるとしている（詳細はⅣ 3(2)）。

これに関しては、木川統一郎博士も[58]、「私は、企業秘密の保護は、資本主義社会における公序の一つであると解し、……この場合に非公開とすることは、憲法第29条の財産権の保障、憲法第32条の裁判を受ける権利（実効ある権利保護を要求する権利を含む）の保障の趣旨にも合致すると思う。……企業秘密の取調べ（弁論を含む）に関するいわゆる秘密訴訟手続（Geheimverfahren）の核心的問題点は、秘密取調べにおける相手方当事者の立会権の否定にあると思う。」とし、ドイツ特許法139条が規定している一種の秘密手続の分析を介して、「代理人限りの検証又は裁判所の鑑定人が行う検証への代理人のみの立会」という方法が最適であると結論づけている。シュテュルナー教授と類似の見解を述べていることを確認しておきたい。

ちなみに、わが国の学説のなかには、前記最一小決平成21年1月15日の法廷意見をもっともであるとしつつも、「むしろインカメラ審理を実施することによって、裁判所が客観的な判断をすることができ、より充実した訴訟審理が可能となるのであるから、決して民事訴訟の基本原則に違反するものではない。」として、解釈論上もこのようなインカメラ手続を認めてしかるべきであるとの意見がある[59]。また、総務省の行政透明化検討チームの提言に先立って、次のような意見が述べられている。すなわち、双方審尋主義が、刑事事件については憲法37条2項によって規定されているが、民事・行政事件については規定がなく、後者においては当事者が望まない場合にまで双方審尋主義を貫徹する理由はないとの考え方から、前記泉裁判官の補足意見に賛成して、立法上の措置を講ずるべきであるとの意見などがある[60]。

(3) また、前記最一小決平成21年1月15日では、不開示文書の記載内容の

---

58) 木川・生田・前掲注12）494頁以下および503頁。

59) 安井・前掲注9）369頁以下。

60) 渋谷・前掲注8）50頁。また、詳細は割愛するが、笹田・前掲注28）515頁以下は、インカメラ手続の導入について憲法上の可能性を認めるものの、立法化によって対応すべきであるとするほか、山下・前掲注28）536頁以下もインカメラ手続を一切認められないとする理由はないとする。

詳細が明らかになる方法での検証調書の作成およびその閲覧を放棄することによって、放棄した当事者が当該文書の内容を援用して弁論を行うことができない不利益のほか、裁判所が的確でない上訴理由に基づいて原判決を判断しなければならない点も、インカメラ手続を否定する理由として指摘されている。しかし、こうした問題についても、同じくシュテュルナー教授は、先の理由に加えて、判決理由の記載の工夫によって問題は解決可能であって、法的審問を放棄できないとする短絡的な結論を否定していることはすでに述べた通りである[61]（Ⅳ 3(3))。

このように、シュテュルナー教授の考え方、ガイアー判事の少数意見およびシュタッドラー教授の主張は連続線上にあり、今後わが国の類似の問題を考える上で、非常に参考になるであろう。

(4) 最後に、行政透明化検討チームの提言についても触れておく。この提言では、情報公開訴訟において特例としてインカメラ審理を許容するための要件について、裁判所は、①裁判官の全員一致により、②不開示事由の有無について、審理の状況および当事者の訴訟遂行の状況その他の事情を考慮して、当該行政文書の提出がなければ公正な判断をすることができないと認めるときは、③当事者の同意を得た上で、決定により文書の提出を命ずることができる、としている。また、この決定に先立って、裁判所に対して当事者の意見聴取を義務づけている。

ドイツ法との比較でいうと、まず、電気通信法138条（後掲〈参考条約〉参照）が、本案の裁判所によるインカメラ手続を規定した上で（2項)、その結果得られた情報の開示に関しては、関係人の同意を必要とする（4項）としている点に注目すべきであろう。また、同じく2項が、「営業又は企業秘密が関係するときは、裁判所は、文書の提出が裁判にとって不可欠であり、他に事案解明の可能性が存せず、かつ、文書の提出の利益が関係者の秘密保持の利益を上回る場合に限り、官庁に対して文書の提出を義務づけるものとする。」としている点も非常に参考になる。すなわち、まず、行政透明化検討チームの提言で示されている、上記の②要件――不開示事由の有無等について当該行政文書の提出

61）これらの問題について、詳細は、木川・生田・前掲注12）505頁以下参照。

を受けなければ公正な判断をすることができないと認めるとき――と、2項の「文書の提出が裁判にとって不可欠であり」との要件とが類似していることは明らかであり、ここには、インカメラ手続という法的審問請求権を制限する手段によって文書の提出を義務づけて、これに基づいて実効的な権利保護を図るという目的を達することができる場合ということが含意されていると容易に考えられるであろう。また、上記の③要件である当事者の同意が、ドイツ法でも同様に要件であることはいうまでもない。さらに、インカメラ手続を許容する際の考慮要素として掲げられている「審理の状況及び当事者の訴訟遂行の状況その他の事情を考慮して」（検討チーム）と、「他に事案解明の可能性が存せず、かつ、文書の提出の利益が関係者の秘密保持の利益を上回る場合に限り」（ドイツ法）という判断基準の間にも、それほど径庭はないものと考えて差し支えないのではなかろうか。彼我同一とまではいえないとしても、同種の問題解決のために立法上の現実的な対応を試みる姿勢には少なからず共通性が認められるといえよう[62]。

以上の諸点を指摘して、検討チームによる今後の具体的な立法化の作業に期待したい。

4 むすび

(1) ドイツ法との比較のなかで、わが国のインカメラ手続の問題点を眺めて

62) 中野貞一郎「民事裁判の公開と秘密保護」『民事訴訟法の論点Ⅱ』（判例タイムズ社、2001年）23頁以下は、憲法82条の裁判公開原則を解釈によって修正し、例外として秘密保護手続を設ける方法の1つとして、裁判所外における証拠調べ（民訴法185条1項前段）による非公開の手続の可能性を論じている。同条の裁判所が「相当と認めるとき」という要件のなかに、前記のように、①実効的な権利保護のためには当事者の手続権（法的審問請求権）の保障を後退させてでも実効的な権利保護を優先させなければならない場合であって、②手続権の保障が後退することについて不利益を被る当事者が「同意しているとき」というものも含めることによって、裁量の余地を画した、限定的な非公開の秘密保護手続は（情報公開訴訟におけるインカメラ手続も）理論的にも具体的にも可能になるのではないかと考える。

なお、Ⅰ1④に示した問題、すなわち、知的財産関係訴訟に導入された秘密保持命令を民事訴訟にも一般化することの可能性についてであるが、筆者は、秘密保持命令の利用自体がほとんどない現状において、これをさらに民事訴訟に導入することについては、実際的な必要性の点で疑問であり、時期尚早であると考えている。もっとも、森脇・前掲注2) 216頁以下は、秘密保持命令の民訴法への導入の必要性を説いている。

みた。双方の間に連続面とそうでない面とがあり、直ちに結論めいたものを導くにはなお検討を必要とする。だが、今後の方向性としては、民事訴訟においても行政訴訟においてもインカメラ手続の必要性が増すことはあっても、その逆はなく、情報公開訴訟におけるインカメラ手続にみられるように、こうした流れに適切に対応するための不断の努力が求められるであろう。

(2) 秘密保護のためのインカメラ手続は、究極のところ、手続からの当事者の全面的排除を徹底し、裁判所および鑑定人のほかは、当事者の代理人に手続全体を通して白紙委任することになる[63]。それは、保護に値する秘匿の利益を確保しつつ「実効的な権利保護」を図るために、法的審問請求権であっても内在的な制約が存し、後退を余儀なくされる場面のあることを意味するであろう。また、それゆえ、インカメラ手続は、近代の民事訴訟法典が自由心証主義を導入して、事実認定に関して裁判官の自由心証に全面的に委ねたことに次いで、新たなエポックを画するものといえるのではなかろうか。

インカメラ手続は、ひとえに裁判所および代理人たる弁護士に対する確固たる信頼を基礎とするものである。そうした基盤が十分なものであるかどうかがインカメラ手続の成功の最大の鍵であることを確認して、筆を擱く。

〈参考条文〉

ドイツ民法第809条（物の検分）

物の占有者に対して物に関する請求権を有する者又はこの者にそうした請求権が帰属するか否かについて確認しようとする者は、これらの理由に基づく検分の利益を有する場合には、占有者に対して検分のために物を提示すること又は検分を受忍することを求めることができる。

＊ なお、ドイツ民訴法第485条以下の規定――春日偉知郎『民事証拠法論集』（有斐閣、1995年）112頁以下参照。ドイツ民訴法第935条は係争物に関する仮処分の規定であり、第950条は仮の地位を定める仮処分の規定である。

ドイツ刑法第203条（個人の秘密の侵害）第1項（趣旨）

他人の秘密、すなわち個人の生活領域に属する秘密又は営業若しくは企業秘密であって、弁護士、弁理士、公証人、法律で規定された手続における弁護人、公認会計士、宣誓した帳簿検査士、税理士、納税代理人――（3号）たる者に対して打ち明け又は告知された秘密について、権限なくしてこれを開示した者は、

63） 木川・生田・前掲注12）507頁。

1年以下の自由刑又は罰金刑に処す。

ドイツ刑法第353d条第2号（裁判所の弁論に関する公表の禁止）

法律に基づいて裁判所により課された守秘義務に違反して、非公開の裁判所の弁論により又は事物に関する公的文書を通じて知りえた事実を権限なくして開示した者は、1年以下の自由刑又は罰金刑に処す。

知的所有権の権利行使のための EU 指令第3条（総則）

① 加盟国は、本指令が規定する知的所有権の実行に必要な措置、手続及び法的救済を計画するものとする。この措置、手続及び法的救済は、公正かつ公平でなければならず、また、不必要に複雑若しくは費用のかかるものであり、又は不適当な期間を要し若しくは不当な遅延をもたらすものであってはならない。

② （省略）

知的所有権の権利行使のための EU 指令第6条（証拠）

① 加盟国は、当事者が自己の請求権を十分に根拠づけるために合理的に入手可能なすべての証拠方法を提出した上で、相手方当事者の処分権限内にある証拠方法を挙示している場合に、秘密とされている情報の保護の保障があることを要件として、この当事者の申立てに基づいてこの証拠方法を相手方が提出するよう管轄裁判所が命ずることができるように措置する。（第2文省略）

② 営業規模で権利侵害がなされている場合には、加盟国は、管轄裁判所が、同様の要件の下で、適切と認める場合において当事者の申立てに基づいて、相手方の処分権限内にある銀行記録、財務記録又は商業記録の引渡しを命ずることができるとすることを認める。

知的所有権の権利行使のための EU 指令第7条（証拠保全）

① 一方の当事者が、自己の知的所有権が侵害されている又は侵害されるおそれがあるとして、自らが入手可能な証拠方法を自己の請求権を根拠づけるために提出して申立てをしたときは、秘密とされている情報が保護されることを条件として、司法当局が自ら、本案の手続開始前に、主張された侵害に関する法律上重要な証拠方法を保全するために迅速かつ効果的な仮の措置を命ずることができるように、加盟国は措置を講ずるものとする。そうした保全措置は、見本を用いて若しくは用いないで詳細に説明すること、又は、侵害商品の物的差押え、並びに、必要と認めるときは、侵害商品の製造若しくは（及び）販売に必要な材料、機器及び関係書類の物的差押えを含むものとする。この措置は、必要と認めるときは、相手方当事者の審尋を経ずに行うこととし、特に、遅延によって権利者に回復し得ない損害を生ずる蓋然性がある場合、又は証拠が滅失してしまう危険性があることが証明された場合に、この措置を行うものとする。

証拠保全の措置が相手方を審尋せずに行われたときは、遅くとも保全措置の執行後遅滞なく、関係者にその旨を通知しなければならない。関係者の申立てがあったときは、保全措置の通知後、適切な期間内に、審尋を受ける権利を含めて、保全措置の変更、取消し又は維持について裁判するために審査が行われる。

② 加盟国は、第4項に規定するような相手方の損害を担保するために、証拠保全の措置を申立人による適切な保証金又はこれに相当する担保の提供を条件として認めることができるものとする。

③ 申立人が、適切な期間内に――保全措置を命ずる裁判所により定められる期間内であって、加盟国の国内法が許容している限度内において、又は、そのような定めがないときは、20仕事日若しくは31暦日のうちより長期の期間内において――司法当局に対して本案審理を行う手続を開始しない場合には、損害賠償請求とは別に、相手方の申立てに基づいて証拠保全の措置が取り消され又は無効とされるよう、加盟国は措置をとるものとする。

④ 証拠保全の措置が、取り消されたとき、申立人の作為若しくは不作為により無効となったとき、又は知的所有権の侵害若しくは侵害のおそれがないと確定されたときは、裁判所は、相手方の申立てに基づいて、申立人が相手方にこの保全措置によって生じた損害について合理的な賠償をしなければならない旨を命ずることができる。

⑤ 加盟国は、証人の身元を保護する措置を講ずることができる。

ドイツ特許法第140c条

① （第1文及び第2文省略）侵害者とされた者が、秘密情報がその対象（提出の対象――訳者）となっていると主張する場合には、裁判所は、個別の事件において必要とされる保護を確保するために必要な措置を講ずるものとする。

② 第1項による請求権は、個別の事件において相当性を欠く場合には、認められない。

③ 文書の提出義務又は物の検査の受忍義務は、民事訴訟法第935条から第945条までの規定による仮処分の方法によって命ずることができる。裁判所は、秘密情報の保護を確保するために必要な措置を講ずるものとする。特に、仮処分が相手方をあらかじめ審尋せずに命じられる場合に右の措置を講ずるものとする。

④⑤ （省略）

ドイツ特許法第139条

①及び② （省略）

③ 特許の対象が新たな製品の製造のための手続であるときは、反対事実の証明があるまでは、相手方によって製造された同様の製品は、当該特許製法によっ

て製造されたものと認められる。反対事実の証明の際には、被告の製造及び営業秘密の保全に関する正当な利益は考慮されなければならない。

* ドイツ特許法第140a条から同e条までの規定——春日偉知郎『民事証拠法論』(商事法務、2009年)278頁以下参照。

ドイツ行政裁判所法第99条(行政庁による記録の提出及び情報の提供)

① 行政庁は、文書又は記録の提出、電子文書の送付及び情報の提供を行う義務を負う。これらの文書、記録、電子文書又は情報の内容を公にすることにより、連邦又は州の安全に不利益をもたらすおそれがある場合又は当該事実が法律により若しくはその性質上秘密とされなければならない場合には、最上級監督官庁は、文書又は記録の提出、電子文書の送付及び情報の提供を拒絶することができる。

② 関係者の申立てに基づき、上級行政裁判所は、口頭弁論を経ずに決定により、文書若しくは記録の提出、電子文書の送付、又は情報の提供を拒絶することが適法であるか否かについて確定する(第1文——訳者(以下同じ))。最上級連邦官庁が、文書、記録、電子文書又は情報の内容を公にすることにより、連邦の安全に不利益をもたらすおそれがあることを理由として、提出、送付又は提供を拒絶する場合には、連邦行政裁判所が裁判する(第2文前段)。連邦行政裁判所が第50条により本案について管轄権を有する場合も、同様とする(第2文後段)。関係者の申立ては、本案について管轄権を有する裁判所にしなければならない(第3文)。本案について管轄権を有する裁判所は、申立て及び本案の記録を、第189条により管轄権を有する合議体(Spruchkörper)に引き渡すこととする(第4文)。最上級監督官庁は、管轄権を有する合議体の求めがあるときは、第1項第2文により拒絶した文書又は記録を提出し、電子文書を送付し、又は拒絶した情報の提供をしなければならない(第5文)。最上級監督官庁は、この手続(2項1文による拒絶の適法性を確定する手続——訳者)に参加しなければならない(第6文)。この手続は、実体的秘密を保護する諸規定に従うものとする(第7文)。実体的秘密を保護する諸規定を遵守することができない場合、又は監督官庁が、秘密保持若しくは秘密保護の特別の理由から、裁判所に対して文書若しくは記録の引渡し又は電子文書の送付をすることができないと主張した場合には、第5文による提出又は送付は、最上級監督官庁が指定した場所において裁判所に委ねる方法により行うこととする(第8文(以下インカメラ手続——訳者))。第5文により提出された記録若しくは電子文書、及び第8文により主張された特別の理由については、第100条は適用されない(第9文)。裁判所の構成員は、秘密保持義務を負う。裁判の理由は、秘密保持を必要とする文書、記録、電子文書及び情報についてその種類及び内容を認識できるようなものであってはならない(第10文)。裁判官以外の者については、人的な秘密保護の規定が適用される(第11文)。連邦行政裁判所が裁判していない限り、決定に対して独立して抗告

により不服を申し立てることができる（第12文)。上級行政裁判所の決定に対する抗告については、連邦行政裁判所が裁判する（第13文)。抗告手続については、第4文から第11文までの規定を準用する（第14文)。

ドイツ電気通信法第138条（連邦通信事業社の提出義務及び情報義務）

① 連邦通信事業社による文書若しくは記録の提出、電子文書の通信又は情報の付与（以下「文書の提出」という。）については、行政裁判所法第99条第1項を適用するものとする。この場合において、連邦通信事業社が最上級監督官庁に代わるものとする。

② 関係者の申立てに基づいて、本案の裁判所は、記録を提出しなければならないか提出してはならないかに関して、決定により裁判する。第1項による文書の提出について営業又は企業秘密が関係するときは、裁判所は、文書の提出が裁判にとって不可欠であり、他に事案解明の可能性が存せず、かつ、文書の提出の利益が関係者の秘密保持の利益を上回る場合に限り、官庁に対して文書の提出を義務づけるものとする。

③ 関係者の申立ては、裁判所が関係者に対して文書の提出に関する連邦通信事業社の決定を知らせた後1月以内にしなければならない。連邦通信事業社は、裁判所の求めがあるときは文書を提出しなければならず、行政裁判所法第100条は適用されない。裁判所の構成員は、秘密を保持する義務を負い、裁判の理由は、秘密とされた文書の種類及び内容を認識せしめるものであってはならない。文書を提出しなければならない又は提出してはならない旨の裁判所の決定に対しては連邦行政裁判所に抗告することができる。抗告については、本案について管轄権を有する上告裁判所の合議部が裁判する。抗告手続については、第2文及び第3文を準用する。

④ 不服申立てができない裁判所の決定により、文書が提出されず又は提出することを許されないときは、裁判所は、又は抗告手続においては抗告裁判所は、第3項第2文により提出された文書を直ちに連邦通信事業社に返還する。すべての関係者が同意する場合を除き、この文書の内容は、裁判所の裁判の基礎としてはならない。

スタージ記録法第31条（行政庁からの申立てに基づく連邦委員会の判断に対する裁判所の審査）

① 連邦委員会が、報告、記録閲覧又は記録返還をめぐる行政庁の嘱託を拒否したときは、関係行政庁の申立てに基づき、上級行政裁判所は、口頭弁論を経て決定によりこの許否の適法性に関して裁判する。決定に対して不服申立てはできない。先行手続は実施しない。連邦委員会がその住所を有する地区の上級裁判所が管轄権を有する。

② 裁判長は、特別の理由に基づいて、記録の閲覧若しくは記録の一部の閲覧又

は抄本及び謄本の作成若しくは交付を拒否又は制限することができる。この決定及び上級行政裁判所が行政裁判所法99条2項による文書の提出義務に関してした決定に対して不服申立てはできない。関係者は、記録の閲覧によって知りえた事実に関して秘密を保持する義務を負う。

補　論

(1)　Ⅱ3(d)(4)に関連して、欧州連合（EU）において、「秘密とされているノウハウ及び営業上の情報（営業秘密）の違法な取得並びに違法な利用及び開示からの保護に関する欧州議会及び理事会の指令のための提案（Vorschlag für eine Richtlinie des Europäischen Parlaments und des Rates über den Schutz vertraulichen Know-hows und vertraulicher Geschäftsinformationen (Geschäftsgeheimnisse) vor rechtswidrigen Erwerb sowie rechtswidriger Nutzung und Offenlegung）（最終案）」が2013年11月28日に公表されており（KOM (2013) 813endgültig)、その中に訴訟手続における秘密保護に関する規定（8条および14条）が存するので、これを紹介しておきたい。

(2)　この指令の提案は、「営業秘密を違法な取得、違法な利用及び違法な開示から保護するための規定を定める」ことを目的とするものである（1条)。また、これに続いて、「営業秘密」等の概念を規定した上で（2条)[64]、8条および14において以下のように規定している。

---

64)　**第2条（概念規定）**

本指令の目的のために、以下の概念規定を適用する。

1)「営業秘密」とは、以下の基準のすべてを満たす情報をいう。

a)　それが、その総体においても、また、その構成要素の綿密な配置及び組立てにおいても、通常の方法で情報に関わっている人的領域において周知のものでなく、又容易にアクセスできないという意味で、秘密とされているもの

b)　それが、秘密であるために、営業上の価値を有すること

c)　それが、状況に応じて、情報を適法に支配している者にとって適切な秘密保持措置の対象であること

2)「営業秘密の担い手」とは、自然人であると法人であるとを問わず、営業秘密について適法な支配を有している者

3)「権利侵害者」とは、自然人であると法人であるとを問わず、違法な方法により、営業秘密を取得、利用又は開示している者

4)「違法な製品」とは、その構想（コンセプト)、質、製造過程又は販売（マーケティング）が、主要な範囲において、違法に取得、利用又は開示された営業秘密に基づいていること

第８条（裁判手続の過程における営業秘密の機密保護）

1. 当事者、これらの代理人、裁判所職員、証人、鑑定人及びその他すべての者であって、営業秘密の違法な取得又は違法な利用若しくは開示を対象とする裁判手続に関与し、又は、その手続の一部である文書へのアクセスを行う者が、手続への関与又は文書へのアクセスによって知った営業秘密又は営業秘密とされるものを、権限無くして利用又は開示してはならないことを、構成国は義務づけることとする。

 以下の事情が存するときは、第1項前段に掲げる義務は生じない、

 a) 手続の過程において、営業秘密とされるものが第2条第1項の基準を満たさないことが確定したとき

 b) 問題とされる情報が、当該の種類の情報に通常関わる人的範囲において、時間の経過とともに一般的に知られ又は難なくアクセスできるものとなったとき

2. 権限ある司法当局が、一方の当事者の適式な申立てに基づいて、営業秘密の違法な取得又は違法な利用若しくは開示をめぐる裁判手続の過程において関係せしめられる営業秘密又は営業秘密とされるものの機密を保護するために必要とされる特別な措置を講ずることができるよう、構成国は保証することとする。

 第2項前段に掲げる措置は、少なくとも以下の可能性を有するものとする。

 a) 営業秘密を含んでいる文書であって、当事者又は第三者によって提出された文書へのアクセスを全部又は一部制限すること

 b) 場合によって営業秘密を開示される尋問へのアクセス、及び、当該記録若しくは謄本へのアクセスを制限すること。特段の事情が存し、かつ、適切な理由づけがある場合には、権限ある司法当局は、この尋問へのアクセスを制限し、かつ、この尋問を当事者の法定代理人及び第1項による秘密保持義務に服する権限ある鑑定人のみを立ち会わせて行うことを命ずることができる。

 c) 営業秘密を含む部分を削除して、機密でない裁判書を準備すること

 権限ある司法当局は、営業秘密又は営業秘密とされるものに必要とされる保護を考慮し、かつ、第2項a）に従い、当事者の一方が適法に支配する証拠方法を他方の当事者に開示してはならないと裁判する場合であって、かつ、この証拠方法が訴訟の結果にとって重要である場合であっても、当該情報を他方の当事者の代理人及び場合によっては権限ある鑑定人に対して――第1項による機密保持義務を条件として――開示することを認めることができる。

3. 第2項による申立ての許否の裁判及び相当性の判断をするに際しては、権限ある司法当局は、当事者の正当な利益及び必要な場合には第三者の利益を、並びにこの申立ての許否によって当事者及び必要な場合には第三者に生ずる可能性のある損害を斟酌するものとする。

4. 第1項、第2項及び第3項による個人情報のあらゆる取扱いは、EG指令95/46/EGに合致するものとする。

第14条（裁判所の裁判の公開）

1. 構成国は、管轄裁判所が、営業秘密の違法な取得又は違法な利用若しくは開示を理由とする手続において申立人の申立てに基づいて、かつ、権利侵害者の費用によって、当該裁判に関する情報の拡散——裁判の言渡し及び裁判の一部若しくは全部の公開を含む——に対する適切な措置を命ずることができるように、保証すべきものとする。
2. 前項による措置については、営業秘密の機密は、第8条の規定と合致して確保される。
3. 公表措置を命ずるか否かに関する裁判及び公表措置の相当性の判断に当たっては、権限ある司法当局は、そのような措置が権利侵害者の私的領域及び信用に対してどのような損害を与えるかどうかを斟酌し、また、侵害者が自然人である場合には、営業秘密の価値、秘密の取得、開示又は利用の際の権利侵害者の行為、及び権利侵害者による営業秘密のさらなる違法な利用及び開示の蓋然性を斟酌する。

(3) このように、上記の2ヶ条は、営業秘密を裁判手続における開示から保護することを目的とするものであり、今後は、こうした指令の提案が具体化されて、指令に結実していくことに期待が寄せられている。

ちなみに、こうした提案の発端は、「知的所有権の貿易関連の側面に関する協定（TRIPS）」（1994年）の42条5文、すなわち、加盟国は、「手続においては、現行の憲法上の要請に反さない限り、秘密の情報を特定し、かつ、保護するための手段を提供する。」との規定にあり、これを具体化したものといえる。

(4) こうしたEUの動向に対して、例えば、ドイツ政府（BT-Drucks 786/13 (Beschluss)(14.02.2014)）は、前記の8条に限ったものではあるが、次のような反応を示している。すなわち、「連邦参議院は、指令提案の第8条において裁判手続の過程における秘密保護の確保のための規定が設けられていることを歓迎する。しかしながら、同8条によると、関係する当事者自身も審問の機会を閉ざされる可能性がある点は（8条2項後段b号）、問題である。また、裁判所によって用いられる証拠方法も当事者自身に明らかにされない。このことは、基本法103条1項による法治国家の一般原則、すなわち、何人も裁判所の前では法的審問請求権を有するという一般的な原則と調和していない。」と述べている。また、その後も、いくつかの関係機関による意見表明がなされており、この問題をめぐる今後の動向に注意を払う必要があろう。

第2章 ドイツにおける行政庁の文書提出義務とその審理

——行政裁判所法におけるインカメラ手続を中心として

I はじめに

(1) 行政庁が所持する文書には、その開示要求に対して、秘匿すべき法的利益の存するさまざまな情報が含まれている場合が多々ある。行政庁は、みずからの活動のために、その包括的な権限をバックとして、多種多様な情報を収集・保存しているが、また同時に、そうした情報に対する一般市民のアクセスを保障することも行政庁の役割の1つであり、このことは誰もが疑わないであろう。とりわけ行政庁が非開示としている情報の取扱いをめぐっては、その質・量を反映して、開示と秘匿との緊張関係のなかで肌理細かな繊細な判断を通じて適切に対応することが強く求められている。

周知のように、こうした情報の開示と保護をめぐる問題がもっとも顕在化するのは、国や行政庁が訴訟の相手方または利害関係人となる場面であり、もとよりわが国の民訴法も、平成13年（2001年）改正により、情報公開法を踏まえて、公務文書について提出義務の一般義務化を図るとともに、提出義務の除外事由を規定することによって、これに対処しようとしている[1)]。

(2) もちろん、同様の問題が他国においても等しく存していることはいうまでもなく、現に、ドイツにおいても、基本的な考え方や開示・保護の方法について、細かな点で異なっているとはいえ、共通する面も多いことは確かである。特に、ドイツでは、行政庁を被告とする行政訴訟は、通常裁判所とは異なる行政裁判所が民事訴訟法とは別個の行政裁判所法を適用して審判するという点で、民事事件を管轄する裁判所が民訴法を包括的に準用して（行訴法7条）審判するわが国とは著しく相違している。しかしながら、こうした相違にもかかわらず、国や行政庁が非開示として所持する文書をめぐって、訴訟における他方当事者の開示要求に対して、裁判所がどのように対処すべきか、つまり開示か保護かという問題が絶えず激しく争われ、また、これに対処する具体的な方法が模索されてきている点では共通する面が多いといえる。

(3) 本章は、こうした問題について、ドイツ行政裁判所法における文書提出義務とインカメラ手続の規定を中心にして、紹介と若干の分析を試みて、わが国におけるこの問題について示唆を得るきっかけにしようとするものである。筆者は、すでに別稿「ドイツにおける行政庁の文書提出義務とその周辺問題―ドイツ行政裁判所法を中心として―」（1997年）[2] を公にしているが、その後ドイツでもインカメラ手続の導入等、状況の変化が著しい。そのため、最近の様相を改めて眺め、彼我の法制度の比較を介して問題解決にいささかでも寄与したいと考える次第である。

II　ドイツ行政裁判所法における文書提出義務の規律 ――民事訴訟法との比較を交えて

(1) ドイツの司法は、わが国とは異なり、行政事件は行政裁判権に、民事事件（刑事事件も）は通常裁判権に服しており、このほかに、労働裁判権、社会裁判権および財政裁判権を含む5系列の裁判権から成り立っている。また、第一審および控訴審については州裁判所が管轄権を有するが、上告審については連

1）　わが国においては、公務文書の提出義務およびその範囲は、情報公開法（平成11年法律第42号・平成13年4月1日施行）との関連において決定されるべき問題であったため、同法を踏まえて、平成13年の民訴法改正によって、220条4号において公務文書の文書提出義務を一般義務化した上で、新たに除外文書として公務秘密文書（同号ロ）と刑事事件関係書類（同号ホ）を加えて、後者（同号ホ）を除いた4号に掲げる文書についてインカメラ審理をすることができるとした。深山卓也ほか「民事訴訟法の一部を改正する法律の概要（上）（下）」ジュリスト1209号（2001年）102頁以下、同1210号173頁以下のほか、中野貞一郎ほか『新民事訴訟法講義［第2版補訂2版］』（有斐閣、2008年）340頁以下（春日）等参照。詳しい分析については、長谷部由起子「公務秘密文書の要件」青山善充先生古稀記念『民事手続法の新たな地平』（有斐閣、2009年）335頁以下等参照。

2）　春日偉知郎『民事証拠法論』（商事法務、2009年）199頁以下。

邦裁判所が管轄権を有している。これ以外に、ドイツ連邦共和国基本法（以下「基本法」という。）上の問題が関係する場合には、さらに憲法異議の訴えを連邦憲法裁判所に提起することができるという構造になっている（基本法93条）。

本章の主たる対象である行政裁判所では職権探知主義が妥当しているが（行政裁判所法86条[3]（以下では条文のみで示す。））、証拠調べについては、行政裁判所法に特則がない限り、基本的に民訴法の規定が準用される（98条）[4]。重要な特則としては、99条（行政庁による記録の提出および情報の提供）および100条（記録の閲覧）があり、本稿に直接関係するのは前者である（後掲訳参照）。

(2) 民事訴訟における文書提出義務については、ドイツ民訴法421条から423条までの規定があるほか、2001年の改正によって、同142条および144条の内容が一新された。すなわち、民事訴訟では文書提出義務は依然として限定的義務とされているが、裁判所は、一定の要件の下で、当事者の申立てがなくても、係争事実を解明する権限を有することとなり、弁論主義を前提としつつ、職権証拠調べに関する裁判所の権限の拡大が図られている[5]。しかしながら、民事訴訟においてはインカメラ手続がない点で、行政訴訟とは明らかに異なっている。

他方の行政訴訟では、文書提出義務に関する民訴法421条から423条の規定が準用されているものの、前記の99条の特則によって、事案の包括的な解明を目的として、行政庁の文書提出義務の範囲が著しく拡大されている（1項）。また、関連して、インカメラ手続に関しても詳細な規定が設けられている（2項、特に9文から11文）。

---

3) **行政裁判所法第86条（職権探知主義等）**

① 裁判所は、事実関係を職権で探知する。その際に、関係者を呼び出さなければならない。裁判所は、関係者の主張及び証拠申出に拘束されない。

②〜⑤ （省略）

4) **行政裁判所法第98条（証拠調べ）**

本法律に異なる規定がない限り、証拠調べについては、民事訴訟法第358条から第444条までの規定及び第450条から第494条までの規定を適用する。

5) ディーター・ライポルト（三上威彦訳）「民事訴訟における証明と違法に収集された証拠方法の取扱い—ドイツ法における新たな展開について—」法学研究80巻11号（2007年）71頁以下。詳細は、春日偉知郎「ドイツの民事訴訟における文書の提出義務—実体的訴訟指揮の一環としての職権による文書の提出命令」松本博之先生古稀祝賀論文集『民事手続法制の展開と手続原則』（弘文堂、2016年）413頁以下参照。

(3)　そこで、まずは行政裁判所法99条を訳出した上で、その具体的な内容を眺めてみることとする。

行政裁判所法第99条（行政庁による記録の提出及び情報の提供）

① 行政庁は、文書又は記録の提出、電子文書の送付及び情報の提供を行う義務を負う。これらの文書、記録、電子文書又は情報の内容を公にすることにより、連邦又は州の安全に不利益をもたらすおそれがある場合又は当該事実が法律により若しくはその性質上秘密とされなければならない場合には、最上級監督官庁は、文書又は記録の提出、電子文書の送付及び情報の提供を拒絶することができる。

② 関係者の申立てに基づき、上級行政裁判所は、口頭弁論を経ずに決定により、文書若しくは記録の提出、電子文書の送付、又は情報の提供を拒絶することが適法であるか否かについて確定する（第1文――訳者（以下同じ））。最上級連邦官庁が、文書、記録、電子文書又は情報の内容を公にすることにより、連邦の安全に不利益をもたらすおそれがあることを理由として、提出、送付又は提供を拒絶する場合には、連邦行政裁判所が裁判する（第2文前段）。連邦行政裁判所が第50条により本案について管轄権を有する場合も、同様とする（第2文後段）。関係者の申立ては、本案について管轄権を有する裁判所にしなければならない（第3文）。本案について管轄権を有する裁判所は、申立て及び本案の記録を、第189条により管轄権を有する合議体（Spruchkörper）に引き渡すこととする（第4文）。最上級監督官庁は、管轄権を有する合議体の求めがあるときは、第1項第2文により拒絶した文書又は記録を提出し、電子文書を送付し、又は拒絶した情報の提供をしなければならない（第5文）。最上級監督官庁は、この手続（2項1文による拒絶の適法性を確定する手続――訳者）に参加しなければならない（第6文）。この手続は、実体的秘密を保護する諸規定に従うものとする（第7文）。実体的秘密を保護する諸規定を遵守することができない場合、又は監督官庁が、秘密保持若しくは秘密保護の特別の理由から、裁判所に対して文書若しくは記録の引渡し又は電子文書の送付をすることができないと主張した場合には、第5文による提出又は送付は、最上級監督官庁が指定した場所において裁判所に委ねる方法により行うこととする（第8文（以下インカメラ手続――訳者））。第5文により提出された記録若しくは電子文書、及び第8文により主張された特別の理由については、第100条は適用されない（第9文）。裁判所の構成員は、秘密保持義務を負う。裁判の理由は、秘密保持を必要とする文書、記録、電子文書及び情報についてその種類及び内容を認識できるようなものであってはならない（第10文）。裁判官以外の者については、人的な秘密保護の規定が適用される（第11文）。連邦行政裁判所が裁判していない限り、決定に対して独立して抗告により不服を申し立てることができる（第12文）。上級行政裁判所の決定に対す

る抗告については、連邦行政裁判所が裁判する（第13文)。抗告手続については、第4文から第11文までの規定を準用する（第14文)。

(4) なお、99条に関連して、189条および100条は以下のように規定している。

行政裁判所法第189条（専門部（Fachsenat））

第99条第2項により行われる裁判については、上級行政裁判所及び連邦行政裁判所において専門部を構成しなければならない。

行政裁判所法第100条（記録の閲覧）

① 関係者は、裁判記録及び裁判所に提出された記録を閲覧することができる。

② （省略）

③ 判決、決定及び命令の起案、これらの準備のための作業（資料）並びに評決に関する文書については、第1項及び第2項による記録の閲覧は、認められない。

Ⅲ 行政庁が所持する文書の提出義務（ドイツ行政裁判所法99条1項）

先に訳出した行政裁判所法99条は、内容的にみると、1項において提出義務とその判断基準を、また、2項において提出義務の判断手続を規定している。そこで、まず、前者の内容からみてみよう。なお、以下の記述は、代表的なコメンタールの1つである、叙述が簡明なアイヤーマン・フレーラー編『ドイツ行政裁判所法コメンタール』(2006年)[6] によっていることをお断りしておきたい。

1 包括的な提出義務

行政裁判所法99条は、訴訟関係者に対して、事実関係の包括的な解明のために、同法100条と連携して、訴訟においてあらゆる事実を知り、これを訴訟

6) Erich Eyermann/Ludwig Fröhler, Verwaltungsgerichtsordnung, Kommentar 12.Aufl. (2006), § 99 Rn.2 ff., insb. Rn.4 ff. これらの部分は、ミュンヘン行政裁判所長である、ハラルド・ガイガー（Harald Geiger）が執筆している。なお、上記コメンタールにおいては、記述中に多数の判例が引用されているが、本章においては、煩雑かつ不必要なため省略した。

に提出する機会を与えるために、行政庁の文書提出義務を規定するとともに、他方で、刑事訴訟法96条に準拠して[7]、より価値の高い公共の財貨や権利、とりわけ第三者の基本権を保護するために必要な例外を定めている。同条の義務は、包括的な義務であって、ドイツの行政庁に対して（外国に所在するドイツの代表にも）仮処分を含むすべての手続（法令審査手続にも）およびすべての審級において適用される。

行政庁が所持する文書の提出[8]は、裁判所の命令によって義務づけられ、関係者が文書の入手を求めることのみによって行政庁に提出義務が生ずるわけではない。また、この文書提出義務は、行政裁判所が証拠決定または釈明処分において命じたあらゆる書類について生ずる。行政庁は、裁判所が当該文書や情報を必要とするか否か、そこに記載されている事実が裁判に重要なものか否かについて原則として審査できず、もっぱら裁判所が判断する。ただし、例外として、訴えが取り下げられまたは本案が解決済みであるという理由で提出要求が明らかに不必要である場合は除かれる。当該文書の訴訟との関連性については、文書の内容に即して判断され、また、行政庁は、拒絶事由がある場合を除き、当該文書を記録綴りから分離してはならない。法定の拒絶事由が存するか否かに関してだけ、99条1項2文による手続が行われる。

行政庁の内部的な覚書（interner Vermerk）、草稿および準備のための所見についても提出義務があり、裁判の起案等については閲覧権がないとする行政裁判所法100条3項は[9]、適用または類推適用されない。ただし、係属している訴訟のために作成された書面（訴訟準備書面）については提出義務を負わない。行政庁は、訴訟戦略を開示する義務を裁判所にも相手方にも負わないからである。裁判所は、文書の提出のための期間を定めることができるが、この期間が遵守されなかったからといって、制裁を科すことはできない。強制手段はなく、裁判所費用法38条による遅延手数料を課すこともできない。裁判所は、提出義務を負っている行政庁に対して、義務の履行の嘱託を行うことができ、不提出

7）これに関しては、春日・前掲注2）『民事証拠法論』208頁以下。

8）以下で「文書提出」または「文書の提出」という場合は、原則として、行政裁判所法99条1項にある「文書若しくは記録の提出、電子文書の送付及び情報の提供」を総称する趣旨である。

9）前掲Ⅱ⑷参照。

に対しては、その行政庁が属する行政主体に不利な評価をすることができる。さらに、行政庁が命じた行政処分が訴訟の対象となっているため、行政庁が行政裁判所の手続に参加した場合に、行政庁が提出義務のある文書を提出しない場合には、同法 87b 条に従い時機に後れた提出の却下が働く場合もある。

2 提出除外文書

他方、以下に示す拒絶事由が存する例外的な場合に限り、こうした提出義務は生じない。この拒絶事由は法律により限定列挙されているものに限られており、行政裁判所法 99 条 1 項 2 文は、①連邦または州の安全に対して不利益を生ずるおそれがある場合、②法律により秘密保持が命じられている場合、③当該事実の性質上秘密保持を必要とする場合、の 3 つを定めている。もっとも、同条 1 項 2 文は、行政庁に対して提出の禁止を命ずる趣旨ではなく、裁量によってあらゆる事情を考慮して、秘密保護を後退させることも可能であるとする趣旨の規定である。以下、3 つを順に説明する[10]。

①は、連邦や州の本質的な利益がかかわり、国家やその重要部分の存立や機能について不利益を生ずる場合である。例えば、連邦や州の国内外の安全が脅かされたり、外国または国際組織との友好関係が損なわれたり、公の秩序または安全が攪乱される場合が典型である。また、文書の提出等により治安当局および治安当局と他の当局との協力関係を含む職務の遂行に支障をきたしたり、人々の生命、健康または自由を危険に陥れるであろう場合も含まれる。国家財政上の利益に関しては、公的金融市場を著しく動揺せしめるであろう程度に重大なものを除き、原則として①に該当しない。ちなみに、不利益は、その発生の可能性があるだけでは足りず、その発生が高度な蓋然性をもって予期されることを必要とする。

②は、法律により明示的に定められている場合に限られ、一般的な公務員の守秘義務に属する文書であるということだけでは足りない。具体的には、裁判官の合議の秘密（ドイツ裁判官法 43 条）や税務秘密（公課法 30 条）などである。また、証言の承認拒否の要件が備わる場合などもこれに当たり、こうした結論

10） Eyermann/Fröhler, VwGO Komm, §99 Rn.8 ff.

は、連邦公務員法の実体法上の要件および手続要件（62条参照）と行政裁判所法99条1項2文および2項との対比から導かれるものである。

③の解釈に際しては、厳格な基準が適用される。提出拒絶によって生ずる裁判所の法発見の制限を正当化できるものでなければならない。裁判官の法発見の価値は、憲法上の中核にしっかりと位置づけられており、文書の提出拒絶を正当化する価値よりも劣るものとみなすことを禁じている。したがって、提出によって個人や国民の重要な利益に対して重大なまたは著しい不利益を生じるおそれがある場合でなければ、提出を拒絶できない。

公務員の人物考課書類（Personalakte）、例えば勤務評価に関する文書や懲戒処分に関する報告書など、特に個人的な関連性のある記録が、基本的にその性質上秘密とされるべきものに当たる。個別事例において、裁判における真実発見を重視して文書の提出を要求することが、公務秘密の保持義務をそこなうことになるか否かという利益衡量がなされるべきであり、その際には、文書全体の提出よりもそうした文書に含まれる情報の内容の方を重視して考えるべきである。公務員に関して作成された治安記録（Sicherheitsakte）も、その性質上秘密とされるべきものに当たる。試験に関する記録は、秘密とはされない。国の会計検査院の公務員が作成した記録は、通常その性質上秘密とされなければならないものとはいえない。会計検査院の内部的な意思形成過程は、裁判官の合議の場合とは違って、法律上保護されているものではないからである（ただし、これと異なる上級行政裁判所の裁判例がある。）。

憲法擁護関係の書類（Verfassungsschutzakte）は、基本的に秘密保持の必要性がある文書であるとはいえない。こうした文書は、その内容を公にすることが将来の憲法擁護庁の職務の遂行および他の官庁との連携を困難ならしめる場合でありかつその限りにおいて、または、人の生命、健康もしくは自由を危険に陥れる場合でありかつその限りにおいて、秘密保持の必要性があるといえる。また、公にすることによって行政庁の事後の業務を侵害する場合、例えば情報開示または記録提出によって隠密裏とされている業務の協力者が明らかにされてしまいかつこれによって危険を生じまたは少なくとも将来においてもはや再任不可能になるという具体的な危険が十分に存する場合でなければならない。こうした場合は、通常、連邦または州の安全に対する不利益が存する場合の1つにも該当する。これに対して、ある事件が終了したため、当座は秘密措置を必要としたが、もはや必要でなくなっているという利益状況が存するときは、文書の提出や情報の提供を行うべきである。刑事警察の情報源に関する記録については、それが防犯活動の計画を知らしめることになり、かつ、捜査員の出動を不可能ならしめまたは捜査員が明らかにされてしまう場合に、秘密保持の必要性が存するといえる。

原子力発電所といった危険な施設のサボタージュ対策（Sabotagesicherheit）に関する文書も、秘密保持の必要性があるものである。市民の内心に関わる事柄、例えば個人的な書簡も、秘密保持の必要性があるとみなされる。精神病院の記録、病歴を記載した書類、親展扱いの第三者の通知も同様である。鑑定人の公的な選任および宣誓や、権限を有する行政庁によって集められた応募者に関する内密の情報についても同様である。重要な営業秘密または企業秘密もまた保護に値する。とりわけ、信用性、原価計算、収益、顧客名簿、仕入先および市場戦略に関する文書については、それらが企業内部の限定された人的範囲でのみ知られているものであり、かつ、権利者が開示されないことに関し特別の利益を有しているものについては、保護に値するものである（なお、Kopp/Schenke, VwGO 15.Aufl. §99, 12 は、判例として BVerfG NVwZ 2006, 1042 を掲記している。)。査証（ビザ）および連邦議会に設置されている請願委員会の記録は、その性質上秘密とされるべきものとはいえない。

3　行政庁の基本的対応

以上のような文書をめぐって、行政庁は、基本的に開示する方向で対応しなければならないとされている[11)]。すなわち、基本的に秘密とされるべき文書等について、行政庁は、証拠方法として用いることを妨げる事情を取り除いて、対抗する利益を守りながら証拠にアクセスできる最善の方法によって、あらゆる期待可能性や事態に適切に対応しなければならない。また、これによって、必要とされる裁判所による事案解明が、やむをえず妨げられることもなくなり、相当性あるいは比例性の原則（Grundsatz der Verhältnismäßigkeit）を貫くことができ

11）　Eyermann/Fröhler, VwGO Komm, §99 Rn.14.

る。したがって、一定の手続法上の措置がそうした利益のために十分であるか否かを考慮しなければならない。すなわち、裁判所は、記録の一部提出または要約文もしくは写しの提出などによる情報の提供が可能か否かについても検討すべきである。もっとも、すでに述べたように、行政裁判所法 99 条 2 項によるインカメラ手続については、本案の裁判所において行うことができない。

Ⅳ インカメラ手続の形成と展開（ドイツ行政裁判所法 99 条 2 項）

すでに述べたように、文書提出義務の判断手続については 99 条 2 項が詳細に規定しているので、まずは具体例を眺めた上で、インカメラ手続の創設の経緯、インカメラ手続における提出義務の判断手続、99 条 2 項に対する特則、の順で検討を加えてみよう。

1 インカメラ手続の具体例

行政裁判所法 99 条 2 項の内容に立ち入る前に、ドイツにおけるインカメラ手続の具体例とそこでの問題を素描しておこう。

【連邦行政裁判所 2008 年 2 月 21 日判決】[12] **の事例**

原告は被告行政庁に対して、本案訴訟において 2001 年 12 月 14 日に発生した原子力発電所（第三者）の故障に関する環境情報の閲覧を求めた（現行法では環境情報法 3 条に基づく環境情報閲覧請求権が根拠。）。しかし、管轄行政庁は、当時の環境情報法によれば原子力発電所の営業または企業秘密が優先するという理由で、この環境情報の一部の提出を拒否する決定をした。これに対して、原告はもちろん、行政庁による情報提供を阻止しようとする第三者もまた不服であった。他方、被告は行政裁判所法 99 条 1 項 2 文の類推適用を主張したため、原告は同法 99 条 2 項による中間手続（インカメラ手続）を申し立てた。

第一審行政裁判所は、申立てのあったインカメラ手続を実施せずに、2005 年 6 月 9 日に、原告の情報請求権は認められないとした上で訴えを棄却した。控訴審は、2006 年 4 月 4 日にインカメラ手続に関して上級行政裁判所の専門部（Fachsenat）に回付した結果、この専門部は、情報の一部の提出拒絶を違法であるとしたが、それ以外の部分の提出拒絶については適法であるとした。これに対して、原告も第三者も抗告を提起した。そこで、連邦行政裁判所の専門部において

12） BVerwGE 130, 236.

インカメラ手続が実施されるとともに、これとは別に係属していた本件訴訟について判決が言い渡された。

争点の1つとして、インカメラ手続をめぐる企業秘密の保護と開示義務との関係が問題となり、判決は、次のように述べている。すなわち、環境情報を含む記録であって、基本法上秘密保護が要請されているもの、例えば営業秘密もしくは企業秘密または個人に関するデータ等の提出については、原告および公共の法律上の情報利益（gesetzliches Informationsinteresse）が私人の秘密保持の利益に優先する場合にかつその限りにおいて、その提出が認められる、と。また、こうした要件のもとで本件の記録は必要とされるものといえると判示して、本件では、原子力発電所の故障についての原子力監督局（Atomaufsichtsbehörde）の報告書の提出を認めた。

上記の判決は、行政裁判所法99条2項が規定するインカメラ手続において、行政庁が所持する第三者の情報をめぐって、開示と秘匿との間の緊張関係が先鋭化していることを示して余りある。後に言及するが、これに先立つ連邦憲法裁判所の決定（連邦憲法裁判所2006年3月14日決定――後掲注31)）においても、同様に、インカメラ手続における企業秘密の保護をめぐって憲法異議の訴えが提起されており、ドイツにおいてもわが国と同様に、問題の複雑性と多様性とが交錯しているといえる。

2　インカメラ手続の創設

(1)　ドイツにおけるインカメラ手続の創設は、以下で紹介する連邦憲法裁判所1999年10月27日決定に端を発している。これを契機として、2001年末に行政裁判所法99条（旧）[13]が先に掲げたように改正されて、インカメラ手続が設けられることとなった。以下、上記決定および行政裁判所法の改正理由を紹介し、その経緯を眺めてみよう。

【連邦憲法裁判所1999年10月27日決定】[14]

〈事案の概要〉

事件は、バイエルン州の憲法擁護庁が、公安審査において、申立人が連邦国防

13)　改正前の行政裁判所法99条については、春日・前掲注2)『民事証拠法論』205頁以下参照。

14)　BVerfGE 101, 106 = NJW 2000, 1175.

軍関連の機密事項にアクセスする権限を有していることに対して疑問があるとの結論に達したため、この者の再雇用を拒否したことを発端としている。これを不服とした申立人は、行政裁判所に対して、憲法擁護庁が所持する情報について情報請求権を行使する訴えを提起したが、最終的には、関係する記録について提出拒絶要件が満たされているとの裁判がなされた。そこで、改めて、基本法19条4項[15]の違反を理由として憲法異議の訴えを提起した。これに対して、連邦憲法裁判所は以下のような判断を下し、立法者に対して、行政裁判所法を憲法に即応させるべきであるとした。

〈決定要旨〉

ドイツ行政裁判所法99条1項2文（旧）は、同条2項1文（旧）と関連しており、実効的な権利保護を保障するために行政過程を知ることが必要であるにもかかわらず、記録の提出を排除している限りにおいて、基本法19条4項と整合性を保っていない。

また、行政裁判所法100条1項に基づく手続関係者の記録閲覧権を制限することは、これによって基本法19条4項が要請している実効的な権利保護が可能となる場合にはじめて、基本法103条1項と整合性を保つこととなる。

特定の事実を秘匿しておく利益と関係者の権利保護請求権との調和は、記録が裁判所に提出されて、この裁判所が秘密保持義務を負った上で情報の拒絶のための法律上の要件が具体的な事案において充足されているか否かを再審査することを介してもたらされる。また、秘密保持は裁判所だけが知ること（インカメラ手続――訳者）によって保障されることになる。権利保護を求める者自身は、情報の拒絶が個々にどのような理由に基づくかについて知らされない。こうしたことによって、記録提出の拒絶の疎明をめぐる中間手続も不要となる。また同時に、行政裁判所法100条に基づく記録閲覧権により行政庁が裁判所に対して記録提出義務を負うことになれば、本案の裁判が先取りされてしまう、という批判も解消される。

こうして、連邦憲法裁判所は、立法者に対して行政裁判所法99条（旧）を基本法19条4項と調和するように改正することを命じ、その期限を2001年12月31日までとした。その結果、行政裁判所法99条は、他の事項（主として

15) 基本法第19条（基本権の制限、法人の基本権、出訴権の保障）
①～③ （省略）
④ 何人も、公権力によって自己の権利を侵害されたときは、出訴することができる。他に管轄が定められていない限りにおいて、通常裁判所に出訴することが可能である。第10条第2項第2文は、これと抵触しない。
高橋和之編『［新版］世界憲法集』（岩波書店、2007年）180頁（石川健治訳）による。

上訴関係）も含む改正によって、前記のような内容の規定となった。

(2) 次に、改正理由中のインカメラ手続に関する総論部分についても簡単に紹介をしておこう。

[行政訴訟における上訴法の改正のための法律草案][16)]

「草案は、連邦憲法裁判所の決定（BVerfGE 101,106――訳者）に関係する事例に関して、インカメラ手続、すなわち、秘密保持を必要とする文書等については裁判所に対してのみ開示する手続を提案するものである。（もっとも、）記録もしくは文書の閲覧または情報の提供が法的保護の目的ではない事例に対してまでこうした手続を拡張することは、法的審問の原則（基本法 103 条 1 項）[17)] との関係において憲法上の疑義を生ずる。手続法上の解決策（インカメラ手続――訳者）は、併行して国家秘密の保護の必要性を十分に考慮したものでなければならず、こうした観点から、草案は、インカメラ手続を上級行政裁判所または連邦行政裁判所に集中し、秘密保持の必要性がある文書等に接する裁判官をできるだけ限定するという提案をしている。そのため、連邦を相手方とする手続であって、秘密保持の必要性のある文書もしくは記録の閲覧または秘密保持の必要性のある情報の提供が求められている手続については、連邦行政裁判所を第一審の管轄裁判所としている。」と述べている（条文の個々の理由については省略。）。

関連して、99 条 1 項について、重要と考えられる以下のような記述がある。すなわち、「連邦または州の安全に対する不利益とは、記録の詳細を知ることによって、連邦もしくは州の内的もしくは外的安全性、外国もしくは国際組織との関係についての具体的な危険性、または公共の安全性および秩序の実質的な攪乱が生ずる場合であって、このことは通説と一致しているのでこれ以上の言及を必要としない。ここでの『連邦または州の安全』という概念は例示として規定されているものである。また同様に、他国もしくは国際組織との関係の維持に対して生ずる可能性のある障害についても、まずもって、特別な専門知識や外務職員の第一次的な判断に委ねられることはいうまでもない。」と。

基本法が規定している法的審問請求権との関係で、インカメラ手続はあくまでも文書提出義務の存否を判断する中間手続に限定されていること（この点は

16） Entwurf eines Gesetzes zur Bereinigung des Rechtsmittelrechts im Verwaltungsprozess (RmBereinVpG), Bundestags Drucksache 14/6393 (22.06.2001), Zu Nummer 7 (§99).
立法の詳細について、Vgl. Beate Kienemund, Das Gesetz zur Bereinigung des Rechtsmittelrechts im Verwaltungsprozess NJW 2002, 1231 ff.

17） **ドイツ連邦共和国基本法第 103 条（法的聴聞）**
① 裁判所の前では、何人も、法的聴聞を請求する権利を有する。
②③ （省略）
前掲注 15）『[新版] 世界憲法集』239 頁による。

後に個別立法によって部分的に修正を受けることとなる。後述4参照)、国家秘密の保持の必要性という観点から秘密保持の必要な文書に接する裁判官を限定しようとしていること、などの指摘に留意すべきであろう。

3 インカメラ手続における審理方法

この問題をめぐっては、コップ・シェンケ『行政裁判所法コメンタール』(2007年)[18] に依拠して、重要部分をかいつまんで叙述することにする。

(1) 本案の裁判所は、86条1項――職権探知主義――に基づいて事実関係を探知する義務を負っているが、99条1項2文による拒絶の正当性の審査に関して権限を有しているわけではない。これに代えて、2項1文により、すべての関係者には、中間手続(インカメラ手続)の実施を求める申立てをすることが認められている。しかし、インカメラ手続を職権で開始することはできず、また、インカメラ手続の申立ては、本案の裁判所に対してしなければならないが、本案の裁判所が行政裁判所である場合にはその申立てについて上級行政裁判所が裁判する。

99条2項による申立ては、裁判所が義務として提出を要求した文書が99条1項2文により提出を拒絶された場合にはじめて行うことができる。監督官庁が適切な期間内に提出するとの判断をしなかった場合も拒絶があったものとみなされる。99条1項2文の拒絶事由のいずれか1つにでも該当すれば、99条2項のインカメラ手続は実施される。インカメラ手続の申立ては、文書の提出等の請求権が本案にとって意味をもつか否かを問わずに認められる。また、連邦行政裁判所によれば、専門部(Fachsenat)は、文書の提出を拒絶したことの適法性に関してのみならず文書を開示せよとの命令についても裁判すべきである、としている[19]。連邦行政裁判所のこのような見解は、インカメラ手続の目的が、文書の提出をめぐる中間手続において文書の内容を知ることができる者を専門部に限定することによって正当な秘密保持の利益を尊重するという点にある、ということを反映した結果である。また、自分の企業秘密の開示を危惧

18) Ferdinand O. Kopp/Wolf-Rüdiger Schenke, Verwaltungsgerichtsordnung, Kommentar 15.Aufl. (2007) §99 Rn.18 ff.
19) 連邦行政裁判所法2003年8月15日決定(NVwZ 2004, 105)。

する手続関係人が、開示に踏み切ろうとしている行政庁の判断に対抗して99条2項による法的救済を求める場合、この2項は特則としての意味を有しているため、文書の提出に対して差止めや仮処分を求めることはできない。しかし、有効な法的救済のためには、手続関係人である秘密保持者にとって、自分に不利な行政庁の判断に即して文書が直ちに行政裁判所に提出されることを防ぐために、文書を作成した行政庁はこの手続関係人に対して99条2項の申立てをするための適切な期間を定めて通知し、この期間が経過した後にはじめて文書を行政裁判所に提出することとしなければならない[20]。

(2) 99条2項1文により、原則として上級行政裁判所がインカメラ手続について管轄権を有しているが、2項2文によって、連邦行政裁判所が管轄権を有する2つの例外が定められている。1つは、最上級連邦官庁が連邦の安全に不利益をもたらすおそれがあることを理由として拒絶する場合であり(前段)、例えば連邦憲法擁護庁の記録の提出拒絶がそうである。また、もう1つは、50条によって連邦行政裁判所に本案について第一審の管轄権が与えられている場合であり(後段)、特に連邦情報収集局における業務関連の訴訟(同条1項4号)などがその例である[21]。すでに述べたように、申立ては、2項3文により、本案について管轄権を有する裁判所にしなければならない。インカメラ手続について管轄権を有する裁判所の内部においては、189条に基づいて99条2項による裁判のために構成された専門部(Fachsenat)が管轄権を有する[22]。

(3) 最上級監督官庁は、2項5文によりインカメラ手続を管轄する専門部に対して、1項2文により拒絶した文書を提出しなければならない。特別に秘密保持の必要がある文書の提出については、2項8文に従い、最上級監督官庁によって指定された場所において裁判所にその文書を委ねる(寄託する)方法により行うことができる。最上級監督官庁は、2項6文に従い、インカメラ手続に参加することを命じられ、証言拒絶権(民訴法387条、行政裁判所法98条)をめ

20) Kopp/Schenke, VwGO Komm, §99 Rn.18.

21) ドイツ行政裁判所法50条(連邦行政裁判所の第一審事物管轄)

① 連邦行政裁判所は、第一審かつ終審として以下の事件の裁判をする。

1〜3 (省略)

4 連邦情報収集局の業務領域における記録が基となっている訴え

22) Kopp/Schenke, VwGO Komm, §99 Rn.19.

ぐる中間の争いにおける証人と同様の意味において、参加しなければならない。

インカメラ手続は、2項9文から11文までの規定にしたがって実施される。本案の手続関係者は、基本法103条1項により、このインカメラ手続においても意見を述べることができるが、意見を述べなければならないわけではない。なぜなら、意見を述べるためには、文書の内容を知っていることが前提となるからである。また、100条による関係者の記録閲覧権は、2項9文によって制限されている。また、2項10文前段により、裁判所の構成員は、秘密保持を義務づけられる。裁判の理由についても、同後段により、秘密保持の文書の種類や内容を知りうるものとなってはならない（もっとも、122条2項の理由記載義務はこれによってそこなわれない。）。裁判官以外の者については、2項11文により、人的秘密保護の規律による（具体的には、連邦および州の治安審査法（SÜG）4条による4段階の区別による。）。訴訟の相手方の書面は、インカメラ手続における秘密保持に服さない[23]。

(4) 2項による手続は、1項2文の理由に基づく行政庁による提出拒絶が正当であるか否かの問題についてのみ関係する。すなわち、2項による手続は、係属している訴訟にとって重要なものであるか否かという裁判所の判断については適用または類推適用されない。専門部は、99条2項に従い、同条1項2文に関する判断が、99条1項2文に掲げる提出拒絶についての要件が存在していなかった、または、確かにその要件は存在したが監督官庁の判断に裁量の逸脱があった、という理由に基づいて瑕疵のあるものであったか否かについてだけ判断しなければならない。また、提出拒絶が秘密保持を理由として正当化されるか否かについては、裁判における実効的な権利保護という憲法上の要請に基づいて、厳格な基準に従って解釈しなければならない。

提出されていない文書の内容が本案の裁判所に係属している訴訟にとって法的に重要なものであるか否かの問題は、99条2項に従い専門部によって再審査の対象となる99条1項2文による提出拒絶の要件には属しない。これについては、むしろ本案の裁判所が判断しなければならない。しかし、専門部は、裁判に重要な事実関係が、他にアクセス可能であって適切な証拠方法によって

23） Kopp/Schenke, VwGO Komm, §99 Rn.20.

解明可能であるか否かという手続法上の問題については審査しなければならない。その際、専門部が、事実関係の解明のために別な方法が存しており、これが秘密保護を侵害しないものであるまたは侵害の程度がより少ないものであるとの心証をいだいたときは、秘密保持の利益が優先されるべきである。また、文書の内容の一部提出または不要部分を墨塗りすることが事実関係の解明のためになる場合もある。電子文書についても同様である。

99条1項2文の要件が備わっている場合、専門部は、監督官庁の裁量的判断に対して、以下の点についてのみ審査することができる。すなわち、最上級監督官庁が事実的基礎を完全に評価し、かつ、正しく見積もったか否か、同条項の要件の枠内で正しい評価および予測が行われ、かつ、一方で記録提出に関する対抗する利益を、また他方で秘密保持に関する利益を適切に衡量したか否かについてのみ審査することができる[24]。もっとも、最上級監督官庁は、さまざまな理由に基づいて個々の点で秘密保持の必要性があるとみなした記録について、行政裁判所に提出することに反対であるとの判断をした場合には、なにゆえに裁判所による包括的な事実関係の探知や実効的な権利保護の利益よりも秘密保持の利益を優先させるのかということについて、そうした記録の個々の構成部分ごとにその裁量的衡量を理解できるようにしなければならない[25]。

(5) 99条1項2文の要件が存在する場合であっても、記録提出の利益が重要であるため、職権探知主義の支配する行政訴訟手続において関係する第三者の営業秘密が含まれているにもかかわらず、記録提出が要請される場合がある。そうしないと、憲法によって要請されている実効的な権利保護が制約されてしまうからである。そのような場合における行政庁の裁量の縮小は、秘密保持の必要性がある事実を利用できないために本案に関して権利保護を求めている者に対して証明責任の原則に従って不利な裁判をしなければならない場合に特に問題となる。また、仮に証明責任を転換したとしても、裁判にとって重要な営業秘密が開示されなかったために権利関係の解明ができず、権利保護の固有の目的がそこなわれることがあることをも考慮しなければならない[26]。

拒絶の正当性に関する決定は、上級行政裁判所によってなされた場合、99

24) 連邦憲法裁判所2002年11月13日決定(BVerfGE 101, 125 = NJW 2000, 1175)。
25) Kopp/Schenke, VwGO Komm, §99 Rn.21.

条2項12文および152条に従い、抗告によって不服申立てが可能であり、これに対しては、同条2項13文により連邦行政裁判所が裁判する。

4　電気通信法（Telekommunikationsgesetz）（2004年）およびスタージ記録法（Stasi-Unterlagen-Gesetz）（1991年・2009年最終改正）における特則[27)]

(1)　以上がドイツ行政裁判所法におけるインカメラ手続であるが、なお、特則が存しているので、これについても言及しておきたい。すなわち、電気通信法の領域では、同法138条が行政裁判所法99条2項とは一部で異なる特則を設けている。すなわち、同条1項2文によって、連邦ネットワーク庁が最上級監督官庁に代わることとなった。また、本案の裁判所が、同条2項1文に従い関係者の申立てに基づいて記録を提出しなければならないか、それとも提出してはならないかについて判断することとされている。営業または企業秘密が関係する文書等の提出義務については、それが①裁判上重要であって、②事実関係の解明について他の可能性がなく、かつ、③相互に対抗する利益を考慮した上で秘密保持の利益を優先させることが相当ではないとの結論に達した場合には、記録の提出を命ずることとしている（2項2文）。この点は特に留意しなければならない。さらに、インカメラ手続の実施の申立てには期間の拘束がある。すなわち、裁判所が連邦ネットワーク庁による記録の提出に関する判断を関係人に通知した後1月以内に行わなければならない（3項1文）。インカメラ手続については、記録は裁判所に対してその命令に基づいて提出しなければならない。関係人には閲覧権はない。裁判所の構成員は、秘密保持を義務づけられる。以上である。

インカメラ手続を本案の裁判所が実施するとの点について、立法理由は、法的に複雑な訴訟資料に専門部がコストをかけて携わることを避けるためであるとしている。また、行政裁判所法99条2項において明確ではなかった問題、すなわち、行政手続において第三者が提出した資料を行政庁が提出しようとする場合に、第三者が秘密保持を理由としてこれを防ぐことができるという点を

26）　連邦行政裁判所2003年8月15日決定（BVerwGE 118, 352＝NVwZ 2004, 746）（前掲注19)決定とは別の決定）。Kopp/Schenke, VwGO Komm, §99 Rn.22.

27）　Eyermann/Fröhler, VwGO Komm, §99 Nr. 23 u 24.

明確にしたこと、さらに、2項2文において提出義務を判断する際の前記3つの考慮要素を明らかにしたこと、が特徴である[28]。

(2) また、スタージ記録法では、この記録の特殊性を反映した特則が定められている。すなわち、行政庁からの記録提出の嘱託に対して、連邦委員会(Bundesbeauftragte)がこれを拒否した場合、上級行政裁判所へ法的救済を申し立てることが認められている。上級裁判所は、任意的口頭弁論を経た後に、連邦委員会がした提出拒否の判断の適法性に関して決定で裁判するが、この裁判に対しては不服申立てができない。記録が提出された場合、裁判長は、31条2項により、特別の理由に基づいて関係者の閲覧等を制限しまたは拒絶することができる。これについても決定で裁判する。裁判所が記録提出を義務づけたときは、その決定に対して不服申立てはできない。

V むすびに代えて

(1) これまで眺めてきたことから、行政庁が所持する第三者の提供した文書や情報をめぐるインカメラ手続は——ドイツにおいては行政裁判所法に限られているが——、多様かつ複雑な問題を抱えていることが明らかになったであろう。そこで、最後に、このようなインカメラ手続についていくつか気付いた点を指摘して、彼我の対比のなかで今後の課題を探ってみたい。

まず、縷々述べたように、ドイツの民事訴訟においてはインカメラ手続は存しないけれども、他方で、民事訴訟における証拠開示の範囲の拡大あるいは一般義務化の主張と相俟って、インカメラ手続の導入を推し進めようとする動きが活発化している点である。証拠開示の範囲が拡大すればするほど、これに比例して秘密保護の必要性も増すため、その手段としてインカメラ手続が必要となることは自明である。これに関連して、とりわけ、「知的財産権の権利行使のためのEU指令」(2004年)の国内法化によって改正されたドイツ特許法

28) Bundestags Drucksache 15/2316 (09.01.2004), S.102 Zu §136. Vgl. Anna Ohlenburg, Geheimnisschutz im Verwaltungsprozess — Die Modifikation des §99 II VwGO in §138 TKG, NVwZ 2005, 15 ff.

140b条以下の情報請求権[29]をめぐって議論が活発化していることは看過しえない[30]。この点は、特許法等において秘密保護手続（秘密保持命令やインカメラ手続）を設けるなどの工夫をしているわが国の方が先行しているとはいえ、なお今後の推移に留意すべきであろう。

次に、個別的な点として、文書の提出拒絶の事由（99条1項2文）の存否について利益衡量に基づく判断がなされていることを指摘しておきたい（特に、注24）の連邦憲法裁判所決定およびⅣ4(1)の電気通信法138条2項2文を参照。）。また、わが国ではあまり意識的に論じられていないが、ドイツでもインカメラ手続は、あくまでも行政庁による文書開示の拒絶の正当性を判断する中間手続に限定されているとはいえ、他方で本案の裁判所がインカメラを実施することを個別立法において規定している場合があるという点である（いずれの点も前掲の電気通信法138条参照。）。対応の柔軟性をうかがうことができる。さらに、インカメラを実施する裁判官を上級行政裁判所以上の裁判官に限定しており、秘密漏洩の予防を徹底しようとする姿勢がみられることにも留意すべきであろう。

また、今まで触れなかったが、提出拒絶事由をめぐって、わが国では、提出を求める者が拒絶事由の不存在について証明責任を負うとするのが通説であるが、ドイツの判例や学説においてはそのように解釈する積極的な記述はないようである。むしろ、行政裁判所法99条1項2文の趣旨からすると、行政庁が提出の拒絶を正当化する事由を証明すべきであるように思われる。もっとも、99条1項の趣旨、前掲の電気通信法138条2項2文、および、営業または企業秘密の開示によって、この保護を保障している職業の自由（基本法12条1項）が侵害されるとして憲法異議の訴えが提起された事例における憲法裁判所の判断[31]などからすると、提出拒絶の正当性は法的評価の問題であって、当事者の双方がそれぞれ提出・不提出を正当化する事由を証明した上で、これに基づいて裁判所が正当性を判断することになると理解する方が適切かもしれない。

(2) こうして眺めてみると、ドイツの行政裁判所におけるインカメラ手続は、

29） これについては、春日偉知郎「特許侵害訴訟における損害額の認定【補論】」春日・前掲注2）『民事証拠法論』277頁以下参照。

30） Astrid Stadler, „Was drei wissen, das erfahren hundert“—Auskunftspflichten und Geheimnisschutz im Zivilprozess nach Umsetzung der Richtlinie zur Durchsetzung der Rechte des geistigen Eigentums, Festschrift für Dieter Leipold (2009), S.201 ff., insb. S.208 ff.

わが国の民事訴訟におけるインカメラ手続にとっても示唆に富むものであって、今後は、これをめぐる多数の判例の詳細な検討を踏まえて比較法的な考察を試みる必要がますます大きくなるであろう。また、より視野を広げて、「情報自由法（Informationsfreiheitsgesetz）」——2006年1月1日から施行。わが国の情報公開法に相当——との関連性を踏まえた検討の余地も十分あるであろう。本章は、そのための準備作業であって、今後の検討の礎となることを願いつつ、むすびに代えることとする。

31）**【連邦憲法裁判所2006年3月14日決定】（BVerfGE 115, 205 = NVwZ 2006, 1041）の事例**

本案は、ドイツテレコム株式会社が開設しているテレコム・ネットの接続料金に関する行政庁の決定に対して競争企業7社から提起された取消訴訟である。問題の文書は、設定料金の認可手続においてテレコムが行政庁に提出した文書であって、秘密保持の下でテレコムに提供されていたものであった。取消訴訟の中間手続（インカメラ手続）において、行政裁判所は、行政庁に対して申立人（原告）のために行政庁が所持しているこの文書の開示を命じた（2003年8月14日および15日の決定など多数の決定がある。）。その際、連邦行政裁判所は、問題となっているテレコムの営業または企業秘密を開示したとしても、継続するまたは現に存する差し迫った不利益はないと判断した。これに対して、テレコム側は、連邦行政裁判所の開示命令は基本法12条1項（職業の自由）——営業または企業秘密も保護の対象としている——に違反すると主張して、本件憲法異議の訴えを提起した。これに対して、連邦憲法裁判所は、この異議を認め、連邦行政裁判所の決定を破棄して差し戻した。

そのなかで本決定は、裁判所に記録の全部を包括的かつ遮蔽なく開示する義務によって、本案に関与する競争企業がテレコムの営業および企業秘密を知りうることになるが、これはテレコムの基本権を侵害するものであるとした。これについて、法律中に開示による効果的な権利保護か秘密保護の利益の優先かをめぐる適切な考慮を行うための措置（本案裁判所におけるインカメラ手続——引用者）は存せず、また、インカメラ手続における連邦行政裁判所の次のような判断も、実効的な権利保護の観点に照らして誤りであるとする。すなわち、行政庁による接続料の確定を裁判所が審査することは、関係者のみならず公共の利益にも適うから、記録すべての提出が原則であって、秘密保護を理由とする拒絶は例外であり、市場を支配している企業のために継続的または差し迫った不利益を顧慮しなければならない場合にのみ原則的な開示からの例外が認められる、とするのは誤りであると（詳細は、本書・第1章Ⅲ2参照。）。

ちなみに、本件当時は、本案の裁判所がインカメラ手続を実施することにはなっていなかったため、少数意見はそうすべきであるとの意見を述べていた。その後の電気通信法の改正（2004年）により、すでに述べたように、行政裁判所法99条2項の特則が設けられて、本件の決定が言い渡される前に少数意見の考え方が具体化されている点に特に留意しなければならない。

第3章　スイス連邦民事訴訟法における証拠調べと秘密保護をめぐる規律
——証拠調べにおける協力義務と秘密保護との交錯

I　はじめに

民事裁判において、証拠に基づく事案解明と関係者の秘密保護とが、しばしば緊張関係に立つことは、周知のところである。この課題を解決するために、わが国では、インカメラ手続と秘密保持命令の2つの制度が設けられているが、問題点も指摘されているところである[1)]。

スイスでは、従来は、民事訴訟法は州法によって規定されていたが、2011年1月1日から新たに、連邦法としての民事訴訟法典（2008年12月19日成立）——スイス連邦民事訴訟法典——が施行されて、この統一法が連邦全体において適用されることとなった[2)]。そして、そこに規定されている証拠法は、わが国やドイツの民事訴訟法とは異なる内容を含むとともに、訴訟における当事者

1）　伊藤眞「イン・カメラ手続の光と影」新堂幸司先生古稀祝賀『民事訴訟法理論の新たな構築（下）』（有斐閣、2001年）191頁以下。最近のものとして、森脇純夫「企業秘密と訴訟審理」新堂幸司監修『実務民事訴訟講座［第3期］第4巻』（日本評論社、2012年）189頁以下、長谷部由紀子『民事手続原則の限界』（有斐閣、2016年）2頁以下等。

2）　Schweizerische Zivilprozessordnung vom 19. Dezember 2008, SR 272. 先行して、2003年6月に、Schweizerische Zivilprozessordnumg — Vorentwurf der Expertenkommission Juni 2003 および Bericht zum Vorentwurf der Expertenkommission Juni 2003（後述の「スイス民事訴訟法典——専門家委員会予備草案」および「同——専門家委員会予備草案報告書」）が、また、2006年6月28には、Entwurf für eine Schweizerische Zivilprozessordnung 28.Juni 2006 および Botschaft zur Schweizerischen Zivilprozessordnung vom 28.Juni 2008（後述の「民事訴訟法草案」および「スイス民事訴訟法理由書」——Botschaft は、「告示」を意味し、その実質的な内容は、立法理由を簡潔に記したものである。）が公表された。

や第三者の秘密保護についても工夫が凝らされている。なかでも、副題に示したように、証拠調べへの協力義務とその除外としての証言拒絶権が特徴的であることはもとより、これと密接不可分な秘密保護に関する諸規定も示唆に富む存在である。それゆえ、こうした特徴を備えるスイスの連邦民事訴訟法における証拠法について、全体の枠組みと個別の運用——例えば銀行秘密の取扱い——を眺めることは、理論的な関心を超えて、将来のわが国の民事訴訟のあり方に対しても影響する可能性を大いに孕んでいると考えられる。

そこで、以下では、スイス連邦民事訴訟法典における証拠法の概要を眺めた上で、証拠調べにおける原則的な協力義務、ならびに、その際に秘密保護をめぐって中心的な役割を担う証言拒絶権、およびその周縁に位置する秘密保護措置、といった3者に焦点を絞って検討を試みて、わが国の民事訴訟の参考に供したい。

II　スイス連邦民事訴訟法典と証拠法

1　スイス連邦民事訴訟法典の制定の過程[3)]

スイス連邦は、26の州（Kanton）から成り立っており、かつては民事訴訟法もそれぞれの州ごとに存在していたため、26の州民事訴訟法がそれぞれの州において適用されていた[4)]。しかし、民事法の統一化の動きは、21世紀直前から急速に活発化し、その一環として、民事訴訟法についても連邦民事訴訟法典の制定を求める声が高まった。これを反映し、スイス連邦憲法122条（18.4.1999, SR 101. 2000年3月12日の国民投票によって承認され、2007年1月1日から施行。以下では「憲法」と呼ぶ。）は、その1項において、「民事法及び民事訴訟法の領域における立法は、連邦の事項とする。」と規定し、民事訴訟法の統一化の基礎を形

3）以下の記述は、注2）中のBericht zum Vorentwurf der Expertenkommissionに拠った。また、トーマス・ズッター・ゾム（出口雅久・本間学訳）「新スイス民事訴訟法典」立命館法学353号（2014年）294頁以下のほか、スイス民事訴訟法典の条文の翻訳として、笹邉将甫「スイス民事訴訟法典の試訳(1)」および「同(2)・完」志學館法学13号（2012年）273頁以下、同14号（2013年）263頁以下参照。

4）従前のスイスの民事訴訟については、林道晴「スイスの民事訴訟（上）（中）（下）」法曹時報46巻12号（1994年）2463頁以下、同47巻1号（1995年）27頁以下、同47巻2号353頁以下に詳しい。

成することとなった。また、合前後して、「民事事件における裁判籍に関する連邦法（2000年3月24日）」が民事事件における土地管轄に関して統一化を図ったことにより、いわゆる司法改革が加速することとなった。

すなわち、連邦司法・警察局（EJPD）は、1999年4月には、民事訴訟法の統一化のために、長官を筆頭とする専門家委員会（Expertenkommission）を発足させ（16名の委員は、大学教授、裁判官、弁護士等からなる。）、統一化のために立法上の観点から重要な問題点を包括的に検討することとした。また、その結果は、2003年6月に「スイス民事訴訟法典――専門家委員会予備草案（Schweizerische Zivilprozessordnung —Vorentwurf der Expertenkommission）」として公表された。

その後、連邦司法省は、この予備草案の改訂作業を進め、細部にわたる批判を検討しつつ、前記の専門家委員や利害関係を有する第三者および組織との間で公的な意見交換やヒアリングを実施した。その結果、2006年6月28日に、民事訴訟法草案（Entwurf für eine Schweizerische Zivilprozessordnung）が連邦参議院によって公表され、議会における審議のために提出される運びとなった[5)]。こうして、草案は、審議を経て、法律として成立することとなった（なお、少なくとも証拠法の部分については、条数の変更はあったものの、実質的な内容の修正はなかった。）。

2　証拠法の概要

草案を経て成立した連邦民訴法（以下では、「スイス民訴法」または単に「民訴法」と呼ぶ。）では、その第1編第10章「証拠法」の部分は、第1節「総則」（150条から159条までの規定）、第2節「協力義務及び拒絶権」（160条から167条までの規定）および第3節「証拠方法」（168条から193条までの規定）から構成されている。

本章のテーマとの関連において特に重要なものとして、第1節には、152条の「証明権（Recht auf Beweis）」および156条の「保護に値する利益の保護（Wahrung schutzwürdiger Interesse）」のほかに、157条の「自由心証」の規定が、また、第2節には、第1款「総則」において、160条の「協力義務（Mitwirkungspflicht）」および161条の「協力義務等の教示」ならびに162条の「正当な協力拒絶」の規定が、第2款「当事者の拒絶権」において、163条の「拒絶権」および164条の「不当な拒絶」の規定が、第3款「第三者の拒絶権」において、

165条の「包括的拒絶権（Umfassendes Verweigerungsrecht）」、166条の「制限的拒絶権（Beschränktes Verweigerungsrecht）」および167条の「不当な拒絶」の規定がある。

以上が、証拠法のおおよその内容であるが、訴訟において証拠の提出をめぐって当事者および第三者が具体的にどのような義務を負い、また、手続の過程において関係者の秘密保護をどのように図るかといった点については、以下において概略を示すことによって、スイス民訴法における証拠法の特徴を浮かび上がらせることとしたい。

3 スイス民訴法における証拠法の特徴――証拠調べにおける協力義務、拒絶権および秘密保護措置をめぐる体系的な位置づけ

(1) 上記の三者に関する体系的な位置づけについて、スイス民訴法は、①証拠調べにおける「協力義務が原則」であって、②秘密保護の中心的な内容をな

5) スイス連邦民事訴訟法典はこうした経緯を辿って成立しているが、この新法を理解する一助として、先行する草案において示された「新民事訴訟像」について、理由書（Botschaft (BBl 2006, 7221 ff.) 3.2.2 (BBl 2006, 7245 f.)）に即して素描しておこう。

草案が描いている新しい民事訴訟の具体像は、次のようなものである。まず、①多様な手続を予定している点に特徴がある。すなわち、訴訟が効率的であるためには、一方で迅速、簡易、低廉な紛争解決という要請に、また、他方では実体的真実に基づく正しい裁判という要請に応じなければならず、こうした緊張関係の狭間で均衡点を見つけるべきであるという点に主眼が置かれている。例えば、会社法上の巨額な訴訟と一般市民の私法上の訴訟とでは相違があることは当然であり、紛争の種類や訴訟物に応じたさまざまな手続類型を介して手続の柔軟性を確保することが考えられている。次に、②草案が予定している通常の手続は、当事者中心の訴訟運営を前提とし、古典的な民事訴訟像に対応したものである。したがって、処分権主義、弁論主義といった基本原則が支配し、書面の交換、訴訟指揮、主要弁論、裁判といった明確な段階化が図られており、弁護士代理を原則としている。さらに、③日常の裁判においては、市民や素人に親しむ簡素な手続を予定している点も指摘することができる。例えば、訴額が3万スイスフラン以下の請求および一般市民の私法上の訴訟においては、簡素化された手続が規定され、口頭による手続、裁判所による質問義務（いわゆる「社会的職権探知主義（die sog. soziale Untersuchungsmaxime）」）が規定されている。いわゆる一括提出主義の適用はなく、当事者は新たな事実および証拠方法の提出を最後まで認められるが、他面で、注意を怠った訴訟追行を招来してはならず、迂遠な訴訟によって生じた費用はこの者の負担に帰せしめられる。こうした方式緩和と口頭主義によって、脱官僚化、手続促進および裁判所の負担軽減が図られることになる。

このように、草案は、柔軟で多様な手続類型を構想しており、また、個々の事案の具体的な要請を踏まえて手続を適切にかつ効率的に運用すべきことを明らかにしている。これが、大局的な観点からみた新民事訴訟像であるといえよう。

している「拒絶権はその例外」として位置づけており、また、③秘密保護措置については、拒絶権を補完し、実効性を担保するための補充的なものであると捉えている[6]。

スイス民訴法は、ドイツ民訴法と対比して、いずれも真実義務の規定を設けている点で類似するが（スイス民訴法160条1項a号、ドイツ民訴法138条1項）、文書提出義務については、前者が一般的義務、後者が限定的義務としている点で相違している。また、わが国の民訴法と比較すると、いずれも文書提出義務については一般的義務としているけれども、他方で、真実義務の規定の有無においては違いがある。しかし、スイス民訴法において最も特徴的なのは、証拠調べへの協力義務を前面に押し出している点であり、ここにドイツともわが国とも顕著な相違が存している。

(2)　また、証言拒絶権については、ドイツ民訴法やわが国の民訴法とは異なり、当事者の証言拒絶権と第三者の拒絶権とを区別して規定しているほか、すでに示したように、第三者の証言拒絶権を「包括的拒絶権」と「制限的拒絶権」とに分けている点においても、彼我の相違は際立っている[7]。

加えて、拒絶権に対して補充的な存在とされる秘密保護の措置については、1ヶ条（前掲156条）を設けて包括的に規定しており、インカメラ手続や秘密保持命令といったわが国の民訴法のような個別具体的な規定はないけれども、裁判所が個別の事案に応じて柔軟な措置を講ずることを可能にしており、後述するように、同様またはそれ以上の効果を発揮することが期待可能であると考えられる。

(3)　関連して、文書提出義務（Editionspflicht）については、前掲の協力義務の一環として160条1項が、「当事者及び第三者は、証拠調べに協力する義務を負う。」と簡潔に規定した上で、そのb号において、いわゆる弁護士・依頼者間の訴訟等準備書面を除き、「文書を提出すること」を当事者および第三者に

---

6)　Rodriguez, Der Geheimnisschutz in der neuen Schweizerischen ZPO, ZZP 123 (2010), 304 ff.; Basler Kommentar, Schweizerische ZPO, 2.Aufl. (2013), Art.160 N 9; Berner Kommentar, Schweizerische ZPO Band II (2012), Art.160 N 17; Sutter-Somm/Hasenböhler/Leuenberger, Kommentar zur Schweizerischen ZPO. (2013), Art. 160 N1 ff. (Hasenböhler); Brunner/Gasser/Schwander, Schweizerische ZPO Kommentar (2011) (DIKE-Komm-ZPO-Higi), Art.160. N 1 ff.

7)　特に第三者の拒絶権として、スイス民訴法165条（包括的拒絶権）と同166条（制限的拒絶権）とを参照。

義務づけている。この規定をめぐって、学説は、提出義務を負う文書の範囲を広く解釈した上で、「法律には、秘密領域の保護のための特別な拒絶権は一般的に存在せず、判例・学説によれば、当該客体に対する国家の介入は私的領域の保護を定めたスイス連邦憲法13条の中心的な内容にも違反しない。」としている[8]。また、「証拠調べに協力する義務は、訴訟において信義誠実に従って行為するとの一般的な要請に基づいており、スイス民訴法以前に由来するものである」としている[9]。

ただし、文書の提出を求める一般的な提出申立て（allgemeiner Editionsantrag auf Vorlegung von Akten）であって、その文書によってはじめて当事者の訴訟上の主張を根拠づけることが可能になるような提出申立ては不適法である、と解されており、いわゆる模索的証明を禁止するという趣旨で、提出義務について制限が加えられている[10]。

(4) なお、以下では、本章の特にⅢおよびⅣにおいて、ロドリゴ・ロドリゲッツ教授の論文「スイス新民事訴訟法における秘密保護」（Rodrigo Rodriguez, Der Geheimnisschutz in der neuen Schweizerischen ZPO, ZZP 123, 303 ff.）に依拠して、前記（Ⅱ3(1)）の①と②および③との関係を中心に眺めてみることにする。また、必要に応じて、スイス民訴法の立法理由も参照することにする。後述する、秘密保護のための「拒絶権」およびその補完としての「秘密保護措置」の具体的内容を理解する上で不可欠な資料であるからである。

〈参考条文〉
民事訴訟法　第10章　証拠
第1節　総則
第152条（証明権）
① いずれの当事者も、方式及び期間を遵守して提出された証拠方法を裁判所が取り調べることを求める権利を有する。
② 違法に収集された証拠方法は、真実発見の利益が優越する場合にのみ斟酌される。

8) BK ZPO-Rüetchi/Art.160 N 17.
9) BSK ZPO-Schmid/Art.160 N 9.
10) BSK ZPO-Schmid/Art.160 N 24. Vgl. Peter Gottwald, Aufklärung über die Aufklärungspflicht der Parteien, Festschrift für Rolf Stürner (2013), S.307 f.

第155条（証拠調べ等）

① 証拠調べは、１人又は複数の裁判所構成員に命ずることができる。
② 当事者は、重大な理由に基づいて、受訴裁判所による証拠調べを求めることができる。
③ 当事者は、証拠調べに立ち会う権利を有する。

第156条（保護に値する利益の保護）

証拠調べが、当事者又は第三者の保護に値する利益、特にそれらの者の営業秘密といったものに危険を及ぼすときは、裁判所は、必要な措置を講ずることとする。

第２節　協力義務及び拒絶権

第１款　総則

第160条（協力義務）

① 当事者及び第三者は、証拠調べに協力する義務を負う。とりわけ、以下のことをしなければならない。
  a. 当事者として又は証人として、真実に従い供述すること。
  b. 文書を提出すること。ただし、当事者若しくは第三者と職務上の代理権限を有する弁護士との間の通信に基づく書面又は2009年3月20日の弁理士法第2条の意味における弁理士との間の通信に基づく書面については、除く。
  c. 鑑定人による人又は物の検証を受忍すること。
② 未成年者の協力義務については、裁判所は、その裁量により判断する。その際には、子の福祉を斟酌する。
③ 協力義務を負う第三者は、相当の補償を請求する権利を有する。

第162条（正当な協力拒絶）

当事者又は第三者が正当に協力を拒絶するときは、裁判所はこれに基づいて要証事実を推認してはならない。

第２款　当事者の拒絶権

第163条（拒絶権）

① 当事者は、次に掲げる場合には、協力を拒絶することができる。
  a. 当事者が、第165条の意味における近親者を刑事訴追又は民事上の責任にさらすおそれがあるとき。
  b. 当事者が、秘密の侵害を理由として、刑法第321条により処罰されるおそれがあるとき。ただし、監査委員（Revisorinnen und Revisoren）は除く。第166条第1項第b号第3文を準用する。
② 他の法律により保護されている秘密の担い手は、秘密保持の利益が真実発見

の利益に優越することを疎明したときは、協力を拒絶することができる。

第164条（不当な拒絶）

当事者が協力を不当に拒絶したときは、裁判所はこれを証拠評価において斟酌する。

第3款　第三者の拒絶権

第165条（包括的拒絶権）

① 次に掲げる場合には、いかなる協力も拒絶することができる。
  a. 当事者の配偶者である者若しくは配偶者であった者又は現に共同生活を営む者
  b. 当事者と共通の子を有する者
  c. 当事者と3親等までの直系又は傍系の血族又は姻族である者
  d. 当事者の里親、里子及び里兄弟
  e. 当事者のために後見人又は補佐人に命じられた者
② 登録非婚配偶関係は、婚姻関係と同様とする。
③ 異父兄弟姉妹は、兄弟姉妹と同様とする。

第166条（制限的拒絶権）

① 第三者は、次に掲げる場合には、協力を拒絶することができる。
  a. 第三者又は第165条の意味における近親者を刑事訴追又は民事上の責任にさらすおそれのある事実を確定することに関するとき。
  b. 第三者が、秘密の侵害を理由として、刑法第321条により処罰のおそれがあるとき。ただし、監査委員を除く。弁護士及び聖職者を除き、第三者は、この者が通知義務を負い又は秘密保持義務を免れている場合には、協力しなければならない。ただし、秘密保持の利益が真実発見の利益に優越することを疎明した場合は除く。
  c. 第三者が、刑法第110条第3項の意味における公務員として若しくは官庁の構成員としての資格において打ち明けられた事実又はその職務の遂行にあたり知った事実を確定することに関するとき。
  d. 第三者が、オンブズマン又は報道関係者としてその職務活動の範囲において知った事実に関して供述しなければならないとき。
  e. 第三者が、著作者の身元又はこの者に関する情報内容及び情報源に関して、その職務上又は補助者として、定期刊行物の編集部門において情報の公表に関与した場合。
② 他の法律により保護されている秘密の担い手は、秘密保持の利益が真実発見の利益に優越することを疎明したときは、協力を拒絶することができる。
③ 社会保険法の情報公開に関する特別規定は、留保される。

第167条（不当な拒絶）

① 第三者が不当に協力を拒絶したときは、裁判所は以下に掲げることを命ずることができる。

a. 1000フランまでの過料を命ずること

b. 刑法第292条による科料を科すこと

c. 強制実施を命ずること

d. 拒絶によって生じた訴訟費用の負担

② 第三者の欠席は、不当な協力の拒絶と同様の効果を生ずる。

③ 第三者は、裁判所の命令に対して不服を申し立てることができる。

憲法第13条（私的領域の保護）

① すべての人は、私生活及び家族生活、その住居並びに信書、郵便及び電気通信の交換の尊重を求める権利を有する。

② すべての人は、個人情報の不正使用からの保護を求める権利を有する。

Ⅲ 原則としての協力義務

1 法的審問請求権に基づく協力義務

(1) スイスの民事訴訟においては、憲法が規定する法的審問請求権（連邦憲法29条2項）および国際条約による公正な裁判（訴訟）を求める権利（欧州人権条約6条）に基づいて、訴訟上の協力義務が、原則的な存在として妥当している[11)]。他方の、民事訴訟における秘密保護は、訴訟における当事者および第三者の一般的な協力義務に対して、その例外をなしている。また、前者の原則に由来するものとして、証明権（Recht auf Beweis）（民訴法151条）の規定が存在し、判例によって[12)]、当事者にはその主張を証拠方法によって根拠づける権利が認められている。それゆえ、訴訟当事者および第三者は、裁判所によって証拠手続において協力することを要請され、場合によってはこれを強制される。

関連して、立法理由は[13)]、この証明権に関して次のように述べている。すなわち、「これは法的審問請求権（民訴法53条）に由来する本質的な帰結である。申出のあった証拠方法が有用であり、かつ、方式および期間を遵守して提出さ

11) Rodriguez, ZZP 123, 304 f.

12) スイス連邦裁判所2006年6月30日判決（BGE 132 V 368, S.371）。

13) Botschaft ZPO, S.7312.

れている限り、当事者に対して、法的に重要な事実主張について証明することを保障するものである。」としている。もっとも、民訴法53条2項が、「特に、当事者は、優越する公的又は私的利益に抵触しない限りにおいて、記録を閲覧し、謄写させることができる。」と規定している点にも留意しなければならない。

(2) しかしながら、こうした法的審問請求権に裏打ちされた協力義務は、他の基本権と抵触する可能性も内包している。例えば、協力義務を強制されることによって、当事者の私的領域の保護（憲法13条）、報道機関の取材源の秘密（同17条）、ならびに、信仰および良心の自由（同15条）といった基本権がそこなわれる場合を容易に理解することができるであろう。そのため、協力義務とその例外としての拒絶権に関する民訴法の諸規定は、真実発見という目標を過度に後退させることなく、相互に抵触するおそれのある基本権や基本的利益を正しく調整するという役割を担わなければならない[14]。

2　協力義務と他の基本権との抵触

(1) 協力義務と秘密保護との緊張関係は、民訴法中において、以下のような形で反映している。すなわち、160条1項において、当事者および第三者は、当事者として、証人として、真実に即して証言し、必要な文書を提出し、鑑定人による検証を受忍することを義務づけられ、こうした協力義務は、すべての証拠方法を包摂するものである。

他方、秘密保護の内容を形成している拒絶権は、160条による協力義務の例外として存在し、そうした例外を除いては、当事者および第三者は、160条の意味において協力義務を負う。もっとも、民訴法中に「秘密保護（Geheimnis-schutz）」の概念それ自体は存せず、原則としての協力義務から免れる拒絶権が存する場合を指すことになる。また、最終的に保護されるのは、関係する情報が秘匿されることを信頼した秘密の主体である[15]。

(2) また、当事者と第三者とを比較すると、前者は後者よりも真実発見に協力する義務をより多く負っており、当事者の拒絶権は、第三者に認められる包

14） Rodriguez, ZZP 123, 305.

15） Rodriguez, ZZP 123, 306 f.

括的な拒絶権に比べると、つつましいものといえる[16]。なお、協力義務や拒絶権については、裁判所は教示義務を負い（161条）、拒絶が正当な場合には、これに基づいて証明すべき事実を認定してはならない（162条）。他方、当事者の拒絶が不当な場合には、証拠評価の際にこれを考慮することとし（164条）、制裁は存しないが、裁判所が相手方の主張を真実とみなすことによる訴訟上の不利益がかかってくる。第三者の拒絶が不当な場合には、多様な制裁が予定されている（167条）。

(3) こうした制裁と関連して、協力義務の法的性質については、次のように解されている。すなわち、同じ協力義務といっても、当事者のそれと、第三者のそれとは区別されており、前者が、訴訟上の負担（prozessuale Last）を意味するものであるのに対して、後者は、純粋な義務（echte Pflicht）であると解されている[17]。

(4) なお、血統の解明については、以下のような職権探知が妥当している。すなわち、296条は、「①裁判所は、事実関係を職権で探知する。②血統の解明のために、当事者及び第三者は、必要であってかつ健康に危険を伴わない検査に協力しなければならない。拒絶権に関する規定は、当事者及び第三者に適用されない。③裁判所は、当事者の申立てに拘束されずに裁判する。」と規定している。したがって、協力義務に対する例外は存しない[18]。ちなみに、ドイツ民訴法372a条（血統の確定のための検査）にも同趣旨の規定が存しており、興味深い。

以上から、原則としての当事者および第三者の協力義務が明らかとなったから、次に、節を改めて、秘密保護のために例外として認められる拒絶権について少し詳しく眺めてみよう。

〈参考条文〉

民事訴訟法第53条（法的審問）

① 当事者は、法的審問請求権を有する。

② 特に、当事者は、優越する公的又は私的利益に抵触しない限り、記録を閲覧

16) Rodriguez, ZZP 123, 306.

17) Botschft ZPO, S.7316; BSK ZPO-Schmid/Art.160 N 8; BK ZPO-Rüetschi/Vor Art.160–167 N 11.

18) Rodriguez, ZZP 123, 308.

し、謄写させることができる。

憲法第 17 条（メディアの自由）
① 出版、ラジオ放送及びテレビ放送の自由並びに公共の通信技術を用いた制作物及び情報の提供のその他の形態の自由は、保障される。
② 検閲は、禁止される。
③ 編集の秘密は、保障される。

Ⅳ 拒絶権——協力義務からの除外

すでに述べたように、秘密保護は、拒絶権において具体化されており、個々の拒絶権は、要保護性の程度に応じて規定されている。スイス民訴法は、第三者の拒絶権と当事者のそれとを区別して規律している点に特徴があるので、これに即して、その要点を眺めてみることにする[19)]。

1 第三者の拒絶権——その 1（165 条・166 条 1 項）

これには、人的関係のみに基づいて認められる拒絶権と、特定の事項に関係する拒絶権の 2 つがあり、前者は、① 165 条により包括的な拒絶権として、また、後者は、② 166 条により制限的拒絶権として規定されている。

(a) 包括的拒絶権（165 条）

①は、当事者と密接な信頼関係にある者（特に家族関係者）が、協力義務を果たすことによって良心や忠誠心に葛藤を生ずることを避けるために認められる拒絶権であり、いわゆる物的理由に基づく拒絶権ではない。165 条は、そうした葛藤及びそこから生じる結果から第三者を保護することを目的としている。近親関係や信頼関係が推定される者をリストアップした上で——限定（abschliessennd）列挙であり——、これらの者に対して証拠調べのあらゆる協力を拒絶する権利を付与するものであって、これらの者に協力を禁止するという形をとるわけではない。協力を求められる者には、拒絶権を行使するか否かの

19） 特に以下の記述は、Rodriguez, ZZP 123, 309 ff. に依拠した。

1　原則 ―― 証拠調べへの協力義務（160 条）

2　例外 ―― 拒絶権

- ・第三者の拒絶権（その 1）
  - 包括的拒絶権（165 条）
  - 制限的拒絶権（166 条 1 項）
    - 特定の法律効果を生じさせるおそれのある証明の対象に関して認められる拒絶権（166 条 1 項 a 号）(Ex. 近親者の刑事訴追、民事責任）
    - その属性（職務や職業）に基づいて知りえた証明の対象に関して認められる拒絶権（166 条 1 項 b 号）（拒絶権者は刑法 321 条に列挙されている者）
      - 絶対的に保護される職業秘密（聖職者、弁護士、報道関係者等）
      - 相対的に保護される職業秘密（公証人、公務員、医師等）

・第三者の拒絶権（その 2）（166 条 2 項）
　刑法 321 条に列挙されている以外の者が、秘密保護のために（営業秘密（刑法 162 条）、銀行秘密（銀行法 47 条）等）、拒絶権を行使するには「秘密保持の利益が真実発見の利益に優越することを疎明すること」が必要（166 条 2 項）

・当事者の拒絶権（163 条）

3　秘密保護措置（156 条）

選択権がある。もっとも、仮にこうした者の証言があった場合には、偏頗のおそれが強いため、証言の証明力については、裁判所の自由心証に委ねられる。

(b) 制限的拒絶権（166条1項）

②も、限定列挙であり、証言を求められる第三者が、❶特定の法律効果を生じさせるおそれのある証明の対象に関して認められる拒絶権（166条1項a）と、❷その属性（職務や職業）に基づいて知りえた証明の対象に関して認められる拒絶権（166条1項b）——❶❷のいずれも「制限的拒絶権」——とがある。

これらのうち、特に前者（❶）は、例えば、第三者に近い関係にある者が刑事訴追を受けまたは民事責任を問われるおそれがある事実に関して、この第三者に認められる拒絶権であり、第三者自身の保護、ならびに、165条の意味における第三者に近い関係にある者の保護に関係している。刑事訴追のおそれについては、客観的な重大性が問題となるわけではなく、軽犯罪も含むと解されている。

もう1つの、❷その属性に基づいて知り得た証明の対象に関して認められる拒絶権、例えば、職業上の秘密に関する拒絶権（166条1項b）については、1項bにより指示されている刑法321条中に限定列挙されている者、すなわち、聖職者、弁護士および弁護人、公証人、医師、歯科医師、薬剤師、助産師、研修生（Studierende）、ならびに、1項c以下に掲げる、公務員（同項c）、オンブズマン（同項d）、メディエーター（同項d）、報道関係者（Journalisten）およびこれらの補助者（同項e）が、職業上の秘密に基づく拒絶権を有している。ただし、民訴法は、監査委員（Revisorinnen und Revisioren）を明示的に除いている。

(c) 絶対的に保護される職業秘密

制限的な拒絶権のうち、特に❷中の職業秘密については、さらに、ⓐ「絶対的に保護される」職業秘密（聖職者、弁護士及び弁護人、オンブズマン、メディエーター、報道関係者）とⓑ「相対的に保護される」職業秘密とに区分され、要保護性の程度に応じた多様な内容を形成している。

ⓐに掲げられているもののうち、「弁護士の拒絶権」については、弁護士

法[20] 13条1項が、「弁護士は、その職務の結果として依頼者から明かされたすべての事項に関して、無期限にかついかなる者に対しても職業上の秘密に服する。」と規定している。依頼者からの守秘義務の免除があっても、裁判所に協力するか否かについては弁護士の自由に委ねられている。特に注視すべきものに、160条1項bが、一般的な文書提出義務から弁護士の通信（Korrespondenz）を除外している点がある。弁護士と依頼者との関係の保護を目的とし、弁護士の領域に存する文書に限らず、依頼者や第三者の所持する文書も含まれる。

同じく、ⓐに掲げられている「報道関係者の拒絶権」は、憲法17条3項および欧州人権宣言10条（表現の自由）に基づくものである。ただし、拒絶権を有するのは、情報の公開について職業上みずからが関与する者に限定されており、また、要件として、定期的に――すなわち、あらかじめ確定された公刊予定に即して少なくとも1年に1回――公刊される情報媒体の編集部門における情報の提供であることを必要とする。著書中の記載やその情報源については、法律上の秘密保護は存しない。情報源の保護は、提供者からの情報を継続的に保存するように特別に指示されている者によってなされる（べきである）からである。166条1項aと比較して、これよりも遠い関係にある第三者を保護するものであって、特権的なものである。秘密主体による秘密保持の免除があっても、こうした保護は相対化されるわけではない[21]。

(d) 相対的に保護される職業秘密

他方の、ⓑに掲げられている職業秘密については、秘密を保持する者（公証人、公務員、医師、歯科医師、薬剤師および助産師）の拒絶権は、絶対的なものではない。絶対的に保護される職業秘密（ⓐ）との相違は、秘密主体による有効な職業秘密の免除がある場合またはそこに掲げる職務について法律で定められた通知義務がある場合には拒絶権は認められず、したがってこの場合には協力義務を生ずるという点にある。もっとも、医師に関しては、例外のそのまた例外が存する。すなわち、患者による職業秘密の免除があっても、秘密保持の利益が真実発見の利益よりも上回る場合には、証言拒絶は、なおも常に可能である。

20） 弁護士の自由に関する2000年6月23日の連邦法（SR 935, 61）。
21） Rodriguez, ZZP 123, 313 f.

例えば、医師が重篤な病気であるとの診断を告知（証言）するとしても、これによって患者に対して治療効果を損なう不利益を与えてしまう場合には、なおも証言拒絶を認められる。

2　第三者の保護——その2（166条2項）

法律が保護する秘密であるが、刑法321条に含まれないものについては、秘密の主体が、秘密の保持者に守秘を免除せずに、守秘を求めているとしても、民事訴訟においては原則として守秘は認められず、協力義務の方が優先する。しかしながら、166条2項によって、秘密保持の利益が真実発見の利益を上回ることを疎明した場合には、協力を拒絶することができる。協力義務のある秘密の保持者の申立てがある場合には、裁判所は、第三者の秘密保持の利益と訴訟上の開示の利益との間の利益衡量を行い、これに基づいた判断をしなければならない。

こうした枠内で法律上保護されている秘密としては、まず、ⓐ営業上および製造上の秘密（Geschäfts- und Fabrikationsgeheimnis）（刑法162条）ならびにⓑ銀行秘密（Bankgeheimnis）（銀行法47条）がある[22)]。ⓐは、企業の技術上および営業上のノウハウの保護を目的とし、連邦裁判所の判例は、これを広く解釈している。すなわち、企業の営業領域から生じた特定の事実であって、限られた者のみがアクセスできて、かつ、秘密主体の正当な利益により秘密保持が求められるもの（例えば、研究結果、レシピ、設計、販路など）が、これに含まれる。

特にⓑの銀行秘密については、同じく刑法321条の適用範囲になく、銀行法47条および証券取引法43条において別々に規定されている。顧客と銀行との間の取引関係、つまり銀行契約から生ずるすべてのデータは、銀行法47条による秘密保持義務に服するほか、付随的および将来的な銀行取引との関係における照会および申込みもまた同様である。銀行の組織、従業員、受任者、管財人もしくは代行者として、また、銀行委員会の監視人として、さらには、監査委員会の組織もしくは従事者として、秘密を得た者は、秘密保持義務に服する

22）刑法162条が保護している守秘義務の根拠については、vgl. BSK Strafrecht II (2007)-Marc Amstutz/Mani Reinert/in. Art. 162 N 17 f. なお、証券取引法（SR 954, 1）43条は、銀行法47条と同様の規定である。

（詳細は後述Ⅵ 1 参照）。民訴法によれば、銀行業者の証言拒絶権は、裁判所の面前においては、刑法 321 条の意味における職業上の秘密よりも拒絶可能な範囲が狭いものとなっている。したがって、秘密保持義務は、真実発見の利益を上回る場合に限って妥当することになる。

なお、ⓒこれ以外の特別法によって保護されている秘密であって、少なくとも民訴法 166 条 2 項の枠内で民事訴訟において顧慮されるものとしては、医学研究上の秘密（刑法 321 条）、犯罪被害者相談所に従事する者が知った事項（犯罪被害者法 4 条）、データ保護法上の人のデータ（データ保護法 35 条）がある。

3　当事者の秘密保護[23]

(a)　第三者との比較

当事者の拒絶権については、民訴法 163 条において規定されている。当事者には、第三者が家族関係との関係において享受するような包括的な拒絶権は存しない。とりわけ、当事者は、協力することによって自らに刑事上若しくは民事上の負担を強いられる危険を理由とする拒絶権を有しない（同条 1 項 a は、165 条の意味における当事者と近接する関係にある者を保護しているにとどまる。）。民訴法は、こうした当事者の拒絶権を意識的に放棄している。裁判所は、（拒絶権によって保護されていない）当事者の沈黙に基づいて事実関係を推論することを許されている（いわゆる「当惑する沈黙（betretenes Schweigen）」）。

(b)　相対的な拒絶権

当事者は、親族および職業秘密との関係において、事実に関係する相対的な拒絶権のみを有している。すなわち、163 条 1 項 a 号は、既述のように、近接する親族関係者との関係で当事者を良心の呵責から免れさせることとしている。他方、当事者自身には適用はない。また、当事者は、協力することによって親族に不利益を生ずるおそれがあるとの要件について、疎明しなければならない。

---

23)　Rodriguez, ZZP 123, 316 f.

(c) 職業秘密

職業秘密に関連して、163条1項bは、刑法321条に規定する職業グループの拒絶権に限定している。166条1項c号、d号およびe号の職業グループ（公務員、メディエーター、オンブズマン、報道関係者）は、当事者としては、情報義務を負うが、166条2項の場合には除外される。

〈参考条文〉

刑法第321条（職業秘密の侵害）

① 聖職者、弁護士、弁護人、公証人、弁理士、債務法により守秘義務を負っている監査委員、医師、歯科医師、薬剤師、助産師、心理学者、並びにこれらの補助者であって、その職業ゆえに打ち明けられた秘密又はこれらの者が職務の遂行において知った秘密を開示した者は、3年以下の自由刑又は罰金刑に処す。研修の際に得た秘密を開示した研修生も同様とする。職業上の秘密の侵害は、職務の執行又は研修が終了した後も処罰される。

② 行為者が、権利者の承諾に基づいて又は行為者の求めに応じて上級官庁若しくは監督官庁が行った書面による許可に基づいて秘密を開示したときは、処罰されない。

③ 証言義務及び官庁に対する情報提供義務に関する連邦法及び州の規定は、留保される。

刑法第162条（製造上又は営業上の秘密の侵害）

製造上又は営業上の秘密であって、法律上または契約上の義務により遵守すべきものを漏洩した者であって、その漏洩を自らのために又は他人のために利用した者は、申立てに基づき、3年以下の自由刑又は罰金刑に処す。

銀行法第47条

① 以下の者は、3年以下の自由刑又は罰金刑に処す。

故意により、

a. 銀行の機関、従業員、受任者若しくは清算人としての資格において又は監査会社の機関若しくは従業員としての資格において、信託を受けた秘密を開示した者

b. 職業秘密のそうした侵害を教唆した者

c. a号により明かされた秘密を他の者に開示し又は自ら若しくは他人のために利用した者。

第1項a号又はc号による行為によって自己又は他人に財産上の利益を与えた者は、5年以下の自由刑又は罰金刑に処す。

② 過失により行為した者は、25万スイスフランまでの科料に処す。
③ 確定有罪判決後5年以内に再犯があった場合は、最低45日の日割金刑を科す。
④ 職業秘密の侵害については、公務若しくは服務関係又は職業活動の終了後も、処罰される。
⑤ 証人義務及び官庁に対する情報提供義務に関するスイス連邦及び州の規定は、留保される。
⑥ 本条による行為の訴追及び判断は、州に委ねられる。刑法典の総則規定を適用する。
* 証券取引法第43条も銀行法第47条と同趣旨の規定である。

V 証拠調べにおける秘密保護措置（民訴法156条）

すでに述べたように（Ⅱ3⑴参照）、スイス民訴法156条が規定している秘密保護措置は、証拠調べへの協力義務に対して拒絶権を行使することができない場合であっても、本条が定める要件の下で保護措置を必要とする場合に限って裁判所が命ずるものである。その意味において、拒絶権を補完するものであるけれども、裁判における秘密保護がますます重要となっている現在においては、その役割は、拡大することはあっても、縮小することはないであろう。以下では、スイス民訴法のコメンタールに依拠して[24]、この問題に焦点を絞って考察を加えてみたい。

1 民訴法156条の意義と機能

⑴ 法的審問請求権（憲法29条2項、欧州人権条約6条1項、民訴法53条1項）の内容として、記録の閲覧権（民訴法53条2項）、証拠調べへの関与権（同155条3項・231条）、証拠調べの結果に対する意見陳述の権利（同232条1項）が存している。また、当事者の証明権（同152条1項）ならびに当事者および第三者の訴訟上の協力義務（同160条）に基づいて、証拠を提出する当事者には、裁判所が証拠を取り調べることを求める権利があるほか、裁判所には、職権証拠調べの義務（同153条1項）及び権利（同153条2項）も存している[25]。

24） BSK ZPO-Guyan/Art.156; BK ZPO-Brönnimann/Art.156; DIKE-Komm-ZPO-Lue/Art.156; Sutter-Somm/Hasenböhler/Leuenberger, ZPO Komm-Hasenböhler/Art.156.
25） BK ZPO-Brönnimann/Art.156 N 1.

(2) 他方で、前述したように、相手方当事者および第三者の拒絶権（同163条以下、同165条以下）は、上記の、証拠を提出する当事者の請求権や裁判所の証拠調べの権利・義務に対抗する存在であり、秘密の開示によって生ずる不利益を回避することに役立つ。しかし、こうした拒絶権が認められず、公開を原則とする民事手続において事実の提供を余儀なくされる場合に、当事者または第三者にとって不利益を甘受しなければならない状況がしばしば生ずる。例えば、秘密保護という狭義の（刑法上の）概念に属しない、プライバシーの保護や、取引の経過およびデータの保護を必要とする場合がそうである。また、当事者や第三者が、拒絶によって生ずる不利益（裁判所の制裁）と、開示により秘密を犠牲にせざるをえない不利益との間で比較衡量をし、より弊害の少ない方を選択しなければならない場合もそうである。そこで、拒絶権による保護は及ばないけれども、なお保護すべき秘密が存する場合に、そうした間隙を埋めるものとして、スイス民訴法156条は、「証拠調べが、当事者又は第三者の保護に値する利益、特にそれらの者の営業秘密といったものに危険を及ぼすときは、裁判所は、必要な措置を講ずることとする。」と規定し、裁判所に対して秘密保護措置を講ずる余地を与えている。

このように、保護に値する利益の維持と法的審問・証拠調べの確保の利益との緊張関係の中で、裁判所は、民訴法156条に従って、保護に値する利益を損なうことを回避するために、「必要な措置」を講じなければならない。また、民訴法53条は、法的審問請求権を原則としつつ（1項）、記録の閲覧請求権を「優越する公的又は私的な利益に抵触しない限り」という留保付きで認めていることも（2項）、こうしたことに平仄を合わせたものであるといえる[26]。

(3) 証拠が有用であればあるほど、当事者にとっては、記録の閲覧権や証拠調べの立会権は認められるべきものとなる。しかし、他方で、民訴法156条の文言および目的は、法的審問請求権を制限し、場合によってはこれを全面的に否定することによって、秘密保護を貫徹し、また職権によってもそうしなければならないとする。例えば、証拠調べの際の協力をめぐって未成年者の証言については、裁判所は子の福祉を考慮することとし（同160条2項）、証言を求め

26) 以上は、BK ZPO-Brönnimann/Art.156 N 2.3.4.

られる子の保護のために職権による保護措置を講じなければならない。また、処分権主義・弁論主義が妥当する領域においても、必要な場合には職権で保護措置を講じなければならない（立法理由（Botschaft）7314頁は、「権限及び義務である。」と述べている。）。さらに、保護措置は、第三者のために当事者双方に対して向けられることもある。保護に値する利益は、判決書中には明示されないけれども、関係する保護措置を指摘した上で、その種類を判決書中に記載する。裁判所は、利益保護の目的のために、特別な方法により、かつ、当事者権の制限の下で取り調べた証拠を（心証形成のために）用いることができる。だが他方で、当事者に対しては、適切な方法によって審問請求権を保障しなければならず、例えば、証拠調べの結果を特別な形式でまたは要約によって内容を縮小して通知し、かつ、対抗する証拠申出を可能にする途を残すことによって、審問請求権を保障しなければならない[27] [28]。

2　協力義務および拒絶権と保護措置との関係

(1)　保護措置（156条）は、協力義務（160条）およびこれに対抗する拒絶権（163条（当事者）、165条以下（第三者））と密接に関連していて、これら三者は、以下のような関係にある[29]。

27）　BSK ZPO-Guyan/Art.156 N 1.

28）　同種の規定は、スイス民訴法（2008年）に先立って、従前の州民訴法においても存在しており、例えば、チューリッヒ州民訴法145条は、「証拠調べにより、当事者又は第三者の保護に値する利益が危険にさらされる場合には、裁判所は、これを保護するための措置を講ずるものとする。」との簡潔な規定を設けて、訴訟における秘密の保護に対応しようとしていた。本条の内容に関連しているので、参考のために、このチューリッヒ州民訴法145条について、Frank/Sträuli/Messmer, Kommentar zur zürcherischen Zivilprozessordnung (Gesetz über den Zivilprozess vom 13.Juni 1976), 3.Aufl. (1997), §145 N 1-3b の記述を紹介しておこう。

「訴訟上の真実の探知は、訴訟当事者や第三者の人格権および秘密領域（プライヴァシー）を侵害する可能性がある。他方で、証言拒絶権は、裁判上の真実発見を妨げるが、あらゆる問題を解決してくれるわけではない。本条は、文書の閲覧に関して当事者の法的審問（権）や証拠調べの立会い（権）を制限する措置を認め、裁判官が秘密を保護しながら、秘密保持を必要とする事実を知り、これを斟酌することを認めるものである。こうした秘密保護措置は、相互に対抗する利益を注意深く衡量し、当事者権を可能な限り制約せずに手続を進める場合に、憲法上の法的審問請求権と調和する（BGE 95 I 107, 445）。その例として、連邦民事訴訟に関する1947年12月4日の連邦法第38条*や特許法第68条*等がある。

まず、訴訟において当事者および第三者には協力義務があることを原則としている。その例外として、一定の場合に拒絶権の行使が認められており、その典型例は、163条1項b号に掲げる刑法321条の意味における職業上の秘密が認められる場合である。こうした場合以外の法律上保護されている秘密につい

保護の対象となるのは、営業秘密のみならず、あらゆる種類の秘密であって、保護に値するとみなされるすべての私的および公的な利益である。尋問される者の健康、匿名の情報提供者の秘密保持、国家の利益の保護、尋問される子の福祉等々である。どのような範囲における保護措置が認められるべきかについては、保護に値する利益と開示の必要性との比較衡量に基づいて決められなければならない。これに関連して、第160条が参考になる。すなわち、同条は、『守秘義務を課せられ又は特別な信頼関係を前提とする職業にあっては、裁判所は、第145条による保護措置が十分でない場合であって、かつ、証人の秘密保持の利益が挙証者の開示の利益を上回る場合には、証言を免除する。製造秘密及び営業秘密についても、準用する。』と規定している。

また、適切な保護措置を命じなければならない。例外的に、証拠調べをしないという選択肢もありうる。また、しばしば、当事者の一方または双方を排除して、当事者の代理人または第三者を証拠調べに関与させることがある。関係者の保護に値する利益の保護のために、一般公開（Öffentlichkeit）を排除することもある。尋問される者の健康を考慮し、また、父母の間の訴訟における尋問において子の福祉を考慮したり、鑑定人が人を検査する際には、関係者を排除したりする。また、より重要なものとして、文書の閲覧権の制限がある（56条2項）。特に秘密保護のために、従来の原則が破られて、裁判官がそうした記録に限定して閲覧し、不利になる当事者にその内容を知らせるということが重要となる。したがって、例えば、一方の当事者には営業秘密に関する鑑定について一部のみにアクセスを可能とし、また、精神医学鑑定を当事者自身には開示せずに、その代理人にのみ開示して、必要な目的を達するということも許容される。また、第三者のための保護措置として、当事者には鑑定書の一部を見せないことも適法である。この他に、記録の閲覧を相手方の代理人に制限すること等々である（以下省略）。」

＊　**連邦民事訴訟に関する連邦法（SR 173, 110）第38条**

当事者は、証拠調べに立ち会い、提出された文書を閲覧する権利を有する。当事者又は第三者の営業秘密の保護のために必要な場合は、裁判官は、相手方当事者又は双方当事者を排除して、証拠方法から認識を得なければならない。

＊　**特許法（SR 232, 14）第68条**

① 当事者の製造上又は営業上の秘密は、保護されなければならない。

② そうした秘密を開示する可能性がある証拠方法については、秘密の保護に合致する範囲においてのみ、相手方にアクセスすることを認めるものとする。

なお、チューリッヒ州民訴法における秘密保護手続については、本間靖規「秘密保護手続について―チューリッヒの民事裁判をてがかりとして」白川和雄先生古稀記念『民事紛争をめぐる法的諸問題』（信山社、1999年）309頁以下、特に314頁以下に詳しい（本間靖規『手続保障論集』（信山社、2015年）411頁以下所収、特に417頁）。

この他に、例えば、グラウビュンデン州民訴法160条も、「①証拠調べの際に保護すべき利益又は営業秘密が危険にさらされる場合には、裁判所長は、必要な保護措置を命ずるものとする。②これに対しては、20日以内に州裁判所の単独裁判官に対して不服を申し立てることができる。」と規定している。

ては、その担い手は、秘密保持の利益が真実発見の利益を上回ることを疎明した場合に、協力を拒否することができる（163条2項）（もちろん、この場合には保護措置は不要である。）。

また、したがって、拒絶権が行使されない場合またはそもそも拒絶権が存しない場合にはじめて、156条の保護措置を講ずる余地がでてくる。いずれも、秘密保護を目的とする存在ではあるが、一方の拒絶権は、法律が定型的な場合において列挙しているものであり、当事者の行使に委ねられているが、他方の秘密保護措置は、法律が一般に予定してない非定型的な場合において（例外的に営業秘密だけは156条中に例示されている。）認められるものであり、裁判所に対して裁量によって保護措置を講ずる義務が課せられている。

いずれにせよ、このような意味において、秘密保護措置は、先に述べたように（V冒頭）、補完的な存在といえる。

(2) 関連して、保護措置と実体法上の情報請求権との関係も問題となる。

判例においてスイス債務法322a条2項の情報請求権が問題となった具体例が存している。同条項は、「賃金の調整に関して、使用者は被用者に対して、被用者の事後の調査に必要な限り、説明をし、かつ、帳簿を閲覧させなければならない。」とし、被用者の使用者に対する情報請求権を規定している。この規定をめぐって、賃金の査定に関する訴訟において秘密の開示と156条の保護措置との関係が問題となったケースである。事案と判決を紹介して、これに対する学説の評価を簡潔に示しておきたい。

【連邦裁判所2010年6月8日判決】[30]（BG4A-195/2010）

やや特殊な事案であり、ある裁判官が、給与の査定をめぐり、同僚達の過去5年間にわたる格付けに関する記録の閲覧を求めたというものである。これについて、連邦裁判所は、記録の閲覧によって同僚達の人格的な利益が大量に関係せしめられるであろうとしたが、156条の措置については否定した。その理由として、スイス債務法322a条により、使用者は、給与の請求権の事後の調査に必要な限りにおいて、被用者またはそれに代えて共通のもしくは裁判所が定めた鑑定人に対して記録の閲覧を保障しなければならないとし、また、上記の実体法上の情報請

29） BK ZPO-Brönnimann/Art.156 N 5, 6; Rodriguez, ZZP 123, 317.

30） Somm/Hasenhöhler/Leuenberger, ZPO Komm, Art.156 N 4, 4a (Hasenhöhler); BK ZPO-Brönnimann/Art.156 N 7, 8.

求権は独立した訴えまたは段階訴訟によって実行可能であり、営業秘密の保護のための訴訟上の措置（事件当時は州法に基づくものであった。）によって制限を受けないと述べた。

この判決については、次のような評価がなされている、すなわち、① 156 条による訴訟法上の保護措置は、連邦法上のものとして、実体法上の情報請求権と等しいレベルの存在であるから、後者（情報請求権）を原則であるとみて、すべてをこれに委ねることは禁止される、と。また、②実体法上の情報請求権が存する場合に、本条の保護措置をアプリオリに排除することは正しいものとはいえない[31]、と。

さらに、秘密保護措置そのものに関しては、①これを求める申立てには、関係する利益の具体的な危険が存していることを証明しなければならないが、その危険がすでに現実化していること、つまり、秘密領域がすでに侵害されていることまでは必要としない、と。また他方で、②裁判所は、現実に危険が存しているか否かを判定しなければならない[32]、と。

3 秘密保護措置の要件

保護措置の一般的な内容に続いて、以下では、156 条が定める要件について眺めてみよう。

(a) 保護に値する利益（保護の対象）[33] ——要件①

本条の「保護に値する利益（schutzwürdige Interesse）」として、営業秘密（刑法 172 条により保護されている製造上および営業上の秘密）が明示されているが、文言上、保護の対象は裁判所の裁量に委ねられている。保護の対象として問題となるのは、私的および公的利益であり（53 条 2 項は「優越する公的又は私的利益に抵触しない限りにおいて」法的審問請求権を保障している。）、前者として、人格権の保護（Botschaft ZPO, 7314; BGE 97 II 97）——当事者または第三者の私的領域、秘密領域および個人的領域の保護——のほか、健康の保護や子の福祉の顧慮（160 条 2 項）、後者として、国家機密の保護（BGE 92 I 259）、情報提供者の身元の保護（BGE 133 I 33）、匿名の証人の保護などがある[34]。

この他に、証拠調べによってではなく、証拠申出によってすら保護に値する

31） BK ZPO-Brönnimann/Art.156 N 8.
32） Somm/Hasenhöhler/Leuenberger, ZPO Komm, Art.156 N 4a.
33） BSK ZPO-Guyan/Art.156 N 2; BK ZPO-Brönnimann/Art.156 N 10 ff.
34） 人格権の保護については Botschaft ZPO, 7314; BGE 97 II 97 を、国家機密の保護については BGE 92 I 259 を、情報提供者の身元の保護については BGE 133 I 33 を、それぞれ参照。

利益に危険を生ずるおそれがある場合もある。そのため、例えば、刑事訴訟の領域においては、「証人の訴訟外における保護に関する法律（2011年12月23日）」[35]により、刑事手続において協力することによって危険を被る者のために証人の保護措置をとることが規定されている。

(b) 証拠調べによる危険の発生[36]——要件②

この要件について、立法者は、「危殆（Gefährdung）」または別の言葉では「危険（Risiko）」ということのみを要求しているにすぎず、「損害（Schaden）」の意味における現実の危険を要求しているわけではない。条文の「証拠調べが……に危険を及ぼす」という文言は、著しく簡潔であって、先の例にあるように、証拠申出に際してすでに保護措置を必要とする場合もあるため、むしろ「申出（Antragstellung）が危険を生じさせうる」（例えば証人に挙示されただけでその者に危険が及ぶ場合）という文言を用いた方が適切であろう。「証拠調べによる危険」は、本条の中核的な適用領域を示しているのであって、これが保護措置を講ずるべき唯一の場合であると解してはならない。

(c) 要保護性（Schutzwürdigkeit）の確定[37]——要件③

裁判所または受命裁判官は、保護措置を検討するために、危険にさらされる利益および危険の程度を知らなければならない。そのような事実主張は、当然に、理由づけ（substantiieren）がされなければならず、それなくしては、利益衡量は、はじめから不可能である（BGE 134 III 255 E.2.5[38] 参照)。しかし他方で、保護措置が認められるために必要な証明の程度——訴訟上の権利のための証明度——が問題となる。一部の学説は、訴訟法上の保護措置については、本証を必

35） 証人の訴訟外における保護に関する法律（SR 312.2）

36） BSK ZPO-Guyan/Art.156 N 3.

37） BSK ZPO-Guyan/Art.156 N 4: BK ZPO-Brönnimann/Art.156 N 13.

38） BGE 134 III 255 E.2.3–2.5（スイス連邦裁判所2008年2月6日判決）は、会社合併法（SR 221, 301）105条（持分権および社員権の審査）による審査手続において企業評価報告書の文書提出が問題となった事件である。これに関して、裁判所は、原告が合併報告書に含まれている評価鑑定書を閲覧することが相手方（会社）の営業秘密に抵触するかどうか、したがって、閲覧の拒絶が可能であるか否かについては、利益衡量を必要とするとした上で、会社は秘密保持の利益を十分に理由づけてはいない、との結論を示している。

要とするとしている。他方、グラウビュンデン州の裁判例においては（保護措置に関する同州の民訴法の条文は連邦民訴法のそれと同じである。）、疎明で足りるとし、その理由として、厳格な証明の程度を要求するならば、秘密それ自体を開示しなければならなくなると述べている。もっとも、民訴法は、その156条における証明度を、他の規定と比較して、軽減しているわけではない（158条1項b号および163条2項参照）ことからすると、保護措置を求めるためには、保護に値する利益に危険が生ずることについて本証を必要とするということになろう。

また、一方の当事者が、保護に値する利益および危険に関する証拠調べにどの程度立ち会うことが可能かという問題も存している。これについては、連邦民事訴訟に関する連邦法（連邦裁判所法）（SR 173, 110）56条2項および3項が参考になる。すなわち、同条は、その1項において、当事者に対して、証拠調べに立ち会い、提出された文書を閲覧する権利を定めた後に、「優越する公的又は私的利益を保持するために必要な場合には、裁判所は、双方当事者又は相手方当事者を排除して証拠方法を取り調べる。」（2項）。この場合において、「裁判所は、一方の当事者に不利益に証拠方法を排除しようとするときは、この当事者に、その証拠方法の本案にとっての重要な内容を通知し、かつ、意見を述べ、反対証拠を提出する機会を与えなければならない。」（3項）と規定している。他方で、連邦特許法（SR 232, 14）68条では、「製造秘密又は営業秘密（Fabrikations-oder Geschäftsgeheimnisse）は、保護されなければならない。」（1項）。「そうした秘密が開示される可能性がある証拠については、秘密の保護に合致する範囲においてのみ、相手方にアクセスすることを認めるものとする。」（2項）としている。相手方の関与の度合いを前者よりも縮小しているように思われるが、これは特許権をめぐる訴訟の特殊性が反映した結果ではなかろうかと憶測する。結局、状況に応じて、証拠方法への相手方の関与の度合いも相対的であって、特に前者（連邦裁判所法）の場合には、裁判所に裁量の余地が認められているようである[39]。

39） BSK ZPO-Guyan/Art.156 N 4.

(d) 「必要な」保護措置――要件④

どのような保護措置を講ずるかという点については、それが「相当性（Verhältnismässigkeit）」の要求にかなうものでなければならず40)、その対象および危険に応じて、さまざまなものがある。裁判所は、措置が、効果的で十分なものであり、かつ、不必要なものでなければ、選択についてほとんど制約を受けない。ほとんどの証拠方法は、開示によって保護に値する利益を危険にさらす可能性を有しているため、規範目的に応じた保護措置を講ずるべきである。また、保護措置は、証拠調べの場面に限定されるわけではなく、証人尋問の調書についても当てはまる。証人が、一方の当事者を排除した尋問において秘密を開示した場合には、その調書についても保護措置を必要とする。

保護措置は、段階的（hierarchisch）に決められる41)。極端な場合、証拠調べ自体を放棄しなければならないという例外的な保護措置もありうる。しかし、一部の証拠調べや一部の閲覧が可能か否かといったことに応じて取調べを実施することも考えられる。これが可能でないときには、報告書の作成や結論の通知といったことが考えられる42)。また、文書や検証物の提出は認めずに、閲覧のみを許すといった措置も考えられる。その他に、当事者自身の閲覧ではなく、その代理人にのみ閲覧を許すことも場合によってはある（BGE 113, I a 4[43]）。さらに、取調べに立ち会う者の数を制限し、受命裁判官による取調べを可能とす

40） BK ZPO-Brönnimann/Art.156 N 18; DIKE-Komm-ZPO-Lue/Art.156 N 14 ff.; Sutter-Somm/Hasenhöhler/Leuenberger, ZPO Komm, Art.156 N 11.

　具体的な保護措置として次のものがあげられている。①公開の排除、②記録の閲覧権の制限、特に、特定部分の削除、マスキングもしくは黒塗りによる文書の全部もしくは一部の閲覧禁止（相手方は文書の全部ではなく、一部のみにアクセス可能）、③証人尋問の際の匿名化（Anonymisierung）、④証人もしくは鑑定人の尋問または当事者尋問もしくは職権による制裁付きの証拠供述（192条）の際に一方の当事者の全部または一部を排除することによる当事者公開の制限、また、⑤状況に応じて証拠調べの調書（証人尋問調書、検証調書）または書面鑑定の閲覧の制限、⑥当事者の代理人に限定して文書や鑑定の閲覧を認め、当事者には認めないこと（BGE 113 I a 4）、⑦秘密の証拠方法を鑑定人もしくは専門裁判官が取り調べてその報告書を裁判所に提出し、訴訟に必要な情報のみを当事者に開示すること（連邦裁判所2011年9月1日判決）などである。Vgl. BK ZPO-Brönnimann/Art.156 N 14.

41） BSK ZPO-Guyan/Art.156 N 6.

42） BSK ZPO-Guyan/Art.156 N 6.

43） Sutter-Somm/Hasenhöhler/Leuenberger, ZPO Komm. Art.156 N 8a; BGE 113 I a 4.

る措置もありうる[44]。

なお、手続の公開を規定している54条では、その3項および4項において、同条1項の公開原則に対して、一般的排除を規定している（後掲〈参考条文〉参照）。また、連邦裁判所法56条をめぐっては、すでに述べた（前記(c)）通りである。

保護措置は、時間的には、手続の全期間に及ぶほか、証拠保全の領域においても行われるし、手続の終結後にも及ぶ可能性をもっている[45]。また、保護措置およびその内容については、調書に記載しなければならない（235条）。

4　保護措置の下で取り調べた証拠の本案における利用[46]

秘密保持の下で得られた認識を本案において用いることは、当然のことながら、許されるし、また、そうすべきである。こうした認識は、その本質的な内容に即して、適切な方法（要約、抄本、鑑定の結論）で記録され、かつ、相手方当事者にアクセスを可能にすることを予定している。こうした方法に基づいてのみ、少なくとも限定された範囲においてではあるが、当事者権の確保——155条3項は証拠調べへの立会権を保障している——が、特に証拠調べに対して意見表明をする権利（232条1項1号）が保障される。

保護措置の下で得られた認識およびデータは、その後の手続においても機密とされ、以後も訴訟の枠内で保護に値するものとして扱われる。したがって、個別的に調書化されたり、判決理由中に記載されたりすることはなく、概要のみを記すことになる。

当事者または第三者の保護に値する利益が証拠調べによって侵害されるときは、違法に収集された証拠方法の事案（152条2項）として処理することになる。すなわち、そうした証拠方法の利用を認めるためには、利益衡量の結果、真実発見の利益が保護に値する利益を上回る場合でなければならない。

44）　BK ZPO-Brönnimann/Art.156 N 14.

45）　BSK ZPO-Guyan/Art.156 N 7; BK ZPO-Brönnimann/Art.156 N 23.

46）　BK ZPO-Brönnimann/Art.156 N 22; Sutter-Somm/Hasenhöhler/Leuenberger, ZPO Komm. Art.156 N 12; DIKE-Komm-ZPO-Lue/Art.156 N 17.

5　保護措置命令に対する不服申立て[47]

裁判所による保護措置は、訴訟上の処分であるため、不服申立てが認められる。しかし、権利の遅延（Rechtsverzögerung）の場合の外は、「訴訟上の処分によって容易に回復し難い不利益（ein nicht leicht wieder gutmachender Nachteil）が差し迫っていること」を必要とする（前者は319条c、後者は同条bに規定）。

〈参考条文〉

憲法第29条（一般的な手続保障）

① すべての人は、裁判手続及び行政手続において、平等かつ公正な取扱い及び合理的な期間内に判決を受ける権利を有する。

② 当事者は、法的審問請求権を有する。

③（省略）

欧州人権条約第6条（公正な裁判を受ける権利）

① すべての者は、その民事上の権利及び義務の決定又は刑事上の罪の決定のため、法律で設置された独立のかつ公正な裁判所により妥当な期間内に公正な公開審理を受ける権利を有する。（以下省略）

民事訴訟法

第155条（証拠調べ等）

① 証拠調べは、受訴裁判所の１人又は複数の構成員に対して命ずることができる。

② 重大な理由に基づいて、当事者は、受訴裁判所による証拠調べを求めることができる。

③ 当事者は、証拠調べに立ち会う権利を有する。

第231条（証拠調べ）

当事者の主張の後に、裁判所は、証拠を取り調べる。

第232条（証拠弁論）

① 証拠調べの終結後に、当事者は、証明の結果及び事件について意見を述べることができる。原告当事者が初めに弁論を行う。裁判所は、再度の弁論の機会を与える。

② 両当事者は、最終口頭弁論を放棄し、書面による当事者の主張を申し立てることができる。裁判所は、両当事者に対してそのための期間を定める。

47）　DIKE-Komm-ZPO-Lue/Art.156 N17.

第 153 条（職権証拠調べ）

① 裁判所は、事実関係を職権で確定すべき場合には、職権で証拠調べをする。

② 争いのない事実の正当性について重大な疑問が存するときは、裁判所は職権で証拠調べをすることができる。

第 158 条（証拠保全）

① 裁判所は、次に掲げる場合には、何時にても証拠調べをする。

a. 法律が証拠の保全請求を認めているとき。

b. 申立当事者が、証拠方法をそこなう危険性又は保護するに値する利益を疎明したとき。

② 保全処分に関する規定を準用する。

第 54 条（手続の公開）

① 口頭弁論及び判決の口頭による言渡しは、公開とする。裁判は、一般に公開する。

② 州法は、判決の合議を公開とするか否かについて定める。

③ 公開について、公的利益又は関係者の保護に値する利益により必要な場合には、これを全部又は一部非公開とする。

④ 家族法上の手続は非公開とする。

第 319 条（不服申立ての対象）

次に掲げるものについては、抗告により不服申立てをすることができる。

a. 控訴できない第一審の終局裁判、中間の裁判及び保全処分に関する裁判

b. 他の第一審の裁判及び訴訟上の処分であって、次に掲げる場合。

1. 法律によって定めがある場合

2. これによって容易に回復し難い不利益を受けるおそれがある場合

c. 権利の遅延を生ずる場合

連邦民事訴訟に関する連邦法（SR 173, 110）第 56 条（当事者の出席及び文書の閲覧）

① 当事者は、証拠調べに立ち会い、提出された文書を閲覧する権利を有する。

② 優越する公的又は私的利益を保持するために必要な場合には、裁判所は、双方当事者又は相手方当事者を排除して証拠方法を取り調べる。

③ 裁判所は、前項の場合において、一方の当事者に不利益に証拠方法を排除しようとするときは、この当事者に、その証拠方法の本案にとっての重要な内容を通知し、かつ、意見を述べ、反対証拠を提出する機会を与えなければならない。

Ⅵ　銀行秘密について――刑事事件との関連も含めて

1　銀行秘密――職業秘密との相違

(1)　銀行法47条および証券取引法43条は、銀行（証券業者）の機関や従業員がその資格において顧客から信託を受けた秘密（銀行秘密）を開示した者に対して、自由刑や罰金刑を科している[48]。問題は、こうした銀行秘密が裁判手続においても拒絶権によって保護されるか否かという点にある。

(2)　すでに述べたように、拒絶権は、包括的な拒絶権（165条）と制限的な拒絶権（166条）とに分類されており、また、後者は、166条1項a号と同条項b号以下とに二分されている。特にこの後者の典型は、職業秘密であり、これは刑法321条（職業秘密の侵害）に列挙する者に認められた拒絶権であるが、さらに、絶対的に保護される職業秘密（聖職者、弁護士など）と相対的に保護される職業秘密（公証人、医師など）とに区別されている。そして、これらの職業秘密の担い手については、通知義務がある場合または秘密主体もしくは監督官庁によって黙秘義務を免除されている場合を除き、刑法321条に基づいて、証言を拒絶することができ、またはしなければならない（刑訴法171条、民訴法163条1項b号）。

こうした職業秘密に対して、銀行秘密については上記のいずれの範疇にも属さず、その担い手である銀行は、職業秘密による拒絶権の枠外に置かれている。そのため、銀行にとっては、顧客が秘密保持を要求している場合であっても、原則として協力義務を優先させなければならない。すなわち、銀行（証券業者）およびその従業員等からするならば、刑法321条が規定する守秘義務を負う者の範囲には含まれないため、原則として協力義務が優先し、訴訟において銀行秘密を開示しなければならなくなる[49]。

このように、銀行秘密と職業秘密とでは、前者が、拒絶権を定めている民訴

48)　BSK BankG (2005) -Stratenwerth/Art.47 N 1によると、銀行秘密の根拠は、顧客と銀行との間に存する契約関係（スイス債務法321a条4項の意味における同398条1項）にあるほか、個人の私的領域および一般的人格権の保護（基本法13条、スイス民法28条）に求められ、銀行法47条はこうした保護を強化するものであるとしている。

Christoph Winzeler, Rechtsentwicklungen um das Bankkundengeheimnis-Standortbestimmung 2009, AJP 2010, 158 f.

49)　BSK BankG-Stratenwerth/Art.47. N 32 ff.

法166条1項b号が掲げる刑法321条に列挙されている者（拒絶権者）に含まれないという点において、後者と明らかに相違している。また、この違いは、保護される主体が、職業秘密においてはその職業の担い手を主としているのに対して（刑法162条（営業秘密の漏えい）参照）、銀行秘密の場合には、その職業の担い手である銀行それ自体ではなく、これと特定の関係にある顧客である[50]、という点に基づいている。こうした両者の違いを看過してはならないであろう。

⑶ しかしながら、他方、それにもかかわらず、民訴法166条2項は、同条1項に追加して、「他の法律により保護されている秘密の担い手は、秘密保持の利益が真実発見の利益に優越することを疎明したときは、協力を拒絶することができる。」と規定し、刑法321条に列挙する者以外にも秘密保護の主体を拡張している。したがって、銀行秘密はここに含まれる可能性があり、場合によっては拒絶権を行使できることとなる。

また、こうした例外的な場合には、156条の保護措置を通じて銀行秘密の保護を図りながら、訴訟においてこれを顕出する方途が考えられるであろう。

⑷ このように、銀行秘密については民訴法において保護の要件が加重されているが、刑事訴訟法においても類似の規定が存している。すなわち、同法173条2項2文は、「他の法律により保護されている秘密の担い手が、秘密保持の利益が真実発見の利益に優越することを疎明した場合には、訴訟指揮によってこの者に対して証言義務を免除することができる。」と定めている。したがって、ここでは事案ごとの利益衡量（fallweise Güterabwägung）を必要とすることになる[51]。

⑸ 以上を踏まえて、銀行秘密に関する新たな民訴法の規律は、中庸を保ったものであり、また、銀行秘密が絶対的に妥当するものではない、という10年来強調されている政策にも応じたものである、との評価を得ている[52]。

2 刑事事件における銀行秘密[53]

⑴ 関連して、刑事事件との関係における銀行秘密に関しても言及しておき

50） Winzeler, a.a.O., AJP 2010, 159.
51） Winzeler, a.a.O., AJP 2010, 159.

たい。

まず、近時、刑事訴訟法において、犯罪の解明のために、「銀行の取引関係の監視（Überwachung von Bankbeziehungen）」に関する規定が設けられた（刑訴法284条・285条）。すなわち、犯罪の解明のために、強制措置裁判所（Zwangsmassnahmengericht）は、検察庁の申立てに基づいて、容疑者と銀行との取引関係を監視することを命ずることができることとし（284条）、従来の（銀行の）証言義務に代えて、監視は一定期間に及ぶほか、将来入手する情報および文書にも及ぶとした。もちろん、この監視については、強制措置裁判所の命令があることを要件としている。他方、銀行は、以下の内容の「書面による指示」を求める請求権を有する。すなわち、「いかなる情報及び文書を提供するのか」（刑訴法285条1項a号）との請求権と、「いかなる秘密保護措置がとられるのか」（同条項b号）との請求権である。こうした監視の終了後は、関係者（例えば口座の所有者）は、検察庁によって教示を受け、不服申立てをすることができる（285条3項に関連する297条）。監視期間の制限は可能であるが、法律の規定は存しない。また、銀行は、自らが刑事訴追を受けるおそれがある場合または民事上の責任を負わされるおそれがある場合には、情報または文書を提供する義務を負わず、特に後者（民事上の責任）の場合には、保護されるべき利益が刑事訴追の利益に優越することが要件とされている（285条2項）。

(2)　次に、上記とは別に、「郵便又は通信の監視」（刑訴法269条から279条まで）が規定されている。これは重大な犯罪（限定列挙）との関係においてのみ許されるものであり、裁判所の許可なくして開始することができる。捜査対象お

---

52)　Winzeler, a.a.O., AJP 2010, 160.

なお、銀行秘密と公開原則との関係について、Winzelerは、以下のように述べている。すなわち、「スイス連邦憲法30条3項は、裁判所の『審理及び判決の言渡しは、公開とする。』とする一方で、『法律は、例外を定めることができる。』と規定し、公開原則の例外を認めている（また、憲法36条——基本権の制限——に基づいて裁判の公開を法律によって制限することも可能とされている。）。したがって、銀行の顧客——特に訴訟の当事者ではない顧客——の秘密に関して裁判の公開との関係では、憲法13条（私的領域の保護）に基づく秘密保護の手段として関係者の氏名を匿名化することが適切な手段であるとされている。もっとも、憲法30条3項において可能とされている例外は、『非公開を求める権利（Recht auf Nichtöffentlichkeit）』を保障しているわけではない。」と。

53)　以下は、Winzeler, a.a.O., AJP 2010, 160に拠った。Vgl. Franz Rikin, Schweizerische Strafprozessordnung (StPO Kommentar) (2011).

よび監視事由に関係のない情報については、裁判所の指揮により排除される。その場合には、訴追機関は、刑訴法170条から173条までの規定に定める職業（公務員、弁護士、公証人、医師、報道機関等）上の秘密について知ることは許されない。そして、銀行の顧客秘密（Bankkundengeheimnis）に関しては、刑訴法173条2項の規律するところによる。すなわち、同条項は、「他の法律により保護されている秘密の担い手は、供述義務を負う。この者が、秘密保持の利益が真実発見の利益に優越すること疎明した場合には、訴訟指揮によって証言義務を免除することができる。」旨を規定しており、顧客情報に関しては、銀行の取引関係の監視よりも郵便および通信の監視における方が、保護が厚いといえる。憲法13条1項は、「すべての人は、私生活及び家族生活、その住居並びに信書、郵便及び電気通信の交換の尊重を求める権利を有する。」と規定していることを基礎としている。また、銀行自体は、自身が被疑者である場合（刑訴法270条a号）または「特定の事実に基づいて」被疑者が銀行の郵便もしくは通信を利用していると認められるべき場合（同270条b号）に限り監視を受けることになる。

銀行が、手続において第三者であるにとどまらず、被疑者もしくは容疑者であるときには、顧客は、自らが手続の対象ではない場合であっても評判を落とすリスクが高まるため、法律は、公開の制限（刑訴法70条1項a号および民訴法54条3項——刑訴では職権で、民訴では申立てによる。）を認めることになろう[54]。また、刑訴法73条2項は、手続の目的および私的な利益が必要とする場合、手続関係者に守秘義務を課すことができるとしている。この他、優越する保護利益が存する場合には、手続の当事者にも記録の閲覧を制限することができる（刑訴法108条1項b号）。

以上のような規律が、刑事事件に関係して行われている。

〈参考条文〉

刑事訴訟法

第171条（職業上の秘密に基づく証言拒絶権）

① 聖職者、弁護士、弁護人、公証人、医師、歯科医師、薬剤師、助産師、及び、これらの補助者は、その職業に基づいて打ち明けられ又はその職務の執行にあたり知った秘密について、証言を拒絶することができる。

54） Winzeles, a.a.O., AJP 2010, 160.

② これらの者は、次に掲げる場合には、証言しなければならない。
a. 通知義務に服するとき
b. 刑法第321条第2項により、秘密の主体によって又は権限ある当局によって守秘義務を免除されたとき
③ 刑事当局は、守秘義務を免除された場合であっても、秘密主体の秘密保持の利益が真実発見の利益に優越することを秘密の担い手が疎明したときには、職業秘密を尊重するものとする。
④ 2000年6月23日の弁護士法は、留保される。

第284条（銀行関係の監視）

犯罪又は違反の解明のために、強制措置裁判所（Zwangsmassnahmengericht）は、検察庁の申立てに基づいて、被疑者と銀行若しくはこれに相当する機関との関係の監視を命ずることができる。

第285条（監視の実行）

① 強制措置裁判所が申立てを認めるときは、銀行又はこれに相当する機関に対して書面で以下の事項について通知する。
a. どのような情報及び文書を提供すべきか
b. どのような秘密保護措置がとられるべきか
② 銀行又はこれに相当する機関は、その提出によって自らが次に掲げる負担を及ぼされるおそれがあるときは、情報又は文書を提供しないものとする。
a. 刑事訴追を受けるおそれがあるとき、又は、
b. 民事上の責任のおそれがあり、かつ、保護すべき利益が刑事訴追の利益に優越するとき。
③④（省略）

Ⅶ むすび

(1) 以上、スイスの民事訴訟における秘密保護、特に、民訴法163条以下の証拠調べの拒絶権と民訴法156条の秘密保護措置を中心に、その周辺問題も含めて、紹介と若干の検討を試みてきた。

要約すると、拒絶権については保護対象や要保護性に応じた拒絶事由の類型化が、また、秘密保護措置については他国にはない柔軟な運用が、それぞれ特徴といえるであろう。

(2) 上記のうち、特にスイスの秘密保護措置は、こうした措置――インカメ

ラ手続を含む――を原則として否定しているドイツと対照的である。ドイツでは、第1章で示したように、行政訴訟においてインカメラ手続が存している外は（行政裁判所法99条2項）、特許訴訟においてその必要性が強調されてはいるものの、通常の民事訴訟においてはそのような秘密保護措置は一切存在しない。彼我の顕著な相違に照らして、わが国の民事訴訟においては、文書提出義務の存否を判断する際に限定してインカメラ手続が設けられており（日本民訴法223条6項）、その評価は別として、双方の中間を歩んでいるといえよう。

また、スイスの秘密保護措置は、機能的には拒絶権を補完するものであるとはいえ、証拠法の全体に占める位置を考えた場合に、その重要性は際立ったものである。すなわち、民訴法中の証拠の総則規定（150条以下）（第1節）として、直接主義（155条）と自由心証主義（157条）との間の、156条に置かれており、証拠調べの協力義務と拒絶権（第2節）とに先立って規定されている。こうした条文の位置からして、これに続く、協力義務および拒絶権（160条以下）、ならびに、個々の証拠方法（168条以下）（第3節）の全般に通じる規定であって、保護措置があらゆる証拠方法について適用されることを示していることは明らかである。

(3)　(2)に記した秘密保護措置の一般的な重要性に優るとも劣らないのが、その内容・機能面での多様性と柔軟性とであろう。すなわち、すでに明らかなように、保護されるべき秘密の多様性――条文上は営業秘密のみ例示されているが――に応じて、保護措置の種類もさまざまである。また、その選択は、裁判官の裁量に委ねられており、相当性（Verhältnismässigkeit）の枠内で秘密の内容に応じた柔軟な対応が求められている。

加えて、保護措置を講ずるための要件が、「証拠調べが、……の保護に値する利益に危険を及ぼすときは」との抽象的な文言で規定されていることにも起因するであろうが、それだけ、裁判官の裁量の範囲が広くなり、柔軟な対応が可能になることは間違いない。しかも、こうした裁量権の行使の際に、裁判官は、「秘密保持の利益が真実発見の利益に優越する」（166条2項）かどうかという基準に従うこととなり、ここでは、最もセンシティヴな利益衡量を試みなければならない。

(4)　以上のような機能を備えた秘密保護措置は、究極的には、憲法13条の私的領域の保護（Schutz der Privatsphäre）にその根拠を求めることになろう。しかし、具体的な保護措置の採否および選択にあたっては、裁判所の裁量に委ねられていることからすると、民事訴訟においてはやはり自由心証にその基礎を置いていると理解するのが適切であろう。また、そうであるとすると、その内在的な制約ゆえに、あくまでも相当性を備えた「必要な措置」（156条参照）に限られ、裁判所に完全な白紙委任が許されるわけではないことも看過すべきでない。その意味で、当事者が依拠しようとする保護すべき利益、秘密を保持すべき情報の範囲等の理由づけ（substantiieren）と、裁判所による前記の利益衡量を経てはじめて、適切に保護措置を講ずることが可能になる。また、保護措置をめぐる裁判所の決定に対する不服申立て（前記V 5参照）の意義も見逃せないであろう。

すでに指摘したように、ドイツの民事裁判は秘密保護措置を否定し続けており（法的審問請求権の保障の重視）、その背景には、手続運営に対する裁判官の権限を抑制しようとする考え方が存しているからではなかろうか、と憶測する。法技術的な問題もさることながら、大局的な観点から秘密保護措置を眺め、これを評価することが肝要であろう。この点を、改めて強調していきたい。

第4章　独立証拠手続の機能

――判例からみた「訴訟前の解明に係る法的利益」

I　はじめに

平成8年（1996年）の民事訴訟法の改正に先立つ1990年末に、ドイツにおいては証拠保全手続に大きな改変が加えられて、新たに「独立証拠手続（Selbständiges Beweisverfahren）」が設けられたことは周知のところである[1)]。この手続は、その後およそ25年近くを経て、実務において定着し、着実に実績をあげているとみて差支えないであろう。

この手続は、取調べが困難になるおそれのある証拠を保全しておくという従前の役割に加えて、訴訟が係属する以前に鑑定人が鑑定（書面鑑定）を実施することにより、訴訟外において広範な証拠調べを可能にするというものである。また、その目的は、当事者間での和解を促進し、これを通じて訴訟の回避をもたらそうというものである。そのため、裁判所には、当事者を口頭による討議に呼び出す権限が与えられ、和解が調書に記載されたときには債務名義になる、としている[2)]。

こうした独立証拠手続は、訴訟前・訴訟外における事案解明によって早期の紛争解決に寄与するため、従来から、特に医師責任訴訟において用いられるこ

1）　ドイツの独立証拠手続の詳細について、春日偉知郎「ドイツ民事訴訟法における『独立証拠手続』」『民事証拠法論集―情報開示・証拠収集と事案の解明』（有斐閣、1995年）111頁以下参照。ドイツの状況については、ディーター・ライポルト（本間靖規訳）「ドイツ民事訴訟における独立証拠調べ手続きの現況」判例タイムズ1080号（2002年）52頁以下に詳しい。

とが多く、判例からもそうした状況を容易に垣間見ることができる。また、その際に、この手続の要件として規定されている、鑑定による一定の事項の確定について「法的利益（Rechtliches Interesse）」が存在すること[3]、という点が主要な解釈問題になってきたことも確かである。

そこで、以下においては、こうした「訴訟前の解明に係る法的利益」について、判例における理解に焦点を絞って眺めて、学説を含む最近の議論について若干の検討を加えてみることとしたい。わが国においては、その後の平成15年（2003年）改正によって、「提訴前の証拠収集の処分」が新たに規定されており、こうした制度および従前からの「訴え提起前における証拠保全」を考え直すきっかけとして[4]、有益な示唆を得ることができるのではないかと期待しているからである。

II　問題の所在と判例の対応

1　問題の所在

（1）独立証拠手続を規定しているドイツ民事訴訟法485条（以下では、条文のみによって示す。）は、次のように規定している。

「①　相手方が同意しているとき又は証拠方法が散逸し若しくはその利用が困難になるおそれがあるときは、訴訟手続内又は訴訟手続外において、当事者の一方の申立てに基づいて、検証の実施、証人の尋問又は鑑定人による鑑定を命ずることができる。

2）Stein/Jonas/Leipold[22] (2006), vor §485 Rdnr.1 ff. Rosenberg/Schwab/Gottwald[17] (2010), §117 Rdnr.1 ff.

なお、上記のシュタイン・ヨナスの民事訴訟法コメンタール（本章では、同書の引用方法に倣って、Stein/Jonas/Leipold[22], §485 Rdnr.1 という略語で表記している。）については、本稿の執筆当時（2014年）は22版（2006年）であったが、その後、23版（2015年）が公刊された（Stein/Jonas/Berger[23], §485）。これに伴い、485条以下の執筆者は、Dieter Leipold 教授から Christian Berger 教授に代わったけれども、内容については、脚注番号も含めて、基本的に変更がないため、本章では、注記を従前のままとした。

3）後述する、485条2項において規定されている要件であり、本章において俎上に載せる判例も、当然のことながら、この要件の解釈に関するものである。

4）こうした問題について、門口正人編集『民事証拠法大系 第5巻』（青林書院、2005年）165頁以下（齋藤隆・阿閉正則・多分亜紀）、同299頁以下（高橋宏志）。

② 訴訟がいまだ係属していない場合において、当事者は、以下の事項が確定されることについて法的利益を有するときは、鑑定人による書面鑑定を申し立てることができる。

1. 人の容態又は物の状態若しくは価値、
2. 人的損害、物的損害又は物的瑕疵の原因、
3. 人的損害、物的損害又は物的瑕疵を除去するための費用

が確定されること。この確定が訴訟の回避に役立つことが可能な場合には、法的利益があるものとする。

③ (省略)」

このように、1項は、従前の証拠保全手続をそのまま規定したものであるのに対して、2項は、同項1号から3号に定める事項が確定されることについて法的利益が存する場合、提訴前において、当事者は鑑定人による鑑定の実施を求めることができる、とするものである。また、この法的利益については、申立人による疎明が必要とされている(487条4号)。

しかし、こうした提訴前の証拠調べ[5]は、鑑定人による一定の事項に関する書面鑑定に限っているとはいえ、保全目的を要件としていないため、2項の解釈・運用にあたり、その範囲を具体的に特定する必要を生じた[6]。そのため、要件としての法的利益の広狭は、立法当初から、多数の事例において解釈上の問題となっており、以下において検討の対象とする医師責任訴訟においても例外ではなかった。

(2) このような問題をめぐって、学説は、ここでの法的利益について広く解釈する方向でおおむね一致している。すなわち、「法的利益は広く解釈されるべきであり、(確定が)訴訟の回避に寄与しうるとき、すなわち申立人の請求権の基礎となりうるときに限らず、間接的な利益(ein mittelbares Interesse)でも足りる。」との見解が支配的である[7]。

だが、もちろん、その後の実務は、それぞれの事例に即して、より具体的な

5) なお、独立証拠調べは、当該証拠方法の取調べについて一般に適用される規定に従って行われ(492条1項)、独立して証拠調べの行われた事実を当事者が訴訟において援用したときは、受訴裁判所における証拠調べに相当する(493条1項)ため、本来の証拠調べと同様の意味をもっている(もちろん、相手方の立会権の保障も必要である(491条))。

6) 当初、学説からは、不適法とされている模索的証明や証拠漁りに対する危惧の念が払拭し切れないとの指摘があった。春日・前掲注1) 115頁以下、吉村徳重・小島武司編『注釈民事訴訟法(7)』(有斐閣、1995年) 277頁(春日執筆)。

基準を探求する方向を辿っており、以下では、その好例として、最前線に位置する、医師責任訴訟における連邦通常裁判所のごく最近の1つの決定を眺めてみることにする。

2 判例の対応

(1) 先例として、Ⅲにおいて紹介する【連邦通常裁判所2003年1月21日決定】[8]があるが、問題を鮮明にするために、まずは最先端の事例である、【連邦通常裁判所2013年9月24日決定】[9]を俎上に載せることとしたい。その要旨は、「独立証拠手続において、鑑定を通じて、健康損害について責任法上の重要な根拠を訴訟前に解明することの利益は、そうした根拠の確定が法的紛争の回避に役立ちうる場合には、最終的な解明のためにさらなる事案解明が必要であるとみられるとしても、存在する。」というものである。

ちなみに、医師責任事件における独立証拠手続をめぐり、上記2つの決定の間の約10年にわたり、高裁レベルの決定例は、法的利益について肯定・否定の双方に二分していた。連邦通常裁判所2013年決定は、これに終止符をうった点においても意義を有している(後述Ⅲ1(4)参照)。

(2) 事案は、以下のものである。2009年11月25日に、Xは、Yの病院において胃の内視鏡検査を受けたが、その後に容態が悪化した。12月16日に緊急手術をした結果、胃に穿孔を生じていることが判明した。そこで、州医師会の調停手続(Schlichtungsverfahren)を経て、Xは、独立証拠手続において書面鑑定を申し立てた。そして、胃の内視鏡検査とその後の緊急手術までの間の放置が診療上の過誤であったか否か、および客観的にみてこうした行為が医師の著しい注意義務違反であるか否かという点を中心として、5点の質問事項について解明を求めた。

地裁はXの申立てを却下し、高裁もこれに対する即時抗告を認めなかった。理由は、申立てのあった鑑定について法的利益が十分に具体化されていないと

---

7) Baumbach/Lauterbach/Hartmann[72] (2014), §485 Rdnr.9; Stein/Jonas/Leipold[22], §485 Rdnr.30; Thomas/Putzo/Reichold[36] (2015), §485 Rdnr.7; Rosenberg/Schwab/Gottwald[17], §117 Rdnr.10 は、医師責任事件に限定して広く解釈する趣旨かと思われる。

8) BGHZ 153, 302 = NJW 2003, 1741.

9) BGHZ 198, 237 = NJW 2013, 3654.

いう点にあった。これに対して、Xが法律抗告をした結果、原決定が取り消され、証拠調べの実施のために地裁に差し戻された。

(3) 理由について、次に詳細をみてみよう。

(a) まず、原審による、医師責任事件において診療上の過誤を確定することについて485条2項の法的利益は原則として存しないとの結論について、次のように要約している。すなわち、「Xが提示した証明問題は、健康状態の確定（485条2項1文1号）ではなく、人的損害の原因（同2号）でもなく、XがYの病院に滞在中に発生した胃の穿孔をめぐる責任の確定および診療上の過誤の確定を目的とするものである。原因が、診療した医師の過誤によるものか否か、他の診療が行われるべきであったか否かという問題は、過失の評価の問題であって、因果関係のそれとは区別されなければならない。医療上の注意義務の水準は、485条2項による証拠調べの対象ではないため、評価（問題）は、Yの医師としての正しい行為は何かという問題と同様に（独立証拠手続において――筆者）、解明されるべき問題には当たらない。このことは、Xが第5点目の質問事項としている、診療上の過誤が「重大なもの（als „grob“)」といえるか否かという点にまさしく当てはまる。ここでは、法的評価が問題となっており、確かにそれは医学鑑定によって探知される事実に結びついてはいるが、しかし、鑑定人に委ねることが許されるべきものではない。申立書中の証明問題およびその理由づけは、申立人に対して診療過誤があり、また、それがどのようなものであったかという包括的な解明を目的としており、人の容態の確定および人的損害の原因の確定とはほとんど関係しない問題であって、独立証拠手続によって解明可能な範囲を超えている。」と。

(b) 他方、本決定は、こうした原審の理由を不当とし、次のように判断している。すなわち、485条2項が定める法的利益は、提訴前の確定によって訴訟の回避に役立つものであるならば認められ、また、最終的な解明が、再鑑定による解明によらなければ可能ではないと想定され、さらなる解明を必要とするであろう場合であっても認められる（当部 BGHZ 153, 302 = NJW 2003, 1741）（Ⅲ 1(2)参照）、とする。また、その上で、本件では、こうした要件は満たされていると結論づけている。

すなわち、「胃の穿孔およびその結果についての有力な原因の確定が、診療上の過誤の有無およびその程度を解明することを可能にするということは、——原審の判断とは反対に——独立証拠手続の許容性に抵触するものではない。485条2項による提訴前の証拠保全の意義と目的は、訴訟の負担を裁判所から取り除き、当事者に訴訟を回避させて、早期にかつ費用の負担をかけずに和解に至ることにある。Xの健康損害に関する責任法上の原因について訴訟前に解明することは、訴訟経済にかなうし、また、Xが請求権を行使するか否かという判断をするために解明を意図していることは明らかである。」と。

(c) 本決定は、これに続いて、仮に、提訴前の確定が医師責任訴訟について決断をもたらすものでないとしても、上記(b)の結論を否定するものとはならない点について、次のように指摘している。すなわち、「医師の過失や主張する損害に対する侵害の因果関係といった法的問題についてなお解明されていない部分があるため、場合によっては、事実確定によって医師責任訴訟に対して決断がなされないという事情があるとしても、このことは上記(b)に抵触するものではない。たとえ、必要とされる医療水準からの乖離が医師の責任を根拠づけるのに十分なものではないとしても、健康損害およびその有力な原因を確定するならば、診療上の過誤があったか否か、またそれがどの程度であったかということが認識可能になることは、実務上まれではない。したがって、健康損害およびその原因の解明は、総じて訴訟経済に資するものといえる。また、過誤が診療を行った医師によって有責的になされたか否かという問題が、事実審裁判官の評価を基にして判断されるとしても、上記(b)に抵触するものではない。(なぜなら、)医師の過失の評価は、民事法において基準とされる客観的な過失基準を根拠にしているため、診療上の過誤の確定と密接に結びついており、また、診療が医療水準に違反していると判断されるときは、通常は、客観的な注意義務違反の責任もあるとされるからである。」と。

(d) その上で、本件の申立てについて、以下の理由により、法的利益が認められると結論づけている。すなわち、「Xの本件の申立書の鑑定事項、すなわち、先行する問題に基づいて確定される何らかの診療上の過誤が、医師の診療上の規則に違反するものであるか否か、また、客観的にみて考えがたいようなものであり、医師にとってまったく許されないような過誤と結びついているか否かという質問事項は、独立証拠手続において排除されない。確かに、診療行為について事実審裁判官がこれを重大な過誤であると評価する場合には、法的評価が問題となっている。しかしながら、そうした評価をするためには、医学鑑定の記述中に十分に支持される事実的な根拠がなければならない。また、それは、医学鑑定人によって報告される真相を通じて完全な範囲において担保されなければならず、鑑定人が診療経過を医学的に評価することを通じて可能になる。事実審裁判官は、そうした具体的な説明なくして、また、医学鑑定人の医学的な記述に反して、自己の評価に基づいて診療上の重大な過誤を肯定することは許されない。Xの健康損害について有力な根拠が確定されるならば、医学鑑定人による診療経過の評価に基づいて、診療上の過誤の有無およびその程度に関しても認識を得られることは否定できない。Yの病院において、ある過誤が生じ、これが、医師にとってまったく許されないものであるため、医学鑑定人の客観的な評価からみて理解しがたいものであるときには、たとえ、独立証拠手続において証明責任の問題を云々すべきでないとしても、Xの健康損害と胃の内視鏡検査の実施に際して可能性のあった過誤との間の因果関係について証明責任の転換が問題となってくるであろう。このことは、通常、訴訟の結果に有力に作用し、また、訴訟提起の判断に影響を及ぼすことを可能にする。」と。

そして、原決定を取り消し、第一審裁判所に差し戻すとした。

3 小　括

このように、連邦通常裁判所は、少なくとも医師責任事件においては、本決定理由中で示した先例（後掲Ⅲ 1(2)(b)）を踏襲し、また、通説に沿って、独立証拠手続の要件である法的利益を広く解釈し、申立てを認める傾向にあることを明らかにしている。

そして、その根拠、あるいは高裁決定と本決定との分水嶺は、以下の点に求められるであろう。すなわち、医師の過失を中心とする診療上の過誤の——有無の——確定に関して、前者は、法的評価の問題（裁判官の専権）であって、485条2項各号に掲げる事項の確定についての法的利益を欠くとしているのに対して、後者は、これを提訴前に確定することによって訴訟の回避に役立つものであるならば、紛争解決に直結しなくても法的利益を認めることができるとしている点にある。また、前者は、485条2項各号を文言通りに解釈しているのに対して、後者は、独立証拠手続の目的、すなわち、同条2項後段に定める「この確定が訴訟の回避に役立つことが可能な場合」という点にウエートを置いて、法的利益を広く解釈している。その結果、独立証拠手続における確定が、最終的な解明をもたらさずに、事後の訴訟における再鑑定を必要とするような場合であっても、すなわち、結果的に、間接的な利益しかなかった場合であっても、独立証拠手続を認めるとの結論に至っている。

このように、本決定と高裁決定との違いは、独立証拠手続の目的・機能をめぐる理解の相違に由来するものであり、それが、鑑定人による確定の範囲の広狭にも直接に影響していることは明らかである。そこで、次に、他の事件類型も含めて、先例の対応と学説の現況を眺めながら、判例の方向と学説の理解との間の整合性について探ってみることにしたい。

Ⅲ　先例とその背景および学説の現況

1　先例とその背景

(1)　Ⅱにおいて詳述した【連邦通常裁判所2013年決定】に先立って、医師責任事件において独立証拠手続における法的利益を広く解釈すべきであるとした先例として、【連邦通常裁判所2003年1月21日決定】がある。また、その後の【連邦通常裁判所2004年9月16日決定】も、不動産上の建物の瑕疵をめぐる独立証拠手続において基本的に同様の判断を示している。以下では、これらを素描し、判例の形成の経緯とその背景を眺めてみよう。

(2)　まず、【連邦通常裁判所2003年1月21日決定】[10]がある。

決定要旨は、「民訴法485条2項による独立証拠手続の実施に係る法的利益は、医師責任請求権にあっては、個別事例の諸事情を検討しないまま原則的な考慮を基にしてこれを否定することはできない。」というものである。以下、その内容を示すこととする。

事案は、申立人が相手方医師から右手の治療を受けたが、手術の際の過誤に

10)　BGHZ 153, 302 = NJW 2003, 1741.

より神経が切断されて機能障害を生じたとして、財産的・非財産的損害の賠償を求めたものである。相手方が加入していた責任保険業者は、当初は独立証拠手続の実施に基本的に同意をしたが、治療後に診察をした医師または病院の所見報告書のコピーを求め、それを分析した結果、当初の同意を撤回した。そこで、申立人は、地裁に、神経の切断が相手方の診療過誤に起因するかどうかの問題の解明のために鑑定人による独立証拠手続の実施を求めたが、同地裁は、医師責任事件において例外的に独立証拠手続をする要件は備わっていないとして、申立てを却下した。また、高裁も同様の結論であったが、申立人による法律抗告の結果、原決定は取り消され、差し戻された。

これについて、原決定は、医師責任訴訟における独立証拠手続は、診療上の過誤の存在のみならず、この過誤と発生した健康損害との因果関係および損害の程度が争われている場合には、法的紛争を回避することに適しないとみなした。なぜならば、独立証拠手続においては、申立人が証明問題を提示し、相手方には反対申立ての権利があるにすぎず、また、裁判所側から証明問題を精確に特定することができないため、裁判所には、医師責任訴訟の特別な必要性に応じて事実関係を解明する可能性が欠けているからである、とした。

これに対して、本決定は、医師責任訴訟においても独立証拠手続が認められるとの見解を次のように要約している。すなわち、485条2項の文言は、医師責任事件を同項の適用領域から原則として除外することを認めていないとし、同項は一般的に広く解釈されるべきであるとする。また、医師責任事件における独立証拠手続の結果が、たとえ十分ではなくまたは重要ではなかったとしても、鑑定が不確実な基礎に基づくものであることのリスクは、申立人が負担し、その費用も96条によって負うものとされている。加えて、確かに、患者には、医師会の鑑定・調停所における裁判外の調停手続もあるが、このことから、これを優先し、独立証拠手続を排除することが帰結されるわけではない、とまとめている。

その上で、「当民事部は、こうした見解に与するものである。すなわち、485条2項の文言は、医師責任法に基づく請求権について例外を認めているわけではない。同項の法的文言を目的論的に縮小する要件は存在していない。同項の成立経緯からも、その意義および目的もしくは同条1項との全体的な関連性からも、医師責任上の請求権について独立証拠手続の一般的な許容性を否定するものは何もない。」とし、また、司法簡素化法の草案理由書（Begründung des Entwurfs für das Rechtspflegevereinfachungsgesetz (BT-Drucks. 11/3621 vom 1. Dezember 1988, S.23)）において、建築事件、自動車（瑕疵）事件、医師責任事件について鑑定人による特別の鑑定が当事者間に納得のいく事案の解明をもたらし、訴訟によるよりも和解に達する可能性がある、ということが述べられていることを引用している。

また、これを踏まえて、「立法者のこのような考量からして、民訴法485条2項による手続の許容性は明らかである。事案の解明および訴訟前における当事者間の合意といった法律が予定している可能性を十分に考慮した場合、同項の目的は、医師責任事件においても達成されるべきものである。同項による訴訟前の証拠保全の意義および目的は、裁判所を訴訟の負担から解放し、また、訴訟を回避することにより当事者に迅速かつ費用のかからぬ合意をもたらそうとするものである。当民事部は、医師責任訴訟においてきまって問題となる人の侵害があった場合に、この者の容態、それに関する原因および損害の除去のための方法を確定すること（同条2項）に独立証拠手続を限定するといった誤った判断に与しない。確かに、可能な事実確定によって医師責任訴訟が決定づけられるわけではないことは、しばしばある。なぜなら、これによって、医師の過失や主張された損害に対する侵害の因果関係といった法的問題が解明されるわけではないからである。しかしながら、法実務において、健康損害およびそれに関する原因が確定されるならば、診療上の過誤の有無およびその程度について認識できることが稀ではなく、それゆえ、健康損害およびその原因について訴訟前に解明することが、訴訟経済にかなう（prozessökonomisch sein）ことは確かであるからである。」とする。

そして、「申立人が裁判所の援助を受けずに証明問題を提示し、重要な記録が欠けていたりするため、場合によっては、鑑定によって証拠価値のそれほど高くない結果がでることがあるとしても、そのことによって当然に訴訟経済にかなっていないということはできず（傍点筆者）、ましてや、申立人が弁護士によって代理されている場合には、そのようなことはない。裁判所は、そうした手続においても、事実関係をさらに解明し、当事者に対して和解を勧試し、請求権のさらなる実行について見極めさせるという可能性をみずから行使しなければならない。また、そのために、裁判所は、鑑定人を聴取のために呼び出し、鑑定の補充を求め、再鑑定を実施しまたは当事者を討議に呼び出すことができる（492条1項、411条3項、412条1項、492条3項）。その限りにおいて、485条1項による手続の場合と異なるところはない。」と述べた上で、冒頭で示した判旨を繰り返している。

以上が、前記の【連邦通常裁判所2013年9月24日決定】によって、先例として引用されている【連邦通常裁判所2003年1月21日決定】である。前者と比較して、後者（先例）は、解釈論としてはやや抽象的であるとの印象を否めないが、立法当初の決定であったため、やむをえないところであろう。重要なことは、法的利益を広く解釈すべきであるとしている点であり、両決定の基本的な考え方は共通している。

(3)　この直後に、医師責任事件とは異なる以下の事例において、独立証拠手続における法的利益の存否の判断に際して、本案の結論を先取りして、独立証拠手続の法的利益を判断すべきではない、とした決定例があり、上記の決定と相俟って、以後、法的利益については広く解釈するという基本線が引かれている。

【連邦通常裁判所2004年9月16日決定】[11]

決定要旨は、「鑑定人による鑑定を求める独立証拠手続（485条2項）においては、この鑑定が役立つ本案の請求権に関して、原則として、申立人の事実主張についてその首尾一貫性を審査しないものとする。ただし、当初から法律関係、訴訟の相手方または請求権が存在しないことが明白な場合は除く。」とするものであり、事案および決定理由は、以下の通りである。

事案は、独立証拠手続の申立人が、強制競売により19万5,000ユーロで取得した土地上の建物の瑕疵について鑑定を求めたものである。相手方は、商工会議所によって不動産の評価について公に選任されて宣誓をした鑑定人である。この相手方は、執行裁判所の事前の嘱託に対して、不動産の取引価値を24万8,000ユーロと評価した。しかし、申立人は、相手方が建物の最も大きな瑕疵

11）　NJW 2004, 3488.

を見過ごしており、この瑕疵を除去するためには5万ユーロよりはるかに高額を必要とすると主張した。そのため、本来、申立人は、19万5,000ユーロよりもはるかに低い価額で競落したはずであり、これによって損害を被ったと主張し、本案においては裁判所が選任した鑑定人の責任（民法839a条）が問題となった。

本決定は、485条2項の独立証拠手続の「要件は、当該確定について申立人が法的利益を有していることであり、そうした法的利益は、当該確定が法的紛争の回避に役立ちうる場合に認められる。」とした上で、「『法的利益』の概念は、広く解釈すべきであり、独立証拠手続の領域において裁判所があらかじめ主張の首尾一貫性を審査することは（Schlüssigkeit-oder Erheblichkeitsprüfung）禁じられている。したがって、法的利益が否定されるのは、法律関係、訴訟の相手方と目される者または主張されている請求権が明らかに存在しないという場合であって、主張されている請求権が存在しえないことが完全に明らかである場合である。」とした。

その上で、原審は、独立証拠手続においては申立人が求めている事実確定についてその者の法的利益が認められるか否かという点に限り審査権限が及ぶということを見過ごして、強制競売・強制管理法74a条5項4文——不動産評価が誤っていたことを理由として競落を取り消すことはできないと規定している——を根拠として、裁判所が選任した鑑定人の責任（民法839a条）の範囲の問題に立ち入っている（結論として鑑定人の責任は否定されることになる——筆者）けれども、「独立証拠手続は、法律抗告が正しく異議を述べているように、こうした問題を終局的に裁判することに適しておらず、むしろ、原決定は本案の問題を先取りした不適法なものである。」と結論づけている。

(4) 以上のように、先例およびその後の決定例は、独立証拠手続における法的利益について広く解釈する方向を示し、立法理由において予定されていた紛争事例における利用を推し進めようとしている。

もっとも、このような先例としての意義をもつ決定が連続したにもかかわらず、その後の決定例においては、特に医師責任事件における高裁レベルの判断では、法的利益について広・狭2つの解釈が拮抗し、肯定・否定双方の結論が交錯している状況が続いた[12)]。こうした背景の下で、Ⅱ2で詳述した、【連邦通常裁判所 2013 年 9 月 24 日決定】は、以下で紹介する通説的な見解と歩調を合わせて、法的利益を幅広く解釈することを明示し、高裁決定における混乱を解消するための重要な分岐点となったものといえるであろう。

2 学説の現況

(1) 学説は、独立証拠手続を積極的に活用し、その目的である、法的紛争を回避することならびにこれによる裁判所の負担軽減および当事者の紛争解決のための費用の節約をもたらすことのために、申立人が主張する確定についての法的利益を幅広く解釈しようとしている[13]。もっとも、個々の事例における法的利益の有無については、判断が異なる例もあり、必ずしも統一的であるとはいえない。また、論者のなかには、法的利益の否定例を具体的に列挙した上で、これを除いた場合に法的利益が認められるとするものもあり[14]、隔たりがなくはない。そこで、以下では、代表的と思われる、ライポルト教授の見解を中心に、他の論者の見解にも触れつつ、多様な内容を取捨選択して、最大公約数的な基準を眺めてみようと思う。

(2) まず、①ⓐ鑑定すべき事実に基づいて権利を求めようとする者、およびそうした請求の相手方には、原則として独立証拠手続の申立権が認められる。また、必要とされる法的利益は、訴訟の回避という法律の目的に即するように、原則として広く解釈されるべきであり、間接的な利益であっても足りる[15]。

また、ⓑ 485 条 2 項 2 文は、鑑定が訴訟の回避に役立ちうる場合には法的利益が認められると規定しており、規定の趣旨からするならば、この場面では広

---

12) Katzenmeier, Anmerkung von BGH, Beschluss vom 24.09.2013, LMK 2014, 355655.
同教授によると、例えば、肯定説に立つものとして、OLG Oldenburg, Beschluss vom 08.07.2008 BecksRS 2008, 14049; OLG Düsseldorf, Beschluss vom 11.01.2010 BecksRS 2010, 02649、否定説に立つものとして、OLG Köln, Beschluss vom 28.10.2010 BecksRS 2010, 29880（いずれも確認済みのものに限る。）などがあり、多数の高裁決定で判断が分かれている状況にある。また、ライポルト・前掲注 1）53 頁以下および 55 頁以下参照。

13) MüKoZPO/Schreiber (4.Aufl. 2012), §485 Rdnr.13 ff.; Musielak, ZPO/Huber (11.Aufl. 2014), § 485 Rdnr.13 ff.; Rosenberg/Schwab/Gottwald[17], §117 Rdnr.10.

14) Musielak/Huber, §485 Rdnr.14, 14a.

15) Stein/Jonas/Leipold[22], §485 Rdnr.29, 30. なお、ライポルト教授は、例えば、確定されるべき現況が、別の請求権の証拠提出のために間接事実としての意味をもつ場合でもよいとしているが、この点については具体的な内容が示されていないため、明瞭性を欠いている。

く解釈することが望ましい。したがって、相手方が和解（gütliche Einigung）を拒否しているからといって、法的紛争の回避に役立たないとはいえない。鑑定をした結果、申立人が本案訴訟をあきらめるという場合もあるからである[16]。

さらに、ⓒ申立人が、相手方に対してもともと有する請求権を主張するのではなく、第三者が有していた請求権の譲渡を主張して独立証拠手続を申し立てた場合には、そうした譲渡が当初から理由のないものであるときを除き、その申立ては認められる。また、加害者が加入していた責任保険によって、被害者の損害がカヴァーされる場合に、被害者は、加害者の保険業者に対する請求権を差し押さえて移付を受けた場合に、保険業者に対する直接的な請求が排除されていない限り、保険業者に対する独立証拠手続に関して法的利益があるといえる[17]。

なお、ⓓ主張しようとする請求権について時効が差し迫っている場合も、早急に解明することに関して法的利益が存する[18]。

次に、②上記（①ⓐ）に関連して、ⓐ本案における勝訴の見込みが、それに先立つ独立証拠手続における法的利益を肯定する要素になるか否かが問題となるが、基本的に、そうした勝訴の見込みは法的利益を決定づける要素とはならない。したがって、本案の請求権についての主張一貫性を審査して、法的利益の有無が判断されるわけではない（この点は、前掲の「連邦通常裁判所2004年9月16日決定」において明らかにされているところであり、ライポルト教授もこの決定を引用している。）。また、同様に、本案の請求権との関係において、鑑定されるべき事実が重要であることまたは証拠として必要であること（die Erheblichkeit oder die Beweisbedürftigkeit der zu begutachtenden Umstände）も、法的利益の有無の判断において問題とはならない[19]。

16） Stein/Jonas/Leipold[22], §485 Rdnr.38; Musielak/Huber, §485 Rdnr.13.
なお、Musielak/Huber, §485 Rdnr.14aは、法的紛争の回避がまったく望みのないものであることが明確である場合、例えば、相手方が、時効の成立、弁済または放棄もしくは免除（民法397条）を主張している場合には、法的利益は認められないとしている。

17） Stein/Jonas/Leipold[22], §485 Rdnr.32.

18） MüKoZPO/Schreiber, §485 Rdnr.13は、ドイツ民法204条1項7号が、「独立証拠手続の実施を求める申立ての送達は、時効を中断する。」と規定していることを根拠として示している。Stein/Jonas/Leipold[22], §485 Rdnr.33.

19） Stein/Jonas/Leipold[22], §485 Rdnr.31; Musielak/Huber, §485 Rdnr.13.

また、ⓑ本案の請求権が、確定されるべき物の状態に基づいて生じないことが明白である場合や、相手方との関係において法律関係が存在しないことまたはその者が訴訟の相手方でないことが明らかな場合には、法的利益は認められない。もっとも、これらの場合には、申立人によって主張されている請求権の不存在が完全に明白でなければならず、その理由は、独立証拠手続において、裁判所は、本案の請求権に係る法律問題について判断する職責を負っているわけではなく、この点は本案訴訟に委ねられているからである[20]。

(3) これとは反対に、③ⓐ請求権がすでに棄却されて確定している場合や原状回復の訴え（580条）が明らかに問題とならない場合には、正当な利益は存在しない。再審の訴えの準備のために独立証拠手続を用いることができるか否かについては、再審手続の目的を考慮して判断しなければならない。例えば、旧641i条（現行の家事事件及び非訟事件の手続に関する法律（2008年）185条に相当）（父子関係の確定判決に対する原状回復の訴え）の場合には、独立証拠手続は開始すべきでない。なぜなら、原状回復の訴えの適法要件として、新たな鑑定がすでに存在していることが必要とされており、原状回復の訴えを提起してこうした鑑定をすることは認められていないからである[21]。

また、ⓑ公知の事実（291条）を否定する反証の提出を目的としてする独立証拠手続の申立ては不適法である。さらに、ⓒ相手方の保護に値する利益によって、独立証拠手続が認められない場合がある。例えば、被相続人の遺言能力の鑑定は、その者の生存中は認められない。なぜなら、そうした手続に引き込まれないという被相続人の優越する利益が存するからである[22]。

このほかに、ⓓ解明のために別の適切な方法をまず用いることができる場合にも、法的利益は否定される。例えば、区分所有組合（Wohnungseigentümergemeinschaft）の管理の領域において問題が処理されるべき場合がそうであり、また、交通保険一般取引約款14条による鑑定手続が終了しない間は、独立証拠手続の法的利益は認められない[23]。

20） Stein/Jonas/Leipold[22], §485 Rdnr.31.
21） Stein/Jonas/Leipold[22], §485 Rdnr.34.
22） Stein/Jonas/Leipold[22], §485 Rdnr.35, 36.
23） Stein/Jonas/Leipold[22], §485 Rdnr.37.

これとの関係では、仲裁鑑定契約または仲裁合意がある場合が問題となるけれども、法的利益を肯定するものと否定するものとに分かれている[24]。

なお、ⓔ請求原因事実の模索または収集のみを目的として独立証拠手続を申し立てることは、もちろん禁止される[25]。

Ⅳ 【連邦通常裁判所 2013 年決定】の評価

(1) これまでみてきたように、判例および通説は、独立証拠手続の発令要件としての「法的利益」について広く解釈し、同手続の実施を促進する方向で推移してきている。特に、【連邦通常裁判所 2003 年 1 月 21 日決定】および【同 2004 年 9 月 16 日決定】が、こうした方向を決定づけたことはすでに示したとおりであり(Ⅲ1)、学説も基本的にこれと歩調を合わせている(Ⅲ2)。

もっとも、下級審の決定例においては、特に医師責任事件に限っていうと、独立証拠手続の発令要件としての法的利益を否定するものが多々あり、この点をめぐる統一が求められていた(注12)参照)。そうしたなかで、【連邦通常裁判所 2013 年決定】がこの問題に終止符を打ったことは、意義深いものといえる。そこで、以下では、この点をめぐる学説の評価の一端を紹介し、予想される実務の運用について素描しておきたい。

(2) これについて、カッツェンマイアー教授は、診察経過の瑕疵の有無を確定することによって法的紛争を回避する見込みがあれば、法的利益を認めてよいとする連邦通常裁判所の判断を肯定した上で、因果関係や過失それ自体の(法的)判断はあくまでも本案における事実審裁判官の専権に属するが、これらの事実的側面に関する鑑定人による確定は、医師責任訴訟の特殊性を反映して、本案手続から独立証拠手続へと移行することになるとし、機能面で前者の縮小と後者の拡大が生ずると予測している[26]。

まず、ⓐ独立証拠手続は、あくまでも事実の確定を目的とするのであって、

---

24) 仲裁鑑定契約があっても法的利益を肯定するものとして、Rosenberg/Schwab/Gottwald[17], §117 Rdnr.10. 反対に、否定するものとして、Musielak/Huber, §485 Rdnr.14.

25) Musielak/Huber, §485 Rdnr.14a.

26) Katzenmeier, BGH: Rechtliches Interesse an selbstständigem Beweisverfahren in Arzthaftungssachen, LMK 2014, 355655.

診療上の過誤の有無や程度といった問題を対象とするものではないという点について、次のようにいう。すなわち、原審は、「診療経過における瑕疵の問題は、人の容態および人的損害の原因の確定とは区別されるべきであり、その限りにおいて独立証拠手続によって解明が可能なものとはいえない。」としているけれども、他方、「連邦通常裁判所民事第6部は、こうした見解に与せず、……独立証拠手続において診療経過に瑕疵があったか否かということの確定をその対象とすることができる、という判断を示した（従来の高裁の決定例は、肯定・否定の双方に分かれている。）。また、その際に同民事部は、独立証拠手続の意義および目的としての訴訟経済（Prozessökonomie）という指標に依拠している。485条2項2文の法律上の推定によれば、そこでの確定が法的紛争の回避に役立ちうる場合には、必要とされる法的利益が存在すると認められる。そして、このことは、同民事部の考え方によれば、責任法上の重要な根拠の解明を含むことになる。なぜなら、これによって、申立人は、訴訟により請求権を実現するか否かということを判断することが可能になるからである。とりわけ、医師責任訴訟を提起するかどうかが事実の確定によって決定づけられないとしても、また、侵害をめぐる過失や因果関係の法的問題が主張しようとする請求権の解明をもたらさないとしても、これらによって法的紛争の回避の見込みが排除されてしまうということにはならない。医師責任訴訟の特殊性は、健康損害およびこれに関する原因が確定した場合に、診療上の過誤の有無およびその程度が認識可能になることが稀ではないという点にある。また、過誤が診療を行った医師による有責的なものか否かという問題が事実審裁判官の評価に基づいて答えられるものであるということは、このことに抵触しない。」と。

そして、ⓑこうした連邦通常裁判所の判断を肯定し、次のように述べている。すなわち、「右の民事第6部の論述に異論はない。485条2項1文2号による『人的損害の原因』の解明は、医師責任事件において医師の過誤の存在が明白であるということをしばしば意味する。また、このことは、過失について重要な事実の確定が485条2項の範疇に属していない（傍点筆者）ということに変更を何ら加えるものではない。しかしながら、裁判所に対して診療上の過誤の推認を可能にする事実が確定されるならば、通常は、客観的な過失の程度をめぐって医師に過失があったということをも前提としなければならない。たとえ、

2つの異なる側面が問題となるとしても、診療上の過誤と過失とは『密接に結びついている』からである。ちなみに、このことによって過誤が発生した健康侵害の原因であったか否かという点についてまで結論が出されるわけではない。」と。

もっとも、ⓒカッツェンマイアー教授は、連邦通常裁判所の判断について若干の疑問を提示している。すなわち、「連邦通常裁判所は、独立証拠手続において診療上の過誤を『重大なもの』と評価することをも容認しているが、この点は疑問である。民事第6部の理解によれば、申立人の法的利益は、鑑定人の医学的評価が責任創設的因果関係に関する証明責任の転換についての予測を可能にする、ということに基づいて生じる。その限りにおいて、訴えを提起するか否かの判断、したがって、485条2項2文の意味における法的紛争の回避は、こうした予測に依拠することができる。このことを訴訟経済的とみなすとしても、しかし、そうした確定を485条2項の確定に含めることができるか否かに関しては問題がある。民事第6部は、事実審裁判官が医師の診療を『重大なもの』と評価する際には、法的評価が問題となっており、法律の構想からみてそれは独立証拠手続の対象ではない、という正しい前提から出発している。また、こうした法的評価は、鑑定意見において十分に根拠のある事実的な基礎がなければならない。なぜなら、専門的知識を欠いている事実審裁判官は、鑑定書なくして医学的評価をすることは不可能であるからである。事象経過の鑑定をする際に、場合によっては医師の過誤を明らかにする事実が確定されることは避けがたく、求められている確定はそれ自体において不適法というわけではない。加えて、鑑定人が、『医師にあるまじき過誤であるゆえ、もはや理解しがたい』と評価する過誤を確定することがないわけではない。しかしながら、この最後の部分は、医学的な評価であって、485条2項1文2号の意味における因果関係の確定のために必要とされるものではない。また、診療上の過誤を『重大なもの』と評価することは、もっぱら証拠法上の評価であって、法律の文言によってカヴァーされているものではない。」と。

以上を踏まえて、ⓓカッツェンマイアー教授は、連邦通常裁判所の決定によって医師責任事件における独立証拠手続に再評価が与えられ、適法な事実確定と不適法な法的評価との間の限界が移動されたと評価している。すなわち、従来は、独立証拠手続において健康侵害の技術的原因の問題が解明されていたが、今後は、鑑定人による医学的な評価——これに基づいて裁判所の法的評価が行われる——が許容されることになり、過失および因果関係の法的側面に関してのみ独立証拠手続の対象から除かれることになる、としている。また、最後に、将来的には、(重大な) 診療上の過誤を基礎づける事実の確定がしばしば独立証拠手続の対象となるが、それは、こうした事実問題が本案手続から独立証拠手続に移行したにとどまることを看過してはならず、連邦通常裁判所が苦心して編み出した『訴訟経済』は、独立証拠手続において鑑定人が (重大な) 過誤の存在を示す拠り所 (Anhaltspunkte) を最終的に否定することができる場合に限って意味をもつといえる、と結んでいる。

なお、他の論者 (連邦通常裁判所所属弁護士 Guido Toussaint 氏) も[27]、医師責任事件においても、独立証拠手続において損害賠償請求権の事実的基礎の鑑定が通常は許容されることになったことが明らかであるとし、基本的に賛成している。

(3) 以上が、連邦通常裁判所の決定に対する評価であって、今後は、特に医師責任事件において、独立証拠手続は、過失や因果関係といった法的評価問題を除き、広範囲に適用されることとなり、そうした意味では、従来の限界線を移動したことになろう。ドイツの解釈論に言及することは差し控えるが、賛成してよいであろう。

V むすびに代えて——わが国における提訴前の証拠収集の処分 (民訴法132条の4以下) への示唆

(1) 最後に、わが国における提訴前の証拠収集の処分[28]と関連して、参考になると思われるいくつかの点について触れて、むすびに代えることとしたい。わが国の制度 (平成15年 (2003年)) は、最終的には、ドイツの独立証拠手続と相違するものではあるが、これを参考にして作られたことは明らかであるから

27) Guido Toussaint, BGH: Selbständiges Beweisverfahren in Arzthaftungssachen, FD-ZVR 2013, 351733.

28) これについては、佐藤鉄男「証拠保全の意義と機能—証拠開示的運用の功罪」『実務民事訴訟講座 [第3期] 第4巻』(日本評論社、2012年) 289頁以下、299頁以下。

である。

まず、わが国の利用状況であるが[29]、提訴前の証拠収集の処分の申立件数は、制度の発足直後の平成17年（2005年）には320件であったが、その後は減少の一途をたどり、平成18年（2006年）には144件、平成19年（2007年）には120件、平成20年（2008年）には108件、平成21年（2009年）には89件、平成22年（2010年）には78件、平成23年（2011年）には66件、平成24年（2012年）には87件、という数値である。

文書提出命令の申立件数が、平成17年（2005年）に4,397件（行政事件の93件を含む。）、平成24年（2012年）には3,694件（行政事件の131件を含む。）であり、比較的利用が多いのとは対照的であり、申立件数が著しく少ない。また、ドイツの独立証拠手続の申立件数は不明であるが、判例の状況からして、わが国の提訴前の証拠収集の処分よりもはるかに利用率が高いことははっきりしている[30]。

(2) そこで、提訴前の証拠収集の処分の利用率が著しく少ないことの原因を探る必要があるが、その前提として、独立証拠手続との相違点を確認しておくのが効果的であろうと考える。

まず、独立証拠手続においては、①提訴前の証拠収集の処分のような「予告通知」を必要としないこと、②対象が485条2項に掲げる事項に限定されており、かつ、方法は書面鑑定のみであること、また、③裁判所が関与する点では同じであるが、書面鑑定によることから、裁判所自身の負担は少ないこと、④独立証拠手続は証拠調べであって、証拠の保全を目的としない代わりに、この手続における事実の確定について申立人に法的利益が存することが要件とされていること、などであろう。

(3) そうすると、まず、当事者側にとっては、予告通知を介する必要がない点で手続が簡易な割には、情報収集という目的を超えて、証拠調べとしての効果を直接に得られる点で、利用のインセンティヴが大きく働くものと思われる。

---

29) 最高裁判所事務総局『裁判の迅速化に係る検証に関する報告書（概況編）』（2013年）282頁。

30) ライポルト・前掲注1）57頁が、「独立証拠調べに関する非常に広範な近時の判例」と述べていることからも明らかである。

また、証拠「保全」という目的を必要とせず、申立人には、事実確定について法的利益が存すれば足りるほか、この利益は——判例によって確立されているように——、紛争の回避に寄与するという目的を含めて、広く認められるため、緩やかな申立要件であるといえる。また、裁判所サイドからすると、鑑定人を選任すれば、その後の手続はこれに委ねるため負担が少なく、他方で、提出された書面による鑑定結果を直接に証拠として利用できるというメリットがある。

もっとも、独立証拠手続の対象が限定されていること、鑑定という方法によらなければならないことは（前掲②）、それなりの制約であるといえるかもしれない。しかしながら、まず、前者に関しては、保全目的を要件としていない以上は、対象が無制限に拡大することを防いで、効率的な実施を促すという趣旨を優先するならば、ある意味で当然のことであろう。また、後者に関しては、わが国と異なり、もともと鑑定の利用が活発であって、比較的簡易かつ容易に実施可能であること[31]を勘案するならば、特に支障はないといえる。

(4) このように彼我双方の簡単な比較によっても、独立証拠手続は使い勝手のよい制度であることは十分に頷けるものと思われる。本章では、判例の流れに沿って、主として独立証拠手続の実施要件である「法的利益」をめぐる問題に焦点を絞って考えてみたが、今後は、わが国の制度（訴えの提起前における証拠収集の処分等）を改めて検討し、その再構築を試みる必要があるのではなかろうかと思う。

---

31) 木川統一郎編著『民事鑑定の研究』（判例タイムズ社、2003年）258頁（「ドイツにおける鑑定人確保のための方策について」（清水宏執筆））参照。

第5章　医師責任訴訟における法律上の推定規定の意義
――ドイツ民法630h条の推定規定を契機として

I　はじめに

本章は、医療過誤訴訟における医師の過誤や因果関係の証明責任をめぐって、証明軽減の可能性について――患者側のそれを主とするが医師側の反証についても――検討を試みようとするものである。その理由は、わが国においては現代型訴訟の一類型として医療過誤訴訟が従来から問題視されてきており、その中心課題は、紛争事実関係をめぐる情報の偏在によって生じる立証上の困難性を解消しようとすることのほか、これに伴う適正な危険分配のあり方を規律しようという点にあると考えられるからである。

検討の素材として、近時、ドイツ民法典において新たに創設された、副題に示した推定規定（630h条）を俎上に載せた上で、立証上の困難性とその解消策について、紹介と考察を加えることを目的としている。特に、推定規定による問題の解決可能性は、証明軽減をめぐる判例の蓄積に富むドイツならではの創見であって、判例の延長線上にあるとはいえ、これまでとは相違する解決策を提示している点において、わが国にとって示唆多きものであるといえよう。

わが国においては、従来、一応の推定（表見証明）、証明度の軽減、あるいは事案解明義務といった訴訟法上の証明軽減策を中心に検討がなされてきた[1]と思うが、ドイツにおいては、新たに、実体法によって、診療上の過誤および説明の瑕疵に起因する責任に関して、そうした過誤や瑕疵の存在の証明責任のほか、過誤と損害との間の因果関係の証明責任についても、推定規定を設けて患者側の負担を軽減する方策（証明責任の転換）が立法化された[2]。そうした実体法による解決は、わが国における訴訟法上の解決方法とは対照的であって、これまでの証明軽減策に対して方向転換を促すきっかけを多分に秘めている。

そこで、以下では、まず、推定規定の理解を素描し、その後に、ドイツの推定規定による証明軽減策を眺めてみることにする。もちろん、その際には、推定規定の創設の原動力となった、判例による法形成の過程についても言及し、その成果としての推定規定の意義を明らかにしてみたい。その上で、若干の検討を踏まえて、可能ならば筆者なりの方向性を示すことを企図しており、わが国における立証問題にいささかでも寄与することができれば、幸いなことと考えている。

Ⅱ　推定規定の一般的理解と推定規定の創設可能性

1　推定規定の一般的理解

(1)　法律上の推定（規定）の本質および機能については、ドイツにおいてもわが国においても、理論的な解明はおおむね尽くされていると考えられている[3]。推定規定の本質は、証明責任を規律する法規であり、また、推定規定の機能は、証明責任を転換するものであって、関連して証明主題の変更（または

1)　医療過誤訴訟の問題領域におけるものとして、事実上の推定について、中野貞一郎「過失の『一応の推定』について」『過失の推認［増補版］』（弘文堂、1987 年）1 頁以下（初出は 1967 年）、主張・立証責任の転換をめぐって、園尾隆司「医療過誤訴訟における主張・立証責任の転換と外形理論」新堂幸司先生古稀祝賀『民事訴訟理論の新たな構築（下）』（有斐閣、2011 年）213 頁以下。証明度の軽減について、加藤新太郎『手続裁量論』（弘文堂、1996 年）144 頁以下、伊藤眞「証明度をめぐる諸問題」判例タイムズ 1098 号（2007 年）4 頁以下、事案解明義務について、高橋譲「事案解明における裁判所の役割」伊藤滋夫編『要件事実の機能と事案の解明』（日本評論社、2012 年）134 頁以下、等参照。

2)　後述するように（Ⅲ 2 参照）、ドイツでは、民法 630 条を改正し、「患者の権利法律」（同法 630a 条から 630h 条までの規定）を追加し（2013 年 2 月 1 日）、その 630h 条において患者側の証明上の負担を軽減するために 5 つの推定規定と 1 つの証明責任規定を新設した。この法改正および内容について、服部高宏「ドイツにおける患者の権利の定め方」法学論叢 172 巻 4・5・6 号（2013 年）255 頁以下に詳細な叙述があり、本稿は、この論文によるところが大きい。ほかに渡辺富久子「【ドイツ】患者の権利を改善するための民法典等の改正」外国の立法 No.255-1（2013 年 4 月号）参照。

Vgl. BT-Drucks. 17/10488 (Gesetzentwurf der Bundesregierung, Entwurf eines Gesetzes zur Verbesserung der Rechte von Patientinnen und Patienten) (15.08.2012).

証明主題の選択可能性）をもたらすものであると解されている。すなわち、証明主題（推定事実）の証明に代えて、「前提事実」の証明があることによって「推定事実」が推定される、との法規が推定規定であって、前提事実を証明することによって、証明主題（推定事実）が推定されるため、これを要件として導き出される法律効果は、前提事実の証明をもって足りる、という構造になっている。

(2) ある推定事実（証明主題）を法律要件（事実）とし、そこからある法律効果が導き出されるとの法規が存在する場合に、その法律効果を得るためには、本来は推定事実の証明を必要とするが、推定規定が介在することによって、そうした証明に代えて前提事実の証明があることによって法律効果を得ることができることになる。また、前提事実の証明の方が、推定事実（証明主題）を証明することよりも容易であることが一般的であるため、法律効果を求める者は、通常は、前者の証明を選択することによって、この者の証明上の負担が軽減されることになる（証明軽減）。他方、法律効果を否定しようとする相手方は、本来は法律効果を得ようとする者が証明責任を負っている事実（推定事実）について、推定規定による推定が働いているため、これを覆すために推定事実の「不存在」（＝推定事実の反対事実）を証明（本証）しなければならなくなる（証明責任の転換）。推定規定は、こうした機能を営むものとして、多くの実体法規においてのみならず、訴訟法規においても用いられている[4]。

---

3) 法律上の推定については、兼子一「推定の本質及び効果について」（1937年）『民事法研究 第1巻』（酒井書店、1974年）295頁、秋山幹男ほか『コンメンタール民事訴訟法Ⅳ』（日本評論社、2010年）42頁以下、伊藤眞『民事訴訟法［第4版補訂版］』（有斐閣、2014年）362頁以下、松本博之・上野桊男『民事訴訟法［第8版］』（弘文堂、2015年）466頁以下、高橋宏志『重点講義民事訴訟法（上）［第2版補訂版］』（有斐閣、2013年）561頁以下参照。

倉田卓次訳『ローゼンベルク証明責任論［全訂版］』（判例タイムズ社、1987年）236頁以下、Stein-Jonas-Leipold, Kommentar zur ZPO, 22.Aufl. (2006) §291; Rosenberg/Schwab/Gottwald, Zivilprozessrecht, 17.Aufl. (2010) §112.

なお、ドイツ民事訴訟法292条は、推定規定について、「法律がある事実の存在について推定をしているときは、別段の定めがない限り、反対事実の証明をすることは許される。反対事実の証明は、第445条による当事者尋問の申し立てによっても行うことができる。」と定めている。

4) 一例として、破産法15条2項（破産手続開始の原因）、同17条（破産手続開始の原因の推定）など。

(3) なお、推定規定（法律上の推定）と事実上の推定とでは、後者が常に経験則を基にして働くものであるのに対して、前者では経験則を基礎としていないものもあり、法政策上の考慮から推定規定が設けられる場合があるという点で、明らかな違いがある[5)]。

2 推定規定の創設可能性――前提としての判例による法形成

(1) 推定規定の本質および機能をめぐっては、裁判実務および学説において上記のような理解が定着しているといえるであろう。しかしながら、他方で、こうした推定規定がどのような法領域において機能を発揮すべきであるかという実践的な課題については、これまでに十分な議論が尽くされてきたとは必ずしもいえず、また、こうしたことが背景にあって、実務における推定規定の利用が活性化していなかったのではないかという危惧の念を払拭し切れない[6)]。

その原因が奈辺にあるかをめぐっては、直ちに答えを出すことは容易でないけれども、思うに、まず、実定法規としての推定規定を創設するためには立法（法改正）を必要とし、そのためには立法事実として推定規定の具体的な必要性が明確でなければならず、また立法に伴って想定される諸問題への対応も不可避となろう。特に、従前の要件事実の証明責任を転換するという強い効果または機能を伴うため、それを支持することを可能とするに足るだけの社会的な合意が形成されていなければならないであろう。例えば、本章において扱う、医師の診療上の過誤の証明責任の分配に関しては、債務不履行責任を問うものであっても、はたまた不法行為責任を問うものであっても、原則として患者側に証明責任があるとされている。ところが、新たに推定規定を立法することにより、こうした証明責任の原則を修正または変更しようとするならば、その影響

---

5) 兼子・前掲注 3) 307 頁以下、倉田訳・前掲注 3) 252 頁。

6) 推定規定の実践的な活用について、わが国においては製造物責任法の立法過程において議論があったが（平成 2 年度経済企画庁委託調査『製造物責任法の論点』（1991 年）135 頁以下、NIRA 研究報告書『日本型製造物責任制度のあり方に関する研究』（1992 年）45 頁以下）、このほかにはほとんどないようである。ドイツにおける推定規定の比較的最近の立法例としては、ドイツ民法 476 条（消費物売買における瑕疵の推定）（2001 年 11 月 26 日）があり、同条は次のように規定している。「危険の移転後 6 月以内に物の瑕疵が生じたときは、危険の移転の際にすでに物に瑕疵があったものと推定する。ただし、この推定が物又は瑕疵の性質に合致しないときは、この限りでない。」と。

は、医師および患者といった訴訟当事者に限られず、病院等の医療従事者のほか、損害保険会社等を含む多くの関係諸機関にも及ぶことは確かであり、これら広範囲の利害関係人を含む幅広い合意に基づくことが求められるであろう[7)]。

(2) また、こうした基本的な問題とは別に、推定規定を創設する際の立法技術的な側面においても看過しえない問題が存している。推定規定は、裁判官が経験則に基づいて事実上の推定を働かせて事実認定をする場合（自由心証による証拠評価）とは異なり、理論的には経験則の存在を不可欠とするものでないことはすでに指摘したとおりである。だが、そうであるからといっても、実際上は多くの推定規定が何らかの形で経験則を法規化していることは否定しがたい事実である。また、その際に、どのような事実（あるいは複数の事実）をもって、推定を働かせることを可能にする前提事実として法規のなかで定めるべきであるかということも、不可避の重要問題である。前提事実の証明は、推定事実（証明主題）の証明に代わるものであって、これをどのような事実をもって法律中に構成するかという問題は、立証軽減の実効性と相手方の反証可能性という観点からしても、従来の裁判実務における事実認定の手法を十分に分析・検討した結果を踏まえたものでなければならないであろう。そうした意味において、推定規定の創設は、法律上の推定のために必要とされる前提事実の析出・確定を可能にする多くの判例——経験則を踏まえた事実認定に関するもの——の蓄積があってはじめて立法作業が可能になるものである。ドイツの法状況と比較して、わが国の医療過誤訴訟において推定規定を設けるに足るだけの判例による法形成の試みを認めることができるであろうか。

(3) 追って明らかにするが、ドイツでは、この点に関して、医師責任訴訟における証明責任およびその軽減について従来から多くの判例の集積があり[8)]、そこからそれぞれの問題に応じた法準則を抽出することが可能となる状況が存していた——もちろん背景には判例に対する肯定的な評価が存している——と

7) ドイツ民法 630a 条ないし 630h 条の規定の創設に関して、服部・前掲注 2) 260 頁以下に詳しい。

8) ドイツの医師責任訴訟における証明問題に関する判例の蓄積及びその分析については、Baumgärtel/Laumen/Prütting, Handbuch der Beweislast, BGB SchuldR BT III (2010), Anhang II に詳しい。以下では、引用の際は、Baumgärtel/Bearbeiter § Rn とする。なお、本章も同書に多くをよっている。

いえる。その結果、推定規定のための前提事実の析出・確定という、必ずしも容易ではない立法技術的な作業も、困難を克服することができたものと考えられる。そこで、こうした推定規定の立法作業に不可欠な基礎資料を提供してきた具体的な判例について眺めることにするが（詳細はⅣ参照）、まずは、次節において、従来の判例における証明軽減の諸類型を示し、新設されたドイツ民法630h条の推定規定とその特徴を記すことにする。

Ⅲ　診療上の過誤および説明上の瑕疵に起因する医師の責任に関する証明責任とドイツ民法630h条の推定規定

1　医師責任訴訟における証明責任の分配と判例による証明軽減

⑴　ドイツでは、医師の診療上の過誤を理由として損害賠償を請求する場合、民法280条1項（「債務者が債務関係に基づく義務に違反したときは、債権者は、これにより生じた損害の賠償を求めることができる。債務者がその義務違反について責めを負うべきでない場合には、この限りでない。」）を責任規範としており、原則として患者は、診療契約の締結、医師の診療上の過誤、患者の損害、診療上の過誤と損害との因果関係、の各要件について証明責任を負っている[9)]。他方、医師は、その義務違反について責めに帰すべき事由のないことを証明しなければならない（同項2文参照）。後者の点は、不法行為に基づいて損害賠償を請求する場合に患者が医師の過失について証明責任を負うのとは相違するが、こうした過失の証明をめぐっては、多くの場合に表見証明による証明軽減を用いることが可能なため、両者の間にそれほどの径庭は認められない[10)]。

⑵　以上のような証明責任の分配原則の下で、しかし、後述するように、ドイツの判例は、多くの問題領域において証明軽減の工夫を試みてきた（Ⅳ参照）。2013年の民法改正――「患者の権利法律」の成立――（同年2月1日）はそうした基盤に立脚しており、新たに創設された民法630h条の推定規定との関係では、以下のように3つに大別される判例による証明軽減と、これらにおける

9)　Baumgärtel/Katzenmeier, §823, Rn.3; Baumgärtel/Prütting, Handbuch der Beweislast, Grundlagen (2015), Kap.25 Rn.22 ff.

10)　Baumgärtel/Laumen, Handbuch der Beweislast, Grundlagen (2008), §12 Rn.52.

5つの類型がその原動力となっているといえるであろう[11]。すなわち、

① ⓐ医師の完全に支配可能な危険をめぐる過失または過誤の推定（Verschuldens-oder Fehlervermutung bei voll beherrschbaren Risiken）、およびこれに関連して、ⓑ能力不足の医師による侵害があった場合の因果関係の証明軽減（Beweiserleichterung bei der Behandlung durch einen（noch）nicht hinreichend qualifizierten Arzt）、

② ⓐ診療録の作成義務、ⓑ診察の実施義務または病状の確認義務に違反した場合の証拠法上の効果（Beweisrechtliche Konsequenzen einer Verletzung von Dokumentations-, Befunderhebungs-oder Befundsicherungspflichten）、

③ 診療上の重大な過誤が存している場合の証明責任の転換（Beweislastumkehr bei Vorliegen eines groben Behandlungsfehlers）、

の三者およびこれらから枝分かれしている5つの類型であって、こうした判例による法形成を通じてはじめて、以下に示す民法630h条の推定規定の創設は可能になったといえる。

ちなみに、これらの類型と民法630h条の各項および各文との関係については、同条各項の概要において示すほか（2参照）、詳しくは各類型における具体的な判決を眺める際にも言及する。

2 ドイツ民法630h条とその概要

(1) 今回の法改正は、上記の判例による法形成を踏まえたものであり、民法630h条は、医師の「診療上の過誤および説明上の瑕疵に基づく責任」をめぐって、その要件事実の証明責任に関して以下のような推定規定（および証明責任規定）を設けて、立法的な解決を図ることとした。以下、その条文訳を示すことにする。

第630h条（診療上の過誤及び説明上の瑕疵に起因する責任に関する証明責任）

① 診療を実施した者にとって完全に支配可能であった一般的な診療上の危険が現実化し、かつ、それが、患者の生命、身体又は健康の侵害を惹起するに至った場合には、診療を実施した者の過誤が推定される。

② 診療を実施した者は、第630d条に則した同意を得たこと及び第630e条の要

---

11) 以下の分類および類型については、Baumgärtel/Katzenmeier, §823 Rn.12–70に基づいている。

件に従って説明したことを証明しなければならない。説明が第630e条の要件を満たしていない場合に、診療を実施した者は、患者が規定通りの説明を受けたとしても医師の措置に同意したであろうことを主張することができる。

③ 診療を実施した者が、医学上必要とされる重要な措置及びその結果を第630f条第1項若しくは第2項に反して診療録に記載せず、又は第630f条第3項に反して診療録を保存しなかったときは、診療を実施した者は、そうした措置をとらなかったものと推定される。

④ 診療を実施した者に、その診療をする能力がなかったときは、診療能力のないことが生命、身体又は健康の侵害の発生の原因であったことが推定される。

⑤ 診療上の重大な過誤が存し、かつ、この過誤が実際に発生した類いの生命、身体又は健康の侵害を惹起するのに基本的に適したものであるときは、その診療上の過誤がこの侵害の原因であった、との推定がなされる。診療を実施した者が、医学上必要とされる診断（Befund）を適時に行う（所見（Befund）を適時に下す——訳者）こと又はこれを確認することを怠った場合において、その診断（確認）がなされていたならば以後の措置をとるきっかけとなったであろうと帰結することに十分な蓋然性がある限りにおいて、かつ、以後のそうした措置を怠ったことが診療上の重大な過誤となったであろう場合にも、同様の推定がなされる。

(2) 上記の条文は[12]、民法280条1項の一般的な責任規範を基礎とするが、同法630a条以下の適用領域（診療契約）における証明責任の分配に関しては、同法280条1項に対する特則を規定している。また、その特徴を一言でいうならば、原則として患者側が負担している診療上の過誤および因果関係に関する解明不可能のリスク（証明責任）を、法律上の推定規定（および証明責任規定）を通じて医師に転嫁する（証明責任の転換）という点にある。

民法630h条においては、6つの事例群に分けられており（5項は2つに分化）、5つの推定規定と、1つの証明責任の規定が存している（2項）。推定規定は、法律上の事実推定（gesetzliche Tatsachenvermutung）であり、民訴法292条によって、推定を覆すことは許されているが、そのためには、推定された事実の反対事実を本証で証明しなければならない。立法理由は、この点を明確にしており、これまで曖昧であった「証明責任の転換に至るまでの証明軽減」というものを完

12） Katzenmeier, Der Behandlungsvertrag —Neue Vertragstypus im BGB, NJW 2013, 817, 821 f. Vgl. Spickhoff, Patientenrechte und Gesetzgebung, ZRP 2012, 65 ff.; Rehborn, Patientenrechtegesetz 2013 —Dokumentation, Haftung, Beweislast, MDR 2013, 565 ff.

全に払拭した。後にみる判例（Ⅳ 3 ⑴❾参照）における変更がこれを決定づけたといえる。

1 項は、医師による完全に支配可能な危険が顕在化した場合に診療上の過誤が推定される、という内容であり、前記 1 で示した 3 つの類型との対応関係に即してみると、前記 1 ⑵の①ⓐ類型に関係する規定である。

2 項は、他の規定とは異なり、患者の同意および説明に関する証明責任を医師の負担とする証明責任規定である。1 文は、患者の同意を得る義務（630d 条）と医師の説明義務（630e 条）を前提とし、これを履行したことの証明責任を医師に負わせる趣旨である。また、2 文は、医師が説明義務を尽くさなかったとしても患者による同意があったはずであるとの「仮定的同意（hypothetische Einwilligung）」を医師が援用することを認める規定である。

3 項は、診療録の作成・保存義務（630f 条）に違反した場合に医師は必要とされる診療上の措置をとらなかったと推定するものであり、前記 1 ⑵の②ⓐ類型に関係する規定である。

4 項は、前記 1 ⑵の①ⓑ類型について独立して規定したものであり、医師の能力不足と侵害との因果関係を推定するものである。

5 項 1 文は、前記 1 ⑵の③類型を条文化したものである。また、第 2 文は、前記 1 ⑵の②ⓑ類型に関係しているほか、新たに、診断（所見）という入口においてこれを怠ったことが重大であると評価できなくても、これに基づく以後の措置を怠ったことが重大な過誤となったであろう場合には、因果関係を推定して証明責任の転換を図ろうとしている点に特徴がある（後掲注27）参照）。

全体を一言でいうならば、条文の内容は、基本的に判例による法形成を追認したものであるが、このほかに、なお改鋳を加えているものもある（5 項 2 文）。

Ⅳ　民法 630h 条のバックグラウンド
——推定規定の創設基盤としての判例による法形成

すでに指摘したように、民法 630h 条の推定規定は、判例による法形成を通じて析出された準則を法規化したものである。そこで、今度は、抽象的な法規に結晶する以前の、具体的な事案に即した裁判所の判断を眺めることによって、推定規定の背後に存した実質的な考量を探ってみることにする。なお、以下でみる判決は、おおむね先例的な価値を有しているものであり、少なくともエポックメーキングな存在であることは間違いない。以下、長文にわたるものもあるが、630h 条各項との連続性に注意しつつ、前掲の 5 つの類型（Ⅲ 1⑵）順に眺めてみよう。

1　医師による完全に支配可能な危険が顕在化した場合における診療上の過誤の推定（①ⓐ類型）

⑴　まず、630h 条の 1 項に関するものがある。

確立した判例によると、患者の侵害が医師により完全に支配可能な危険の領域から生じており、それゆえ医師がそうした危険を回避しなければならない、と確定される場合には、医師は、例外的に自分の側で責めを負わないことを証明して、過失または過誤の推定を覆さなければならない[13]。具体的には、患者に顕在化した危険が、診療上の組織体制に起因し、とりわけ医療機器の使用の際に生じた場合がこれに当たる。学説も、広くこうした判例を肯定しており、「このような医師の証明責任は、実体法的にみて、医師にとって排除可能な危険性を除去する義務に即応し、……危険がどのようにして『医師に固有の』危険領域から顕在化しえたかということを説明すべき不法行為上の義務に匹敵する。」と述べている[14]。比較的最近の典型例をみてみよう。

❶【連邦通常裁判所 2007 年 3 月 20 日判決】（BGHZ 171, 358）[15]

病院において頸部に 3 回にわたって注射を受けた患者が、その後に頸部に膿瘍を生じ、2 週間の入院治療を必要とした。その原因はブドウ状球菌の感染によるものであり、その当時に花粉症に罹患していた医師の補助者がこの病原菌の保菌者であり、この者は医師が患者に注射をする際に患者に接していた。また、同時期に、複数の他の患者にも同種の感染が生じ、保健所は病院に予防策を講ずることを要請していた。

患者の損害賠償請求について、地裁は慰謝料の一部（2 万 5,000 ユーロ）を認

13）　Baumgärtel/Katzenmeier, §823 Rn 61 ff.
14）　Laufs/Kern, Handbuch des Arztrechts, 4.Aufl. (2010), §109 Rn.1.
15）　BGHZ 171, 358 = NJW 2007, 1682 = VersR 2007, 847.

容したため、被告の医師側が控訴および上告をしたが、いずれも棄却となった。これについて、連邦通常裁判所は、「完全に支配可能な危険」原則によって医師に対して次のように主張・証明責任を負担させた。

「本件では、原告に対する侵害は、――例えば個人の生体組織に起因する危険といった――患者に属する領域から生じたものではなく、また、医師の中心的な診療行為に起因したものでもないことが確定されている。原告に顕在化した危険は、むしろ、医師の側で客観的に完全に排除可能でありかつ排除しなければならない領域から生じたものである（いわゆる「完全に支配可能な危険」(sogenannte voll beherrschbare Risiken))。医師の診療行為の領域、すなわち、診療上の過誤およびこの過誤と発生した健康損害との間の因果関係について原則として患者が主張・証明責任を負っている領域とは異なって、つまり、人間の生体組織の特性からもっぱら生じる危険ではなく、病院や診療所によってもたらされる危険であって、診療上の過程において適切な組織体制とこれを整序することによって客観的に完全に支配可能である危険が顕在化した場合には、民法280条1項2文の法思想が適用され、責めを負わないこと（Verschuldensfreiheit）の主張・証明責任は診療を実施した者の側が負担することになる。（中略）
診療を実施した者の側にこうした主張・証明責任を負担させることは、民法280条1項2文の法思想を適用したものであるが、このことは、病院または診療所に起因する客観的な危険について具体的な事件において認識可能であったことを前提とするものではない。本件におけるように、こうした領域から生じる客観的に支配可能な危険が顕在化したことが確定されるならば、客観的に存在する義務違反について帰責事由がないことの主張・証明責任は、医師または病院側の役割となる。（中略）
本件では、感染が衛生上の支配可能な領域から生じたことが確定しているため、医師は、感染の諸条件に注意を払わなかったことについて帰責事由がなかったという免責証明をしえない限り、すなわち、病院や診療所の従業員によって回避可能であった病原菌の感染に対してあらゆる組織的または技術的な予防措置を講じていたことを証明しない限り、感染の結果について契約上も不法行為上も責任を負わなければならない。」

(2)　上記判決を含む一連の判例の集積によって、「患者に対する侵害が医師によって完全に支配可能な危険な領域から生じており、したがって医師はそうした危険を回避可能であったということが確定される場合には、例外的に、医師は自己に責めに帰すべき事由のないことを証明しなければ責任を免れない。」という準則が明らかになるし、また、これが直接に630h条1項に反映していることも容易に理解できるであろう。

診療上の個々の措置の首尾・不首尾が患者の生体組織の予測不可能性によって影響を受けることのない領域（つまり、医師に固有の完全に支配可能な危険領域）においては、医師の地位は、契約上の債務者、例えば建築契約における請負人の地位と基本的に異ならない。そうした場合には、患者の侵害がこのような領域に起因していることが確定されると、民法280条1項2文に相応する証明責任の分配——不法行為責任における危険領域説（Gefahrenkreislehre）に匹敵——を医師の契約上の責任についても適用することが可能であるため、逆に、医師の側で、その過失の推定または客観的な義務違反の推定を覆さなければならないことになる。

もっとも、診療を実施した者の側からの反証（反対事実の証明）の余地がないわけではない。すなわち、上記の「いわゆる医師の完全に支配可能な危険」が認められる場合であっても、例えば、個別事例において、責めを負うべき診療上の過誤が、存在しないまたは医師の危険領域に属さないということを証明したり、あるいは、患者の侵害を生ぜしめる可能性のある事情が存在したとしても、手術計画の段階では認識不可能な事情であったということを証明することは可能であって、こうした形で医師の側から反証を提出する余地は残されている[16)]。

(3) なお、従来の学説によってこのカテゴリーに分類されていた①ⓑ類型[17)]は、すでに述べたように、民法630h条4項において独立して規定されることとなった。これに関しては、❷【連邦通常裁判所1983年9月27日判決】(BGHZ 88, 248)[18)]が代表例であり、一連の判例は、次のように述べている。すなわち、「経験の浅い見習医師が患者の健康に損害を与えたときは、これが経験不足であることに起因するものではないこと（因果関係の不存在）の証明責任は、手術の計画について責任を負っている医師および病院の側にある。」としている。また、❸【連邦通常裁判所1993年6月15日判決】（VersR 1993, 1231）も、麻酔専門医として養成中である見習医師が、心臓手術の際の挿管麻酔のために

16） 以上について、Baumgärtel/Katzenmeier, §823 Rn.62による。

17） Baumgärtel/Katzenmeier, §823 Rn.69.

18） BGHZ 88, 248 = NJW 1984, 655.

患者の体位を変更することから生じる危険性について十分な経験を有していない場合には、専門医の直接的な監督なくして麻酔を施術することは許されないとした上で、上記判決を引用して、「原告の脳障害が見習医師の経験不足によるものではないことの主張・証明責任は被告側にある。」としている。こうした判例が、4項を制定する契機となっていることを付言しておきたい。

2　診療録の作成義務または診療の実施もしくは病状の確認義務の違反に基づいて帰結される証拠法上の効果（②ⓐ類型および②ⓑ類型）

まず、630h条3項の推定規定に関係する②ⓐ類型を、次いで、630h条5項2文の推定規定に関係する②ⓑ類型を紹介する。

⑴　ここでの問題領域においては、最初に、630h条3項の推定規定に関係している、①診療録の記載に不備があることを理由として証拠法上の不利益を及ぼそうとしたもの（②ⓐ類型）を素描しておこう[19]。当初の、❹【連邦通常裁判所1978年6月27日判決】（BGHZ 72, 132, 139）[20]は、必要とされる記録が不十分であり、それゆえに患者に侵害を生じた事例において事実関係の解明をもはや期待しえなくなっているときは、証明責任の転換に至るまでの証明軽減を認めるとした。医師の怠慢によって診療上の過誤の証明を一層困難ならしめた場合には、訴訟追行上、医師と患者との公平な役割分担を回復すべきであり、記録義務違反の重大性に応じた証明軽減を患者に認めるべきであるとの考え方によっている。しかしながら、その後の、❺【連邦通常裁判所1995年2月14日判決】（BGHZ 129, 6, 9 ff.）[21]は、診療上の過誤の存在が認定されて、これによって診療録に記載されていない措置を医師はとらなかったとの「推定」が働く範囲に限って証明軽減を認めるとし、歯止めをかけている。したがって、医師は、記載はされていないが、実際には措置をとったことを本証によって証明すればこの推定を覆すことができ、不記載による証拠法上の不利益を阻止することが可能である。このように、最近の判例は、診療録の記載の懈怠それ自体は、実体法上の義務の懈怠の訴訟上の制裁として証明責任の移動をもたらすものでは

19）　Baumgärtel/Katzenmeier, §823 Rn.49 ff.
20）　BGHZ 72, 132 = NJW 1978, 2337.
21）　BGHZ 129, 6 = NJW 1995, 1611 = VersR 1995, 706.

ないと明言しており、学説もこうした結論を妥当とみている。

(2) 次に、上記の診療録の作成義務違反の問題とは別に、630h 条 5 項 2 文の推定規定に関係している、②診療の実施義務および病状の確認義務の違反に基づいて医師に証拠法上の不利益をもたらすもの(②ⓑ類型)として、以下のような判例が存する[22]。すなわち、❻【連邦通常裁判所 1987 年 2 月 3 日判決】(BGHZ 99, 391, 397)は、医師が医学上当然に必要とされている診察を実施することおよび病状を確認することを怠ったときに、これによって、診療上の過誤と健康損害との間の少なくとも蓋然的な因果関係の解明が困難にされまたは妨害されてしまい、かつ、問題となっている症状が進行する危険が高まるゆえに医師には病状を確認する責任がある場合には、因果関係の問題について医師の責任とし、患者に有利に証明軽減を図ることができるとした。

❻【連邦通常裁判所 1987 年 2 月 3 日判決】(BGHZ 99, 391)[23]

当時 13 歳であった原告が心臓の痛みと発熱があったため被告である開業医から診察を受けたところ(1978 年 2 月 1 日)、心電図検査と胸部レントゲン撮影によって心筋炎と診断された。また、肺のラッセル音が強く、高熱だったため、医師は肺炎であると診断し、抗生物質を処方した結果、2 日後には著しく改善し、痛みを感じなくなった(2 月 9 日)。そして、4 月 6 日に同じ開業医で心電図検査を受けたが、その際に医師はそれ以外の検査をしなかった。その後、気管支にカタル性の強い痛みを感じた患者は、1979 年 1 月 5 日に被告の開業医において急性のウイルス感染であると診断され、抗生物質の処方を受けた。同年 1 月 11 日に医師は胸部のレントゲン撮影をし、肺炎が再発しているとして抗生物質による治療をした。しかしながら、2 月 20 日に患者の容態が急に悪化したため、医師が胸部のレントゲン撮影をした結果、肺結核の疑いがあると診断し、2 月 22 日の国立健康局による診察の結果、開放性結核であったことが判明した。そのため、患者は数ヶ月にわたり結核療養所で治療を受けたが、共同住宅に一緒に住んでいた当時 2 歳のもう 1 人の原告も肺結核に罹患していた。そこで、双方によって実損害の賠償請求と慰謝料の支払いを求める訴えが提起された。第一審および控訴審は請求を棄却したが、患者側の上告によって

22) Baumgärtel/Katzenmeier, §823 Rn.52 ff.
23) BGHZ 99, 391 = NJW 1987, 1482.

原判決は破棄差戻しとなった。

「医師が所見を記載する義務に違反した場合（BGHZ 72, 132, 136 ff. ――前掲❹）と同様に、病状を確認する職業上の義務に違反した場合も、診療上の過誤と健康損害との間の因果経過について患者が原則として提出すべき証拠の提出可能性を喪失させることになる。医師が診療上の経過に応じて簡単な診断や検査をしなかったことが異例であり、それゆえ診療上の経過を明らかにするために必要なデータを使用できないことについて医師に著しく責任がある場合について、当民事部は、医師による重大な責めに帰すべき解明不可能があることを理由として、責任訴訟におけるこうした解明不可能性を患者の負担とすることは許されないとしている（BGHZ 85, 212, 217）。予想されまたはすでに進行している訴訟との関係で証拠方法の利用を妨害する者に対しては、民訴法 427 条、444 条および 446 条の規定に基づいてさまざまな根拠づけと効果が導かれているが、同様のことは、次の場合にも妥当する。すなわち、医師が検査を実施していれば、事後には解明できない状態を解明できたはずであるにもかかわらず、こうした検査の実施義務に違反している場合であって、こうした義務が少なくともその後の訴訟において証明責任を負っている当事者を保護するためにも存在している場合である（NJW 1983, 2935=VersR 1983, 441. 当民事部 1983 年 1 月 25 日判決――法律で命じられている飲料水の検査を怠った事例について）。医師が患者を診療することによって、さらに一定の病状について検査を通じて調べる義務は、確かに第一次的には診療上の目的のためである。しかしながら、そうした義務は、所見を記録し患者の人格権を守る義務と同じく、医師による診療の顛末を報告することにも役立つ。また、確かに、それは将来の責任訴訟との関係において直接的な保護目的であるとはいえない。しかし、実体法上、病状を確認し、それについて顛末を報告すべき場合には、こうした義務はその後の訴訟において無視することのできないものである。証明責任を負っている当事者は、むしろ、説明する義務を負っている者に対して、この者が訴訟における立証状況を有責的に困難にしまたは妨害したという主張をすることができる。こうした意味において、医師による記録義務と並んで、病状確認の義務も、限界づけの問題に言及すべきではあるが、証拠に関連し、また訴訟に関係している。そして、その場合に、証明妨害の制裁として立証ありとの結果を擬制するのか、それとも、訴訟においても尊重すべき信義則違反が解明義務を怠った者にあると結論づけるのか、という問題は残されている。しかし、いずれにしても、一方の当事者が責めを負うべき事案解明の阻害によって他方の当事者が不利益を被る場合には、後者に対して証明軽減を用立てることになる。」（中略）

「患者の徴候に応じて症状を解明し確認するために、検査を通じて医師が行うべき病状確認が、医療上疑いなく必要（ärztlich zweifelsfrei geboten sein）とされていながら、それが有責的に怠られ、かつ、病状を確認した所見があれば、患者が主張する因果経過についても蓋然的に（wahrscheinlich）解明がなされたであろう場合に限り（nur dann）、因果関係の証明について患者の負担を軽減することが正当である。なぜなら、医師には、症状が進行するという危険が高まるがゆえに、まさに症状を確認する責任があるからである。」（中略）

「本件では、被告自身の主張によると、第一原告の肺のレントゲン検査は「不明（unklar）」となっており、それゆえ急性肺炎が快方に向かった後に改めてレントゲン検査を実施することが必要であった。この点に関してもはや医師の裁量の余地はなく、そうした検査を実施しなかったことは患者に危険を及ぼす診療上の過誤であった。訴訟において尋問された鑑定人は、事後的に見て、1978年2月1日の最初のレントゲン検査の際にはすでに結核症状（einen tuberkulösen Prozeß）が現れていた蓋然性が認められるとしている。遅くとも1978年4月6日の検査では明らかになっていたか、検査の結果が「不明」であった際に、改めて検査すべき原因が存していたと認められる。したがって、上記の原則に基づいて、被告の過誤と原告の主張する健康損害との間の因果関係の証明はあったと認められ、または、当該因果関係が存することから出発しなければならないということになる。」

もっとも、上記の判例について、学説は、その抑制的な姿勢に対して批判的である。すなわち、医師は、契約上からも人格権の保護の観点からも病状を確認する義務を負っており、また、この義務が「医療上疑いなく必要であるか」否かの判断に関してもっぱら医師の裁量に任せられるものではない、と述べている。加えて、患者は、まず責任創設的因果関係の証明を民訴法286条に基づいて行わなければならず、また、それに足るだけの事実基盤を医師の十分な診療録から得られる立場にはない。したがって、医師に重大な懈怠があった場合に限って証明責任を転換するのでは不十分であるとしている[24)]。

(3) それにもかかわらず、その後の❼【連邦通常裁判所1996年2月13日判決】（BGHZ 132, 47）は、上記判例が示した証明軽減の要件を厳格化している。

❼【連邦通常裁判所1996年2月13日判決】（BGHZ 132, 47）[25)]

午前中に、医師が、胸部の痛みを訴えていた患者の心電図を解析した後、いったん診療所から帰宅させたが、さらに検査をするために午後にその患者を呼び出していた。ところが、患者は、呼び出された直後に意識を失って倒れ、心筋梗塞によって死亡した。そこで、遺族は、心電図の解析を誤ったために、直ちに病院に緊急入院させていれば救命可能であった患者を死亡させたとして、

24) Baumgärtel/Katzenmeier, §823 Rn.55.
25) BGHZ 132, 47 = NJW 1996, 1589 = VersR 1996, 633.

損害賠償を求める訴えを提起した。しかしながら、医師が解析に必要な肝心の心電図を提出することができなかったため、原告は、被告に証拠法上の責任を負担させるべきであると主張した。

こうした因果関係の問題について、判決は、「鑑定意見により心電図の解析の誤りが重大な過誤として評価されるほどに深刻な症状であったことを、当該心電図が示していたとの十分な蓋然性があることを理由とする場合に限って、証明軽減は作用する。すなわち、原審は、鑑定によれば、心電図上には進行する心筋梗塞の認識可能性について90パーセント以上の蓋然性が認められるのみならず、高血圧症および二重に肥大した心臓ならびに患者による胸部の痛みといったその他の症状から、心筋梗塞は心電図上で明確に認識されるべきであり、被告の解析は重大な過誤であったと解するのを正当とする、としている。こうした事実状況が認められるため、原審が、心電図の紛失に基づいて診療上の重大な過誤の証明について証明軽減を導いた点は違法でない。」とした。

また、これを踏まえて、その後の❽【連邦通常裁判所1998年1月13日判決】(BGHZ 138, 1)[26] も、医学上の観点から必要とされる診察の実施を怠ったこと自体が医師の重大な過誤であることを示しているときは、医師の過誤と健康損害との間の因果関係について証明軽減が正当化されるとしている[27]（なお、❻および❼は、いずれも630h条5項2文に関係しているものであることに再度注意を喚起しておく。)。

(4) このほかに、医師による証明妨害行為があった場合も存在し、これについては、判例は、民訴法427条および444条に依拠して、証明責任を負っていない当事者による有責的な証明妨害は、証明責任の転換に至るまでの証明軽減

26) BGHZ 138, 1 = NJW 1998, 1780.

27) なお、最近の判例として、連邦通常裁判所2011年6月7日判決（VersR 2011, 1148 = NJW 2011, 2508）は、①診断（所見）の通常の過誤（bei einem einfachen Befundhebungsfehler）であっても、患者の症状について必要とされる解明をしていたならば病状が進行しているとの所見に至る十分な蓋然性があるため、これを見誤ったことが基本的な過誤となりまたはこうした症状に対応しなかったことが重大な過誤となるであろう場合において（深い夢遊病状態にあった33歳の患者が言語障害と嚥下障害に陥ったケース）、そうした過誤が現に生じた健康損害を惹起するのに適している場合には、発生した損害との間の因果関係の問題について、証明責任の転換が問題となるとし、また、②証明責任の転換のための要件として、診断（所見）を誤ったり必要とされる治療をしなかったことが、まったく理解しがたいものであることは必要でないとしている。

を帰結する、との一般原則を展開している。どのような場合に証明責任の転換を認めるか否かをめぐっては争いがあるが、妨害が過失行為によることで足りるとし、対象物の滅失のみならず、その証拠機能の喪失も含めるとしている点において一致がある。

3　診療上の重大な過誤が存している場合の証明責任の転換（③類型であって、630h条5項1文に関連する。）

(1)　これは、医師責任訴訟における患者側の証拠の窮乏について、判例が、連邦大審院以来特別に展開してきた証明軽減であって、医師の診療上の過誤と患者に生じた損害との間の因果関係の証明について、証明責任の転換に至るまでの証明軽減を認めるものである[28]。

要件としては、①診療上の「重大な」過誤が存していること、および、②その過誤が現に発生した類いの損害を惹起するのに適したものであること、の2つである。また、効果としては、患者側に「証明責任の転換に至るまでの証明軽減（Beweiserleichterungen, bis hin zur Beweislastumkehr reichen können）」が認められる。その結果、医師側にとっては、因果関係が存在しないことの証明責任という、最も重い負担まで課せられる可能性を生じる。

これに関する判例については、すでに優れた研究が存しているので[29]、効果をめぐる最近の判例を紹介し、屋上屋を重ねることを避けることにする。すなわち、❾【連邦通常裁判所2004年4月27日判決】（BGHZ 159, 48）は、まず、①従来から批判の強かった、「証明責任の転換に至るまでの証明軽減」という不透明な効果を原則として否定し、証拠評価と証明責任との混在に対して、双方を峻別すべきであるとした。また、さらに、②診療上の重大な過誤があった場合に限らず、単純に診察の実施義務を怠った場合にも、解明が困難になった因果関係について証明責任の転換を認める、とした点も注目に値する。

❾【連邦通常裁判所2004年4月27日判決】（BGHZ 159, 48）[30]

28）　Baumgärtel/Katzenmeier §823 Nr.12 ff.

29）　中野貞一郎「医療過誤の手続的課題」前掲注1）131頁以下に詳しい。

30）　BGHZ 159, 48 = NJW 2004, 2011. 本件については、円谷峻「重大な医療過誤と因果関係の証明」明治大学法科大学院論集7号（2010年）223頁以下、特に240頁以下に詳しい。

原告（女性）は、オートバイ事故で負傷し（1998年5月10日）、被告の経営する病院に搬送された。数本の肋骨、腰椎部分および肩甲骨に損傷を生じていたことが確認された。しかし、仙骨圧迫損傷を伴う骨盤部分の骨折を負っていることについては気づかれなかった。そして、当分の間は就床安静を命じられた。6月11日から身体を動かす処置は行われたが、前腕固定型歩行補助具によって負担を軽くする措置はとられなかった。原告はその翌日の歩行の際に痛みを感じたため、その旨を医師に告げた。しかしながら、医師は原告を診察したけれども、レントゲン検査は指示しなかったため、骨盤部分の骨折は確認されなかった。その後も身体を動かす際に前腕固定型歩行補助具による負担を軽くする措置は命じられず、6月17日に原告は退院した。しかし、原告は、苦痛が継続していたため別の医師の診察を受け、その治療中の7月3日に骨盤輪郭検査を受けた結果、骨盤骨折と診断された。そして、この骨折によって骨盤変位等の後遺障害を生じ、1999年2月17日に行われた鑑定で、骨盤骨折の正常な回復は無理であるとの診断結果がでた。

原告は、病院において骨盤骨折が発見されず、身体を動かす際に上記の歩行補助具の使用を指示しなかった点に過誤があると主張し、損害賠償と慰謝料の支払い等を求めた。地裁は請求を棄却したが、高裁は被告医師に対する慰謝料請求の一部を認め、その余を棄却した。原告が上告した結果、原判決は破棄差戻しとなった。

判決の中心は、因果関係をめぐる「証明責任の転換に至るまでの証明軽減」という効果については、原則として証明責任の転換であるとし、これまでの不明瞭性を解消すべきであるとした部分にある。

> 「確かに、当民事部は、診療上の重大な過誤が存し、それが現に発生した類いの損害を惹起するのに適しているものであるときは、患者に有利な、証明責任の転換に至るまでの証明軽減という図式を用いてきた（BGHZ 72, 132, 133 f. 等の多数の当民事部判決）。しかしながら、その点に限ると、証明責任の転換に対する「証明軽減」という概念には、何ら独自の意味はない。（中略）
>
> 当民事部は、多くの新たな判決において、事象に即するならば証明責任の転換が問題となっているのであって、診療上の過誤が損害の発生にわずかしか寄与していないという観点からみて、例外的に、診療上の重大な過誤と損害との因果関

係がまったくあるいは著しく蓋然性を欠いている場合にのみ、診療を実施した者に不利に転換された証明責任が排除されるということを明確に述べてきた（BGHZ 129, 6, 12: 138, 1, 8 等々）。

このように、『証明責任の転換に至るまでの証明軽減』という図式には、控訴審裁判所が付与しようとするに足る意義があるわけではない。むしろ、診療上の重大な過誤は、それが実際に発生した類いの損害を惹起するのに適したものである場合には、原則として、診療上の過誤と健康損害との間の因果関係について客観的証明責任を転換する（傍点筆者）。そうした証明責任の転換のためには、診療上の重大な過誤が、発生した損害を惹起するのに適していることで足りるのであって、過誤が損害に近接しているまたは蓋然的である必要はない。したがって、診療を実施した者に証明責任を転嫁することが否定されるのは、責任創設的因果関係がまったく例外的に蓋然性を欠く場合に限られる（前掲判決参照）。また、看過した危険が、診療上の過誤を重大なものであると評価するに足るほどに現実化していない場合や、患者が自己の行為によって治癒を独自に妨げ、これにより医師の診療上の重大な過誤に匹敵するほどに、診療経過を解明不可能にした場合も、同様である。もちろん、そうした例外的な状況が存在することは医師が証明しなければならない。

上記の証明責任の転換の要件が存するときは、事実審裁判官が、完全な証明責任の転換に代えて、診療上の過誤によって作り出された証拠の窮乏を救済しえないような、劣位の証明軽減を患者に提供することで足りるとすることは許されない。こうした考え方は、学説が指摘する疑問、すなわち、証明責任規定を適用する際に事実審裁判官の『裁量』があるとするならば、それは法的安定性の要請に違反するとの疑問を斟酌した結果であり、権利を求める者またはその弁護士は、訴訟リスクを事実面において計算できる状況になければならない。また、そうした裁量があるとするならば、裁判官の恣意によって法適用の平等性が危殆に瀕するであろう（vgl. Laumen NJW 2002, 3739, 3741 m.w.Nachw. Leipold, Beweismaß und Beweislast im Zivilprozeß, S.21, 26）。それゆえ、要件事実の解明の際の危険の配分および客観的証明責任の分配は、抽象的・一般的な形式において行われる。また、それは、訴訟に先立って原則的に確定していなければならず、訴訟の過程において裁判所の裁量によって変更するものでは決してない（vgl. BVerfG NJW 1979, 1925）。医療過誤訴訟における個別の事案における柔軟で適切な解決は、診療上の経過を重大な過誤であると評価することについて事実審裁判官に任せていることによって確保されており、それはもちろん医学鑑定意見を基礎としなければならない（BGHZ 138, 1, 6 f. ——前掲❽）。」

また、連邦通常裁判所は、これに続けて、診察の通常の実施義務に過誤があった場合（bei einem Befunderhebungsfehler）について以下のように述べて、本件の結論を出している。この点も看過してはならない重要な部分である。

「こうした原則は、診療上の重大な過誤と発生した損害との間の因果関係の証明に関してのみならず、本件のように、単純に診察の実施義務を怠り、それが同時に重大な過誤を帰結する場合の因果関係の証明に関しても準用される。なぜならば、十分な蓋然性を伴う事案の解明ができなかった場合には、明瞭かつ重要な診断は、それを誤れば基本的な過誤であり、またはそれを怠れば重大な過誤となるものであることは明らかであるからである。したがって、重要な診断を誤りまたはそれを怠ることが、実際に生じた健康損害を惹起するのに一般的に適したものであるときは、つまり、医師の過誤と損害との間の因果関係がまったく蓋然性のないものではない場合には、原則として証明責任の転換を生じる。そのような場合には、診療上の重大な過誤と同じく、重大な過誤でなくても、必要とされる診察を実施しなかったことは、そもそも因果経過について著しく解明を困難ならしめる。それは、蓋然的に重要な所見の発見を妨げ、これにより患者の傷害について問題となる原因の多様性をさらに拡大しまたは混乱させる結果を引き起こすことになる。(中略)

そこで、本件の場合も、被告の(単純な)診察実施上の過誤は、損害の発生を防ぐために必要かつ適切な骨盤骨折に対する対応を妨げ、また、原告にとって著しく一層有利であった可能性のある仮定的な因果関係のさらなる解明を困難にしている。したがって、被告のこうした過誤がなかったとすれば、仮に過誤がなく骨盤骨折を治療していた場合にも、原告に後遺症と継続する苦痛が生じたか否かという点について明らかになったはずである。」

(2) 本件は、判例準則と推定規定との直接的な結びつきが明確であるという点において特徴的である。すなわち、証明責任の転換を導くための2要件——診療上の重大な過誤およびそれが現に生じている類いの損害を惹起するのに適したものであること——は、630h条5項1文の推定規定において、証明責任の転換を働かせるために証明が必要とされる「前提事実」として明確な形で採り入れられている。

また、本判決は、証明責任の転換に至るまでの証明軽減という従来の「いわゆる柔軟な対応」に決別することを宣言し、事実審裁判官が関与する経験則に基づく事実上の推定の余地を完全に払拭した上で、判例の多くが「法律上の推定」を用いた趣旨であることを明確化している[31]。この点は、630h条各項の全般にわたって、これらを推定規定(および証明責任規定(2項))として定める上で最も重要な契機となっており、特に強調しておきたい。

4 小　括

このように、上記判決を典型例とする一連の判例は、これを通じて形成された法準則が今回の立法（「患者の権利法律（2013年）」）によって追認されたという点においてのみならず、630h条における法律上の推定規定のすべてにわたって、これを創設するための先導的な役割を担ったという点において、画期的存在であったことは間違いない。

そこで、次に、訴訟において情報・証拠へのアクセスを欠いている患者側の証明軽減を図るために立法された推定規定について、これが今後、どのように適用されて、どのような影響を医師責任訴訟の運営に与えるかということを予想するために、立法理由を手掛かりにして、それぞれの具体的な内容を探ってみることにする。

V　ドイツ民法630h条各項の推定規定の具体的内容

以下では、各項における推定規定の具体的内容を明らかにする。特に、それぞれの推定規定の趣旨、推定を働かせるための前提事実は何かということ、この証明が奏効し推定が働いた場合に相手方が行う反対事実の証明、の3点を中心とする。もっとも、新設された630a条ないし630h条については、立法後間もないため、現在のところ学説等による解説がほとんどないので、立法理由の内容そのものを紹介する[32]。

1　立法理由による総論的説明

(1)　民法630h条に関して、立法理由は、冒頭で次のような総論的な説明をしている。

31)　本判決において引用されているライポルト教授の論文（Dieter Leipold, Beweismaß und Beweislast im Zivilprozeß (1985, S.21)）において、端的に、「証明責任の転換」とすべきことが強調されている。ディーター・ライポルド「民事訴訟における証明度と証明責任」（春日偉知郎訳）松本博之編訳『実効的権利保護』（信山社、2009年）155頁以下、特に172頁以下参照。

32)　BT-Drucks, 17/10488 (15.05.2012), S.27 ff. すでに、服部・前掲注2）279頁以下があり、重複する部分があるけれども、民法670h条の全体の理解のためにより詳しく記すこととする。

すなわち、まず、「本条によって、医師責任法における証明責任の分配に関する従来の判例が、法律上規律されることとなる。本条は、判例によって展開されてきた証明軽減の諸原則を、体系的に1つの法規にまとめて規律し、これを診療契約の全体に及ぼすことを目的としている。」とする。次いで、「本条は、民法280条1項の一般的な責任規範に基づくものであり、契約法に関する民法630a条以下の適用領域における証明責任分配の特殊性を規律するものである。」と述べている。

(2) これを踏まえて、証明責任の分配について、「本条は、民法630a条以下の規定が適用される契約（診療契約——筆者）をめぐる証明責任の分配に関して、特則を規律するものである。すなわち、損害賠償法においては、損害賠償請求権の諸要件を主張し、争いがある要件については証明しなければならない、との一般原則が妥当し、患者が診療を実施した者に損害賠償請求権を行使しようとする場合、原則として患者は、診療契約の締結、民法280条1項の意味における診療を実施した者による診療上の過誤の存在、患者の損害、および診療上の過誤と損害との因果関係、のそれぞれを証明しなければならない。また、これに加えて、診療を実施した者について、この者の義務違反が責めに帰すべきものであること、すなわち、診療を実施した者または民法278条によりこの者が責任を負うべき補助者に関して、過失によりまたは故意により診療上の過誤があったことが必要である。」との原則を記している。

(3) しかし他方で、こうした原則に対して、「この要件（義務違反）については、従来から、診療契約についても民法280条1項2文の証明軽減が妥当しており、診療上の過誤について診療を実施した者の責めに帰すべき事由が推定されることとなっている。例えば、630a条2項に違反する診療の存在が認定され、あるいは、患者が診療上の過誤を証明したときは、民法280条1項2文によって、診療を実施した者の側で、診療上の過誤について責めを負わないことを証明しなければならなくなる。このように、診療を実施した者には責めに帰すべき事由があった、との推定が働く根拠は、治癒という結果がなかったことに求められるのではなく、診察上の過誤が存したということに求められる。」とし、例外が認められるとしている。

以上の総論的な説明に続いて、立法理由は、それぞれの推定規定について具体的な内容を詳述している。冒頭に示した視点を中心にして、順を追ってこれを眺めてみよう。

2　民法 630h 条 1 項――医師が完全に支配可能な危険における過失または過誤の推定――について

(1)　立法理由は、まず、本項の趣旨と患者側に求められる証明について次のように述べている。すなわち、「本条 1 項は、判例によって展開された、いわゆる『完全に支配可能な危険（voll beherrschbares Risiko）』に関して特別な証明責任の分配を法律上規定するものである（vgl. BGH VersR 1991, 1058, 1059）。すなわち、患者の生命、身体または健康の侵害が、診療を実施した者の支配・組織領域に属する危険から生じているときは、診療を実施した者がこうした領域に属する危険を客観的に支配可能である限り、診療上の過誤および義務違反が推定される。また、ここでの危険とは、これを認識することによって確実に排除可能なもの（nach dem Erkennen mit Sicherheit ausgeschlossen werden können）をいい、この危険をどの程度において具体的に回避することが可能であったか否かは、問わない。したがって、事実上の回避可能性は重要でなく、この危険が診療を実施した者の支配・組織領域に帰属していることが、決定的な点である（VersR 2007, 847）。

1 項の推定が働くためには、まず、患者が、診療上の危険であって、診療を実施した者にとって完全に支配可能である危険が実際に生じ、これによって 1 項に掲げる患者の権利の侵害が惹起されたことを主張し、場合によっては証明しなければならない（前提事実の証明――訳者）。こうした推定の根拠は、患者には診療を実施した者の組織・危険領域から生じた出来事が普通は知らされないため、患者を特別に保護する必要があるからである。したがって、患者は、診療を実施する者に対して、診療に結びつく定型的な危険から自らを保護するために必要なすべてのことを求めることが許されなければならない。完全に支配可能な危険という上位概念の下で判例が展開したあらゆる事例群は、1 項の適用領域において 1 つの法規を形成すべきこととなる。」と。

(2)　次いで、完全に支配可能な危険の類型として、前掲のⅣ 1 における判例の具体例等を示して、「……衛生上の瑕疵や、診療過程における計画・組織に不備がある場合に、潜在的な危険の根源の支配可能性は、原則として、もっぱら診療側の組織・危険領域に存している。それゆえ、こうした領域においては、そうした危険が現実化し、患者の死亡または身体もしくは健康の侵害を惹起した場合には、義務違反が存在するとの前提から出発することとなる。もっとも、患者の生命、身体または健康の侵害があったけれども、同時に、患者の別の素因、つまり不明のもしくは予期しえぬ患者の素因が『突発し』、この素因によって患者が現実の危険に対して鋭敏に反応したため、危険領域の完全な支配可能性が診療を実施した者から剝奪されていた場合には、1項の意味における完全に支配可能な危険はもはや存在しない（VersR 1995, 539）。このような場合には、義務違反については患者側に証明責任が完全にある、との一般原則に戻らなければならない。」とする。

(3) その上で、推定の効果および医師側の証明ならびに本項の適用範囲について、「1項の要件が満たされるときは、診療を実施した者は診療上の義務に違反したとの推定が、患者側に有利に働く。そうした場合、診療を実施した者は、民訴法292条に従い、反対事実の証明によって推定を覆さなければならなくなる。すなわち、診療を実施した者は、義務違反を基礎づける診療上の過誤が存在しなかったことについて本証を提出し、または推定の前提事実について反証を提出することができる。後者の場合には、完全に支配可能な診療上の危険の存在について、裁判官の心証を動揺させることで足りる。1項中には、客観的な義務違反に関する証明責任の転換を除いては、他に証明軽減は認められない。1項の適用領域には因果関係の問題も存せず、その限りにおいて一般原則にとどまっている。」と述べている。

3 民法630h条2項——説明および同意に関する証明責任規定——について

本項は、推定規定ではなく、証明責任の分配を直接に定めた証明責任規定であり、次のような理由が述べられている。

(1) 本項の規定は、従来から不法行為法において存していた証明責任の分配を新たに契約上の規律に当てはめるためのものである。すなわち、一般的な契約原則によるならば、医師の説明に瑕疵があったまたは説明がなかったとの主張や、診療上の処置についてこれを実施した者が患者から同意を得ていなかったとの主張については、患者が証明責任を負っている。だが、「2項1文は、こうした原則からの例外を規定したものであり、説明をしたことまたは有効な同意を得たことについて診療を実施した者に証明責任を負わせるものである。したがって、診療を実施した者は、患者に対してまたは630d条1項2文により同意について権限を有する者に対して、630e条（説明義務を定めた規定――訳者）の規定に従って、実施した措置に関する全体の事情について標準的な説明をしたこと、および有効な同意があったことを証明しなければならない。契約責任において、このように一般的な証明責任の分配から乖離することは、診療を実施した者と患者との間における武器対等を確保し、併せて、契約法と不法行為法とにおいて証明責任の規律を等しくするということを意図するものである。このことは、正しい説明がなかったことまたは患者が同意していないという『消極事実の証明』が一般的には成功しがたいものであるということを根拠にしている。また、患者は、通常は、事態を医学的に正しく理解して、必要ならば説明がなかったことや不十分であったことの証明を証人によって立証することができるに足りるだけの危険の認識を欠いているといえる。他方、診療を実施した者にとっては、行った説明や同意の内容について記録を作成し、これによって、既往症を確認するのみならず、事実関係についての過不足のない説明を可能にすることは、容易なことである。例えば、診療を実施する者は、患者に対して、定型書式によって一定の説明を一定の範囲で行ったこと、および患者がある措置に同意したことを確認させることができる。また、診療を実施した者は、こうした書面を患者の診療録に記録として残さなければならない。逆に、患者がこれを拒否することは許されず、診療を実施した者が診療録に患者のした拒否の意思表示を記載する義務はない。

診療を実施した者が患者に対して、確かに（部分的には）正しくない説明をしたけれども、発生した（別の）危険については包括的で正しい説明をしていた場合には、患者は、部分的に説明が正しくなかったということを援用することはできない。なぜならば、患者は、最終的には損害を生じさせた具体的な危険を認識した上で、実施された措置について同意をしていたからである。したがって、決定的なのは、説明の保護目的が何であるかということであって、また、説明義務のある診療上の危険が第一次的な損害に転換したか否かという問題である（BGH NJW 2000, 1784）。」

(2) これに続いて、「2項2文は、説明がなかったまたは不十分な説明しかなかったとしても患者が同意したはずであるという、『仮定的な同意（hypothetische Einwilligung）』の主張が診療を実施した者の側からあった場合に関する規律である。これも、既存の判例を法規化したものである。説明が630e条の要件を満たしていないことが確定した場合であっても、正しい説明があった場合と同じように患者はその措置を決断したはずである、との主張を診療を実施した者はすることができる（vgl. BGHZ VersR 1980, 428 ff.）。したがって、2項2文は、診療を実施した者の側にこうした仮定的な因果経過（hypothetischer Kausalverlauf）の主張・証明責任を課したものである。患者が医的侵襲を実施させたのであるならば、損害賠償責任に必要とされる因果関係、すなわち、説明がなかったことまたは不十分な説明しかなかったことと損害の発生との間の因果関係は欠けることとなる。その結果、診療を実施した者は、患者の同意を得る義務の違反について責任を負わず、患者に対して損害賠償責任も慰謝料の支払義務もないことになる。」と（なお、仮定的同意の証明には、厳格な程度が求められるとの言及がある（BGH VersR 1998, 766 f.）。）。

4 民法630h条3項――診療録に記載されていなかったことに基づく診療の不存在の推定――について

(1) 立法理由は、この推定に関しては以下のように述べている。すなわち、「3項によって、医学上必要とされる重要な措置であるが、それが630f条（診療記録の規定――訳者）に反して患者の診療録に記載されていないものについては、それが実施されなかったということが推定される。630f条に基づいて、診療に関して重要なすべての措置および結果について記録を作成する義務が生じる。記録を作成することは、患者の治療を確実にするのみならず、診療を実施した者の措置に関する顚末を報告することになり、診療を実施した者と患者との知識の格差を是正することを目的としている。診療を実施した者が、診断結果を記録し、保存する義務に違反した場合、この者がそもそも診断をしたのかどうか、また、なされた診断が正しいものであったかどうかが、不明となる。こうした不明は、診療上の過誤について患者の証拠提出を困難にし、証拠の窮乏をもたらす。だが、こうした不明は診療を実施した者の領域から生じたものであるから、患者に立証上の困難を負担させることは妥当性を欠く。したがって、判例に則して、3項の推定によって、診療を実施した者に立証上の困難を負担させることが適切である。

診療を実施した者が630f条に基づく記録作成義務に違反したときは、従来の判例に則った3項の推定によって、記録義務のある措置がとられず、かつ、その措置が診療を実施した者によって行われなかったものとされる（BGHZ VersR 1999, 190 f.）。もっとも、患者は、こうした推定が働くことによって、診断が正しく行われ病状が確認されていた場合よりも有利な状況に置かれるべきではない。そのため、ここでの証明軽減は、記録されていない診断等をしていれば、診断を実施した者にはこれに即応した措置をとる義務が生じたはずである、という推定が原則として働くにとどまる。したがって、診療を実施した者は、民訴法292条による推定に対して反対事実（記録していないけれども、実際には診断を行って、これに基づく措置をとったという反対事実――訳者）を証明して推定を覆す可能性を有している。

また、もちろん、3項の推定は、時間的な観点からみて、診療記録の作成および保存義務が診療を実施した者に及んでいる限りにおいて介在するものである。これに対して、保存期間の経過後は、記録の滅失または喪失によって、証拠法上の不利益を診療を実施した者または病院運営者に帰せしめることはできない。したがって、不備のある記録または完全に失われた記録は、保存期間の経過後にはもはや証明責任の転換をもたらさない。」としている。

(2)　なお、前記(1)第3段部分に先立って、いわゆる初心者の記録作成上の過誤（sogenannte Anfängerfehlern im Bereich der Dokumentation）に関しても次のような指摘がある。すなわち、「初心者の診療については、単なるルーティンの診療であっても正確に記載しなければならず、これは3項の意味における重要な措置に該当する。初心者がこうした記録作成義務に違反したときは、患者を保護するために3項の推定が働く。記録の作成を怠ることは、630f条3項の記録保存期間（10年――訳者）前の記録の滅失に等しい。記録が完全に存在しない場合には、患者を不完全な記録から保護するという規範がまさに妥当する。」と。

5　民法630h条4項——初心者がした診療が患者の侵害の原因であったことの推定——について

4項は、630a条（診療契約上の義務を定めた規定——筆者）2項に基づくものであり、同項は、承認されている専門水準を確保した診療を提供する義務を規定している。そこで、診療を現に実施した者が自分の行った診療についてそれに足る能力を有していなかったことが確定し（例えば、必要とされる経験を有していない見習医師——筆者）、この者によって患者の生命、身体または健康に傷害が生じたときは、こうした能力の欠如が発生した侵害の原因であるとの推定が働く。このことは、初心者の過誤に関する従来の判例を反映したものであり（BGH VersR 1993, 1231, 1233）、本項の規律の効果として、診療を実施した者（または権限を有する病院運営者）は、発生した結果が診療を実施した者の能力、訓練または経験の不足に起因するものではないことを主張し、証明しなければならない（BGH NJW 1992, 1560）。

すでに、Ⅳ 1(3)に述べてあるので、これ以上の言及は避ける。

6　民法630h条5項1文——診療上の重大な過誤がある場合の因果関係の推定——について

(1)　1文について、立法理由は、一般論と並んで、重大な過誤がある場合の例外を次のように述べている。すなわち、連邦通常裁判所は、規則通りの医学上の当為水準（medizinisches Sollstandard）に合致した診療をしていても侵害を生じた場合には、医師の責任を根拠づける、診療上の過誤と発生した損害との間の因果関係（責任創設的因果関係）は認められないとの原則に立脚している。しかしながら、診療上の「重大な」過誤が存する場合には、こうした前提からの乖離を推し進め、証明責任の転換を特別にもたらす事例群を発展させてきた。例えば、診療を実施した者に重大な過誤があったため、正しく診療が行われていた場合に想定される事態の推移をもはや認識不可能にする状況を作り出したときには、上記の出発点を放棄し、「責任創設的因果関係に関して、患者に有利な証明責任の転換を生じさせるべきこととなる。ここでは、次のような考慮が働いている。すなわち、診療上の重大な過誤が存する場合には、診療を実施した者が証明上の危険を負担することに関して『より近い立場に（näher dran）』あるということを前提にしており、これは連邦通常裁判所の考え方と一致している。他方、患者は、通常の場合、事実関係について何かを解明できる立場にはない（BGH NJW 1967, 1508)。したがって、5項1文により、診療上の重大な過誤が実際に発生した種類の侵害を惹起するのに一般的に適したものである場合には、そうした診療上の重大な過誤と法的財貨の侵害との間には因果関係が存する、ということが推定される。つまり、患者は診療上の重大な過誤（の存在）について証明責任を負っているが、責任創設的因果関係の面においては証明責任の負担から免れることになる。」とする。

(2) 次いで、推定を認める要件としての「重大な」過誤の証明について、「患者は、まず、診療上の重大な過誤の証明に成功することが必要である。客観的な観点からみて、瑕疵ある医療行為が、診療を実施した者に妥当する職業上の訓練および知識水準に照らしてもはや理解しがたいものである限りにおいて、『重大な』ものといえる。なぜなら、瑕疵は、確実で信頼に足る医療上の知識や経験に反しており、診療を実施する者が犯してはならないものであるからである（BGHZ 159, 48, 54; BGHZ 144, 296)。例えば、厳に注意すべき診療上の基本原則を無視した場合には、一般に重大な瑕疵が認められる。また、手術による医的侵襲に関しては、病巣のある組織とはまったく別のものを間違って摘出してしまった場合、重大な過誤があったとみなされる。上記の意味において、診療上の過誤が実際上重大なものであるか否かという問題の最終的な判断は、個々の事例の諸状況に応じており、この点について争いがある場合には、通常は事実審裁判官の判断に委ねられる。」としている。

(3) 5項1文の事例群の別な1つとして、「診断に基本的な過誤があった場合（fundamentaler Diagnosefehler)」があり、これについては、要件が狭められているが、判例とも一致して、診療上の重大な過誤に匹敵するとされている（例えば、VersR 2008, 644)。所見の誤解（Fehlinterpretation eines Befundes）が要件であり、この誤解が客観的な観点からみてもはや理解しがたいもので、かつ、診療を実施した者がけっして犯してはならないものをいう。例えば、所見を正しく理解することが基本であり、医学部の同じ学科に属する者にとっては医学上の基本知識であって、医師試験の受験生でさえも備えていることが予定されているものを誤解した場合がそうである。もっとも、診断の際には間違いや誤解を生じることは実務上しばしばあるし、診療を実施した者に非難可能な見落としがあった結果とはいえないものもある。なぜならば、発病の特徴が常に一義的であるわけではなく、正しい検査結果を得るために多様な技術的補助手段を用いることが可能であったとしても、なおさまざまな原因が存するからである。しかしながら、診療を実施する者にとってこのような部分的に反論の余地のある状況が存するからといって、この者は、自分の専門知識を注意深く使用し、患者の危険について慎重に考慮すべき義務から免れるわけではない。例えば、診療を実施した者が、一定の検査方法の使用を怠り、その結果、瑕疵のある診断をしたならば、これについて責任を負わなければならない。また、これと同様に、医療技術規則に著しく違反していると評価されるべき診断の誤りが発端となって、その違反がその後の因果経過の解明不可能の危険を惹起した場合にも、その発端は重大であると評価されるべきである。このほかに、630c 条（情報提供義務を定めた規定——訳者）2 項に従い、患者に対して必要とされる臨床上の情報（提供）義務を怠った場合も、患者にとって明らかに必要とされる診療情報の不提供によって患者に著しい不利益を与え、かつ、そうした不作為が重大な過誤となる限りにおいて、上記の規律が妥当する（BGHZ VersR 2005, 228）。」

7　民法 630h 条 5 項 2 文——診察の実施義務または病状の確認義務について単なる違反があった場合の因果関係の推定——について

(1)　これは、従来の判例による証明軽減のうちの、Ⅲ 1 (2)に掲げた②ⓑ類型ならびにⅣ 2 (2)(3)に掲げた❻および❼に関係するものであり、診療上の重大な過誤がある場合の因果関係の証明責任の転換をさらに推し進めたものである。すなわち、「一定の要件が備わる場合には（前掲 5 項 2 文参照。下線は訳者が付した。）、診察の実施義務または病状の確認義務に対する違反が、重大な違反ではなく、通常の違反であっても（auch für den Fall eines einfachen Befunderhebungs-oder-sicherungsfehlers）、本項 2 文によって、因果関係の存在を推定し、証明責任の転換を図るものである（前掲❼ BGHZ 132, 47 = VersR 1996, 633 のほか、注27)）。例えば、患者の徴候について必要とされる解明をしていれば、より明確で重要な診断ができた蓋然性が十分に存しているため、そうした徴候について判断を誤り、これに対応しなかったことが、基本的かつ重大な過誤となり、かつ、この過誤が現に生じた健康損害を惹起するのに一般的に適しているときは、因果関係の問題について証明責任の転換が認められる（BGH NJW 2011, 2508 f. = VersR 2011, 1148)。

もちろん、ある危険を斟酌しなかった医師の過誤が重大なものとはいえない程度にしか危険が顕在化していないことが明白である場合や、患者が自分の行為で独自に治癒を妨げたため、これが、因果関係の解明不能に関して、診療上の重大な過誤と同程度に作用している場合のように、個別事例において責任創設的因果関係について蓋然性が認められない場合には、本項の原則から出発することはできない。」との理由を述べている。

(2) しかしながら、立法理由は、他方で次のような注意を喚起している。すなわち、「このように、一定の要件がある場合に限り因果関係の証明責任は転換されるが、本項の証明責任の転換を通常の違反に対してまで拡張するならば、著しい不公平が生じるであろう。証明責任の転換は、損害について問題となる多様な原因が、診療上の重大な過誤があったために拡張されまたは修正されて、その結果、患者が負担する診療経過の解明に著しい困難を強いられたことを調整することを目的としている。そうした場合において患者に因果関係の証明を期待することはもはや不可能である。（他方、）診療上の通常の過誤の状況は、重大な過誤の事実状況とは比較しえない。なぜなら、前者においては、患者が診療経過の解明について困難を生じるわけではないからである。さらに、通常の過誤の場合における証明責任の転換は、明らかに、診療を実施した者の責任を拡大する結果になり、診療過誤が存在せず、患者が以前に罹患していた病気が損害の発生の原因であったにもかかわらず、請求が増大する危険性を内包することになる。」と。

(3) したがって、「結論において診療上の重大な過誤が認定されるならば、責任創設的因果関係に関して患者の有利に、逆に診療を実施した者に不利に証明責任は転換する。にもかかわらず、診療を実施した者には、こうした証明責任の転換に対抗する可能性が残されており、従来の判例と整合性を保っている。例えば、診療上の過誤が現に生じた類いの健康損害を惹起するのに一般的に適してはいないことを、診療を実施した者が証明することによって可能である。さらに、診療を実施した者が、診療上の重大な過誤と法的財貨の侵害との間の因果関係について、個別事例の特殊な状況に基づいて、『まったく蓋然性を欠いている』ことを証明した場合には、証明責任の転換は問題にならない（BGH VersR 2011, 1148）。」と。

以上のように結び、立法理由を了している。

Ⅵ まとめ――推定規定に対する1つの評価

(1) 証明責任は、訴訟において要件事実の証明が効を奏しなかった場合に、原則としてその不存在を擬制し、その要件事実に基づく法律効果を主張する当事者に不利な判決をすることによって、実体法上の危険分配を図ることを目的としている。だが、このような証明責任に基づく危険分配は、「悉無律（all-or-none principle）」に従って、一方の当事者のみに負担を強いるものであり、他方の当事者には直接的な危険を及ぼすものではない点において、双方の当事者の公平という観点からは片面的といわざるをえない。

他方、現実の訴訟においては、さまざまな理由から要件事実の証明が著しく困難であったり、不可能である場合が存する。そのため、このような場合に、証明責任を負っている当事者の著しい負担を解消するために、本章の冒頭で掲げたいくつかの証明軽減が試みられてきた。だがもちろん、これらは、いずれも訴訟上の解決策であって、実体法上の危険分配そのものに修正を加えようとするものでは決してない。

そこで、一転して、要件事実の証明について端的に「証明責任の転換」を図ることにするならば、証明責任を負っている当事者からその相手方へと実体法上の危険を転嫁すること自体は可能になる。しかしながら、そうしたとしても、悉無律に従う判断そのものは同じであって、もともとの証明責任の分配を逆転し、今度は相手方当事者にのみ証明上の負担を強いることになり、当事者間の公平を欠くことに変わりはない。

いずれにせよ、証明責任の分配は、認定できなかった事実をめぐって、裁判所に最終的な判断を可能にする「次善の策」にすぎず――最善の策は証拠調べを尽くして事実認定できることである――、その存否をいずれか一方に擬制して裁判における事実の確定について終局的な決着を図る手段にすぎない。そうした意味において、証明責任の分配は、その本質において、悉無律によって結論を出さざるをえないという宿命を常に担っており、当事者双方に公平な証明の分担を図ることは不可能といわざるをえない。

(2) 他方、このような証明責任の分配が内包する問題に対して、本章で詳述したドイツ民法630h条のそれぞれの推定規定は、一方で訴訟上の証明軽減策から離れて、また他方では悉無律に支配されている証明責任の分配とは異なる実体法上の解決策を提示している点において、新たなチャレンジを試みたものである。

法律上の推定規定の特徴は、まず、証明責任を負う当事者が、定型的に困難である要件事実の証明を免れて、それよりも証明のしやすい前提事実の証明で足りるとされていることにある。このように、推定規定は、証明責任を負う当事者にとって有利に作用するが、しかし、そのためには、少なくとも前提事実の証明（本証）をしなければならないという点で、なおも一定の負担を免れるわけではない。また、他方の相手方にとっては、要件事実の推定が働く点で不利になるものの、推定された要件事実の反対事実（要件事実の不存在）を証明して推定を覆すことによって不利を挽回する余地が残されている。こうした意味において、推定規定は、証明責任の分配における悉無律を回避することができ、当事者間の負担の公平を図ることを可能な限り推し進めようとするものとして評価できる。

また、次に、推定規定は、実定法規として設けられており、推定効を生じるための一定の要件（前提事実）が法規中に明示されているため、当事者双方にとり、攻撃防御の対象が明確になって、証明活動について焦点を絞り込むことができるほか、これに伴う予測可能性も高まる。加えて、推定を自己の有利に援用しようとする当事者にとっては、証拠評価の領域において裁判官の自由心証に左右される事実上の推定に比べて、推定の奏効性をより明確かつ容易に判断することが可能であって、結論の見通しと紛争解決への筋道を確保しやすくなる。

なお、証明責任については、これを負う当事者の証明が効を奏さず、要件事実の存否不明を生じた場合には、原則として、その要件事実の「不」存在が擬制されるが、他方、推定規定がある場合には、前提事実の証明が奏功したことを条件として、推定事実が「存在」するとの推定が働くという意味において、推定規定は、証明責任の特別規定であるといわれている[33]。こうした理論面においても、証明責任分配の原則規定と推定規定とでは相違点が存していることに留意すべきであろう。

要するに、ドイツ民法630h条の推定規定は、証明責任の分配に基づく画一的な処理に比べて、当事者に証明主題について選択肢を増やすのみならず、悉無律による問題の解決を回避することによって、公平で柔軟な証明活動と妥当な結論を保証しようとする点に特徴があり、優れたものである。さらに、これも指摘済みではあるが、推定規定の利用範囲を医師責任訴訟という新たな領域に拡大し、これまでにはなかった実践的な適用範囲の開拓を試みており、これもまさに瞠目すべきことである。

(3) もちろん、縷々述べたように、このような推定規定の創設は、判例による法形成を踏まえたものであり、立法による推定規定の形成は、こうした判例法に対する社会的評価を基盤としている。これなくしては、新たに立案された推定規定を立法の俎上に載せることは不可能であったであろう。また、現在は批判を浴びているが（判例❾参照）、ここに至る長い過程において判例によって工夫がこらされてきた、「証明責任の転換に至るまでの証明軽減」についても、その歴史的な意義を見失うことがあってはならないと考える。

(4) 翻って、こうしてできあがった、医師責任訴訟における法律上の推定規定について、関係する問題について判例の蓄積の乏しいわが国において[34]、どのように評価し、また、そこでの発想をどのように受容するかについては、ドイツにおいてさえも今後の議論に俟たなければならない段階であることに照らして[35]、現時点で判断することが不可能であることは間違いない。したがって、当面は、ドイツにおける今後の実務の運用とこれを反映した議論の推移を見守ることになろうが、その際には、法律上の推定規定という形で規律をする必要性の再検討から始まって、裁判所がこれまで試みてきた、社会の変化に応じた個別事案の判例による柔軟な解決の行方、できあがった推定規定の解釈および

33) 要件事実の存否不明が生じた場合に当該要件事実の「不存在」を擬制する証明責任の原則規定（法規不適用原則）に対して、推定規定が作用する場合には当該要件事実（推定事実）の「存在」が擬制されるという意味において、推定規定は証明責任の特別規定と呼ばれることについて、春日偉知郎『民事証拠法研究』（有斐閣、1991年）384頁以下参照。

適用面で事案に適合的な処理を裁判所がすることができるか否かなど、多様な問題が浮上してくることを容易に想定することができる。とりあえず、問題提起の意味で、思いつくままの課題を列挙して、筆を擱くことにしたい。

補　論

(1) 関連して、「暫定的真実（Interimswahrheit）」と「法律上の事実推定」との違いについて言及しておきたい。前者は、本文・但書（原則・例外）に書き換えることができるが、後者については、こうした書換えができないといわれている[36]。また、その理由として、次のような説明がなされている。すなわち、前者は、ある法規が定めている複数の要件事実のうちの一部を前提事実とし、その証明があった場合に残りの要件事実を推定するというものである。他方、後者は、ある法規が定めている要件事実は、これとは別個の事実を前提事実とし

34) 医療過誤訴訟の証明問題に関する判例がそれほど多くないわが国の現状において、わずかながら、ドイツの前掲❾判例に類似のものとして、最二小判平成21年3月27日裁判集民事230号285頁（判例時報2039号12頁）がある。これについては、加藤新太郎「麻酔薬投与の過誤と患者の死亡との間の因果関係」判例タイムズ1312号（2010年）50頁等参照。

関連して、園尾・前掲注1）219頁以下は、医療過誤訴訟における因果関係および過失の主張・立証責任に関する8件の最高裁判決を分析し、そこには、「医療行為の経過、症状発生の経緯、医療行為と症状の変遷の経緯、当該症状に対して通常行われる医療行為の内容などの確定可能な外形的事実を総合してみると、医療側で特別の事情の存在について主張・立証しない限り、当該外形的事実の存在自体から、医療側の措置と患者側の結果発生との間に因果関係があり、かつ、医療側に過失があると推認してよいという理論」が存在することを看取することができると結論づけている。ここでは、法律家の経験則を踏まえた「事実上の推定」が想定されているが、論者が望むように、こうした外形理論が事実審の訴訟運営に反映されて、具体的事件において類型化が試みられるならば、上記「外形的事実」の諸類型を前提事実とする因果関係または過失の推定規定を検討する余地がでてくるのではないかと筆者は考える。そうした意味で、わが国における同種の立法の可能性を考える上で、非常に示唆に富むものである。

35) ドイツ民法630h条の推定規定に関して公刊されている文献としては、前掲注12）に掲げた諸論文があるが、それ以外については現在のところ見当たらない。

36) 兼子一「推定の本質及び効果について」『民事法研究第1巻』（酒井書店、1974年）295頁以下、倉田卓次訳『ローゼンベルク証明責任論［全訂版］』（判例タイムズ社、1987年）247頁以下、特に250頁、秋山幹男ほか『コンメンタール民事訴訟法Ⅳ［第2版］』（日本評論社、2006年）42頁以下、特に44頁、伊藤眞『民事訴訟法［第4版補訂版］』（有斐閣、2014年）366頁注269）等。

た上で、この前提事実が証明された場合にそうした要件事実を推定する、という構造になっている。このように、要件事実の一部をもって前提事実とするか（暫定的真実）、それとも、要件事実とはまったく別個の事実をもって前提事実とするか（法律上の事実推定）、という前提事実の構成の仕方が違うからであるといわれている。しかし、こうした説明だけでは（前記ローゼンベルクの説明も含めて）、なぜ、後者が本文・但書に書換え不可能なのかということの理由づけとしては必ずしも十分であるとはいえないように思う。

(2) 問題は、上記の説明が何を意味しているか、にある。

ここで、「T（要件事実）ならばR（法律効果）である。」という権利根拠規定について、「aならばTと推定する。」という法律上の事実推定の規定が設けられている場合において、仮に、これを本文・但書の形式に書き換えるとする。そうすると、「aならばRである。ただし、non-Tならばnon-Rである。」ということになる。しかしながら、もちろんこうした書換えは認められないが、その理由は、具体的には以下の点にあると考えられる。すなわち、権利を主張する者が、権利根拠規定に基づいて権利（R）を求める際には、この者が、要件事実（T）について証明責任を負っている。ところが、法律上の事実推定の規定が存在し、そこで定められている前提事実（a）について証明ができたとすると、同様の権利をめぐって、今度は、これを否定しようとする相手方が、当該要件事実の不存在（non-T）について証明責任を負うことになる。しかしながら、本来の権利根拠規定とそこに定められている要件事実（T）はそのまま存在しているため、このことによって、1つの要件事実については一方の当事者のみしか証明責任を負うことはないという論理に反する結果を生じる。すなわち、1つの要件事実をめぐって、上記の下線部分に示したような、相互に矛盾する証明責任の分配、つまり、ある法律効果（R）をめぐって、その要件事実（T）について、これを求める者とこれを否定する者の双方が、Tとnon-Tとについてそれぞれが証明責任を負うということはありえない。書換えが認められない理由は、以上のことに基づくのである。

(3) これに反して、「T_1、T_2及びT_3ならばRである。」との権利根拠規定について、「T_1ならばT_2及びT_3を推定する。」との暫定的真実の規定がある場合には、「T_1ならばRである。ただし、non-T_2又はnon-T_3ならばnon-Rである。」との本文・但書に書き換えられる。この場合、一見すると、権利根拠規定の3つの要件事実のうち、後二者（T_2、T_3）について、但書においてこれらの反対事実（non-T_2又はnon-T_3）について、権利を否定する相手方が証明責任を負う形になっており、推定規定と同じような批判が可能ではないかという疑問を生ずるかもしれない。しかしながら、暫定的真実の場合においては、要件事実T_1の証明があると、要件事実T_2及びT_3は推定されることによって、この時点でもはや法律効果Rの権利根拠事実ではなくなり（権利根拠事実からは消滅し）――この点が推定規定との違いである――、権利根拠規定としては「T_1ならばRである。」との権利根拠規定しか存在しないものとなる。また、こうした規定が、「ただし、non-T_2又はnon-T_3ならばnon-Rである。」という権利障害規定と対立する関係に立つにすぎない。要するに、暫定的真実の機能は、従来から説明されているように、T_2、T_3という要件事実について、端的に証明責任を転換するための立法技術であるということに尽きる（理論上、推定規定のような「証明主題の選択可能性」は存在しない。）。

(4) 暫定的真実と法律上の事実推定との相違について、従来の簡潔な説明だけでは必ずしも理解が透明にならないと感じたため、これを敷衍する意味で、誤解をおそれずに、以上のような理由づけをあえて試みた次第である。

第6章　弁護士責任訴訟における証明問題への対応
――ドイツ連邦通常裁判所の判例に則して

I　問題の所在

(1)　弁護士が依頼者に対して法的専門家として負うべき義務[1]に違反した場合に、その責任追及は、最終的には弁護過誤訴訟という形で顕在化し、そこでは特に責任要件の立証をめぐって問題が先鋭化することが予想される。なぜなら、同じく専門家に対する責任追及訴訟として、医療過誤訴訟が現代型訴訟の1つとして対比されるが、ここでは早くから、責任要件に関する立証問題が当事者にとって最大の関心事となっていたし、現在も同様であるからである[2]。

1)　伊藤眞「弁護士と当事者」新堂幸司編集代表『講座民事訴訟③』（弘文堂、1984年）115頁以下および122頁以下は、当事者と訴訟代理人との関係をめぐって、「弁護士の訴訟代理権の基礎は、依頼者たる訴訟当事者との間の委任契約にあり、弁護士は、受任者として善管注意義務を負うが、それに加えて、弁護士には、誠実義務が課されるといわれる。この誠実義務は、受任者たる弁護士が、法律家という専門職に属するところから、通常の善管注意義務が加重されたものと理解される。」と述べて、弁護士には専門家としての高度な義務が課せられていることを強調している。

本章は、弁護士がこうした義務に違反したことを契機として、不幸にして、当事者との信頼関係が崩れて、弁護士責任訴訟に発展した場面――特にそこでの立証問題――について若干の検討を試みようとするものであり、伊藤眞先生の上記の正鵠を射た指摘に大きな刺激を受けたことによる。

2)　中野貞一郎「診療債務の不完全履行と証明責任」有泉亨監修『現代損害賠償法講座(4)』（日本評論社、1974年）、同「医療過誤訴訟の手続的課題」法学セミナー258号（1976年）、『過失の推認［増補版］』（弘文堂、1987年）67頁以下および103頁以下所収を嚆矢とし、最近では、高橋譲「事案解明における裁判所の役割」伊藤滋夫編『要件事実の機能と事案の解明』（法科大学院要件事実教育研究所報10号）（2012年）134頁以下があり、その間に多数の論文が公刊されているが、割愛する。

(2) 特に医療過誤訴訟においては、とりわけ救済を求める原告側に立証上の困難を生じるという特徴が認められ、証明責任および証明軽減についてのみならず、提訴の前後を通じた事案解明のための諸方策について検討が試みられてきた。そうした最新の試みとして、例えばドイツでは、民法典において法律上の推定規定を新たに設けて（ドイツ民法630h条）、立証上の問題に対処することに一層の拍車をかけている[3)]。他方、これと比較して、弁護過誤訴訟においては、こうした問題に関する議論は比較的緩慢であったように思う。しかしながら、ここでも、早晩、立証上の諸問題が浮上し、これへの対応を余儀なくされることは十分に予想される。

(3) 現に、わが国において、最三小判平成25年4月16日民集67巻4号1049頁[4)]は、債務整理に係る法律事務を受任した弁護士が、特定の債権者の債権につき消滅時効の完成を待つ方針を採る場合において、この方針に伴う不利益等や他の選択肢を説明すべき委任契約上の義務を負うとした上で、弁護士には説明義務違反があったことを認めている。こうした例は、弁護過誤訴訟の一端であって、問題領域の裾野はより広範なものであろうと推測する。それゆえ、弁護士の説明義務違反の問題を含めて、弁護過誤訴訟における責任要件に関する立証上の問題が顕在化し、早急に検討を要することは明らかであろうと考える。

(4) 本章は、このような背景を踏まえて、また、こうした問題をめぐる従前の考察[5)]を発展させるべく、改めて、ドイツの弁護士責任訴訟における判例に関して、責任要件——特に、その中心的なものである、弁護士の義務違反、およびこの違反と損害との間の因果関係といった客観的要件——の立証問題を扱ったものについて紹介と分析を試みることによって、わが国におけるこうした問題に多くの示唆を得ようとするものである[6)]。わが国においては、現段階

3) 詳細は、服部高宏「ドイツにおける患者の権利の定め方」法学論叢172巻4・5・6号（2013年）255頁以下、春日偉知郎「医師責任訴訟における法律上の推定規定の意義—ドイツ民法630h条の推定規定を契機として」栂善夫先生・遠藤賢治先生古稀祝賀『民事手続における法と実践』（成文堂、2014年）395頁以下。本書・第5章。

4) これについては、加藤新太郎「判批」金融・商事判例1427号（2013年）8頁以下参照。

5) 春日偉知郎「ドイツにおける弁護士責任訴訟の一端—証明責任とその軽減可能性をめぐる判例から」『現代企業法学の研究』（筑波大学大学院企業法学専攻十周年記念論集）（信山社、2001年）263頁以下。

では潜在的な問題にすぎないと思われているかもしれないが、前記のような経緯に照らして、喫緊の課題となり、検討の必要性がますます高まることは明らかであろう。

II　ドイツの弁護士責任訴訟における責任要件とその主張・証明責任の概要

はじめに述べたように（I⑷)、主として、義務違反と因果関係といった客観的要件を俎上に載せるが、その前提として、全体を鳥瞰するために、他の要件等の主張・証明責任についても、あらかじめ素描しておきたい。

⑴　まず、ドイツでは、弁護士と依頼者との間の契約関係および弁護士の債務不履行責任の要件について、一般的に次のように解されている（条文は、ドイツのそれを意味する。)。すなわち、民法675条に従い、まず、弁護士（受任者）と依頼者との間の法律関係は、委任事務処理を内容とする有償契約に基づいており[7)]、弁護士に義務違反による債務不履行があったときは、依頼者は、積極的契約侵害として、民法280条1項に基づいて損害賠償を請求することができる[8)]。ここでは、弁護士が、契約上の債務を履行しなかった（「不履行」があった。）わけではなく、契約に則して必要とされる内容の履行がなされなかったことが、

---

6)　本章では、本文で示した客観的要件をめぐる証明問題に焦点を絞ることとする。これらの要件について、医師責任訴訟では、従来から判例によって証明軽減が試みられており、弁護士責任訴訟の判例においてもこれを反映した議論があるだけでなく、近時、前者の問題領域において患者に有利な推定規定が民法によって創設されたため、これとの比較が欠かせない状況にあるからである。

なお、これ以外の要件については、Vにおいて簡潔に述べることとする。

7)　Bamberger/Roth/Fischer, BGB §675 Rn.6 ff. (Detlev Beck'scher Online-Kommentar BGB, Stand 01.08.2014).

なお、ドイツ民法675条（有償の事務処理）は、「①事務処理を対象とする雇用契約又は請負契約に対しては、本節（事務処理契約を定める675条から676h条までの規定――訳者）に異なる定めがない限り、663条、665条から670条までの規定、及び672条から674条までの規定が準用され、また、義務者に解雇告知期間の順守なくして解雇告知する権利が帰属している場合には、671条の規定も準用される。②他人に対して助言又は勧告を与える者は、契約関係、不法行為又はその他の法律の規定に基づいて生じる責任とは別に、助言又は勧告に基づいて生じる損害を賠償する義務を負わない。③（略)」と規定している。

このほかに、弁護士の権利および義務は、連邦弁護士法（BRAO)、職業規則（BORA)、法的助言に関する法律（RDG）および弁護士報酬法（RVG)、ならびにEU弁護士法（EuRAG)、同職業規則（CCBE）によって規律されている。

請求原因となるからである。

(2) また、こうした損害賠償請求の要件として、①弁護士契約の成立およびその内容・範囲、②弁護士の義務違反、③帰責事由、④損害の発生（およびその額)、⑤義務違反と損害との間の因果関係、といった請求原因事実が問題になるほか、他方で、抗弁として、⑥帰責連関（Zurechnungszusammenhang）の不存在（中断)、⑦依頼者側の過失または双方の過失（Mitverschulden）(過失相殺)、⑧損害賠償請求権の時効消滅など、弁護士側に有利な事由が争点となる場合もままある[9]。

(3) そこで、依頼者が弁護士に対して契約違反を理由として損害賠償を請求する場合、前記の諸要件の主張・証明責任が問題となるが、まず、①弁護士契約の成立とその内容・範囲（すなわち弁護士の義務の具体的内容）をめぐっては、証明責任の一般原則が妥当する[10]。この点をめぐっては、判例および学説において特に争いはない。したがって、損害賠償を求める依頼者が①の主張・証明責任を負うことになる[11]。

(4) 次に、前記①以外の諸要件、すなわち、②弁護士（受任者）の義務違反、③帰責事由、④損害の発生およびその額、ならびに⑤義務違反と損害との間の

---

8) Münchner Kommentar zum BGB, 6.Aufl. (2012), Bd.2. §280 Rn.9; Bamberger/Roth/Fischer, §675 Rn.23; Baumgärtel/Laumen, Handbuch der Beweislast Schuldrecht BT Ⅱ, 3.Aufl. (2009), §675 Rn.24.

なお、ドイツ民法280条は、「①債務者が債務関係に基づく義務に違反したときは、債権者は、これにより生じた損害の賠償を求めることができる。債務者がその義務違反について責めを負うべきでない場合には、この限りでない。②③（略)」と規定している。

9) Baumgärtel/Laumen, §675 Rn.25; Bamberger/Roth/Fischer, §675 Rn.23‒31a. Vgl. Borgmann, Beck'sches Rechtsanwalts-Handbuch, 10.Aufl. (2011), §51 Rn.23 ff.

10) 証明責任の分配が、実体法規によって定められているか、それとも裁判規範としての証明責任規範によって定められているかという問題は別として、権利根拠規定、権利障害規定、権利消滅規定、権利抑制規定によって決定されていることについては、異論のないところである。Vgl. Stein/Jonas/Leipold, Kommentar zur ZPO, 22.Aufl. (2007), §286 Rn.62; Rosenberg/Schwab/Gottwald, Zivilprozessrecht, 17.Aufl. (2010), §115 Rn.7 ff.

ちなみに、委任事務処理契約に基づいて自己に有利な法律効果を主張する者が、こうした効果を基礎づける権利根拠事実について主張・証明責任を負い、相手方は、こうした効果を否定する権利消滅・権利障害・権利抑制事実について主張・証明責任を負うという一般原則は、弁護士から依頼者への請求（例えば報酬の支払請求）の場合においても当然に妥当し、ここでは弁護士が、有償性、報酬額、委任の終了といった、契約の具体的な内容・範囲などについて、主張・証明責任を負うことになる。

11) Baumgärtel/Laumen, §675 Rn.26 ff.; Bamberger/Roth/Fischer, §675 Rn.24.

因果関係のうち、③を除いては、依頼者が主張・証明責任を負わなければならない[12]。これに対して、③については、弁護士が、みずからが責めを負わないこと（民法280条1項2文——注8)参照）について主張・証明責任を負うこととなる[13]。また、場合によっては、同じく弁護士が、これ以外の抗弁事実（前掲(2)⑥⑦⑧）について主張・証明しなければならない。

(5) このように、弁護士責任訴訟における責任要件をめぐっては、おおむね、以上のような主張・証明責任の分配が認められている。けれども、これらの詳細については、なお検討を必要とする問題が、特に前記の原則からの例外として証明軽減の余地があるかどうかといった問題を含めて、多々存している[14]。そこで、以下では、従来から証明責任の問題について判例の蓄積と学説の分析に富み、また、医師責任訴訟においても同様に議論が沸騰している、前記2つの客観的要件（②⑤）を中心にして、より詳細な考察を試みてみたい。実務上、これらの要件が主要な争点となり、当事者の主張・立証活動もここに収斂している場合が圧倒的に多いからである。

Ⅲ 弁護士の義務違反をめぐる主張・証明責任

1 弁護士の義務

(1) 立証問題に先立って、弁護士契約に基づく事務処理に際して、弁護士は依頼者に対して主としてどのような義務を負っているかということについて一瞥しておく[15]。

(2) まず、弁護士の基本的な義務として、「事実関係の解明（Aufklärung des Sachverhalts）」義務があり[16]、委任事務を適切に処理するために不可欠のものである。また、関係する法規および判例をめぐり包括的にかつ注意深く「法的検

12） Baumgärtel/Laumen, §675 Rn.26 ff.; Bamberger/Roth/Fischer, §675 Rn.23-31a.

13） Baumgärtel/Laumen, §675 Rn.32.

14） 春日・前掲注5) 263頁。

15） Bamberger/Roth/Fischer, §675 Rn.17-22; Münchener Kommentar zum BGB, §675 Rn.26 ff.
　わが国における弁護士の執務上の義務については、加藤新太郎『弁護士役割論［新版］』（弘文堂、2000年）149頁以下に詳しい。また、日本弁護士連合会弁護士倫理委員会編著『解説・弁護士職務基本規程［第2版］』（同委員会、2012年）参照。

16） Bamberger/Roth/Fischer, §675 Rn.17.

討（Rechtliche Prüfung）」を試みる義務を負い[17]、特に権利主張の時点における最上級裁判所の判例に則した事案の検討を必要とする。

次に、依頼者との関係では、制約がない限りは、一般的、包括的かつ可能な限り汲み尽くした「教示・助言（Belehrung und Beratung）」義務を負い[18]、依頼の範囲において、予見可能な限り依頼の目的に適した措置であって、また、回避可能な限り不利益を避ける措置を助言しなければならない。さらに、依頼者の利益を擁護する義務を負い[19]、例えば、予想される不利な結果を避けるために訴訟告知をし、場合によっては、委任の範囲外であっても信義則上（民法242条）、依頼者の認識していない差し迫った危険を指摘し、上訴の見込みについて教示しなければならない[20]。

(3) すでに指摘したように、総じて、弁護士は、専門家として高度な義務を負っており、このことを踏まえた上で、主張・証明責任について考える必要があろう。

2 判例における具体例とそこでの証明責任の原則[21]

(1) 弁護士の義務違反をめぐっては、従来から多数の判例が存しており、損害賠償を求める依頼者が主張・証明責任を負うとする点で、終始一貫している。

---

17) Bamberger/Roth/Fischer, §675 Rn.18.

【連邦通常裁判所 2008 年 11 月 6 日判決】（BGHZ 178, 258 [9] = NJW 2009, 1593）の事案は、直接には税理士の法的検討義務が問題となったものであり、国税通則法の違憲可能性を検討する義務の有無が争点となった。判決は、課税の平等性に立法者が違反しているとの指摘に対して、そうした瑕疵を除去するだけの契機を認識せず、また、専門家もすでになされていた議論においてそれに関して応答していなかった場合には、税理士は、個別事例において、課税の平等性違反を理由とする異議の可能性について依頼者と協議する義務を負わないとした。

18) 【連邦通常裁判所 2011 年 6 月 9 日判決】（NJW 2011, 2889 [12]）。時効の成立を回避するために、弁護士が依頼者に「直ちに訴えを提起しなければならない」旨を指摘することが問題となった事例において、弁護士は、「一般的、包括的かつ可能な限り汲み尽くして教示する義務」を負っているとしたものである。

また、【連邦通常裁判所 2007 年 3 月 1 日判決】（BGHZ 171, 261 [9] ff. = NJW 2007, 2485）は、弁護士は依頼者に対して、最も確実で、危険の少ない方法を提案し、かつ、可能性のある危険について説明し、依頼者が正しい判断をすることができるようにしなければならないとする。

19) Bamberger/Roth/Fischer, §675 Rn.20.

20) Bamberger/Roth/Fischer, §675 Rn.22.

21) 以下の叙述は、主として、Baumgärtel/Laumen, §675 Rn.26 ff. に依拠したものである。

また、学説も同様であって、異論はほとんどない。以下において、その発端となった判例とその後の流れを眺めてみよう。

もっとも、証明責任の転換はもとより、表見証明も原則として適用の余地がないとしていることに対しては、後に述べるように（3参照）、疑問が呈されていることもあらかじめ指摘しておきたい。

❶【連邦通常裁判所1984年10月16日判決】（NJW 1985, 264 (265)）は、弁護士が、造船契約の効力をめぐる争いについて、仲裁廷への申立てではなく、通常訴訟への提訴を勧める書面鑑定をしたため、これに基づいて通常訴訟が提起されたが、却下されたため、弁護士の義務違反を理由として損害賠償訴訟が提起されたという事案である。依頼者は、弁護士報酬の返還と前訴において生じた費用の賠償を請求したが、原審は前者のみを認容した。これに対して、弁護士が上告した結果、原判決は破棄差戻しとなった。

判決は、弁護士は事実状態から示唆される疑問や疑念を依頼者に対して説明し協議しなければならないとしたが、義務違反の証明責任について原審の次のような判断を肯定した。すなわち、「包括的な教示および説明の義務を負っている者、例えば弁護士や公証人に対して、その者の義務が適切に履行されなかったことを理由として損害賠償を求める者は、たとえ消極事実の証明が課せられるとしても、そうした不作為について証明責任を負うことになる。依頼者と弁護士や公証人との間には信頼関係が存しており、そうした法律関係の性質に基づいて証明責任の転換が要求されるわけではない。弁護士がありうる責任訴訟を考慮して、提供した情報について証拠としての資料を作成しておくことを常にしなければならないとするならば、ますます（弁護士にとって——訳者）負担になるであろう。」と述べている。また、その上で、本件では、弁護士が依頼者に訴訟上のリスクを説明するために、不十分な書面による見解を記して、しかも、その書面中で見解が不完全であることを示しあるいは事後に補充や削除がありうるとの留保を付すこともせずに、また、この書面を手交した直後に口頭で補充の説明を加えようとしてもいないけれども、そうした場合であっても前記の証明責任に変わりはない、と結論づけている。

(2)　これに続いて、❷【連邦通常裁判所1987年2月5日判決】（NJW 1987, 1322）においても、❶判決と同様に、弁護士が本来負うべき義務の履行を懈怠したという「消極事実の証明」が問題となったが、証明責任の分配には変更はないとの結論である。ただし、相手方（弁護士）の「否認の理由づけ責任」を強調している点に特徴がある。

事案は、時効をめぐる弁護士の説明・助言・指摘義務の違反を理由とする損害賠償請求訴訟であり、第一審および控訴審では原告の請求が認容されたが、被告（弁護士）の上告により、原判決が破棄差戻しとなったものである。弁護士の義務違反の証明責任の分配について以下のように明言している。

「連邦通常裁判所は、包括的な教示および説明義務を負っている者――本件では弁護士――に対して、この者が義務を適切に履行しなかったことを理由として損害賠償を請求する者が、そうした義務の懈怠について証明責任を負うのであって、たとえこの者に義務の懈怠という消極事実の証明（Beweis einer negativen Tatsache）が課されることになるとしても変わりはない、との前提に立脚している（NJW 1985, 264 (265)）。消極事実の証明、すなわち弁護士が時効期間内に確認訴訟を提起するよう助言することを怠ったという義務違反の証明についても、一般的な証明原則と変わりはない。また、依頼者と弁護士との法律関係の性質も、証明責任の転換をもたらすものではない。」と。

しかしながら、これに続いて、消極事実の証明困難に関して次のように述べている。すなわち、「いわゆる消極事実の証明の困難性は、相手方当事者が事案の状況に応じて理由付き否認をすることによって取り除かれるのであって、証明責任を負っている当事者は、相手方の反対主張についてそれが間違っていることを証明しなければならない。そして、不十分で間違った教示をしたことを理由として請求を受けている弁護士の理由づけ義務（Substantiierungspflicht）の程度は、個々の事例の諸事情によって定まる。したがって、いかなる場合であっても、弁護士は、義務違反を争うことに終始しまたは依頼者に対して十分に知らせたというまったく一般的な主張をすることだけに甘んじることはできない。むしろ、弁護士は、依頼者との話合いの経過を個別的に述べ、どのような教示と助言を行い、これに対して依頼者がどのように反応したかについて具体的に陳述しなければならない。」とし、依頼者の証明困難に対応しようとしている。

(3) 最近のものとして、【連邦通常裁判所 2007 年 3 月 1 日判決】（BGHZ 171,

261 = NJW 2007, 2485）は、所有権留保売買の代金回収を依頼された弁護士の依頼者に対する助言・教示義務をめぐって、また、【連邦通常裁判所 2011 年 6 月 9 日判決】（NJW 2011, 2889）は、弁護士が依頼者に時効の成立を指摘しなかった点に関する義務違反をめぐって、いずれも、前記❷判決における主張・証明責任の分配の考え方を踏襲し、これと同様の判断を示している。主張・証明責任の部分は、まったく同じ表現を用いているので、省略する。

⑷　このように、一連の判例は、弁護士の義務違反の主張・証明責任は依頼者にあるとしているが、その反面、依頼者が消極事実の証明において直面する立証上の困難を回避するために、弁護士には否認の理由づけ責任があるとし、双方のバランスをとろうとしている。だが、こうした判例に対しては、その理由づけに批判があることも確かであるので、これを素描した上で、判例に対する評価などの一端を眺めてみることにする。

3　判例に対する実務家からの評価

⑴　前述のように、弁護士の義務違反について依頼者が証明責任を負うという点において判例は固定しており[22]、また、すでにみたように、連邦通常裁判所（❶判決）は、証明責任の転換を否定する理由として、弁護士が後に起こりうる責任訴訟を考慮して、依頼者から提供された情報を自分のための証拠方法として常に収集しておかなければならないとするならば、委任関係における信頼関係がそこなわれるということを指摘している。しかしながら、裁判官を含めて、学説は、その根拠づけが薄弱であることのほか、証明責任の転換が認められていないこと、また通常は表見証明も働く余地がないということに対して、疑問を払拭し切れているとはいえない、としている。

⑵　こうした問題をめぐって、例えば、ハンス・ヴィリー・ラウメン（Hans-Willi Laumen）判事は、次のように指摘している[23]。すなわち、前掲❶の事例にお

22）　もちろん、依頼者は、弁護士の義務違反について本証を必要とし、民訴法 286 条に定める証明度を求められる。こうした証明責任の分配原則は、弁護士からの義務違反の不存在確認訴訟においても同様に妥当し、また、弁護士から依頼者に対する報酬請求において依頼者が損害賠償請求権をもって相殺すると主張する場合も、依頼者が義務違反について証明責任を負う点において変わりはない。

23）　Baumgärtel/Laumen, §675 Rn.27.

いて、当事者が提供した情報を基にして弁護士が作成した見解は、通常は、証拠方法を確保するという目的も兼ねており、弁護士としては、可能な限り完全に作成しておくよう努めるのが普通である。それにもかかわらず、弁護士の作成した見解が不完全であるときには、生活経験上、より詳しい情報を弁護士がその後に口頭によってすら依頼者に伝えていなかったという点について、表見証明が可能となるであろう。したがって、そのような場合には、弁護士の側で、当初与えなかった情報をその後に口頭で伝えたということを示すまともな可能性（ernsthafte Möglichkeit）を示す事実を主張・証明して、反証しなければならないはずであり、依頼者に有利な表見証明が働くべきである、としている。

(3) また、これに続いて、同判事は、弁護士に対して包括的な記録義務を認め、証拠提出を強化することによって依頼者の証明軽減を図るべきことを主張している[24]。実務家としての感覚に裏打ちされた鋭い分析と提案であり、以下これを眺めてみよう。

まず、①弁護士の外形的な行為から直ちに義務違反が明らかになる場合[25]を除いて、依頼者にとって義務違反の証明に困難を生じる事例が多々ある。それは、弁護士の行為が「正しい」ものかどうか判定しにくく、義務違反の点について当初は「中立的」であるとみえたとしても、事後に考えてみたときに、依頼者にとって不利益なものとみなされる場合であり、例えば、裁判上の和解の締結、和解勧試に対する拒否、無益に終わった執行の実施、上訴の提起、見込みのない棄却の申立て、などである。

こうした場合に、依頼者は、自分が弁護士に対してした説明や指示の内容について主張し、証明しなければならないだけでなく、弁護士が特定の情報について価値を認めずまたは価値を見誤ったことについて証明責任を負う。弁護士が和解を締結したときには、それが依頼者の意思に基づかずまたは意思に反して締結されたことは、依頼者に主張・証明責任がある。同様に、弁護士がいったん提起した控訴を取り下げたときに、依頼者が自分の指示に反すると主張し、

24） Baumgärtel/Laumen, §675 Rn.28‒30.

25） 例えば、除斥期間経過後の訴え提起、管轄違いの裁判所への訴え提起、代理証書なくしてした解約告知（民法174条）、取消期間経過後の和解の取消し、違法な契約書の起案などである。

他方、弁護士は口頭で取下げの依頼があったと主張する場合も、弁護士が授権なくして取り下げたことについて依頼者に証明責任がある。また、弁護士から依頼者に教示や助言がなかったという不作為が問題となったときでも、こうした消極事実に関して依頼者が証明しなければならないことも確かである、という現状を明らかにしている。

次に、②こうした依頼者側の証明責任の過大な負担に対して、もちろん他方で、前掲❷判決は、依頼者に生じる立証上の困難性について、弁護士の理由づけ義務を高めることによって対処すべきであり、弁護士は、単純否認をし、事実・法律状態について依頼者に十分にまたは包括的に教示したとの一般的な主張をすることのみでは許されず、協議の経過を個別的に記述し、どのような教示および助言をしたか、また、これに対して依頼者がどのように反応したかということについて具体的に述べなければならないことを確認している[26)]。また、弁護士が、協議の会話のポイントを理由づけて主張できなかったときには、民訴法 138 条 3 項により依頼者の主張を自白したものとみなされる場合もあるとし、こうした判例に肯定的な評価をしている。

その上で、同判事は、③弁護士に対するこうした要求は、事件がずっと以前のものであり、弁護士が個別的にどのような助言や勧告をしたかということを不確かにしか述べることができない場合には、確かに弁護士にとっては酷なことになる。しかしながら、判例によるこのような要求は当然のことといえる。なぜなら、そうでないと、依頼者に対して証拠提出を期待することはほとんど不可能であり、訴訟上の武器対等の原則がそこなわれるからである。したがって、弁護士に対しては、与えた警告、指示および助言を記載して、重要な協議をすべて記録にとどめ、また、これらを依頼者宛の書面に記載しておくべきである、と警告しておきたいとの見解を示している。

また、確かに、判例は、依頼者に対する弁護士の全面的な記録義務

26) もっとも、その際に、弁護士が協議の会話を場所と日時に応じて詳しく整理することまでは要求されず、どのような状況の下で依頼者に目的に即した教示をしたかということを述べれば足り、弁護士がこうした理由づけ義務を果たしたときは、依頼者は、弁護士の主張を覆さないと、自己の証明責任を尽くしたことにはならないとしている。

なお、理由づけ義務（Substantiierungspflicht）については、Stein/Jonas/Leipold, Kommentar zur ZPO, 22. Aufl. (2004), §138 Rn.36 ff.

（allgemeine Dokumentationspflicht）をこれまでは否定してきた[27]。しかしながら、このことは、相応する経緯や会話を記録し、これを一定期間保存することが、弁護士の利益のために求められているわけではない、ということを意味するわけではない[28]と述べて、むしろ記録義務が弁護士にとって有利に機能すること、さらにこれを踏まえて、弁護士に対して証拠提出の要求を高めることが、前記の弁護士・依頼者間の公平等の諸考量に照らして相当であると結論づけており、十分に参考に値する。

(4) 以上、ラウメン判事は、❶判決に対する批判的な評価を踏まえて、また、❷判決に示唆を得て、義務違反自体の証明責任を転換するわけではないが、証拠提出について弁護士に対して厳しい要求をすべきであることを提案しており、その見解は、ドイツにおいてのみならず、わが国においても有益であることは確かであろう。

4 若干の検討

(1) こうした弁護士の義務違反の証明をめぐる問題および批判とは別に、ごく最近、ドイツの医師責任訴訟において、冒頭（Ⅰ(2)）で示したように、弁護士の義務違反に相当する概念、すなわち「診療上の過誤」の要件について新たに推定規定が設けられて、証明責任の転換が図られているので、これとの比較を試みる必要があろう。なぜなら、医師責任訴訟も弁護士責任訴訟も、専門的知見を有する者に対する損害賠償請求であって、患者または依頼者の立証上の困難性という点で類似の状況が存しているため、これらの分析は、他面で、判例における処理の違いとその理由づけを考える上で意味があると考えられるからである。

(2) ドイツ民法630h条1項は、「診療を実施した者にとって完全に支配可能であった一般的な診療上の危険が現実化し、かつ、それが、患者の生命、身体

27） NJW 1992, 1695, 1696.

28） なお、関連して、弁護士は、教示しなかったまたは不十分な教示しかしなかったということを争わず、またはそれが証明されたとしても、依頼者自身が事実・法律状態とそこから帰結されるリスクを知っていたから、自分には義務違反はなかったと主張する場合には、依頼者に教示する必要性のなかったことを証明しなければならない。法的および経済的に経験豊富な者であっても、適切な専門知識を欠いているため、弁護士の教示を求めているということを原則とすべきであるからである。

又は健康の侵害を惹起するに至った場合には、診療を実施した者の過誤が推定される。」と規定している[29]。ここでは、推定を働かせるための前提事実は、①医師にとって「完全に支配可能な」診療上の危険が現実化したことと、②これによって患者に侵害を生じたことであり、特に、前者の前提事実に焦点を絞ってみると、弁護士にとってこれに匹敵する事実は、「訴訟追行上の危険」ということになる。しかし、こうした危険について、はたして弁護士は医師ほどに「完全な支配可能性」を有しているであろうか。おそらく、弁護士にはそうした「完全な支配可能性」はなく、むしろ、支配可能な危険は法的紛争をめぐる情報等を保有する依頼者の側に存しているのが原則であろう。例外は、依頼者が自分自身の領域にあるこれらの情報を弁護士に完全に伝えた場合に限って、完全に支配可能な危険は弁護士に存した（または移転した）といえるであろう。したがって、こうした例外が認められない限りは、本来の証明責任の原則が当てはまることになる。また、同様の理由から、立証上の困難性についても、依頼者のそれは、患者のそれと比較したならば、相対的に程度の低いものであるといわざるをえない。

したがって、比較の対象とされる、危険の支配可能性について、医師に比べて弁護士の責任領域に属するものは小さく、訴訟追行上の危険が弁護士に「完全に支配可能な」ものであったということはできないであろう。また、立証上の困難性についても、依頼者側からの情報の提供が十分でないときには、弁護士によるそうした危険の支配可能性は相対的に少ないであろう。そのため、これら双方の事情を証明責任に反映させるとするならば、医師責任訴訟において行われているような証明責任の転換を図るまでには至らないとするのが妥当な結論であると考える。

⑶　なお、推定を働かせるための前提事実に関しても、弁護士の義務違反を推定する事実は、医師の過誤を推定させる事実よりもはるかに多様であって、定型性を欠いているため、前提事実を特定して推定規定を作るに足るものとはなりえないであろう。推定規定を創設する際の技術的な側面ではあるが、こうしたことも、推定規定を設けて証明責任の転換を図ることに対して支障となる

29）　ドイツ民法630h条1項の詳細は、春日・前掲注3）421頁以下参照。

といえる。

(4) 以上のような理由から、結局、弁護士責任訴訟においては、義務違反の証明責任の分配に変更を生じることはなく、ラウメン判事が強調するように、むしろ表見証明の活用に期待することにならざるをえない。

Ⅳ 義務違反と損害との間の因果関係をめぐる主張・証明責任

1 判例における具体例とそこでの証明責任の分配

(1) 判例は、①弁護士の義務違反と発生した損害との間の因果関係についても、それが請求権を根拠づける責任要件であることを理由に、義務違反の証明責任についてと同様に、原則として依頼者が主張・証明責任を負うとしている。

また、②こうした証明責任は、弁護士に特に重大な義務違反があったと認められる場合（wenn dem Anwalt eine besonders grobe Pflichtwidrigkeit anzulasten ist）であっても同様であり、依頼者が負担するとされている。この点は、医師責任訴訟における因果関係の証明問題との対比において重要な意味をもっているので、後に詳述することとし、まずは、先例的な意義をもつ判例を眺めてみよう。

(2) ❸【連邦通常裁判所 1994 年 6 月 9 日判決】（BGHZ 126, 217 = NJW 1994, 3295）[30)]は、依頼者から家屋の売買代金の回収とこの家屋に対する強制執行の阻止を依頼されていた弁護士が、売買契約の解除の意思表示をしたまま、売買代金を回収するために証書訴訟（Urkundenprozeß）を提起することを遅滞していた間に強制競売が実行されてしまい、低い競落価額で落札がなされたため、依頼者から弁護士に対して、売買代金と競落価額との差額について損害賠償の請求がなされたものである。原審は、弁護士が証書訴訟を遅滞なく提起することを怠った点に重大な義務違反があるとし、依頼者の請求を認容した。これに対して弁護士が上告した結果、原判決は破棄差戻しとなった。

連邦通常裁判所も、弁護士が証書訴訟を提起せずに事態の推移を静観したこ

30) 損害額を主たる争点とする比較的最近の【連邦通常裁判所 2005 年 6 月 16 日判決】（BGHZ 163, 223, 231 = NJW 2005, 3071）も、「弁護士に対して損害賠償を請求する依頼者は、原則として、義務違反、損害および因果関係と並んで、帰責連関についても主張し、証明しなければならない。」と繰り返している。

とに納得のいく理由はないとし、弁護士の重大な義務違反（grobe Pflichtverletzung）を認めたけれども、因果関係に関する証明責任については、弁護士に移行（転換）することはないとした。本判決において特徴的な点は、医師責任訴訟における証明責任との相違に言及している部分であり、これを中心に紹介することにする（①～④の番号は、筆者が付した。）。

① 判決は、まず、売買契約および請負契約の判例においては、契約上の説明義務ないし助言義務に違反した者は、相手方の対応をめぐる因果関係の解明不能のリスクを負う、との原則があり、仮にこうした義務に沿って相手方が事情を十分に知らされていたならばどのように対応したかという問題をめぐって証明責任が転換されるとする。しかし他方、弁護士や税理士といった法的助言者と依頼者との間の契約においては、こうした証明責任の転換は認められないとする（税理士の義務違反について、民事第9部1993年9月30日判決。BGHZ 123, 311）。また、その上で、法的助言者の義務違反がある場合には、依頼者は、もし正しい説明があれば、そうした助言に即して行為したはずであるとの推定が働くけれども、それは、証明責任の転換ではなく、表見証明の適用事例であって、異なる因果経過の具体的な可能性があれば覆るものである、としている。

② 判決は、これを踏まえて、以下のように述べている（④末尾まで）。すなわち、「本件で、非難されるべき弁護士の行為は、不十分な助言ではなく、必要な利益擁護をしなかったことである。一部の学説は、説明および指摘義務の領域以外においても、法的な助言者に職務上の著しい過誤がある場合には、証明責任の転換を生じさせるべきであるとの見解を主張している（Vollkommer, Anwaltshaftungsrecht Rn.525; Giesen, JZ 1988, 660; Heinemann, NJW 1990, 2345, 2352）。このような見解は、医師責任法において発展した判例に依拠している（例えば、連邦通常裁判所1968年3月12日判決（NJW 1968, 1185）等々）。しかしながら、こうした原則は、法的助言を伴う諸契約に対しては適用されるべきでない。

③ 前記の判例は、医療上の義務に対する重大な違反によって、通常は、患者の健康が著しく危険にさらされるため、診療上の失敗を首肯させるに十分である、という考え方に依拠している（前記判決）。加えて、医師は、自己に対する責任訴訟において通常は明らかに有利な立場にある。なぜなら、患者は、何が個々に起こったかを知らず、また、身体の状態について必要な専門知識を欠

いているために十分に理解できないからである。また、意識を欠いている状態において健康の維持または再生のために身体への医的侵襲がなされる場合は、なおさらである。医師が、診療上の重大な過誤によって、患者を正しく診療していたならばたどったであろう経過を認識不可能にしてしまった場合には、契約違反の行為によって被害者に立証上の危険を生じさせた者に、そうした立証上の危険を転嫁することが、適切な利益調整にかなう。

④ けれども、弁護士責任訴訟においては、依頼者はこれに匹敵する状況にはない。依頼者の損害危険について、弁護士の重大な義務違反の場合とそれ以外の過誤の場合とを比較したときに、前者の方が明らかに高いということは認められない。弁護士契約は、具体的な生活事実関係の個別性によって顕著に特徴づけられており、契約上の義務をめぐって同じような過誤といえども、それぞれの状況に応じて、軽微な違反であったり、通常の違反であったり、または重大な違反であったりする。しかし、個別事例においてそうした過誤の程度を評価するとしても、どの程度であれば、損害を生じさせる原因として適したものであるかということについては、原則を云々することはできない。さらに、問題とされる事実関係は非常に多様であって、その都度関係する法規範は、意義、内容および効果に応じてこれまた多様な姿をとっている。むしろ、依頼者の置かれた状況は、具体的な法律事件の特殊性によって著しく特徴づけられており、厳密な証明責任原則によって表されるような、定型的な考察方法にはなじまない。

また、依頼者は、医師の診療中に患者が多くの場合において遭遇するような、生存に関わる状態に置かれているわけではない。それゆえ、被害を被った患者が通常さらされるとみなされる事実関係の解明困難性といったものが、依頼者に定型的につきまとうというわけではない。むしろ逆に、依頼者の生活領域から生じる出来事や考え方が、裁判にとって重要な生活事実関係を構成していることが稀ではない。当民事部が1993年9月30日判決（BGHZ 123, 311）において理由を詳しく述べているが、契約の相手方（依頼者――訳者）の領域にすべてが存しているため、助言者（弁護士――訳者）には詳細が知らされず、また、助言者が何らの影響も及ぼせない出来事や考え方によってしばしば支配されている領域において、証明責任を転換することは適切ではない。したがって、法的助言者に重大な契約違反がある場合であっても、仮に契約通りの給付があったとしたら依頼者がどのように行動したかという問題に関して、証明責任の転換は認められない。このことによって、依頼者が不当に不利益を及ぼされるわけではない。なぜならば、生活経験に応じて一定の行為を明らかに推認せしめる事情が確定される限りは、表見証明の原則による証明軽減が個々の場合において依頼者に有利に働くからである。」と。

以上が、判例の述べている理由である。

2 表見証明の可能性をめぐって

(1) このように、判例は、弁護士責任訴訟と医師責任訴訟との相違を明らかにして、前者については、弁護士の重大な過誤が認定された場合であっても証明責任の転換の可能性を完全に否定しており、残る証明軽減策として、表見証明の余地があるとしているにとどまる。そこで、以下においてその一例を紹介するが、結論としては、表見証明の余地を認めながらも、限定的なものであるとしており、証明軽減としての機能はそれほど高くはないと考えられる。

❹【連邦通常裁判所 1993 年 9 月 30 日判決】(BGHZ 123, 311, 314 ff. = NJW 1993, 3259)[31] は、有限会社および合名会社の社員が、会社から脱退する際に受け取るべき現金補償金およびそれに対する税金等を弁護士に相談したところ、弁護士が誤った助言をしたために損害を被ったという事案である。依頼者は、弁護士が法的に正しい情報を提供していたならば、自分たちは前記の匿名社員として会社にとどまったはずであると主張して、損害賠償を請求した。控訴審は、証明責任の転換を認めて、原告の請求をおおむね認容したけれども、被告の上告によって破棄差戻しとなった。

判決は、まず、役務提供および事務処理契約における債務が、1 つの決断を促す助言ではなく、合理的な行為について説明する際の複数の可能性についての助言であって、それらが当初から等価値であり、かつ、相違する効果を伴う助言である場合には、証明責任の転換は認められないとする(連邦通常裁判所の多数の判決)。

31) この判決の詳細は、Baumgärtel/Laumen, §675 Rn.37 ff. のほか、Baumgärtel/Laumen, Handbuch der Beweislast, Kap.17 Rn.58 参照。

その上で、弁護士が、説明・助言義務に違反したと認定された場合に、これに対して、仮に弁護士が義務に違反せずに説明や助言をしたとしても、依頼者がこれを無視したはずであり、やはり損害は生じたと主張して、因果関係を否定しようとするときに、弁護士の説明に即して依頼者は行動するとの事実上の推定（Vermutung des aufklärungsrichtigen Verhaltens）が働くから、弁護士の側で、依頼者が弁護士の説明に即さない決断をしたことを示す事情（非定型的な因果経過の可能性を示す事実）を証明しなければならないとしている[32]。

しかしながら、同判決は、依頼者に有利なこうした推定が一般的に妥当するわけではなく、「利益状況およびその他の客観的諸事情に鑑みて、正しい情報の提供があったならば、依頼者が一定の決断をすることが蓋然的に期待される（mit Wahrscheinlichkeit zu erwarten wäre）場合にのみ適用される」とし、表見証明の適用の余地を絞り込んでいる。そして、その理由として、「弁護士の助言に即した行為の推定に対して、弁護士が本証により反駁しなければならない（証明責任の転換――訳者）とするならば、弁護士は、もっぱらまたはほとんど依頼者が認識し影響力を有する領域に存する事実を証明しまたは反駁しなければなら（ず）」、これは弁護士に対して過度な要求になるからであるとする。

(2) このように、判例は、証明責任の転換を完全に否定しており、残る証明軽減策として、ある程度の範囲で表見証明を認めているにとどまる。そのため、学説の一部から以下に示すような批判を受けることとなった。

3 学説の対応

(1) ❸判決を代表例として、因果関係について証明責任の転換を否定する判

32) なお、本件の「弁護士の説明に即した依頼者の行動の推定」は、これ以外の場合、例えば、弁護士が正しく契約を履行しているときに、依頼者が弁護士に対して必要な情報を適時にかつ完全に提供したかどうかが問題となった場合にも、依頼者は弁護士の説明に即して情報の提供行為を行ったはずであるとの推定が認められる。なぜなら、こうした推定は、依頼者は、弁護士の求めに応じて、自分で処分が可能であったりまたは容易に収集できるであろう情報については提供するはずである、という定型的事象経過に即応しているからである。BGH NJW 1992, 240, 241; BGH NJW 1996, 2929, 2932; BGH NJW 2000, 730, 732 f. など多数。

例に対して、一部の学説は[33]、医師責任訴訟において因果関係の証明に関して、医師に重大な過誤が存する場合に証明責任の転換が図られていることを援用して、弁護士責任訴訟においても弁護士に重大な義務違反がある場合には、これと損害との間の因果関係について証明責任の転換を認めるべきであるとしている。

医師責任訴訟の先例として、連邦通常裁判所1967年4月11日判決（NJW 1967, 1508）およびこれに続くいくつかの判決があり、すでに詳しく分析されているので[34]、ここでは最近の1事例に言及するにとどめたい。

医師責任訴訟における【連邦通常裁判所2004年4月27日判決】（BGHZ 159, 48, 53 ff. = NJW 2004, 2011）[35]の事案は、医師が、オートバイ事故で負傷した患者についてレントゲン検査を指示せず、骨盤骨折を見落としたままであったために、骨盤骨折の正常な回復が困難になったというものである。判決は、「診療上の重大な過誤は、それが実際に発生した類いの損害を惹起するのに適したものである場合には、原則として、診療上の過誤と健康損害との間の因果関係について客観的証明責任を転換する。そうした証明責任の転換のためには、診療上の重大な過誤が、発生した損害を惹起するのに適していることで足りるのであって、過誤が損害に近接しているまたは蓋然的である必要はない。」と述べて、①医師の診療上の重大な過誤が存したこと、および、②そうした過誤が発生した損害を惹起するのに適したものであること、の2つを要件として、因果関係について証明責任の転換という効果を導いている。そのため、責任創設的因果関係の蓋然性がまったく欠けていること、例えば、医師が看過した危険は、診療上の過誤を「重大なもの」であると評価するに足るほどに現実化していないとか、患者が自己の行為によって治癒を妨げたために診療経過が解明不可能になった、といった例外的な事情を医師の側で証明（本証）しなければならない。このような形で、判例は、医師責任訴訟における因果関係の証明責任について、その転換を試みてきている（ちなみに、本判決の核心部分は、従来から用いられていた

33）❸判決の②の見解の括弧内に挙げた論者らがそうである。Baumgärtel/Laumen, §675 Rn. 34, 35 において学説が簡潔に記述されているほか、春日・前掲注5）292頁に掲げる注37参照。

34）中野・前掲注2）133頁以下。

35）春日・前掲注3）414頁以下。

「証明責任の転換に至るまでの証明軽減（Beweiserleichterung, bis zur Beweislastumkehr reichen können)」を変更して、端的に、「証明責任の転換（Umkehr der Beweislast)」であるとした点にある。）[36]。

(2) このように、医師責任訴訟において責任創設的因果関係の証明責任が転換されていることに示唆を得て、こうした判例と平仄をあわせて、弁護士責任訴訟においても同じように証明責任の転換を認めるべきであると主張する学説が存している[37]。その理由として、①弁護士に重大な義務違反があり、これによって事実関係の解明可能性が失われた場合には、そこで生じたノン・リケットの危険は弁護士が負担しなければならず、また、②弁護士は、事件を受任したことによって、これに伴う高度な義務の水準を維持することを約束しているからであり、さらに、③こうした義務を無視していながら、損害を予防する義務の違反によって依頼者に対して因果関係をめぐる証明上の不利益を与えていないと主張することは、みずからに証明上の危険が課せられることを認めながら、これに矛盾する主張をすることにほかならない、ということをあげている。

(3) しかしながら、こうした見解に対して、通説は、判例と同様の立場を維持しており、その理由として、次のように述べている[38]。すなわち、①客観的証明責任の分配については、証明責任規範の法規範的性質および法的安定性の要請に鑑みて、訴訟の開始以前からすでに確定していて（傍点は筆者）、拘束力を備えたものでなければならないため、過失の程度（重大な過失か否かは訴訟の審理を通じてはじめて明らかになる——筆者）を問題とする余地はないし、また、②個々の事例において、弁護士の義務違反が、「重大」であるか「単純」であるかということの区別づけは、そもそも困難を伴うものである、とする。さらに、③医師によって損害を被った患者の証拠の窮乏（Beweisnot）と、弁護士に損害賠償を請求する依頼者のそれとを比較すると、前者の方がはるかに大きい。加えて、④証明責任の転換を肯定しようとする学説は、判例が証明責任の転換を生命および健康上の危険から他人を保護すべき職業上の義務に違反した場合に限定しているのであって、弁護士契約の締結が通常は財産的利益の擁護を目的としていることを見過ごしている、と述べた上で、責任創設的因果関係については証明責任の転換はないとの結論に至っている。

4 若干の検討

(1) 因果関係の証明責任をめぐって、学説では前記のような対立がある。そして、これに関しては、すでに義務違反の証明責任について言及したと同じように、医師責任訴訟において責任創設的因果関係についても民法630h条5項1文により推定規定が設けられて、患者に有利に証明責任が転換されていることから[39]、これとの対比において、弁護士責任訴訟における依頼者と弁護士の双方の立証状況を比較する必要があろうと考える。

(2) 医療過誤の因果関係をめぐっては、同条同項1文は、「診療上の重大な過誤が存し、かつ、この過誤が実際に発生した類いの生命、身体又は健康の侵害を惹起するのに基本的に適したものであるときは、その診療上の過誤がこの侵害の原因であった、との推定がなされる。」と規定し、医師に重大な過誤があったことおよびその過誤が現に発生した侵害を惹起するのに適したものであること、という2つの前提事実が証明されるときには、診療上の過誤と発生した損害との間の因果関係を推定するとしている。判例・通説を疑問視する前記の学説は、従前から形成されてきた医師責任訴訟の判例に基づいて、推定規定が立法化されるよりもずっと以前から自説を展開してきている点で、その先見性には目を見張るものがある。

(3) しかしながら、①医療責任訴訟と弁護士責任訴訟とを比較してみると、通説が指摘するように、法的紛争をめぐるさまざまな情報はもともと依頼者の領域に存しており、責任訴訟に発展した際の依頼者の証明窮乏の程度は、患者のそれに比してそれほど大きいとはいえない。この点は、先にみた、表見証明——弁護士の説明に即した依頼者の行為の推定に関する——の判例(❹判決)において、その適用を限定するための理由づけのなかにおいても述べられていることと同様である(Ⅳ2参照)。また、②弁護士には、すでに述べたような義

36) 春日・前掲注3) 415頁以下。
37) Vgl. Baumgärtel/Laumen, §675 Rn.34.
38) Baumgärtel/Laumen, §675 Rn.40.
39) 春日・前掲注3) 403頁以下および414頁以下。

務が課せられており（Ⅲ1参照）、それは専門家としての高度な義務であるとしても、特に紛争事実関係をめぐっては、依頼者からの積極的な情報提供を受けてはじめて完全に履行が可能になるものが多いであろう。弁護士と依頼者との間では、相互の協議を踏まえてはじめて弁護活動が可能になるのであって、依頼者側のアクションの重要性は不可欠である。これに比べて、医療過誤の場合には、患者の病状を的確に把握し適切な診療を実施するための責任は、医師の側に全面的に委ねられており、これを反映した立証上の負担を考えるならば、医療過誤訴訟における推定規定を介した証明責任の転換をそのまま弁護過誤訴訟に持ち込むことはできないであろう。加えて、③「重大」か「単純」かという、過失の程度に応じて、過誤行為と結果発生との間に定型的な事象経過が存し、因果関係が認められるか否かを判断できるような事例は、医療過誤のそれと比較して少ないものと考えられる。そのため、弁護士の過失が重大か否かの判断が難しいだけではなく、仮に判断が可能であったとしても、そこから因果関係の存否を推定することには無理を伴うであろう。このほかに、④双方の訴訟において保護すべき法益の相違も考慮要素として否定しがたい。すなわち、医師責任訴訟においては生命、身体、健康といった法益が保護の対象であるのに対して、弁護士責任訴訟においては財産的損害が保護の対象であって、前者に関する判例を素直に読む限りは、そこでの証明責任の転換を弁護士責任訴訟にも適用しようとする場合には、それなりの根拠づけを必要とするであろうが、はたしてそこまでの説得力のある根拠があるかどうかは疑問である。

したがって、以上を踏まえると、結論としては、通説に与せざるをえないであろう。

V　他の要件等をめぐる主張・証明責任

1　弁護士契約の成立ならびに内容および範囲

(1)　当事者間でそもそも弁護士契約の成立をめぐって争いが存する場合には、証明責任の一般原則が妥当し、当該契約に基づいて権利を主張する当事者が、これについて主張・証明責任を負うことになる。すなわち、弁護士契約の違反を理由として損害賠償を請求しようとするときには、依頼者が、弁護士契約の成立につき証明責任を負うことになり、また、弁護士が、弁護報酬を請求しようとするときには、弁護士が、同じく当該契約について証明責任を負うことになる。また、第三者が、弁護士契約の保護効（Schutzwirkung eines Anwaltsvertrages）を援用して損害賠償を請求する場合にも、同様に、この第三者が証明責任を負う[40)]。

相手方による署名のある代理権が存する場合に、これにより直ちに、弁護士契約の成立があったとは必ずしもいえないが、通常は、署名の時点において少なくとも黙示の委任があったことの重要な徴憑（starkes Indiz）であると認められる。他方、書面による訴訟代理権が欠けている場合でも、訴訟代理権は無方式で与えることも可能であるから（民訴法 89 条 2 項）、弁護士契約が当然に存在しない、とすることはできない[41)]。

関連して、弁護士の訴えに対して、依頼者が、権利保護保険でカヴァーされることを停止条件とする委任契約であったと主張する場合、弁護士は、依頼者の主張するような条件付きではないこと、すなわち無条件の委任契約であったことについて証明責任を負う。弁護士契約の成立をめぐっては、いわゆる「否認説（Leugnungstheorie）」[42)]が通説であり、無条件であることは請求原因に属すると解されており[43)]、そうした裁判例も存する[44)]（連邦通常裁判所の判例はない。）。

(2) 弁護士契約の内容および範囲をめぐっても、成立に関するのと同様の原則が妥当している。特に範囲に関しては、事務処理をめぐる具体的な委任が基準となり、弁護士の助言もしくは教示義務または連邦弁護士法 3 条の規定に基づいて、個別事件における委任の範囲が決まるわけではない。それぞれの当事者は、自己に有利な法律効果を導く事実を主張し、証明しなければならない。例えば、依頼者が、弁護士は助言のみならず、公証人による契約作成もすべきであったと主張し、あるいは、弁護士は助言や訴訟追行だけでなく、強制執行

40） Baumgärtel/Laumen, §675 Rn.2; BGH NJW 1977, 2073; BGH NJW 1995, 51.

41） Baumgärtel/Laumen, §675 Rn.3.

42） ドイツにおける否認説と抗弁説については、ローゼンベルク『証明責任論［全訂版］』（倉田卓次訳）（判例タイムズ社、1987 年）292 頁以下を、また、わが国については、司法研修所編『民事訴訟における要件事実 第 1 巻［増補］』（法曹会、1986 年）48 頁以下が詳しい。

43） Baumgärtel/Laumen, §675 Rn.6.

44） OLG Düsseldorf VersR 1976, 892.

もすべきであったと主張したのに対して、これを弁護士が争った場合には、依頼者の側で証明責任を負わなければならない。また、依頼者が弁護士に対して、事前の打合せの際に依頼者が知らせた事実とは別の事実を弁護士が訴状に記載した、と主張する場合、あるいは、依頼者に対して請求のあった債権をめぐって、支払いの猶予ではなく、債務の存在自体を争うよう依頼者が弁護士に求めた、と主張する場合には、いずれも依頼者が証明責任を負う。

他方、弁護士が、依頼者に対して法律状態についてはっきりと教示したが、依頼者が経済的に合理的な予測を誤り、即時に提訴することに固執したと主張する場合には、弁護士がそうしたことについて証明責任を負う[45]。

依頼者が特定の指示をしたことをめぐっては、通常は依頼者が証明責任を負うが、弁護士に対する損害賠償訴訟において弁護士が依頼者の指示に従ったに過ぎないと主張する場合には、弁護士がそのことについて証明責任を負う。例えば、弁護士が訴訟においてある証人の証人申請をしなかったことを理由に提訴されたときに、証人申請をしなかったのは依頼者の指示に従ったからであったと主張する場合には、その証明責任は弁護士にある[46]。

依頼者が弁護士に対してした指示およびその内容については、依頼者が証明責任を負う。他方、依頼者が弁護士に対して特定の指示をしたことに争いがない場合、弁護士がこの指示に従ったということについて証明責任を負う。弁護士が指示に反したことについて、依頼者が証明責任を負うとの反対説は、民法665条の証明責任の分配に合致しないからである。反対説は、何ゆえに、弁護士・依頼者関係においては委任関係における証明責任の一般原則から乖離するのかということの説明を欠いている。指示に即した弁護はもっぱら弁護士の領域に存し、依頼者からの指示に従ったことについての証明を行うのは、依頼者よりも弁護士の方が適している[47]。

依頼者の指示に反したことが認定されたとしても、指示に反したのは、依頼

45） Baumgärtel/Laumen, §675 Rn.10.

46） Baumgärtel/Laumen, §675 Rn.13.

47） Baumgärtel/Laumen, §675 Rn.14. なお、民法665条（指示からの離反）前段は、「委任者が事情を知ったときには、委任者のした指示から受任者が離反することに同意するであろうと認められる場合、受任者は、委任者のした指示から離反をする権限を有する。」との趣旨を規定している。

者の利益のためであると弁護士が認識できたからである、あるいは、指示に反する依頼者の意思が推定されたからである、との主張は可能であり、その点については弁護士が証明責任を負う。また、本来の指示とは異なる指示が事後になされたという証明の余地も弁護士には存する。したがって、弁護士には、こうした点も含めて、新たな指示を書面で確定しておくことにより証拠方法を確保しておくことが期待される[48]。

2 帰責事由

判例は[49]、客観的義務違反をめぐって帰責事由がないことについて弁護士が主張・証明責任を負うとする点において一致している。民法282条1項は、「債務者が債務関係に基づく義務に違反したときは、債権者はこれにより生じた損害の賠償を求めることができる（1文）。債務者がその義務違反について責めを負うべきでない場合には、この限りでない（2文）。」と規定しているが、この第2文が債務法改正により追加される以前から同様の解釈であった。弁護士の義務違反についての損害原因は、弁護士の責任領域から生ずるのが通常であるため、客観的義務違反にもかかわらず債務者の責めに帰すべき事由がないことの証明責任は、この弁護士に負わせるのが正当であるという理由に基づいている。したがって、義務違反の時点における状況の下では弁護士が義務違反を認識しえなかったことの証明責任は、弁護士にある[50]。

なお、こうした免責証明は、履行補助者、すなわち、弁護士事務所の所長、弁護士の補助者または同僚弁護士の帰責事由についても同様に妥当する。

3 帰責連関または因果関係の中断

帰責事由をめぐる主張・証明責任に関連して、帰責連関または因果関係の中断について触れる必要があろう[51]。もちろん、こうした中断は、ごく例外的な場合に限られる。例えば、弁護士が訴訟中に自分の過誤を訂正して請求の拡張

48） Baumgärtel/Laumen, §675 Rn.15.
49） 連邦通常裁判所1986年9月18日判決（NJW 1987, 326）、連邦通常裁判所2001年11月8日判決（NJW 2002, 292）など。
50） Baumgärtel/Laumen, §675 Rn.32.
51） Bamberger/Roth/Fischer, §675 Rn.27.

をしたが、裁判所がこれに基づいて裁判しなかったために誤判を生じた場合には、もし最終的に裁判所が事実関係を正しく把握していたならば、弁護士の当初の過誤によって依頼者に不利な結果を生ずることはなかったはずである[52)]。すなわち、すでに除去されたはずの弁護士の過誤は、裁判所の瑕疵ある裁判によって依頼者に生じた損害との間では、内的関連性を欠くものであり、弁護士には帰責性はないと評価されるべきである。

また、従前の弁護士が義務違反を理由に解任されて、新たな弁護士が選任された場合において、前者の義務違反と依頼者に生じた損害との間の帰責連関について、一般的には中断は認められない。もっとも、新たな弁護士が適切な職務の遂行の基準から著しく逸脱しているときには、例外的に中断を生じる[53)]。したがって、民法254条・278条に基づいて従前の弁護士の過失相殺の抗弁が職権で顧慮されることは、非常に稀である[54)]。

4 損害およびその額

(1) まず、損害の発生およびその額のいずれについても、これを請求する依頼者が主張・証明責任を負う、との原則に変わりはない。判例として、連邦通常裁判所1985年9月19日判決[55)]のほか、最近のものとして、連邦通常裁判所2005年6月16日判決[56)]がある。

しかし、損害額をめぐっては、証拠提出の領域において依頼者に有利な証明軽減が広く認められている。まず、民訴法287条によれば、裁判所は、損害が発生したか否かおよび損害額がどれだけなのかということについて、すべての事情を斟酌して、自由な心証により判断することができる。すなわち、裁判所の心証形成にとって、損害が発生したことについて、確実な根拠に基づく明らかな優越的蓋然性があれば足りるとしている。また、同条は、依頼者の主張責任についても緩和している。すなわち、発生した損害の算定のために具体的な

---

52) 連邦通常裁判所2007年11月15日判決（BGHZ 174, 205 = NJW 2008, 1309）の事例（弁護士が、当初は怠っていた請求の拡張を、その後に請求原因中で行ったものの、裁判所がこれを顧慮しなかったため、請求の拡張部分が認められなかったというもの）。

53) BGH NJW 2000, 117 (120).

54) Bamberger/Roth/Fischer, §675 Rn.29.

55) NJW 1986, 246.

56) BGHZ 163, 223 = NJW 2005, 3071.

手掛かりを示す事実が主張され、証明されれば足りるとしている。個別事例においては、裁判官は、最小限の算定ができれば足りることになる。しかし、具体的な手掛かりを欠いて、損害額がまったく定まらない場合には、算定はできない。したがって、裁判官が上記の可能性を尽くしても損害の発生について心証を得られない場合にはじめて、客観的証明責任が依頼者に不利に作用することになる[57)]。

なお、通説は[58)]、民訴法 287 条を証明軽減の規定であると解している。この点は、わが国の民訴法 248 条の解釈として、裁判官に損害額の裁量評価を認めたものなのか、それとも証明度の軽減を図ったものなのか[59)]、をめぐって議論があるのとは、相違している。

(2) 次に、逸失利益の証明についても、民法 252 条 2 文の推定が依頼者の有利に働く。同条は、「賠償されるべき損害は、逸失利益をも含む（第 1 文）。事物の通常の経過に従い又は特別の事情、特に当該施設及び措置に従い、蓋然的に期待可能な利益は、逸失利益とみなす（第 2 文）。」と規定している。したがって、裁判所は、利益を取得したことの完全な確信を必要とせず、依頼者は、事物の通常の経過または特別の事情に従い、利益の取得が蓋然的であることを証明すれば足りることとなり、これについて将来の展開をめぐる予測が必要となる。依頼者には、利得の取得の蓋然性を明らかにする事実の存在について主張責任および証明責任が課されるが、ここでも民訴法 287 条による負担軽減が図られている。依頼者によるこのような証明が奏効すると、弁護士は、利益が実際上または別な理由によって生じていないという、反対事実の証明によって、民法 252 条 2 文による推定を覆さなければならない[60)]。

このように、損害をめぐる証明に関しては、義務違反や因果関係の証明の問題領域とは明らかに事情を異にしている。

57） Baumgärtel/Laumen, §675 Rn.44.

58） Rosenberg/Schwab/Gottwald, §114 Rn.3; Stein/Jonas/Leipold, §278 Rn.30a.

59） わが国の民訴法 248 条をめぐっては、兼子一ほか『条解民事訴訟法［第 2 版］』（弘文堂、2011 年）1387 頁等参照。

60） Baumgärtel/Laumen, §675 Rn.45.

5　弁護士・依頼者「双方の過失」があった場合の過失相殺

(1)　依頼者の損害賠償請求権が確定したけれども、弁護士が、民法 254 条[61]に基づいて依頼者の方にも過失があったと主張する場合には、この抗弁についての主張・証明責任は、一般原則に従って、弁護士が負担しなければならない[62]。発生した損害に対する依頼者側の共同の原因（Mitursächlichkeit）や依頼者の過失（Verschulden）を弁護士が主張したのに対して、依頼者がこれを争う限りは、弁護士は、これらについて本証の提出（民訴法 286 条）を必要とする。

もっとも、依頼者の行為が損害の拡大にどれだけ影響したかという問題については、責任充足的因果関係（Haftungsausfüllende Kausalität）に関するものであり、民訴法 287 条の規準に従って判断されることになる[63]。

(2)　こうした民法 254 条に基づく過失相殺に関しては、委任者と受任者との間の責任の割合・範囲を特定しなければならないという難題が存しているが、おおむね次のように解されている[64]。

すなわち、一方で、専門家として事件を受任した弁護士は、専門知識を備えているのであるから、依頼者の法的な危険に対して十分な注意を払っていれば、これを認識し、また回避することができた場合には、依頼者に対して過失相殺を主張することはできない。また、このことは、依頼者が法律に通じている者であっても、基本的に変わりはない。

他方で、損害の原因が依頼者自身の責任領域において生じており、かつ、依頼者が損害から自己を守るために必要な注意を欠いたときには、過失相殺の余地がある。例えば、依頼者が弁護士に対する情報提供義務（Informationspflicht）

61）　ドイツ民法第 254 条（共同の過失）

①　被害者の過失が損害の発生について共に作用している場合、賠償の義務及び範囲は、特に、損害がどれだけ広範に一方の当事者又は他方の当事者から優位に起因しているか、という事情に依存する。

②　異常に高い損害であって、債務者が知ることができず若しくは知るはずもなかった損害の危険について、被害者が債務者に注意すべきことを怠り、又は、被害者がこうした損害を防止し若しくは減少すべきことを怠った点に被害者の過失がある場合にも、前項と同様とする。第 278 条の規定を準用する。

62）　BGHZ 91, 243, 260 を先例とし、その後、多数の判例がこれを踏襲している。Vgl. Baumgärtel/Laumen, §675 Rn.58.

63）　Baumgärtel/Laumen, §675 Rn.58.

64）　Baumgärtel/Laumen, §675 Rn.58; Bamberger/Roth/Fischer, §675 Rn.29a.

に有責的に違反し、こうした過失によって弁護士の役務提供を不完全なものにし、その結果、依頼者に損害が生じたという場合である[65]。また、依頼者が弁護士に問い合わせなかったことが損害の発生に対する過失であると弁護士が主張する場合も同様であるが、その際には、弁護士は、依頼者から助言の求めがなかったことを証明しなければならない[66]。

ほかにも、例えば、依頼者が期待可能な法的救済を求めれば、侵害行為を回避または減少させる十分な見込みがありながら、これをしなかった場合に、このことについて依頼者に非難可能性があるときも、過失相殺は認められる[67]。

(3) (1)後段で述べたように、責任の割合・範囲を定めるためには、民訴法287条に従って弁護士の行為と依頼者の行為のいずれが、損害の発生に対してより高度な蓋然性をもって作用したかという点が重要となる。また、例外的ではあるが、損害をいずれか一方に完全に負担させるという場合もないわけではない。もちろん、これが正当化されるか否かは、個別事例においてすべての事情を斟酌して包括的な利益衡量に従ってのみ判断することが可能となる[68]。

ちなみに、こうした点の判断は、原因判決（民訴法304条1項）においても行うことができる。

VI むすびに代えて

(1) これまで述べてきたように、弁護士責任訴訟においては、義務違反と因果関係の主張・証明責任は、いずれも依頼者が負担しなければならず、これを軽減する表見証明は一定の範囲でしか適用されていないことが明らかになったであろう。他方で、同じく専門家に対する医師責任訴訟においては、法律上の推定規定を介して、診療上の過誤や、これと損害との間の因果関係について、証明責任の転換が図られているのとは対称的である。

(2) 本章では、その理由を、主として、弁護士の依頼者に対する訴訟追行上

65) BGH NJW 1999, 1391, 1392.
66) BGH NJW-RR 2005, 1511, 1513.
67) Borgmann/Jungt/Grams, Anwaltshaftung, 4.Aufl., Kap. V Rn.125.
68) BGH NJW 2011, 2138〔26〕; BGH NJW 2013, 2345〔30〕.

の危険をめぐる支配可能性と医師の患者に対する診療上の危険をめぐる支配可能性との違いに求めてみたが、これのみに限られるわけでないことも明らかである。弁護過誤と医療過誤とを比較すると、前者においては、依頼者からの情報提供の多寡によって義務違反の有無は大きく左右され、その判断に不確実性がつきまとうだけでなく、義務違反と損害との間の因果関係についても事象経過の定型性を欠き、推定を働かせる経験則といえるものがあまり存在しないという点においても、後者におけるのとは著しい相違がある。したがって、弁護士と医師の置かれた状況の相違とこれを責任追及訴訟に反映した議論の展開が欠かせないと考える。

(3) そうした意味で、今後のさらなる検討が必要であり、その際には、ドイツの判例が試みてきた表見証明に視線を注ぎ、その適用可能性を模索することにやはり期待を寄せることになろう。依頼者と弁護士の立場を比較した場合に、双方の間に立証上の較差が潜在的に存していることは否めず、これを回復するためには、何らかの措置を必要とするからである。

(4) 医師責任訴訟におけるような妙案は、継続的な判例の集積によってはじめて得られたものであって、弁護士責任訴訟の問題領域においても、そうした地道な工夫によって問題解決の方向を見い出すことが必要かつ可能になるものと考える。

第7章　証拠法の国際調和

——現在の試みと将来に向けた試み

I　はじめに

国境を越えた民事・商事事件をめぐる手続法の国際環境は、今世紀に入ってから、明らかに改善の兆しを見せている。世界的規模での社会・経済の国際化によって、長い歴史のなかで固有の法文化に支えられてきた各国手続法は、自己主張から相互理解へと進展することを余儀なくされている。そのエポックを画するものが、今世紀初頭における、アメリカ法律協会（ALI）・私法統一国際協会（UNIDROIT）の共同プロジェクトによって作成された『国際民事訴訟原則（Principles of Transnational Civil Procedure）』[1]の採択（2004年5月）であることは誰もが

＊　本章のIIにおいて取り扱った法律家国際協会『国際商事仲裁証拠手続規則（IBA Rules on the Taking of Evidence in International Commercial Arbitration）』については、執筆（2009年3月）後に改正があり、2010年5月29日に新たな規則が採択された。新規則は、『国際仲裁証拠手続規則（IBA Rules on the Taking of Evidence in International Arbitration）』となり、適用範囲を「商事仲裁」に限定しないものとなった。また、内容的には、「米国訴訟流の広汎なディスカバリを認めず、関連性と重要性という2つの要件の下に、限定的な文書提出義務を認めること」によって、「大陸法的な証拠ルールとコモンロー的なそれとの……調和の賜物と言えるもの」（手塚裕之「新IBA国際仲裁証拠調べ規則について」JCAジャーナル58巻1号（2011年）6頁）と評価されている。したがって、旧規則と新規則との根幹に変更はなく、必要な範囲の改正にとどまっていると考えられる。そのため、本章における従前の記述については、変更せずにそのまま維持することとし、細部については、本章の末尾に〈参考条文〉として新規則の拙訳を付することによって補充するという形とした。また、関連して、旧規則の条文に併せて、新規則の条文を示すこととした。

新規則については、社団法人日本仲裁人協会による日本語訳（2010年9月17日）「IBA国際仲裁証拠調べ規則」がすでにあり、また、前掲の手塚裕之弁護士の正鵠を射た論述があり、これらをご参照していただきたい。なお、拙訳においては、これらを参考にさせて

疑わないであろう。また、これに先立つ、法律家国際協会（IBA）『国際商事仲裁証拠手続規則（IBA Rules on the Taking of Evidence in International Commercial Arbitration）』の施行（1999年改訂）が寄与したことも確かであろう。なぜなら、これら2つの試みによって、国際的な民事・商事事件における司法摩擦は、十分な解消にはほど遠いものの、徐々に調和の方向へと加速していることは明らかであるからである。

だが、周囲の国際仲裁手続をも含むこうした環境変化にもかかわらず、現実を直視するならば、上記『原則』の序文中に示されている、「法の改革は、息切れする者には向いていない。」[2] との、かつてのALIの指導者の言葉に象徴されるように、調和への道のりが決して平坦なものでも楽観視できるものでもないことは、容易に理解できるであろう。わけても大陸法系制度と英米法系制度との間に存する、手続調和に対するさまざまな障害を一瞥するならば[3]、これを克服することの困難さを率直に認めざるをえないことも確かである。また、

いただいたほか、英文と併せて、同じくIBAから公刊されているIBA-Regeln zur Beweisaufnahme in der internatonalen Schiedsgerichtsbarkeitに依拠した。

1） ALI/UNIDROIT, Principles of Transnational Civil Procedure, Cambridge 2006; 同原則及びコメントの翻訳として、名古屋裁判所国際関係法研究会・細川清監修「アメリカ法律協会・私法統一国際協会 国際民事訴訟原則」判例時報1998号（2008年）3頁以下。本章においても、同翻訳に依拠した。

なお、これに先立って、ジェフェリー・C・ハザード教授およびミケーレ・タルッフォ教授が中心となって作成した「国際民事訴訟規則」の試案については、小島武司「アメリカ法律協会『渉外民事訴訟ルール』プロジェクトについて」国際商事法務27巻5号（1999年）512頁、アメリカ法律協会編（三木浩一訳）「渉外民事訴訟ルール討議用草案No.1」国際商事法務27巻5号（1999年）513頁以下、小島武司「ALI“Transnational Rules of Civil Procedure（1999）”」国際商事法務27巻9号（1999年）1022頁以下のほか、田邊誠「『渉外民事訴訟ルール』草案（アメリカ法律協会起草）研究会報告」国際商事法務27巻10号（1999年）1157頁以下、小島武司「アメリカ法律協会『渉外民事訴訟ルール』について」法の支配119号（2000年）57頁以下、同「近未来の課題としての渉外民事訴訟共通手続ルール」新堂幸司先生古稀祝賀『民事訴訟法理論の新たな構築（上）』（有斐閣、2001年）269頁以下参照。

さらに、これに対するUNIDROIT側、特にロルフ・シュテュルナー教授の分析については、春日偉知郎「『渉外民事訴訟ルール草案』に対するヨーロッパ側の反応—シュテュルナー鑑定意見の翻訳（上）（下）」国際商事法務28巻3号（2000年）281頁以下、同28巻4号（2000年）407頁以下参照。

2） ALI/UNIDROIT, supra note 1, at XXV.

3） 手続法の背後に存する文化的な価値観をも含めた相違とこれを反映した手続調和に対する障害について、ジェフリー・C・ハザード・ジュニア（三木浩一訳）「手続法における国際的調和」民事訴訟雑誌44号（1998年）74頁以下が詳細に論じている。

その一例がアメリカ法の「公判前証拠開示（pre-trial discovery）」の域外適用の問題であって――その究極は対抗立法や訴訟差止命令の応酬である――[4]、これに関連する証拠法上の諸問題が喫緊の課題として存していることも、改めて指摘するまでもなかろう。

そこで、本章では、手続法の国際調和の礎といえる前記『国際民事訴訟原則』における証拠法の部分と、先行する『国際商事仲裁証拠手続規則』を俎上に載せて、特に対アメリカとの間で摩擦が絶えない証拠開示及び証拠調べにおける調和の試みに焦点を絞って眺め、そのあり方を模索・検討してみたい[5]。もちろん、その際に本来は、同『原則』が想定している手続基本構造など、総論的な問題をも視野に入れるべきではあるが[6]、本章では問題提起を主眼としているため、当面の対象を前記のように限定して若干の考察を加えて、同『原則』の今後の行方などについて感想を述べてみたい。

なお、以下では、適宜、『国際商事仲裁証拠手続規則』を『IBA・証拠規則』、『国際民事訴訟原則』を『原則』といい、また、この『原則』と併せて報告者が実施モデルとして提示した『国際民事訴訟規則（Rules of Transnational Civil Procedure）』を『規則』と呼ぶこととする[7]。

4） 詳しくは、ロルフ・シュテュルナー（春日偉知郎訳）『国際司法摩擦』（商事法務研究会、1992年）、春日偉知郎「証拠収集及び証拠調べにおける国際司法共助―執行管轄権の視点を交えて」中野貞一郎先生古稀祝賀『判例民事訴訟法の理論（下）』（有斐閣、1995年）425頁以下等参照。

5） 河野正憲「ビジネス紛争の国際化と民事訴訟手続」井上治典先生追悼論文集『民事紛争と手続理論の現在』（法律文化社、2008年）43頁以下は、『原則』に言及しつつ訴訟手続の国際調和の試みとその限界を踏まえた上で、各国民事訴訟制度の比較法的検証の必要性を強調し、巨視的な観点からグローバルなビジネス活動に伴う法的紛争解決のための方向性を模索する必要性を説いている。また、貝瀬幸雄「ヨーロッパ民事訴訟法序説―ロルフ・シュテュルナーの『ヨーロッパ民事訴訟法』研究を中心に」小島武司先生古稀祝賀『民事司法の法理と政策（上）』（商事法務、2008年）193頁以下は、同教授の研究に即して、同じく民事手続法のハーモナイゼーションを詳細に分析・検討している。

6） 全体の詳細な分析・考察については、Rolf Stürner, Die »Principles of Transnational Civil Procedure« ―Eine Einführung in ihre wichtigsten Grundlagen, ZZPInt 11 (2006), S.381 ff.; ders., The Principles of Transnational Civil Procedure—An Introduction to Their Basic Conception, RabelsZ Bd.69 (2005), S.201 ff.（前者の翻訳として、ロルフ・シュテュルナー（春日偉知郎訳）「国際民事訴訟原則（Principles of Transnational Civil Procedure）―その最も重要な根幹について」法学研究82巻4号（2009年）115頁以下参照）。

7） 『原則』と『規則』との関係については、後掲注26）参照。

Ⅱ　先駆けとしての『IBA・国際商事仲裁証拠手続規則』[8)]

1　バックグラウンド

(1)　周知のように、ロングランの様相を呈していた国際的な司法摩擦が頂点に達したのは、アエロ・スパシアーレ事件（判決は1987年）であり[9)]、アメリカの「公判前証拠開示」の域外適用に端を発している。また、対応に追われたヨーロッパ各国は、「法廷の友としての意見書（amicus curiae brief）」を提出し、アメリカの域外証拠収集に対して厳しい態度で臨んだことは、我々の記憶に生々しい。

もちろん、両者の対立は、訴訟の相手方および第三者が所持する証拠方法に対するアクセス権の基本的確保という認識が徐々に定着するに伴って、緩和される傾向にある。すなわち、大陸法系諸国においても、フランス新民訴法典（1976年施行）を皮切りに、第三者の所持する文書も含めて、提出義務の一般義務化が促進・定着してきており、ごく最近の例としては、スイス民訴法（2006年）における包括的な文書提出義務をあげることができる[10)]。

(2)　だが、それにもかかわらず、アメリカの公判前証拠開示の広範さは、ヨーロッパ諸国およびわが国など大陸法系において「証拠漁り（fishing

---

8)　IBA Rules on the Taking of Evidence in International Commercial Arbitration (Adopted by the IBA-Council in June 1999) の作業グループは、アメリカ、ドイツ、イタリア、スウェーデン、イギリス、フランス、香港、スペイン、ベルギー、スイス、オランダといった国々と地域のメンバーで構成されている。ちなみに、本規則以外に、主要な仲裁規則、例えば国際商業会議所（ICC）仲裁規則、ロンドン国際仲裁廷（LCIA）仲裁規則、ドイツ仲裁機関（DIS）仲裁規則などにおいては、詳しい証拠規則は存しない。こうしたことからも、国際的な取引紛争の解決手続における証拠収集および証拠調べに関して本規則の重要性は明らかである。なお、本規則に関連して、吉田啓昌・大河内亮「仲裁手続における証拠収集」JCAジャーナル53巻5号（2006年）2頁以下参照。

9)　Société Nationale Industriell Aérospatiale v. U.S. District Court for the Southern District of Iowa, 107 S.Ct. 2542 (1987), 788 F.2d. 1408. この事件については、小林秀之『新版・PL訴訟』（弘文堂、1995年）218頁以下、春日・前掲注4) 437頁以下参照。

なお、ディスカヴァリーについては、小林秀之『新版・アメリカ民事訴訟法』（弘文堂、1996年）148頁以下、笠井正俊「アメリカ民事訴訟における2000年のディスカバリ制度改正をめぐって」新堂幸司先生古稀祝賀『民事訴訟法理論の新たな構築（下）』（有斐閣、2001年）1頁以下、リチャード・L・マーカス（三木浩一訳）「アメリカにおけるディスカヴァリの過去、現在、未来」大村雅彦・三木浩一編『アメリカ民事訴訟法の理論』（商事法務、2006年）29頁以下、浅香吉幹『アメリカ民事手続法［第2版］』（弘文堂、2008年）73頁以下等参照。

expedition)」として不満の種であって、調和のとれた訴訟の基本構想に関する相互理解の障害となってきた[11]。それゆえ、国際取引紛争においては、訴訟手続に代わって、当事者の合意に基づいて柔軟な対応が可能な仲裁手続——特に証拠調べの手続——による解決に期待が寄せられ、現に、アンシトラル・モデル仲裁法（1985年）19条2項は、証拠手続に関して仲裁廷の裁量に委ねるとともに、当事者には、文書提出の範囲および方法に関して合意による直接的な取決めをするか仲裁規則の選択を通じて間接的に決めるかの選択権を与えている。しかしながら、モデル仲裁法には、証拠調べをめぐる具体的かつ詳細な規定は存せず[12]、その必要性を満たすためには——特に証拠法の国際調和の観点からは——、『IBA・証拠規則』（1999年改訂）を待たねばならなかった[13]。

2 『IBA・証拠規則』の具体的内容

ところで、『IBA・証拠規則』は、『原則』が民事訴訟法の国際的な調和（Harmonization）を目的としているのと同様に、国際商事仲裁における証拠法の国際調和を目指すものである。すなわち、従来の苦い経験を踏まえて[14]、事実認定の領域において、仲裁廷が提出義務をめぐる判断の主体であって、一方では当事者の意思に反してでも仲裁判断に必要な文書の提出を義務づけるとともに、他方ではディスカヴァリーを抑制して証拠漁りを認めないという形で、大陸法系と英米法系との間に存するジレンマの解消を図っている。証拠法の領域、とりわけ書証を中心とする手続法の国際調和の工夫ではあるが、これまでにな

10） Stefan Huber, Entwicklung transnationaler Modellregeln für Zivilverfahren am Beispiel der Dokumentenvorlage (2008), S.361. フランス新民訴法138条（第三者所持文書）および142条（当事者所持文書）。スイス民訴法（2008年）160条は、「当事者及び第三者は、証拠調べにおいて以下の協力義務を負う。」とし、「(a)当事者又は証人として真実に従って証言すること及び(c)鑑定人による検証を受忍すること」と並んで、「(b)文書を提出すること」を列挙している。もちろん、これ以外に、ドイツ民訴法142条・144条（2001年改正）のほか、わが国の民訴法220条も例外ではない。

11） Stürner, a.a.O., ZZPInt 11, S.395.

12） Schwab/Walter, Schiedsgerichtsbarkeit, 7.Aufl. (2005), Kap 15, 8. Fn. 33 は、当事者の合意があるならばアメリカのディスカヴァリーを実施することも原則として排除されないと述べている。

13） 谷口安平「国際商事仲裁の訴訟化と国際化」法学論叢140巻5・6号（1997年）6頁以下が指摘するような国際商事仲裁の訴訟化が進行するのに比例して、国際仲裁においても証拠法の規定を充実する必要性はますます大きくなろう。

かった先行する試みであり、後述する『原則』に対しても少なからず影響を及ぼしていることが学説によっても指摘されている[15]。そこで、以下では、要点に即してその内容を紹介してみたい[16]（なお、後掲の〈仮訳〉および〈参考条文〉参照）。

(1)　文書の提出――当事者は、自らが依拠する文書であって、提出可能なもののすべてを仲裁廷が定めた期間内に仲裁廷および相手方に提出しなければならない（3条1項前段、新・同）。また、提出を求められた相手方は、異議を提出しないときは、自動的に提出義務を負う（3条4項、新・同）。もっとも、第三者は含まれていないため、仲裁廷は第三者に対しては原則として文書提出命令を発令できず、場合によっては裁判所の援助を介して文書の提出を求めることになると解されている（なお3条8項、新3条9項参照）。

提出すべき文書と争点との関連性については、「本案の判断に関連しかつ重

---

14)　Hilmar Raeschke-Kessler, Die Präambel der IBA-Rules of Evidence ― Ein Program für eine moderne Verfahrensgestaltung in internationalen Schiedsverfahren, Festschrift für Reinhold Geimer zum 65. Geburtstag (2002), S.858 f. は、国際仲裁において、当事者の弁護士のみならず仲裁人もまた自国の仲裁手続を持ち込もうとするため、国際商業会議所（ICC）またはロンドン仲裁廷（LCIA）によって選任された中立的な仲裁廷長であっても、例えばスイス人が選任されるかカナダ人が選任されるかによって、前者では大陸法系の、また後者では英米法系の手続に傾斜し、一方の当事者が安心する傍ら、他方の当事者はこれと反対の感情を懐く結果になると嘆いている。

15)　Huber, a.a.O., S.381 ff. は、『IBA・証拠規則』を「法文化間の架橋」をなすものであるとしている。Vgl. Gerhard Wagner, Europäisches Beweisrecht ― Prozessrechtsharmonisierung durch Schiedsgerichte, ZEuP 2001, 459.

なお、『原則』が適用対象としている紛争類型は、基本的に国際商事事件であって（「原則」の「範囲及び実施」第1文参照）、国際仲裁の対象とほぼ等しいため、事実認定という共通の問題領域において、先行する『IBA・証拠規則』を参考にする基盤はすでに存在していたといえよう。また、国際仲裁の当事者は、双方が異なる法圏に属していることが多く、合意に基づく受容可能な証拠調べを可能にするためには、特に証拠法を中心として手続全体を国際調和の観点から考案する必要があり、このことは訴訟手続の国際調和を考える上でも共通であるといえる。こうした意味において、『IBA・証拠規則』の重要性を十分に認識する必要がある。

16)　以下では、Karl-Heinz Böckstiegel, Beweiserhebung in internationalen Schiedsverfahren (2001), S.147 ff. 中に掲載されている Commentary on the New IBA Rules of Evidence in International Commercial Arbitration (2000) のほか、Hilmar Raeschke-Kessler, Die IBA-Rules über die Beweisaufnahme in internationalen Schiedsverfahren (S.41 ff.) によった。

なお、『IBA・証拠規則』（前文および全9条からなる）は、「証人」（4条）、「当事者が選任する鑑定人」（5条）、「裁判所が選任する鑑定人」（6条）、「検証」（7条）等も規定するが、割愛する。

要であること（relevant and material to the outcome of the case）」が必要であって（3条3項(b)、新・同）、文書の提出を求める者は、その申立ての際に証明すべき事実を十分に明確にして主張しなければならず、高い関連性が要求されている。また、他方で、「十分な関連性又は重要性を欠く（lack of sufficient relevance or materiality）」場合には、証拠として許容されない（9条2項(a)、新・同）。

これらをめぐっては、当てずっぽうの主張に基づく「証拠漁り」を防ぐためであるとともに、提出要求のあった文書を任意で提出するか否かについて相手方が判断するためにも有用であるとコメントされている。もっとも、上記の文言が不明瞭であるとの指摘もあり、証拠の模索の氾濫に対する危惧の念を完全に払拭しきれているわけではない。

また、文書の特定性を要求しているほか、限定的に許容される関連文書類に関しては、「限定的かつ特定的に求められる関連文書類（narrow and specific requested category of documents）」という文言を用いている（3条3項(a)ii、新・同）。

すでに述べたように、当事者が所持しており、証拠方法として用いようとする文書に関しては自動的な提出義務が存するものの、イギリス法のような文書のリストを交換する開示手続はない。また、自動的な提出義務の対象となっていない文書については、申立人がその存在を知っていることを前提として仲裁廷に文書提出命令の申立てを行い、仲裁廷は、提出義務者に酷にならないよう配慮して、つまりドイツ法の意味における相当性原則に従って、裁量により提出義務の存否を判断することとされている。

どのような方法で文書の提出義務を履行させるかに関しては、包括的な規定は存しない。提出義務者は、提出命令に応じて相手方のみならず仲裁廷にも提出しなければならない（3条9項、新3条10項）。原本の提出に代えて、写しを提出することも可能とされている（3条11項、新3条12項）。なお、費用の負担について定めがない点については疑問がないわけではない。

(2) 提出拒絶に対する制裁――不当な提出拒絶に対しては、仲裁廷は、証拠評価において、文書の記載内容が提出義務を負う者にとって不利なものであると推論することを可能としているにすぎない（9条4項、新9条5項）。提出を求める当事者が主張する文書の内容を真実と認めるにとどまり、ドイツ法上の証明妨害の場合における制裁と基本的に類似している。

上記の制裁は、訴訟における解決方法――例えば、アメリカ（連邦民訴規則37条が規定する制裁――不提出を理由とする不利な事実の擬制から裁判所侮辱罪まで）、イギリス（費用負担から訴え却下まで多様なほか裁判所侮辱罪も含む。）およびフランス（民訴法135条による適時に提出されなかった文書の訴訟からの排除、同139条による間接強制による提出。）――に比較して、著しく後退しているように思われる。しかしながら、民事訴訟の場合とは異なり、そもそも仲裁手続においては仲裁廷が裁判所侮辱罪や強制金を課すことは不可能であるから、これはやむをえない。それゆえ、仲裁廷には、『IBA・証拠規則』9条4項・5項（新9条5項・6項。なお、費用の制裁については7項参照）による不利な証拠評価以外の手段は与えられておらず、場合によっては懈怠判決の余地があるとしても、基本的に手続内の制裁を科す以外には方法はない。

もっとも、学説は[17]、こうした仲裁廷の制裁が裁判所の制裁に比べて強力ではないことを、マイナスに過大評価すべきではないとしている。なぜなら、アメリカの裁判所で被告とされたドイツの企業が及び腰になる主たる原因は、証拠開示による解明義務の範囲が広範である点もさりながら、アメリカの裁判所には効果的なサンクションを頻繁に用いる可能性が与えられている点にあるからであり[18]、したがって、『IBA・証拠規則』3条9項（新3条10項）が規定するように、仲裁廷に対して「職権」で提出命令を発令できる権限（なお後述(4)参照）が与えられていることこそが当事者にとっては脅威であって、これが制裁として効果的に働くからである。

(3) 提出拒絶事由――これに関しては、9条2項が列挙しているので、詳細は省くが、具体的には、十分な関連性または重要性を欠いていること（(a)）、法的障害事由または秘匿特権の存在（legal impediment or privilege）（(b)）、不相当な負担または提出不可能の抗弁（(c)(d)）、秘密保持利益または政策的利益の存在（(e)(f)）、武器対等性の欠如（(g)）、がそうである（旧・新両規則とも）。また、同条3項が（新同条4項）、文書の閲覧に際して秘密保護措置を規定していることも留意すべきであろう。

17) Huber, a.a.O., S.385.

18) Stürner, Der Justizkonflikt zwischen U.S.A. und Europa, in “Der Justizkonflikt mit den Vereinigten Staaten von Amerika” (1986), S.13; Wagner, a.a.O., ZEuP 2001, 500.

なお、(a)からは、広範な提出を避けてピンポイントで提出を求めるという考え方が示唆されている。

(4) 以上がおおよその内容であるが、これらからみて、『IBA・証拠規則』については、当事者の一般的な文書提出義務を認めている反面、広範な文書提出要求を抑制するために、提出要求に際して当該文書と争点との関係をめぐってかなりの程度の「関連性」を要求しており、これによって、開示の範囲が証拠漁りを可能とするようなものにまで拡大しないよう歯止めをかけているといえる。

また、関連して、提出要求は仲裁人の手続上の指揮に多くを依拠しており、その能動的な活動を介して適切な範囲の提出を促そうとしていると指摘できる。既述のごとく、『IBA・証拠規則』では文書のリストの開示義務については規定がないけれども、仲裁人が職権によってリストの提出を命ずることによって代替可能であると解されている。したがって、仲裁人の能動性の理念は、こうした側面でも積極的に作用しているといえる[19]。

【法律家国際協会（IBA）『国際商事仲裁証拠手続規則』（抜粋・仮訳）】

第3条（文書）

① いずれの当事者も、仲裁廷が定めた期間内に仲裁廷及び相手方に対して、自らが依拠する文書であって、提出可能なもののすべてを提出しなければならない。公文書及び公的機関が所持する文書も含まれる。ただし、すでに相手方によって提出されている文書を除く。

② 仲裁廷が定めた期間内に、当事者は仲裁廷に文書の提出を求める申立てをすることができる。

③ 文書の提出を求める申立ては、次に掲げる事項を明らかにしてしなければならない。

(a) i 提出すべき文書を特定するに足る文書の表示、又は

ii 限定的かつ特定的に求められる関連文書類に関しては、提出すべき文書の詳しい表示であって、文書の存在を示す合理的な根拠を示すもの

(b) 提出すべき文書が本案の判断に関連しかつ重要である（relevant and material）ことの記述

(c) 提出すべき文書が、提出を求めている当事者の所持、保管又は支配するものではなく、相手方の所持、保管又は支配するものであることを推認せしめる理由

---

19) Huber, a.a.O., S.386.

④　仲裁廷が定めた期間内に、文書の提出を求める申立ての相手方は、異議がない限り、仲裁廷及び他方の当事者に対して、自らが所持、保管又は支配する文書であって、求められたもののすべてを提出しなければならない。

⑤　文書の提出を求める申立ての相手方は、提出を求められた文書に関して異議を有するときは、仲裁廷が定めた期間内に仲裁廷に書面でこの異議を提出しなければならない。異議は、第9条第2項に掲げる理由によるものでなければならない。

⑥　仲裁廷は、当事者を審尋した後に、文書の提出を求める申立て及び異議について適切な期間内に裁判しなければならない。仲裁廷は、申立ての相手方に対して、その者が所持、保管又は支配する文書を仲裁廷及び他方の当事者に対して提出すべきことを義務づけることができる。ただし、

　i　この文書によって申立当事者が立証しようとする事実が本案の裁判に関連しかつ重要であると仲裁廷が認め、かつ、

　ii　第9条第2項に掲げる排除事由が存しない場合に限る。

⑦　文書を閲読することによってのみ、異議が理由のあるものであるか否かを判断することができる場合には、仲裁廷は、文書を閲読しない旨を決定することができる。その場合において、仲裁廷は、当事者の同意を得て、守秘義務を負う独立した中立的な鑑定人に対して文書を閲読させた上で、異議について報告させることができる。仲裁廷が異議に理由があると認めるときは、鑑定人は、仲裁廷及び他方の当事者に対して文書の内容を知らせないことを許される。

⑧　当事者の一方が、仲裁手続の当事者でない者又は組織であって、これらの者から当事者が自ら文書を入手することができない場合に、これらの者による文書の提出を求めるときは、文書を提出させるために法的に許容されるすべての措置をとるように、仲裁廷が定める期間内に仲裁廷に対して申し立てることができる。当事者は、文書を十分に特定しかつその文書が本案の裁判に関連しかつ重要であることを理由づけなければならない。仲裁廷は、その申立てについて裁判し、その裁量に従い文書が関連しかつ重要であると認めるときは、必要な措置を講ずることとする。

⑨　仲裁手続の終結に至るまで何時でも、仲裁廷は、当事者に対して、本案の裁判に関連しかつ重要であるとみなす文書を仲裁廷及び相手方に対して提出すべきことを命ずることができる。当事者は、この命令に対して、第9条第2項に掲げる理由に基づいて異議を提出することができる。当事者が異議を提出したときは、仲裁廷は、本条第6項に掲げる事由を考慮して文書の提出を命ずるか否か、及び、相当と認めるときは、本条第7項の手続を行うか否かについて裁判する。

⑩　仲裁廷が定める期間内に、当事者は、仲裁廷及び他方の当事者に対して、他方の当事者によって提出された文書、証言、鑑定意見又はその他の当事者の陳述において生じた争点に基づいて関連しかつ重要であると考えるこれ以外の文

書の提出を求めることができる。

⑪　文書の写しを提出するときは、原本に相違のないものでなければならない。仲裁廷が求める場合には、その調査のために、原本を提出しなければならない。

⑫　当事者（又は本条第８項による第三者）が本規則に従い提出するすべての文書については、仲裁廷及び相手方当事者は、これを秘密として扱わなければならない。これらの文書は、仲裁手続との関連においてのみ使用することができる。仲裁廷は、秘密とすることの条件を定めることができる。この条件は、仲裁手続におけるその他の守秘義務を妨げるものではない。

第９条（証拠の許容性、証拠評価）

①　証拠の許容性、関連性及び証拠価値については仲裁廷が判断する。

②　仲裁廷は、以下に掲げる理由が存するときは、当事者の申立てに基づいて又は職権で、文書、陳述書、口頭陳述又は検査（結果）を証拠方法から除外することができる。

(a)　十分な関連性又は重要性を欠くとき

(b)　仲裁廷が適用可能とみなす法規又は職業規則に基づいて生ずる法的障害事由又は提出拒絶事由があるとき

(c)　求められた証拠方法の収集のために不相当の費用がかかるとき

(d)　求められた文書の喪失又は毀損について合理的な理由が存するとき

(e)　経済的又は技術的理由に基づく守秘義務であって、これに服すべきであると仲裁廷が判断したとき

(f)　特別な政策的又は制度的な秘密保持利益であって、これに服すべきであると仲裁廷が判断したとき（こうした秘密保持利益は、政府又は国際機関によって秘密保持の必要性があるとされた証拠方法に関しても認めることができる。）

(g)　公正な手続又は当事者の公平の要請であって、これに服すべきであると仲裁廷が判断したとき

③　仲裁廷は、相当であると認めるときは、適切な秘密保護の下で証拠調べをするために、必要な措置を講ずることができる。

④　当事者の一方が、十分な理由がなくかつ申立てに対する適時の異議を提出することなく、相手方が提出を申し立て、仲裁廷が提出を命じた文書の提出を怠るときは、これに基づいて、仲裁廷は、この当事者に不利益な判断をすることができる。

⑤　当事者の一方が、十分な理由がなくかつ申立てに対する適時の異議を提出することなく、相手方が提出を申し立て、仲裁廷が提出を命じた、証言を含むその他の関連する証拠方法の提出を怠るときは、仲裁廷は、この証拠方法についてこの当事者に不利益な判断をすることができる。

Ⅲ 『ALI/UNIDROIT・国際民事訴訟原則』における証拠法の国際調和

『IBA・証拠規則』と比較して、『原則』は、当事者に対してより広範な証拠へのアクセス権を認めている。しかし、ここでも、結論を先取りするならば、ディスカヴァリーにおけるような規模の証拠開示を防ぐために、『IBA・証拠規則』におけるのと同じような工夫が試みられているといえる。以下では、両者のこうした共通項を探りながら、将来における証拠法の国際調和のための要点を探ってみたい。また、これを通じて、客観的にみて、『IBA・証拠規則』は、『原則』の証拠法に対して、先駆けまたは伏線としての意味を持っていたことも明らかになるであろう。

なお、検討に先立って、『原則』が適用される紛争は、国際商事事件に当面は限定されていることをあらかじめ確認しておきたい[20)]。その上で、①事案解明における裁判所・当事者間の役割分担、②証拠収集および証拠調べの範囲、③提出（証言）拒絶権といった、3つの項目に即して眺めてみることにする[21)]。

---

20) 『原則』は、異なる法文化圏相互の国際的なコンセンサスを可能にする道標としての役割を担い、「モデル法」的機能を備えようとしているため、民事訴訟の調和への道のりに重大な障害となるであろうアメリカの陪審手続の対象となっている紛争（人身被害、不法死亡に関する訴訟および制定法上の消費者の権利に関する訴訟）については、適用範囲から除外している——前二者については『規則』の Comment, R-2A (ALI/UNIDROIT, supra note 1, at 101) において、また、後者については『原則』の「範囲及び実施」において明記されている——。アメリカでは、陪審裁判が憲法上保障された権利であって、これを放棄する期待可能性は当初から完全に否定されているからである。その結果、当面は国際商事事件を適用対象の中核に置き、知的財産関係の訴訟も含むこととし（『規則』Comment, R-2A (ALI/UNIDROIT, supra note 1, at 101)）、将来的には民事紛争にも門戸を「開かれた」手続とすることとした。国際商事紛争を主たる対象とした理由は、上記のように、①陪審手続の適用がないことのほかに、②商人間や企業間の訴訟は、国内の法文化や特定の地域的特殊性をほとんど顧慮する必要がないこと、および③国際商事紛争に対してすでに国際仲裁手続が調和的な解決手段を提供しており、これに準拠するのが妥当であると考えられることによる（Stürner, a.a.O., ZZPInt 11, S.383）。

21) 筆者が寡聞であるせいか、『原則』採択後の本テーマをめぐる文献として、前掲注 6）のシュテュルナー論文のほかには、前掲注 10）のフーバー論文以外にはそれほどなく、以下の記述（特に 2）は、共同プロジェクトの報告者の 1 人であったシュテュルナー教授の前掲文献に依拠していることをお断りしておく（シュテュルナー教授の 2 つの前掲論文は、内容を基本的に同じくするものであるため、引用に際しては前者（Stürner, a.a.O., ZZPInt 11）による）。

1　事案解明における裁判所・当事者の役割分担

(1)　この問題をめぐっては、事案解明を含む手続の全過程において裁判官の能動性が強調されており、国際的傾向を反映した「管理者的裁判官（managerial judge)」像が、訴訟運営に関する『原則』第7（迅速な裁判の言渡し）と、実体的訴訟運営に関する第22（事実および法律の判断についての責務）から浮かび上がってくる[22)]。

特に、事案解明をめぐる裁判所・当事者間の役割分担については、『原則』第22が、裁判官に対して、すべての関連性のある事実および証拠を汲み尽くして法発見を試みるよう規定している点で、裁判官の責任を徹底して要求している。しかし、他方で、『原則』第11は、訴訟資料の提出を中心として当事者（および弁護士）の義務を規定しており、後者との相関関係において裁判所・当事者双方の役割分担を考えるべきであろう。なぜなら、『原則』第22は、職権探知主義を帰結しようとしているわけではなく、そこで規定されている裁判官の負担は過剰といわざるをえないからである[23)]。

(2)　当事者は事実資料および証拠方法を提出して結論としての救済方法を示す必要があり（「原則」第11－3)、また、裁判所は当事者の事実主張に対して修正と証拠の追加提出を促すことができる（『原則』第22－2－1）ことからして、積極的に弁論主義を規定しているとはいえないまでも、少なくとも職権探知主義を採っていないことは明らかである[24)]。また、『原則』第22においては、裁判所自らが証拠の収集を命じ（第22－2－2)、かつ、事実および証拠ならびに法律について当事者とは異なる評価をすることが可能とされているけれども、裁判所が自ら新たな事実を斟酌することはできないという意味において明らかに職権探知主義を否定しており、証拠調べおよび法的評価に際して当事者によっ

22)　Stürner, a.a.O., ZZPInt 11, S.392 f. において、シュテュルナー教授は、ある種の「協働主義（Kooperationsmaxime)」(S.393）的な方向を示しているとする。

23)　Stürner, a.a.O., ZZPInt 11, S.393. なお、国際的な訴訟において特に重要な外国法の確定に関しては、アメリカの連邦民訴規則に類似して（F.R.C.P. Rule 44.1 (2))、裁判所が専門家を任命して外国法に関する証拠を提出させることができることになっている（『原則』第22－4)。したがって、外国法は当事者によって主張され証明されなければならないとの一般的な考え方とは異なり、裁判所が認識可能性を汲み尽くさなければならないことになる。この点でも、裁判所の役割は強化されており、アメリカ法に傾斜している。

24)　なお、ALI/UNIDROIT, supra note 1, at 7 においてアドヴァーサリー・システムに触れている箇所がある以外には、これらの原則について言及はまったくない。

て選択された事実の主張に裁判所は拘束されている。したがって、シュテュルナー教授の言葉を借りるならば[25]、ここでは洗練された役割分担が規定されているのであって、これは現在のフランス、イギリスおよびドイツの訴訟モデルに共通しているものであると理解されている。

このように眺めてみると、『原則』においては、裁判官の能動的な側面が国内の民事訴訟におけるよりも強調されているが、国際的な商事事件の審理という特徴を踏まえるならば、裁判官のこうした積極的な役割を通じてこそ、事案解明の充実と手続促進の効果をあげることが可能になるという面を否定できず、おおむね妥当なものであるといえよう（なお、『IBA・証拠規則』における仲裁人の能動性についてはⅡ 2⑵・⑷参照）。

2　証拠収集および証拠調べの範囲

⑴　主題であるこの問題をめぐっては、『原則』第 16 ならびに『規則』第 21 および第 22[26] が、当事者および第三者の一般的な訴訟上の提出義務を規定している。しかも、当該文書が提出義務を負う者にとって有利なものか不利なものかを問わずに提出義務を負うこととなっている。もちろん、こうした考え方は、すでに各国法において基本的に承認されており、また、ハザード教授・タルッフォ教授が起草した「渉外民事訴訟ルール草案」[27] はもちろんのこと、これに対するシュテュルナー教授のフィージィビリティー・スタディーにおいても、基本的に肯定的な評価がなされている[28]。

⑵　問題は、ほとんど無制限ともいえる証拠方法へのアクセスが権利保護の

25）　Stürner, a.a.O., ZZPInt 11, S.393.

26）　規則第 21（証拠開示）および規則第 22（証拠の交換）は、以下の内容である（抜粋）。

【規則第 21－1】

裁判所の審理計画命令に従い、当事者は、裁判所及び相手方当事者に対して自らが提出を予定している証拠を明らかにしなければならず、それには、訴答において提出されたものに加えて、契約書及び取引関連書類といった文書その他の記録（第 21－1－1）等々が含まれる。

【規則第 22－1】

当事者は、秘密とすべきもの又は秘匿特権のある場合を除き、裁判所に対して、事件との関連性及び許容性のある証拠について所持者に提出を命ずるよう求めることができる。それには、特定され又は特定のカテゴリー内で特定される、文書その他の情報の記録（第 22－1－1）等々が含まれる。

保障を促進する反面、これによる相手方の私的領域への不当な介入に対して保護を考える必要もあるという点である。この点を強調するのが、シュテェファン・フーバー論文であり[29]、おおむね次のような考え方を展開している。すなわち、権利保護の促進と私的領域の保護との緊張関係をどのように調整するかという問題が存しており、前者の優越を無制限に認めるならば、全面的開示の方向へ、逆に、後者の優位を強調するならば開示制限の方向へとベクトルは動く。しかし、民事訴訟の目的が権利の保護にあり、真実発見をその手段であると理解するならば、上記の緊張関係を最適に調整するためには、具体的な事案において、権利保護を促進する証拠の開示を原則とすべきことになろう。その反面、提出拒絶権が認められる場合に限って、証拠所持者の私的領域への介入は否定されることになる。したがって、原則は開示であって、秘匿は例外ということになる、と[30]。

また、このことから第三者の提出義務の根拠づけも可能になるとする。すな

なお、関連して、『原則』と『規則』との関係についても触れておきたい。ALI および UNIDROIT は、最終的には前者のみを採択したけれども、いわゆる「ダブル・トラック」の方法を最後まで維持している（Huber, a.a.O., S.388. ダブル・トラック方式については、小島・前掲注 1）「近未来の課題としての渉外民事訴訟共通手続ルール」283 頁参照）。これにより、「原則」は、固定した形式で基本カテゴリーを定めるのに対して、『規則』は、①進行する手続に即してむしろ技術的な細目を規定し、②『原則』の基本決定と整合する「編成的」規定ではあるが、多様な解決に親しむ発展性のあるルールであって、③特別な方法によって問題解決に適したものとする、という性格を備えている。もちろん、規則は原則からの帰結という留保を伴っており、訴訟文化相互間の協調という意味において実効性のある均整のとれた実施提案（Implementationsvorschlag）とみなされている（Stürner, a.a.O., ZZPInt 11, S.386 f.）。したがって、規則は、原則をめぐって自由選択の余地を残した具体的な実施について規定するものであって、各国は、原則のみを採用するか、それとも規則も採用するか、はたまた規則の一部のみを採用するかについて選択することができるという形態（いわゆる「ソフト・ロー（Soft-law）」の結びつき）にしてある（Huber, a.a.O., S.388. なお、『原則』だけが採択の対象となった理由について、河野・前掲注 5）56 頁参照）。いずれにせよ、性急な統一に拘泥して拘束的なものとするのではない点において、無理のない手続調和を促進するための工夫といえるであろう。

27）　アメリカ法律協会編・前掲注 1）517 頁（第 14 条）。

28）　春日偉知郎「『渉外民事訴訟ルール草案』に対するヨーロッパ側の反応―シュテュルナー鑑定意見の翻訳（下）」国際商事法務 28 巻 4 号（2000 年）408 頁。

29）　これを強調するのは、Huber, a.a.O., S.392 ff.

わが国において、こうした観点を提供するものとして、山本和彦「民事裁判における情報の開示・保護Ⅳ 各論 2　書証を中心に」民事訴訟雑誌 54 号（2008 年）112 頁以下。

30）　春日偉知郎「Ⅰ 問題の全体状況と主張・立証過程における開示」民事訴訟雑誌 54 号（2008 年）82 頁以下。

わち、権利保護の保障は、第三者にも当事者と等しくあるべきであり、当事者の地位との互換性が認められる以上は、権利保護の保障の観点からする開示要求も第三者に等しく妥当するはずであり、証拠開示の範囲をめぐって当事者と第三者との間で原則として差を設ける必要はなくなるとする。他方、訴訟係属に服していることを根拠に提出義務を肯定する考え方は、第三者の提出義務を理論的に説明するのが困難であるが、上記のような考え方によれば、訴訟係属に服していない第三者の開示義務も容易に説明可能となる。以上のように述べている。

(3) もっとも、このように、開示が原則であるとしても絶対的なものではないことから、次の問題として、開示の範囲をどのように決定するか、あるいは開示の範囲が不当に拡大することを制限するための法技術的な問題が生じてくる。周知のごとく、証拠開示をめぐる英米法系と大陸法系との間の具体的な争点もここに収斂している。

この問題について、シュテュルナー教授は[31)]、まず、「大陸法の伝統を備えたすべての訴訟法では、詳細な事実主張を行い、特定された証拠方法を提出するのは、当事者の責務であるとの共通認識がある。イギリスの現在の訴訟においても、こうした原則は徐々に知られており、プリーディングにおいて『事実』及び『証拠方法』を示すことが求められている結果、『ノーティス・プリーディング(notice pleading)』からの離反が明らかとなっている。他方、アメリカの訴訟では、長い間『ファクト・プリーディング(fact pleading)』が知られていたが、20世紀の半ば以降になって連邦民訴規則において『ノーティス・プリーディング』への方向転換があった」とし、プリーディングの段階において詳細な事実主張と特定された証拠方法の提示が欠けたことが、相互理解の重大な障害となっているとの正鵠を射た分析をしている。

その結果、まず訴答段階では[32)]、『原則』第11－3において、詳細な事実記載と特定された証拠の申出が要求されることとなり、例外的に、一般的な(概括的な)主張または一般的な証拠申出にとどまる(例えば「関連文書」と示すのみの

31) Stürner, a.a.O., ZZPInt 11, S.395. なお、プリーディングについては、小林・前掲注9)115頁以下、笠井正俊「ディスカバリと当事者・裁判所の役割」民事訴訟雑誌48号(2002年)236頁以下、浅香・前掲注9)63頁以下参照。

場合）正当な理由がある場合に限って、裁判所は、主張について理由づけの必要性を免除することができるとの結論に達している。

『原則』第11のコメントが示しているように、アメリカの連邦民訴規則のノーティス・プリーディングを否定し、「十分な特定性（sufficient specification）」を備えた証拠の提示が求められることになったことにより[33]、アメリカの過剰さを防ぐことが可能になることに期待が寄せられるとともに、他方ではドイツ

32）以下で述べる訴答段階や証拠提出の段階について、『原則』が措定する手続基本構造がどのようなものであるかについて、シュテュルナー教授は次のように理解している（Stürner, a.a.O., ZZPInt 11, 390 ff.）。すなわち、『原則』第9が想定している手続構造は、訴答段階、中間段階および最終段階という3段階の構造をとるものであって、基本的に「本案審理モデル（Hauptverhandlungsmodelle）」と呼ばれているものに親和的である。このモデルは、①書面による手続開始段階に続いて、②準備的な事案解明段階があって、最後に、③集中的な証拠調べによる争点の解明と最終弁論を行うというものである。また、手続全体への裁判官の関与を前提としており、陪審手続にはそぐわない構造とみなされている。ドイツ、イギリスおよびスペインにおいて近年になって初めて展開されたモデルであるといわれている。

なお、こうした「本案審理モデル」のほかに、「期日続行モデル（Modell terminlicher Sequenz）」および「トライアル・モデル（Trial-Modell）」と呼ばれるものが存しており、後二者は次のようなものである。すなわち、「期日続行モデル」は、書面による手続開始段階（訴えとこれに対する答弁）に続いて、複数の期日における審問裁判官による事実関係の解明を行い、その後に最終弁論――一部は別の裁判官による証拠調べを経ることのない――によって手続を終結するという構造をとっている。南ヨーロッパ法圏の諸国（フランス、イタリアおよびスペイン等）が、イタリア・カノン訴訟に基づいて発展させた訴訟モデルであって、オーストリアや従来のドイツもこうした手続構造をとっていた。また、もう1つの「トライアル・モデル」は、書面による訴答（pleading）段階に続いて、情報・資料の収集に役立つ公判前審理（pretrial）が行われ、その後に正式事実審理（trial）を行うというものであり、最後の段階では、裁判官または陪審員の面前で当事者が証拠資料の提出と口頭による法的主張を行うことになる。いうまでもなく、アメリカの陪審裁判の基本構造に即したものである（関連して貝瀬・前掲注5）218頁以下参照）。

最初に指摘したように、『原則』においては、最終的に、緩和された「本案審理モデル」が選択された。現に存する訴訟モデルに即応しつつ、比較的柔軟かつ弾力的な基本モデルとすることによって、将来の発展可能性を十分に含むようなものを選ぶという趣旨であろうと考えられる。したがって、中間段階である「準備的な事案解明段階」（前掲②）において証拠方法の交換および部分的もしくは完全な証拠調べの余地を認めるという開かれた手続段階となっている。また、南ヨーロッパ法圏の続行期日モデルに対して寛容さを示していることも明らかである。

なお、手続全体を通じて職業裁判官が関与することを前提としており、最終審理（final hearing）においては判決裁判官全員の面前で証拠調べを行うという直接主義（『原則』第22－3）が妥当している点も看過してはならない。

33）Comment, P-11B. ALI/UNIDROIT, supra note 1, at 31.

法における開示の狭さゆえに真実発見の早すぎる頓挫[34]をなくするような工夫が試みられている。

また、証拠提出の段階では、『原則』第16－1および第16－2ならびに『規則』第22－1において、証拠が争点の判断に「関連性」のある（relevant）ものであることが要件とされており、『原則』のコメントは[35]、裁判所の監督の下で一定の制限された「証拠開示（discovery）」を認めているとしている。この点は、前掲『IBA・証拠規則』におけるのと基本的に同様であるといえよう。もっとも、関連性の意味については、アメリカの理解との間で齟齬があることも事実である[36]。『原則』のコメントからは[37]、文書それ自体が、争いのある事実主張について少なくとも間接的に推論を可能とするものでなければならないと理解するのが適切ではなかろうかと考える。やや緩和されてはいるが、裁判所の監督のもとに証拠漁りを排除するとともに、第三者をも含めて比較的柔軟な幅の証拠開示が求められることになろう。

さらに、やや細かな問題ではあるが、提出を求める文書についてどの程度「合理的に特定された証拠（reasonably identified evidence）」でなければならないかということも問題となる。「規則」第22－1－1では、「特定され又は特定のカテゴリー内で特定される文書」としており、具体例として、「2月1日から3月31日までの期間にAとBとの間で行われた取引に関する通信文書」について特定性を肯定している[38]。一般論としては妥当であっても、事案の具体的状況、特に当事者に提出を求める場合と第三者に求める場合とでは、判断が異なることもありうると考える。

(4) このように、証拠の関連性および特定性の程度をあまり緩和しない姿勢は、少なくともディスカヴァリーを容認する以上は、その範囲を適切なものとするために不可欠な要件であると考えられているからであり、『IBA・証拠規則』の場合と同様に、広範な開示を調節するための安全弁としての機能を期待されている。また、そうした意味で、大陸法系の訴訟法にとっては協調の最前

---

34) Stürner, a.a.O., ZZPInt 11, 397.
35) Comment, P-16A, ALI/UNIDROIT, supra note 1, at 37.
36) Huber, a.a.O., S.400.
37) Comment, P-16A, ALI/UNIDROIT, supra note 1, at 37.
38) Comment, R-22I, ALI/UNIDROIT, supra note 1, at 132.

線といえるであろう。

3 提出拒絶権（秘匿特権）

(1) 秘匿特権は、社会生活上必要とされる重要な利益（自己負罪の拒否、プライバシー、職業の秘密等）の法的保護に資する反面、訴訟における事案解明を阻害するというジレンマを常に内包している。また、このジレンマは、各国の法制において保護の範囲が一様ではなく、特に英米法と大陸法の法文化の著しい相違によって増幅されるであろう。したがって、秘匿特権のコアの部分を『原則』中に掲げることは可能であるが、周辺に位置する多くの秘匿特権は、画一的に決めるわけにはゆかず、濃淡に応じて、ある程度各国の判断に委ねなければならないものと考える。

英米法の訴訟では、秘匿特権の範囲は狭く、例えば弁護士と依頼者間の秘匿特権（attorny-client-privilege）のようなごくわずかなものしか認められず、薄い保護しか与えられていない。他方、大陸法の訴訟では、第三者に対して比較的広く拒絶権を認めており、また、当事者に対しては特別な規定を設けずに、事案解明に協力しなかった当事者に不利益な評価をするという方法をとっている[39)]。

(2) こうした現状を反映した結果であろうか、『原則』第18においては比較的抽象的な枠組みが示されているにすぎない。すなわち、①当事者および第三者の拒絶権と免除特権の尊重を一般的に掲げた上で、②不利益な推認を行ったり間接的な制裁を科す際には、拒絶権や免除特権が証拠その他の情報を開示しないことを正当化できるか否かを考慮すべきであること、また同じく、③直接的な制裁を科す際にはこうした拒絶権や免除特権の保護を承認しなければならないとしているにとどまる。

こうした『原則』の内容から、具体的には、例えば、法廷地法に従って証人に対して証言を強いることが証人の本国法の秘匿特権に反する場合には、直接強制を科すべきではないであろう。なぜなら、直接強制を科さなかったとしても、秘匿特権を理由として秘密保持義務を免除しなかった当事者に対して不利益な推認をすることは妨げられないからであり、それで十分と考えられるから

---

39) Stürner, a.a.O., ZZPInt 11, 397 f.

である[40]。

なお、関連して、『規則』第27においては[41]、準拠法の選択を含む法廷地法によって認められる法曹の秘匿特権、和解交渉の内容の秘匿、その他が認められているにすぎないが、その趣旨は、上に述べたような事情を考慮するならば、限定列挙ではなく、その他のものも認める余地があると理解するのが適切であろう。

Ⅳ　評価と展望

(1)　手続法の国際調和の潮流は証拠法の領域においても例外ではなく、特に証拠開示の範囲をめぐる大陸法系と英米法系との間に存する対立は、訴訟当事者のみならず第三者に対しても一般的開示を求めることができるとの方向で、まずは解消への第一歩を進めた。もちろん、『原則』に先立つ、『IBA・証拠規則』の段階ですでに、アメリカ法のディスカヴァリーの要求に対しては、これを限定的に認めるための工夫として、証拠の「関連性」および「特定性」を要件とすることによる歯止めを用意し、手続調和を試みていたことも、本章から明らかであろう。

アメリカ法は、濫用ともいえる証拠漁りのリスクを覚悟してでも包括的な開示による証拠の収集を求めるが、わが国はもちろんのこと大陸法系諸国は、膨大なコストがかかり、和解の強要手段となるおそれのあるディカヴァリーに対して、裁判官のコントロールのきいた効率的な証拠収集を求めてやまない[42]。アメリカ側は、大量の弁護士のエネルギーを証拠開示に注いでいる結果、開示手続自体が自己目的化しているが、大陸法系諸国は、これを否定し、省エネ型と比喩できるコンパクトな証拠入手方法を考えようとする。だが反面で、情報の格差や証拠の偏在により権利の保護を初めから諦めざるをえない事態に遭遇する場合もままある。

(2)　結局、オール・オア・ナッシングではなく、相互の譲歩による調和の試

40)　Stürner, a.a.O., ZZPInt 11, 398.
41)　Rule 27-1, ALI/UNIDROIT, supra note 1, at 141.
42)　こうした視点として、春日・前掲注30) 92頁。

みによってしか将来への道は開けないであろう。もちろん、現状において、自国法の域外適用に慣れたアメリカ側が、広範なディスカヴァリーの後退を容易に受け入れるとは思わない[43]。しかし、『ALI/UNIDROIT・国際民事訴訟原則』の採択は、『IBA・国際商事仲裁証拠手続規則』が先行していたとはいえ、アメリカの広範な証拠開示手続との関係のみならず、プリーディングの段階での将来のあり方を示している点で、協調へと動くきっかけを与えるであろう。また、こうした転換によって、これまであった対抗立法の応酬や極端な法廷地漁りも解消の方向へ大きく前進するであろう。

それゆえ、今後は、モデル法的機能を備えている上記『原則』をより具体化して、適用可能なものにする作業が不可欠となることは当然であって[44]、現にそうした試みが早くも外国の若手研究者によって進められている[45]。また、対象は広範であって、国際裁判管轄、訴訟物（訴訟係属および既判力）問題、訴訟費用、判決の承認・執行などさまざまな問題に及んでいる[46]。筆者があえて非

43） この点をめぐって、ハザード教授は、国際商事事件においては「証書が中心的な役割を果たすことが通常であり、しかも、すべての当事者が関連文書の写しを有しているか、または、関連文書を具体的に特定できることが通常である」との理由をあげて、アメリカ側は広範なディスカヴァリーに対する制約を容易に受け入れられるはずであるとしている（ハザード・前掲注 3）88 頁以下）。確かに、現時点では『原則』の対象を商事事件に限定しており、その範囲においては、また、陪審裁判の問題と比較しても、『原則』の受容可能性は相対的にかなり高いといえるかもしれない。だが、将来的にこの枠をはずして、アエロ・スパシアーレ事件のような、国営企業の製造物責任が問題となるような事件をも視野に入れることになるならば、果たして、アメリカの相当程度の譲歩による協調がそのまま維持可能であるか否かについては、疑問なきにしもあらずという評価もありうるのではないだろうか。

44） もっとも、批判がないわけではなく、例えば、ペーター・ゴットヴァルト教授は、共同プロジェクトの『原則』に先立つ第 4 草案をめぐって 2003 年 6 月にハイデルベルクで開催されたドイツ語圏の諸国（ドイツ、オーストリア、スイス）の会議において、同草案の『原則』の多くはドイツ法においてすでに存在するものであると指摘している。しかしながら、他面で、同プロジェクトによる手続法をできるだけ効率的にするという努力と現実の手続調和を達成するために不可欠な具体性については高く評価しており、多面的な検討の必要性を示唆している。また、オーストリアおよびスイスの報告者の意見も、個々的な問題はあるとしても、おおむね肯定的な評価をしており、非常に積極的な反響があったとみられている。Vgl. Stefan Huber, ALI/UNIDROIT-Entwurf zur Ausarbeitung von Prinzipien und Regeln für transnationale Zivilverfahren, IPRax 2003, 556.

45） 例えば、本章でしばしば引用した、フーバー 論文がそうであるし、EU 域内を中心とするものではあるが、G. Wagner, a.a.O., ZEuP 2001, 441 ff. など。

なお、EU における国境の枠を越えた手続法の調和の現況については、春日偉知郎「EU 民事司法」庄司克宏編『EU 法 実務篇』（岩波書店、2008 年）255 頁以下参照。

力をも省みず本章において問題提起をしたのも、わが国の次世代の研究者が、ここで扱った問題も含めて、手続法の国際調和の問題全体について関心を持ち、国際的な意見交換の場において活発に議論をし、深めてほしいと願うからである[47]。長い道のりであって、緩慢な調和の試みの連続ではあろうが、筆者の希望が現実となることを期待して、将来への展望に代えたい。

〈参考条文〉
【法律家国際協会（IBA）「国際仲裁証拠調べ規則」（2010年5月29日採択）】
第３条（文書）

① 各当事者は、仲裁廷が定めた期間内に仲裁廷及び他方の当事者に、自らが依拠する文書であって、かつ、処分のできる文書のすべてを提出しなければならない。これには、公文書及び一般に入手できる文書も含まれる。ただし、すでに他方の当事者によって提出されている文書は除く。
② 当事者は、仲裁廷が定めた期間内に、仲裁廷及び他方の当事者に対して、文書の提出を求める申立てをすることができる。
③ 文書の提出を求める申立てには、以下の事項を記載しなければならない。
(a) i 各文書の表示であって、文書の特定を可能にする程度の表示、又は
ii 提出すべき文書の限定的なカテゴリーの十分に詳しい表示（文書の趣旨を含む）であって、文書の存在が合理的に認められるもの。ただし、文書が電子的な形式のものであるときは、提出を求める当事者は、特定されたファイル名、検索条件、個人名又は効率的かつ経済的に文書検索をするための他の方法を指定することができ、仲裁廷も当事者に対して同様の指定を命じることができる。
(b) 提出すべき文書が、事件とどのような関連性を有するか、及び、事件の判断に重要である旨の記載、並びに、
(c) i 提出を求める当事者が、提出すべき文書の所持、保管若しくは支配を

46） このほかに、例えば、イン・カメラ手続をどうするか、また、特にドイツなどの大陸法系諸国では採用していない交互尋問制（cross-examination）の導入の問題など、多くの検討課題もあろう。さらに、民事訴訟ではE-ディスカヴァリーの問題、国際仲裁では裁判所の援助を介したディスカヴァリーの実施の可否などの問題も存在している。後者について、浜辺陽一郎「日米国際商事仲裁のための外国裁判所による証拠収集の可能性」早稲田法学83巻3号（2008年）131頁以下参照。

47） 中野貞一郎「民事訴訟法学者とこれからの世界」民事訴訟雑誌45号（1999年）63頁は、ドイツ法理論に傾斜することなく、アメリカ法・フランス法・イギリス法・北欧法など、グローバルな視野からの研究の自主的な展開の必要性を説いており、今後の正しい方向性を示していることに改めて留意すべきであろう。
『原則』についても、同じく、わが国のみならず各国において、こうした地道な研究を積み重ねて初めて受容可能性が開かれていくであろう。

していない旨の記載、又は提出を求める当事者が自ら提出するためには不相当の負担となることの理由の記載、及び

ii　提出を求める当事者が、提出すべき文書の所持、保管若しくは支配が相手方当事者の下にあると推認する理由の記載。

④　文書の提出を求める申立てを受けた当事者は、仲裁廷が定めた期間内に、他方の当事者に対して、また、仲裁廷が求めるときには仲裁廷に対しても、自らが所持、保管又は支配するすべての要求のあった文書であって、提出について異議のないものについては、これを提出しなければならない。

⑤　文書の提出を求める申立てを受けた当事者が、提出を求められた特定の又はすべての文書の提出に対して異議を申し立てるときは、仲裁廷及び他方の当事者に対して、仲裁廷が定めた期間内に書面により異議を提出しなければならない。異議は、第9条第2項に掲げる理由又は第3条第3項による要件の不履行に基づくものに限られる。

⑥　異議の申立てがあったときは、仲裁廷は、関係する当事者に対して、その異議を解消するために協議に努めることを求めることができる。

⑦　いずれの当事者も、仲裁廷が定めた期間内に、仲裁廷が異議について判断することを求めることができる。その場合、仲裁廷は、文書の提出を求める申立て及び異議について、当事者を審尋した後に適切な期間内に審理する。仲裁廷は、申立てを受けた当事者に対して、この者が所持、保管又は支配するすべての要求のあった文書のうち、(i)申し立てた当事者が証明しようとする事実が、事件と関連性を有し、かつ、事件の判断に重要であり、(ii)異議について第9条第2項に掲げるいかなる理由も存せず、かつ、(iii)第3条第3項による要件が満たされていると判断するものについては、提出を命じることができる。これらの要件を満たしているすべての文書は、他方の当事者及び仲裁廷が求めるときは仲裁廷に対しても、提出しなければならない。

⑧　例外的に、文書を閲読することによってのみ異議が正当であることを判断することができる場合には、仲裁廷は、その文書を自身では閲読しない旨の決定をすることができる。この場合には、仲裁廷は、当事者双方と協議して、文書を閲読し異議について報告するよう、独立かつ公平であって、守秘義務を負う専門家を選任することができる。仲裁廷が異議には理由があると認める限り、専門家は、仲裁廷及び他方の当事者に対して閲読した文書の内容を開示してはならない。

⑨　当事者の一方が、仲裁手続の当事者ではない者又は団体から文書の提出を受けることを求め、かつ、これらの者又は団体から自らがその文書を入手することができないときは、その当事者は、仲裁廷に対して仲裁廷が定めた期間内に、その文書の提出を受けるために法律上認められるあらゆる措置を仲裁廷が講じることを申し立て、又は、こうした措置を自らが講じる許可を仲裁廷に求めることができる。当事者は、こうした申立てを書面で仲裁廷及び他方の当事者に

行わなければならず、その申立ては、第3条第3項に掲げる記載を含まなければならない。仲裁廷は、その申立てについて判断しなければならず、(i)文書が事件と関連性を有し、かつ、事件の判断に重要であり、(ii)第3条第3項による要件を満たし、かつ、(iii)異議について第9条第2項に掲げるいかなる理由も存しないと判断するときは、自らが適切とみなす措置を講じ、申立当事者にその措置を講じることを許可し、又は、その他の当事者にその措置を講じるよう命じなければならない。

⑩ 仲裁手続の終結にいたるまで何時でも、仲裁廷は、当事者に対して、(i)文書の提出を命じ、若しくは(ii)他方の当事者又は団体から文書を取得するために可能なあらゆる措置を講じるよう命じ、又は、(iii)そうした目的のために適切とみなす措置を自ら講じることができる。文書の提出を求められた当事者は、その求めに対して、第9条第2項に掲げる理由に基づいて異議を提出することができる。この場合には、第3条第4項から第3条第8項までの規定を準用する。

⑪ 仲裁廷が定めた期間内に、当事者は、仲裁廷及び他方の当事者に対して、自らが依拠しようとする追加の文書を提出し、又は、提出された文書、証言、専門家の意見、その他当事者の陳述において論じられた争点に基づいて、事件に関連性を有し、かつ、事件の判断に重要であるとみなす追加の文書を提出することができる。

⑫ 文書の提出に関して、以下の方式を適用する。

(a) 文書の写しは、原本と同一でなければならず、仲裁廷の求めがあるときは、原本を調査のために提出しなければならない。

(b) 当事者が電子的な形式で提出した文書は、当事者にとって最も目的に即し又は最も低廉であり、かつ、文書の受取人にとって合理的に利用可能な方式により提出されなければならない。ただし、当事者が異なる合意をし又は仲裁廷が異なる判断をした場合には、この限りでない。

(c) 当事者は、仲裁廷が異なる判断をした場合を除き、本質的に内容が同一の文書については、写しを複数提出する義務を負わない。

(d) 文書の翻訳は、原本とともに提出しなければならず、元の言語を示して、翻訳である旨を記載しなければならない。

⑬ 文書が、一方の当事者によって又は仲裁手続に関与していない第三者によって提出されたものであり、他には一般の支配が及ばないものであるときは、仲裁廷及び他方の当事者は、秘密を保持しなければならず、仲裁手続に関してのみ用いることを許される。ただし、この義務は、法律上の義務を履行し、法律上の権利を保護し若しくは追行し、又は、国家の裁判所若しくはその他の司法機関において信義則に従って追行される法的手続において仲裁判断の執行若しくはこれに対する不服申立てをするために、当事者が開示を必要とし、かつ、その限りにおいて、これを免除することとする。仲裁廷は、秘密とすることの条件を定めて、命じることができる。この義務は、仲裁手続におけるその他の

守秘義務を妨げるものではない。

⑭ 仲裁手続が、争点又は段階（例えば、管轄、中間決定、損害原因又は損害額）ごとに行われる場合には、仲裁廷は、当事者と協議して、文書の提出及び文書の提出の申立てを、各争点又は各段階ごとに行うよう命じることができる。

第９条（証拠の許容性及び証拠評価）

① 証拠の許容性、関連性及び証拠価値については、仲裁廷が判断する。

② 仲裁廷は、以下の理由があるときは、当事者の申立てにより又は職権で、文書、陳述書、証言又は検証結果について、これを証拠から排除しなければならない。

(a) 事件との十分な関連性を欠き又は事件の判断にとり十分な重要性を欠くとき

(b) 仲裁廷が適用可能とする法規又は倫理規則に基づいて、法的障害を生じ又は秘匿特権があるとき

(c) 要求のあった証拠を提出するために不相当な負担を生じるとき

(d) 要求のあった文書の紛失又は毀損が十分に蓋然的であるとき

(e) 営業上又は技術上の秘密であるとの理由により、仲裁廷が必要と認めたとき

(f) 特に政治的に又は機関においてセンシティヴであるとの理由により、仲裁廷が必要と認めたとき（政府又は公的な国際機関により秘密保持の必要性があると判断された証拠を含む）

(g) 訴訟経済、相当性、又は当事者の公正若しくは公平を考慮して、仲裁廷が必要と認めたとき

③ 仲裁廷は、第９条第２項による法的障害又は秘匿特権を評価するにあたり、仲裁廷が適用可能とみなす強行法規又は職業倫理規則により認められている限度において、以下の諸点を考慮することができる。

(a) 法的助言を与え若しくは得ることに関連して作成され又はこうしたことを目的として作成された文書、陳述書又は口頭のコミュニケーションの秘密を保持する必要性

(b) 和解交渉との関連において若しくはこうしたことを目的として作成された文書、陳述書又は口頭のコミュニケーションの秘密を保持する必要性

(c) 法的障害又は秘匿特権が生じたとされるべき時点における当事者又は当事者の助言者の予測（expectation）

(d) 文書、陳述書、口頭のコミュニケーション又はこれに含まれる助言等に関して、利用の同意があること又はすでに開示若しくは使用されているため、既存の法的障害又は秘匿特権が放棄されたとみなされるか否かの可能性

(e) 当事者間の公正及び公平を維持する必要性、特に、これらが相違する法規又は職業倫理規則に拠っているとき

④　仲裁廷は、相当であるときは、適切な秘密保持の下で証拠方法を提出し又は用いることができるために必要な措置を講ずることができる。

⑤　当事者が、他方の当事者が提出を求め又は仲裁廷が提出を命じた文書をもっともな理由なくして提出せず、かつ、文書の提出を求める申立てに対して適時に異議を提出しなかったときは、仲裁廷は、当該文書が提出しなかった当事者にとり不利益なものであると推認することができる。

⑥　当事者が、他方の当事者が提出を求め又は仲裁廷が提出を命じた証言を含む重要な証拠方法を、もっともな理由なくして利用可能にせず、かつ、これに対して適時に異議を提出しなかったときは、仲裁廷は、当該証拠がその当事者にとり不利益なものであると推認することができる。

⑦　仲裁廷は、証拠調べにおいて当事者が信義誠実の要請に反する行為をしたと認めるときは、本規則に定めるその他の措置に付加して、証拠調べに関連して生じた費用を含む手続費用に関する裁判に際して、この違反を考慮することができる。

第8章　欧州連合(EU)における民事手続法の基本構造
——全体の枠組みと各規則の要点

I　基本問題の所在とEU民事手続規則の考察の必要性

(1)　欧州連合（EU）の域内における人・物・資本の移動の自由は、域内市場における企業の経済活動に原動力を与え、また、構成国内における市民の日常生活の向上をもたらし、これらさまざまな営みを発展させる要因となっている。だが、他方で、国境を越えたこうした経済活動や市民生活に伴って、企業や市民の間で不可避的に生ずるトラブルが、同じく国境を跨る法律上の紛争にまで拡大し、裁判所によるその法的解決が必要となることも否定しがたい。このように、EUの域内市場においては、光の部分と影の部分とがあるものの、特に民事司法の領域において後者の部分を可能な限り解消することは、『欧州連合条約』の前文に掲げられているように、真の意味での「持続可能な発展の原則を考慮し、……各国民のための経済的及び社会的な前進を促進すること」[1]につながることになるであろう。

(2)　しかしながら、EU構成国間で国境を跨いで生じた民事・商事事件を法的に解決するために、固有の裁判所や統一的な民事訴訟法が存在するわけではもちろんない。また、同様の事態は、EUに限らず、国際社会の全般においても存しており、国境を跨る民事紛争の解決をめぐっては、手続法の領域に限っていうならば、国際裁判管轄および外国判決の承認・執行に焦点を当てて解決

1)　欧州連合条約および欧州連合運営条約については、岩澤雄司『国際条約集［2016年版］』（有斐閣、2016年）による。

の試みが積み重ねられてきたことはいうまでもない。そして、後述するように、同じくEU域内においても、こうした趨勢を反映して、国境を跨る民事・商事事件について、構成国のいずれかの裁判所に管轄権を付与し、他の構成国においてその裁判について承認・執行をスムーズに行うことが可能になるように、そこでの制度設計に工夫をこらしている。

(3) こうして、EUの民事司法の領域においては、それぞれの国の裁判権に基づく障壁を取り除くことは、EUのさらなる発展のための潤滑油として必須の条件となっている。そのため、まず、欧州連合条約が、「この条約及び欧州連合運営条約の規定に従い、自由、安全及び司法の空間を確立することによって、各国民の安全を確保しつつ、人の自由移動を容易にすることを決意し」とし(前文)、さらに、同条約と同一の法的価値を有する「欧州連合運営条約」の81条において、民事事件における司法協力について、以下のように規定している。すなわち、「欧州連合は、判決及び裁判外の決定について相互承認の原則に基づいて、国境を跨る民事事件における司法協力を発展させる(以下略)」(同条1項)とした上で、「欧州議会及び理事会は、……特に域内市場の円滑な運営のために必要である場合には、(a)判決及び裁判外の決定に関する構成国間における相互の承認及び執行、(b)裁判上及び裁判外の文書の国境を跨る送達、(c)構成国内で適用されている抵触規定及び裁判管轄の抵触を回避するための規定の調和、(d)証拠調べの際の協力、(e)法への効果的なアクセス、(f)構成国内で適用されている民事手続法規の調和を促進するために必要に応じて、民事手続の円滑な運用を障害するものを除去すること、(g)紛争解決のための代替的な方法の発展、(h)裁判官及び司法従事者の研修の促進、について措置を採択する。」(同条2項)と定めている[2)]。

(4) 本章において取り上げるEUの諸規則は、上記の「両条約」に掲げられている項目の具体化であり、さまざまな司法協力の工夫の集大成である。また、将来に向けては、具体的な必要性に応じて、従前の規則の改正だけでなく、新たな規則の制定の可能性も十分に孕んでいるものといえる[3)]。こうした意味において、EUにおける民事司法の協力を注視することは、たとえ直接には関係しない構成国以外の諸国においても、その意義は少なからず存している。ましていわんや、民事紛争の国際化という環境の真っただ中でその対応に迫られている各国民事司法の現況に照らして、EU における今後の行方を見守ることは、不可欠の作業といっても過言ではないであろう。

そこで、節を改めて、EU 域内における民事および商事事件について素描し、問題の所在を明らかにしながら、これと EU 諸規則の対応および EU 民事手続

---

2) EU においては、各国の憲法または基本法に相当するものとして、「欧州連合条約」と「欧州連合運営条約」の両者が存在し、これら 2 つの条約は、「同一の法的価値を有し」ている（欧州連合運営条約 1 条 2 項）。これら両者の中には、司法をめぐる諸規定も、当然のことながら含まれており、基本的な事項についてさまざまな内容が規律されている。

具体的には、まず、「欧州連合条約」の前文を受けて、「欧州連合運営条約」の「第 5 編 自由、治安及び司法に関する領域」において、その一般規定として、67 条 1 項は、「連合は、基本権並びに加盟国の異なる法制度及び伝統を尊重しつつ、自由、治安及び司法の領域を構成する。」とするほか、同条 4 項において「連合は、とくに民事分野における裁判上及び裁判外の決定の相互承認の原則を通じて、司法制度の利用を容易にする。」と規定している。さらに、民事分野における司法協力については、Ⅰ(3)に示したように、81 条において、そのための具体的な措置を規定している。

次に、本章において取り上げる、民事司法協力に関するさまざまな措置を規律する EU の法行為については、「欧州連合運営条約」の 288 条において、「連合の権限を行使するために、連合の機関は、規則、指令、決定、勧告及び意見を採択する（1 文）。規則は、一般的な適用性を有する。規則は、その全ての部分が拘束力をもち、かつ、全ての加盟国で直接適用可能である（2 文）。指令は、達成されるべき結果について、各名宛人である加盟国を拘束するが、方式及び手段の選択は加盟国の機関に委ねられる（3 文）。決定は、その全ての部分が拘束力をもつ。名宛人を特定した決定は、名宛人のみを拘束する（4 文）。勧告及び意見は、拘束力をもたない（5 文）」と具体的に規定している。また、関連する、立法手続及び立法行為の定義については 289 条が、その他の詳細については 290 条以下が規定している。

さらに、欧州連合司法裁判所（以下「EU 裁判所」とする。）に関しては、欧州連合条約 13 条 1 項において連合の機関の 1 つとして位置づけ、19 条において、「両条約の解釈と適用において法が遵守されることを確保する。」（1 項）とするほか、その役割として、「(a)加盟国、機関又は自然人若しくは法人による訴訟について、判決を下すこと。(b)加盟国の裁判所又は審判所の要請に基づき、連合法の解釈又は機関により採択された行為の有効性について、先決裁定を行うこと。(c)両条約に定めるその他の場合において決定を行うこと。」（3 項）といった役割を列挙している。また、その上で、欧州連合運営条約の 251 条から 281 条までの規定において、同裁判所の詳細を定めており、特に、後に素描する「先決裁定（Vorabentscheidung）」をめぐっては（Ⅲ 3）、267 条において、両条約の解釈等について管轄権を有することを規定している。

本章では、詳しい内容について割愛せざるを得ないが、EU における民事司法協力をめぐる「規則（regulation, Verordnung）」や「指令（directive, Richtlinie）」を理解する上で、上記の前提的な知識を必要とする。とりあえず、「欧州連合条約」およびこれと法的に同価値の存在である「欧州連合運営条約」の関連規定（前掲注 1)）を読むことをお勧めしたい。

3) EU における司法協力の過去、現在および将来をめぐっては、Rolf Wagner, Fünfzehn Jahre justizielle Zusammenarbeit in Zivilsachen, IPRax 2014, 217 ff., Das neue Programm zur justiziellen Zusammenarbeit in Zivilsachen — Ein Wendepunkt?, IPRax 2014, 469 ff.

の基本構造を眺めてみることとしたい。これを通じて、わが国の民事司法の国際化問題にいささかでも寄与したいと考えているからである。

II　EU 域内における民事・商事事件

(1)　EU の公式ウエブサイトを見ると[4]、EU のある構成国の市民が、国境を跨って他の構成国の裁判所に提訴する事件が例示されており、その数の増大が示されている。例えば、インターネット上で他国の商品を購入したが、それが届かないもしくはそれに瑕疵があった場合、また、親の一方が他方の同意を得ずに子供と一緒に他国に転居してしまった場合である。こうした場合について、EU は、真のヨーロッパの法領域においては、構成国間に存する法秩序の抵触や錯綜といった障害によって権利の行使を妨げられるべきではないとする。また、他国の裁判所との司法協力は、司法へのアクセスを容易にし、取引上の権利の行使と他国におけるその実現を実効性のあるものとし、企業にとって、域内市場における広範な経済活動に寄与することとなるとする。一例として、他国に存する債権の回収率は 37 パーセントに留まり、その改善を促進する必要があるほか、EU 倒産手続の現代化によって企業の再建を容易にする必要性が指摘されている。

(2)　本章において眺める諸規則（後掲〈規則一覧〉260 頁参照）は、いずれもこうしたことに密接不可分に関連するものであり、EU 域内において司法へのアクセスの簡易化を積極的に試みようとするものである。そこで、国境を跨って現実に発生している法的紛争に即して、そこで適用されるべき規則の主要なものについて素描しておこう。

〔具体例 1〕——裁判管轄および訴訟競合[5]

A（ドイツに住所を有するドイツ人）と B（ベルギーに住所を有するベルギー人）の双方は、ベルギー国内で乗用車を運転中に、衝突事故を起こした。A は、B が加入していたベルギーを本店所在地とする保険会社 C に対して、ドイツの裁判所に損

4)　http://ec.europa.eu/justice/civil/index_de.htm

5)　事件は、ドイツ連邦通常裁判所 2013 年 2 月 19 日判決（BGHZ 196, 180）を基にして簡略化したものである。

害賠償訴訟を提起した。しかし、それに先立って、BはAに対してベルギーの裁判所に損害賠償訴訟を提起していた。

こうした場合に、まず、Aが保険会社Cを相手方としてドイツの裁判所に提訴することが可能かどうかという問題を生じる。この点は、ブリュッセルⅠa規則10条以下——同Ⅰ規則8条以下——の規定によりドイツの裁判所に特別裁判籍が認められているため、肯定することができる。

これを前提として、次に、ベルギーで先行しているBのAに対する訴訟（①訴訟）と、ドイツで後行したAの保険会社Cに対する訴訟（②訴訟）との関係が問題となろう。AはBに対して損害賠償請求権を有していると考えており、この請求をめぐっては、Cが参加義務を負っており、その限りにおいて、Bと保険会社Cは、Aの請求に対して共通の防御を試みることになり、①訴訟と②訴訟との間で訴訟競合の問題を生じる可能性があるからである。

ブリュッセルⅠa規則29条——同Ⅰ規則27条——によれば、①②の両訴訟（の訴訟物）が同一とみなされるならば、②訴訟におけるドイツの裁判所は、先に提訴のあったベルギーの裁判所の管轄が確定するまで職権で手続を停止し、また、ベルギーの裁判所の管轄が確定するときは自己の管轄権の不存在を宣言しなければならない。だが、結論として、②訴訟においてドイツ連邦通常裁判所は、①訴訟との同一性を否定し、同規則第29条に規定する訴訟競合における処理をしなかった。なぜなら、①訴訟（ベルギー）では、BのAに対する請求が問題であり、Cはこの訴訟に何ら関係していないからである。こうした点で、ドイツの裁判所の判断は正しいものといえる。

もっとも、上記の問題に関連して、さらに、②訴訟において、ドイツの裁判所が、裁量による手続停止（同Ⅰa規則30条——Ⅰ規則28条——）について判断しなかった点は、なお問題として残るであろう。

〔具体例2〕——主として証拠調べの手続[6)]

ドイツ人の母親から生まれたX（未成年）は、現在はイタリアに住んでいるイタリア人男性Yを被告として、ドイツの裁判所に父子関係の確認および扶養料の支払いを求める訴えを提起した。これに対して、Yは多数関係者の抗弁（Xは他の男性の子である旨の主張）を提出したため、ドイツの裁判所は、Yに対して血液鑑定（検証）に応ずるよう命じたが、Yはこれに従わなかった。

このような場合に、ドイツの裁判所がイタリアにおいて証拠調べを実施するために、どのような裁判所間の協力による手続が用意されていて、最良証拠の入手

6)　事件は、「証拠調べ規則」（2001年5月28日）の制定以前のものであるが、ドイツ連邦通常裁判所1986年4月9日判決（NJW 1986, 2371）を基にして簡略化したものである。詳細については、春日偉知郎「ヨーロッパ証拠法―『民事又は商事事件における証拠収集に関するEU加盟各国の裁判所間の協力に関するEU規則（2001年5月28日）』―」について」判例タイムズ1134号（2004年）47頁以下参照。

を可能にしているか。関連して、イタリアにおいて、Yに扶養料の支払いを命じるドイツの裁判所の判決の承認・執行手続はどのように簡素化されているか。

〔具体例3〕――争いのない債務の強制執行または督促手続

債権者Xが他の構成国にいる債務者Y（債務の存在自体は認めている。）を相手に少額債権の満足を得ようとしても、費用倒れになるため、債権の実行を躊躇せざるをえない状況におかれている。このような場合に、債権者にとって実効的な権利の実現手段としてどのような手続が存するか。

また、仮に債務者Yが債務の存在を争う場合に、国境を跨って存する少額債権の回収は、どのように低廉、簡易かつ迅速に行うことが可能か。

(3) 以上の3つの具体例は、いずれも、構成国内において民事訴訟を追行する上で必要な規則の主要なものに関係している。まず、〔具体例1〕においては、すでに示したように、通称「ブリュッセルⅠa規則」と呼ばれている「民事及び商事事件における裁判管轄並びに裁判の承認及び執行に関する2012年12月12日の欧州議会及び理事会の規則」((EG) Nr.1215/2012）が適用されて、特に、裁判管轄や訴訟競合の処理が直接の問題となる。

また、〔具体例2〕では、通称「ブリュッセルⅡa規則」と呼ばれる「婚姻事件及び父母の責任に関する手続における裁判管轄並びに裁判の承認及び執行に関する2003年11月27日の理事会規則」((EG) Nr.2201/2003）はもとより、「民事又は商事事件における証拠収集の領域での構成国の裁判所間の協力に関する2001年5月28日の理事会規則」((EG) Nr.1206/2001）の適用をめぐって問題が具体的に生ずる。

さらに、〔具体例3〕は、「争いのない債権に関するヨーロッパ債務名義の成立のための2004年4月21日の欧州議会及び理事会の規則」((EG) Nr.805/2004）と「欧州督促手続の創設のための2006年12月12日の欧州議会及び理事会の規則」((EG) Nr.1896/2006）が関係する事案であり、これに関連して、「少額請求手続の創設のための2007年7月11日の欧州議会及び理事会の規則」((EG) Nr.861/2007）の適用も考えられよう。

(4) なお、上記の具体例のいずれにおいても、訴訟の開始に必要とされる訴状等の送達に関して、「構成国間の民事又は商事事件における裁判上及び裁判外の文書の送達（「文書の送達」）に関する2007年11月13日の欧州議会及び理事会の規則」((EG) Nr.1393/2007)に従った送達のあることが前提となっている。

(5) いずれにせよ、EU民事司法の領域においては、このように多様かつ重要な規則の制定が積極的に試みられてきており[7]、また、付随して、構成国に対して直接に拘束力をもつ『規則(Regulation, Verordnung)』の形式ではなく、「訴訟費用援助指令」や「メディエーション指令」といった『指令(Directive, Richtlinie)』の形式によって、構成国内の国内法の統一化を試みようとする作業も推し進められている。追って、それぞれの規則について概要を示し、その全体像について明らかにすることとする。

Ⅲ EUにおける民事手続の協力を支える思想

上記の具体例から明らかなように、民事および商事事件における司法協力は、ますます活発かつ広範になっているが、そうした現象面の基礎にある、司法協力の拠り所となっている基本的思想はどのようなものなのか、という本質面について少し眺めてみることにする。

端的にいうならば、その1つは、EUの構成国間における「開かれた法の空間」の形成であり、もう1つは、「相互承認の原則」の確立であって、さらには、これら両者の発展が、司法協力の本質的な基盤をなしていると考えられる

7) 上記の規則以外に、本章では言及していないが、①「扶養事件における裁判管轄、適用法、裁判の承認及び執行並びに協力に関する理事会の(EG) Nr.4/2009規則」(EuUntVO)(ABl L 281, S.29)、②「相続事件における裁判管轄、適用法、裁判の承認及び執行並びに公の証書の承認及び執行に関して並びに欧州遺産証明の導入のための欧州議会及び理事会の(EG) Nr.650/2012規則」(EuErbVO)(ABl L 28, S.186)および③「倒産に関する2000年5月29日の理事会の(EG) Nr.1346/2000規則」(EuInsVO)(AB1 L 160, S.1)が採択・施行されている。

②については、金子洋一「EU相続法における相続準拠法の適用範囲について—ドイツ国際私法の観点から—」「千葉大学大学院人文社会科学研究科研究プロジェクト報告書第253号『日独比較民事法』」(2013年)196頁以下に翻訳があり、また、③は、企業、商人または私人たる債務者が倒産した場合に、倒産手続の開始をめぐる管轄裁判所、適用法規および開始決定の承認をめぐる一般的な規定を定めている。EUにおける倒産手続に関する共通の枠組みを設定するものであり、倒産手続について統一的な規律を行うことによって、構成国の一方から他方への責任財産の移転を禁止し、債権者の不利になるような法廷地漁りを防ぐことを目的としている。詳細は、貝瀬幸雄『国際倒産法と比較法』(有斐閣、2003年)。同書179頁以下に同規則の翻訳がある。

であろう[8]。また、関連して、上記の基本思想に基づいて作られたEU諸規則は、すべての構成国において統一的な解釈・適用を担保されなければならず、そうした機能を備えるEU裁判所の先決裁定手続も重要な役割を果たしている。以下、順次説明をしたい。

1　自由、安全および法の「開かれた」空間の形成

(1)　欧州連合運営条約81条に明記されている裁判の相互承認の原則に基づく司法協力（I(3)）は、すでに、これに先立つ「欧州共同体設立条約」において示唆されていた。すなわち、同条約は、欧州域内市場の実現に向けて、商品、人、役務および資本の自由な流通を保障する境界のない空間を構想した上で（同条約14条2項）、共同体の政策目標として、自由、安全および法の空間の段階的な創設を掲げていた（同条約67条）。また、1999年9月に至り、欧州理事会は、タンペレ（フィンランド）の会議において、こうした欧州の法的空間の創設を重要な政策目標として掲げ、これを受けて、欧州委員会および理事会は、「民事及び商事事件における裁判の相互承認の原則の実行措置に関するプログラム」[9]を具体化した（2000年11月）。さらに、これに基づいて、「欧州連合における自由、安全及び法の強化のためのハーグプログラム」[10]が欧州理事会によって作成され、理事会および欧州委員会は、こうした「ハーグプログラムのためのアクションプラン」[11]において個別課題を明らかにした（前者は2005年3月に、後者は同年8月に公表）。そして、まだ批准手続の過程にあった「欧州憲法に関する条約」[12]も、欧州連合の市民に対して、域内において隔たりのない自由、安全および法の空間と自由かつ公正な競争を備えた域内市場とを保障するという目標を明らかにした。

(2)　このような経緯を辿って、国境を跨る民事および商事事件における司法協力は、それが域内市場の円滑な運営のために必要な限り改善されるべきものとされて（欧州連合条約旧65条）、これに応じた措置のための立法権限が認めら

8） Burkhard Hess, Europäisches Zivilprozessrecht (2010), §3. Rn.12 ff.; Heinz-Peter Mansel, Anerkennung als Grundprinzip des Europäischen Rechtsraums, RabelsZ 70 (2006), 655 ff.; Rolf Wagner, Zur Vereinheitlichung des Internationalen Privat-und Zivilverfahrensrechts acht Jahre nach Inkrafttreten des Amsterdamer Vertrags, EuZW 2007, 626 ff.

れることとなった。もっとも、こうした司法協力は、域内市場を妨げるような副作用を伴わない法的枠組みとして構成されるべきものとされ、立法権限の対象となるのは、すでに掲げた民事手続法規の抵触の回避と共通化を目的とするEU規則であって、実体的な統一法をめぐる包括的な権限については基本的に認められていない[13]。

2 相互承認の原則の確立——実体的な統一化に代わる相互承認原則

(1) 上記のように、実体的な統一法を発令する包括的な権限は、欧州連合条約旧65条においては基本的に予定されていなかった。また、これをめぐるその後の欧州委員会による作業——例えば欧州契約法——も効を奏しなかった[14]。こうした背景のもとで、欧州委員会は、タンペレの会議(1999年)から5年後の2004年には、自由、安全および法の空間を確立するために、相互承認の原

---

9) ABl.2001 C 12/1. なお、これに先立って、1990年代の前半頃には、理論的な研究を基にして民事訴訟法を統一化しようとする方向が模索された。具体的には、ベルギーのゲント大学のマルセル・シュトルメ(Marcel Storme)教授を中心とする「ヨーロッパ裁判法典委員会」による「モデル法」の作成作業であった。また、その成果は、『ヨーロッパ連合における裁判法の近接化(Approximation of Judicialy Law in the European Union)』(1994)として結実しており、現在の諸規則の制定に少なからず寄与している。

このモデル法の対象となった事項は、和解、手続開始(訴状、送達、訴訟係属等)、訴訟物、文書の開示、証言、テクノロジーと証拠、訴えの取下げ、欠席、費用、仮の救済、支払命令、判決または金銭支払命令の執行、間接強制、雑則、といった多岐にわたるものであるが、適切な事項に限定して条文を作成することとされた。また、手続の規律方法として、条約によるか、指令(directive)によるか、それとも、より緩やかな勧告(recommendation)によるか、ということも検討された。その結果、条約による場合には自国の法体系の枠組みとの調和が困難になるおそれがあること、また、勧告では拘束力がなく実効性を欠くことになるとの理由から、指令によることが妥当であるとの結論が示された。

もっとも、こうした研究成果が現行の規則の制定に直結したとは必ずしもいいがたいが、かなりの程度さまざまな形で影響を及ぼしていることは否めず、基礎的作業としての意義は十分に認められるべきものと評価できるであろう。このような意味において、当初の試みに対しては、ヨーロッパ民事訴訟法の前史との比喩を当てはめることができるであろう(詳細は、貝瀬幸雄「Ⅳ ヨーロッパ裁判法典への憧憬」『比較訴訟法学の精神』(信山社、1996年)257頁以下参照)。

10) ABl.2005 C 53/1.

11) ABl.2005 C 198/1, 20 ff.

12) Vertrag über eine Verfassung für Europa, ABl.2004 C 310/1.
もっとも、最終的にこれは制定されないままに終わった。

13) Mansel, a.a.O., RabelsZ 70, 660.

14) Mansel, a.a.O., RabelsZ 70, 662.

則に対して「欧州の上部構造における中心的な地位」を与えることとし、この原則をさまざまな方向で発展させることとした。

なかでも、欧州委員会は、従来からの方向（前記1）との連続性において、相互承認の原則の役割を、とりわけ裁判の執行の領域において見い出そうとした。すなわち、円滑で実効性のある執行手続こそが、市民や企業にとって自己の権利を現実に実行可能にするものであり、相互承認を強化することによって、構成国間においてさらなる相互信頼が創られていかなければならないと考えた。また、そのためには、手続上のミニマム・スタンダードの確立を必要とした。

その結果、欧州の司法領域においては、あらゆる執行名義を完全に同等なものとし、かつ、すべての判決効を領域的に無制限に妥当させようという目標が設定された。これによって、欧州委員会は、2008年から2010年の間に、執行手続における執行許可手続（Exequaturverfahren）を廃止し、必要に応じて立法上の提案を行うことの可能性を検討することとした[15]。

また、このような相互承認の原則を介して、域内市場の調和――商品の自由な流通――のために行政法上の措置を緩和・廃止することが促されたほか、人の自由移動の領域においても家族法上の身分関係についてこの原則の拡大が試みられた[16]。

(2) もっとも、例えば、ブリュッセルⅠ規則（改正後は、同Ⅰa規則）を典型とするさまざまな手続規則によって裁判の相互承認の原則が導入されたとしても、これらをめぐる解釈について、構成国の裁判所間で相違が生じるならば、相互承認はたちまち崩壊してしまう。そのため、規則の解釈・適用について構成国の裁判所において疑義を生じた場合には、構成国の受訴裁判所は、EU裁判所の先決裁定手続に解釈問題を提示して、疑義を解消する義務を負っている。これによって、規則の解釈について統一が可能になり、相互承認の原則を維持することが可能になる。こうした先決裁定手続そのものに関しては、すでに

15） KOM (2004) 401 S.11.

16） KOM (2005) 184. Mansel, a.a.O., RabelsZ 70, 663. なお、刑事司法の領域における「欧州逮捕状」が、相互承認原則に従って犯罪人引渡しにおける双方可罰性を排除し、構成国が逮捕を命ずる司法決定を相互に自動的に承認しあうことも参考になる。庄司克宏『欧州連合』（岩波書店、2007年）188頁以下参照。

多々論じられているので[17]、以下では、EU 裁判所に付与された解釈の独占権に限って言及し、先決裁定の機能を明らかにしたい。

3 EU 裁判所の先決裁定手続と法解釈の独占

(1) ブリュッセルⅠ規則に先行するブリュッセル条約においては、その解釈をめぐって構成国の裁判所から問題の提示があった場合には、EU 裁判所にこれを裁定する権限が認められていた（1971 年 6 月 3 日の解釈議定書 1 条）。法の統一化は統一法の統一的な解釈および適用なくしては見込めない、との認識が存していたためであり、これが国家の司法権を EU 裁判所に委譲することに寄与し、また、可能にした。もともと、司法協力の領域において EU には固有の立法権限が存せず、また、ブリュッセル条約は国際条約としての性質を有していたため、解釈議定書において先決裁定権限を認める必要があった。提示義務を負うのは、構成国の最上級裁判所であり、他方、提示権については、その他の上訴裁判所や執行文の付与に対する異議について裁判する裁判体にも認められていた。

(2) 欧州連合条約 19 条は、EU 裁判所が「両条約（欧州連合条約及び欧州連合運営条約――筆者）の解釈と適用において法が遵守されることを確保する。」とし（1 項）、先決裁定に関しては、「加盟国の裁判所又は審判所の要請に基づき、連合法の解釈又は機関により採択された行為の有効性について、先決裁定を行うこと。」（3 項 b 号）と規定している（したがって、EU 裁判所には、上記の、ブリュッセル条約の下におけるような解釈議定書を必要とせずに、直接に裁判管轄権が認められている。）。

EU 裁判所は、2010 年までにおよそ 200 の裁判によって解釈の独占権を行使しているとのことである[18]。

(3) 最近の具体例として、EU 証拠規則の解釈をめぐる先決裁定の 1 つをを紹介しておこう。

17） 庄司克宏『新 EU 法（基礎編）』（岩波書店、2013 年）141 頁以下、M. ヘルデーゲン著・中村匡志訳『EU 法』（ミネルヴァ書房、2013 年）156 頁以下等。

18） Stein/Jonas/Wagner[22] (EuGVVO) (2011), Einleiting vor Art.1 Rdnr.49.

〔EU 裁判所 2012 年 9 月 6 日判決—— Lippens vs. Kortekaas 事件〕[19]

事件の発端は、オランダの受訴裁判所が、ベルギーに居住する被告を法廷地法（オランダ法）に基づいて証人尋問するために呼び出したことにある（なお、同国では、当事者尋問と証人尋問とは基本的に同様の手続で行われる。）。他方、被告は、これに代えて、自国でフランス語圏の裁判官による尋問を可能にするために、ＥＵ証拠規則に従った司法共助嘱託を行うべきであるとの申立てを行った。しかし、オランダの受訴裁判所はこの申立てを却下し、これに対する不服申立ても同様に却下された。その後、最高裁は、EU 裁判所に先決裁定の申立てをし、受訴裁判所は証拠調べに際して EU 証拠規則に従った司法共助による証拠調べを行わなければならないのか、それとも、同規則に依拠することは自律法との関係において自由な選択に委ねられる性質のものであるのかという問題についての判断を求めた。すなわち、問題の核心は、EU 域内においては、EU 証拠規則が国内証拠法に優先的（排他的）に適用されなければならないのか否かという点にある。

この問題について、EU 裁判所は、次のような結論に至った。すなわち、構成国の受訴裁判所は、他の構成国に居住する当事者を証人として尋問しようとする場合に、EU 証拠規則が定める証拠調べの方法を適用しなければならないわけではなく、自国の法律に従って証人を呼び出して尋問することができるとし、国内法に従った証拠調べが一般的に禁止されるわけではないとの解釈を示した。

また、その理由は、以下の点にある。すなわち、EU 証拠規則の目的は、域外証拠調べの簡素化、効率化および迅速化にあり、EU 証拠規則に定められた証拠調べの方法を用いるよりも、権限ある裁判所の国内法に従って証人尋問をする方が、より一層、こうした簡素化、効率化および迅速化に資する場合（受訴裁判所による当事者に対する直接の質問、証人の対質、補充尋問による証言の信憑性の検証等が可能な場合）には、受訴裁判所の自国法による証拠調べを制限すべきではなく、EU 証拠規則の排他的適用は否定される、と。

こうした先決裁定は、その後の EU 裁判所 2013 年 2 月 21 日判決（ProRail vs. Xpedys）においても踏襲されており、すでに確立した先例となっている。

(4)　このようにして、EU 規則の解釈をめぐっては、EU 裁判所に独占権を与えることによって、構成国のすべてにおいて解釈・適用の統一化が図られており、これなくしては、EU 法の法的安定性を維持することはできないと考えられている。

19)　詳細は、春日偉知郎「欧州連合（EU）における民事司法の最前線— EU 証拠規則をめぐる EU 裁判所の先決裁定—」石川明・三木浩一編『民事手続法の現代的機能』（信山社、2014 年）519 頁以下参照。本書・第 9 章。

IV　各規則の内容[20]

如上の、EU の民事司法をめぐる基本思想を踏まえて、以下では、各規則の内容を要点に即して眺めてみたい（各規則の翻訳は、『法務資料（第 464 号）―欧州連合（EU）民事手続法』（法務省大臣官房司法法制部、2015 年）参照。）。

1　ブリュッセルⅠ規則改正後の「ブリュッセルⅠa規則」

(a)　ブリュッセルⅠ規則とその改正[21]

(1)　ブリュッセルⅠ規則は、欧州民事訴訟法の核心部分をなしている。その発効は、2002 年 2 月 1 日からであり、2007 年 7 月 1 日からはデンマークを含めたすべての構成国において拘束力をもっている[22]。この規則は、1968 年の「民事及び商事事件における裁判管轄及び裁判の執行に関する欧州経済共同体条約」（「ブリュッセル条約」と呼ばれている。）の諸規定を本質的に受容し、これに代わる存在である。そのため、ブリュッセルⅠ規則は、従前のブリュッセル条約の目的を広く継承しており、裁判管轄に関する規律を明確化すること、ならびに、裁判の承認および執行を改善し迅速化することを目指すものである。また、究極的な目標は、域内市場の発展を容易にし、促進することにあり、EU 裁判所の言葉を借りれば、「国内法規の相違に基づいて生じうる域内市場の機能の阻害要因を除去するために、それ自体として、統一化を確固とした目的と

20)　以下では、主として、Thomas Rauscher, Europäisches Zivilprozess-und Kollisionsrecht (EuZPR/EuIPR), (2010); Burkhard Hess, Europäisches Zivilprozessrecht (2010); Stein/Jonas/Wagner, Kommentar zur Zivilprozessordnung, 22.Aufl. (2011), Bd.10 を主に参考にした。このほかに、vgl. Schlpsser/Hess, EU-Zivilprozessrecht, 4.Aufl. (2015); Geimer/Schütze, Europäisches Zivilverfahrensrecht, 3.Aufl. (2010); Jan Kropholler/Jan von Hein, Europäisches Zivilprozessrecht, 9.Aufl. (2011).
　なお、前掲の Rauscher, EuZPR/EuIPR については、その後、第 4 版が公刊された。ブリュッセルⅠa 規則に関する第 1 巻（2016 年）、送達規則、証拠調べ規則、執行名義規則、少額請求手続規則、督促手続規則等々に関する第 2 巻（2015 年）であるが、本書ではその具体的な内容を引用することができなかった。

21)　Stein/Jonas/Wagner[22] (Band 10), Einleitung vor Art.1 EuGVVO Rdnr.1 ff., Rauscher/Staudinger, EuZPR/EuIPR, Einl Brüssel I - VO Einleitung Rn.1 ff., Burkhard Hess, Europäisches Zivilprozessrecht, §3 Rn.1 ff., Geimer/Schütze, EuZVR A1-Einleitung EuGVVG Rz.1 ff., 17.

22)　デンマークにおいても、EU 構成国との間の条約によって、ブリュッセルⅠ規則が適用されている。

するものである。」[23] ということになる。

(2) ブリュッセルⅠ規則の制定は、各国の民事訴訟法をEU指令によって調整するのではなく、この規則において問題に対して直接適用可能な規律を行うという、いわゆる欧州民事訴訟法という方法に拠っている（前述した（注2））欧州連合運営条約288条2文）。こうした方法は、1999年5月1日に発効したアムステルダム条約（1997年10月2日）によって、加盟条約や批准手続といった迂路を経る必要がなくなったことによる。そして、EUにおける立法の共同形成機関、特に欧州委員会は、従前の束縛から解放されて、その権限（現在の欧州連合運営条約81条等に基づく。）を『規則』という法形式において行使することができるようになり、従前のブリュッセル条約は、新たに「民事及び商事事件に関する裁判管轄並びに裁判の承認及び執行に関する『規則』」として制定されることとなった。

(3) その後、ニース条約（2003年2月1日発効）を経て、リスボン条約（2009年12月1日発効）において、民事事件における司法協力に関するアムステルダム条約の権限規定は、欧州連合運営条約81条中に置かれることとなった。

EUは、この81条に従い、国境を跨る民事事件における司法協力を発展させるとともに、そこでの目的のために、構成国の法規の平準化を行う権限を付与された。すなわち、域内市場の円滑な機能のために必要な限り、欧州連合運営条約81条2項に掲げられている措置、具体的には、判決および裁判外の決定に関して相互の承認および執行を確保し、権限の抵触を回避するために構成国内の法規を両立化し、また、構成国の民事手続法規の両立性を促進することにより民事手続の円滑な機能に対する障害を除去することが可能になった[24]。

(4) これを踏まえて、ブリュッセルⅠ規則は、従来のブリュッセル条約に内容上の変更を加えた上で、以下のような姿となった。すなわち、欧州の司法の領域において迅速かつ低廉な手続により「債務名義の自由移動の原則

23) EuGH 01.03.2005.Rs. C-281/02.

24) また、欧州連合運営条約81条3項は、「第2項にかかわらず、外国性を有する家族法に関する措置は、特別立法手続（同条約第289条第2項）に従い、理事会によりとられる。（以下略）」とし、通常立法手続（同条約294条）とは異なる手続によるとはいえ、家族法の領域についても民事分野における司法協力に関する措置を講ずることとしている。
　その後の状況および関係する規則については、注37）参照。

(Grundsatz der Titelfreizügigkeit)」を妥当せしめることによって、①他の構成国の裁判の自動承認（32条）、②債務者の審尋を経ない決定手続による執行許可宣言（38条）、③裁判の承認の際の審査については、その対象を債務名義（仮執行宣言付も可）の存在および一定の書面（53条・54条）の提出の有無に限定すること、④承認拒絶事由（34条）の審査は、債務者側からの不服申立てに基づくこと、の4点を特徴とする手続が形成された。

(5) もっとも、ブリュッセルⅠ規則は、その73条において、欧州委員会に対して、同規則施行の5年後に、その適用に関する報告書の提出を義務づけていた。そのため、欧州委員会はドイツのヘス（Hess）、パイファー（Pfeiffer）、およびシュロッサー（Schlosser）の3教授に報告書の提出を委嘱し、2007年末にその結果が提出された[25]。この報告書において、ブリュッセルⅠ規則は、総じて適切であるものの、なお、いくつかの点において改正の必要がある、との結論が出された。なかでも、①執行許可手続——内国において外国債務名義に基づく強制執行を許可する手続——を全面的に廃止するべきであるとの提案が最も重要なものであった。また、②仲裁裁判権をブリュッセルⅠ規則（1条2項d号）の対象から除外してきたが、もはやそうすべきではないとの議論がなされたほか、③トルペード（魚雷）訴訟の危険を除去すべきであるとの提案が強調された。そのほかに、④知的財産権の侵害に関連する改正も検討された[26]。

(6) これを踏まえて、欧州委員会は、2009年4月に、重要な提言およびコメントを含む報告書を提出し、さらに、ブリュッセルⅠ規則の改正のためのグリーン・ペーパーを追加した上で[27]、同規則の改正について公の審議に付した。

特に、グリーン・ペーパーには、以下の内容が盛り込まれた。すなわち、①執行許可手続の廃止——外国裁判の承認および執行に必要とされるあらゆる中

25) 岡野祐子「Brussels Ⅰ規則改正に見る諸問題」国際法外交雑誌113巻1号（2014年）31頁以下。

26) 現在、知的財産権分野においては、「ノウハウ及び企業秘密情報を違法な取得並びに違法な使用及び公開から保護するための欧州議会及び理事会の指令に関する提案」(Vorschlag für eine Richtlinie des Europäisches Parlaments und des Rates über den Schutz vertraulicher Geschäftsinformationen (Geschäftsgeheimnisse) vor rechtswidrigem Erwerb sowie rechtswidriger Nutzung und Offenlegung), Brüssel, den 28.11.2013 COM (2013) 813 final, 2013/0402 (COD) が公表されており、この領域の問題に対処するための作業が進行中である。本書・第1章補論参照。

27) 岡野・前掲注25) 32頁。

間的な措置の廃止――、②第三国に住所を有する被告に対する規則の適用の拡張（新2条）、③裁判籍の合意（特に専属管轄の合意）を強化する手段を設けること（新23条）、④特許の保護の改善（新6条・22条）、⑤訴訟競合（Parallelverfahren）をめぐる処理を改善し、原告側の共同訴訟の裁判籍を設けること（新6条）、仮の権利保護の措置の国境を跨る執行の改善（新31条）、⑥仲裁裁判権との関係に関する新たな規律（新1条）、の6点である[28)]。

(7) これらは、2010年末に、特許権の保護および無体財産権を除き、ブリュッセルⅠ規則の改正規則の提案へと収斂していった。その後の詳細（欧州社会・経済委員会の態度決定や欧州議会の法律委員会による報告書など）については省くが、最終的に2012年11月20日に欧州議会によって可決され、また、同年12月6日に理事会によって採択された。

(b) ブリュッセルⅠa規則とその内容

(1) このような経緯を経て採択された改正規則は、ブリュッセルⅡ規則が、改正後にブリュッセルⅡa規則と称されたこととの対比で、「ブリュッセルⅠa規則」と呼ばれている[29)]。このブリュッセルⅠa規則は、Ⅰ規則がそうであったと同様に、欧州連合の民事手続法の中軸として存在しており、2015年1月10日から発効している[30)]。以下では、おおむね条文の順序に即して、主な改正点を素描することとしたい[31)]（なお、Ⅰ規則を旧規則、Ⅰa規則を新規則と呼ぶ。）。

---

28) Stein/Jonas/Wagner[22], a.a.O., Rdnr.19.

29) Thomas/Putzo/Hüßtege, ZPO[36] (2015), EuGVVO Vorbem. Rn.1.

30) なお、ブリュッセルⅠa規則は、欧州連合運営条約288条2文の意味における「規則」として、同条約67条4項および81条2項a号、c号、e号による立法権限を行使して欧州議会および理事会によって制定されたものである。デンマークを除くすべての構成国に対して、国内法化を必要とせずに直接適用される（なお、デンマークはEUに対して国内法化する旨を通知している。）。2015年1月10日の本規則の発効に伴い、ブリュッセルⅠ規則は廃止された。

ブリュッセルⅠ規則とブリュッセルⅠa規則とにおける条文および内容の異同については、後者を掲載した官報の付録中において（ABl L 351, 1, 20. Dezmber 2012, S.29 ff.）、対照表が示してあり、参考になる。

31) 岡野・前掲注25）30頁以下。

Jan von Hein, Die Neufassung der Europäischen Gerichtsstands-und Vollstreckungsverordnung (EuGVVO), RIW 2013, 97 ff.; Miriam Pohl, Die Neufassung der EuGVVO — im Spannungsfeld zwischen Vertrauen und Kontrolle, IPRax 2013,109 ff.; Thomas Pfeiffer, Die Fortentwicklung des Europäischen Prozessrechts durch die neue EuGVO, ZZP 127, 409 ff.

(2) まず、新規則の適用領域に関して、主権行為については適用されない旨を新たに規定している（1条1項）。EU裁判所は、国家の主権行為（acta iure imperii）による責任法上の請求事件を民事事件ではないとしており、この判決を踏まえた結果である。条文化によって、今後は、民事事件の範囲をめぐる解釈問題に移行するであろう。なお、これに対して、商業的行為（acta iure gestionis）については、もちろん本規則が適用される。

次に、新規則において仲裁手続を規律の対象に入れるかどうかについては、多くの議論があったが、結論として、旧規則と同様に、新規則（1条2項d号）においても規律の対象とせずに、前文第（12）において言及するにとどめた。その結果、当事者の一方が、仲裁合意に反して構成国の裁判所に先に提訴した場合に、仲裁合意をめぐって、相手方が訴訟差止命令（anti-suit-injunction）によりその合意の順守を要求しえず、先に提訴のあった裁判所にその判断を委ねざるをえないという事態を生じ（新規則29条は先行係属を優先している。）、いわゆる「トルペード訴訟」に対して必ずしも十分な対策を施してはない（後述(4)参照）。

(3) 普通裁判籍および特別裁判籍については、実務上、若干の変更を生じるにすぎないであろうが、いくつかの重要な改正として、まず、①消費者および労働者にとって第三国に住所を有する者に対する関係で権利保護について改善が図られている（18条1項、21条2項）。また、②弱者である当事者に対して、異議なく応訴したことによる不利益について裁判所が教示する義務を規定している（26条2項）。さらに、③労働事件において、複数の使用者を被告として共同訴訟を提起することの可能性が労働者に与えられている（20条1項）。

このほかに、専属的裁判管轄の合意についても、15条によって著しく予測可能性が高まっている。

(4) 新規則による訴訟係属に関する規律は[32]、従来の厳格な「先行係属の優先原則（zeitliche Prioritätsprinzip）」を緩和し、専属的裁判管轄の合意の実現可能性を改善するものとなっている（29条1項、31条2項）。EU裁判所は、専属管轄の

32) 芳賀雅顯「国際裁判管轄の専属的合意と国際訴訟競合の関係―2012年ブリュッセル（Ⅰ）規則改正を中心に―」慶應法学28号（2014年）273頁以下。この問題へのドイツの学説の対応、特に訴訟物論からの包括的な研究として、Christoph Althammer, Streitgegenstand und Interesse ― Eine zivilprozessuale Studie zum deutschen und europäischen Streitgegenstandsbegriff (2012) があり（特に、617頁以下）、興味深い。

合意に反して、これとは別の裁判所に事件が先に係属した場合に、この裁判所に管轄規定の適用について優先権を認めていた。しかし、新規則31条2項は、合意のあった裁判所が、合意に従った管轄権を有していないと宣言するまでは、先に係属した裁判所は手続を停止する義務を負うこととした。これによって、相手方が、合意した裁判所での訴訟を回避して、遅延の著しい裁判所において時間稼ぎをすること（前述の「トルペード訴訟」）に対処可能になる。

もっとも、両方の裁判所において訴訟物が同一でなければならず、関連しているにすぎない場合には、前掲の規定は適用されない。また、合意のあった裁判所に、先に事件が係属した裁判所の管轄権不存在を決定する権限（negative Kompetenz-Kompetenz）はない。したがって、合意された裁判所がみずから審理に当たらない限りは、合意されていない裁判所は、管轄合意の有効性および適用可能性についてみずから裁判することができる。

しかしながら、これは妥当と考えられるとする意見も存在している[33]。なぜなら、管轄の異議のみに関係する訴訟の停止義務は、新たな濫用を生じるおそれがあるからである。すなわち、25条1項による管轄の合意に必要とされる方式は、それほど厳格ではなく、プリマ・ファッツイ・コントロールによっては、「対抗するトルペード戦術」の危険性に対して十分に対処できないからである。

(5) 執行許可手続の廃止をめぐっては[34]、欧州委員会は、当初、誣告訴訟や集団訴訟（Verleumdungs-und Sammelklagen）については執行許可手続を維持しようとした[35]。だが、後には、執行国における債務者保護について、実体的公序によるコントロールを含めて、完全であるという理由で、すべてについて廃止することとした。執行力は、法律上当然であって（ipso iure）、それは、債権者によって執行国の裁判所において初めて取得されるというものではなく、むしろ、執行力を排除しようとする債務者が積極的に対応すべきことであるからである。これによって、他の構成国において簡易、迅速かつ低廉に執行が可能になり、他方、債務者が執行の拒絶を求める例外的な場合には、執行国において統一的

33） Miriam Pohl, a.a.O., IPRax 2013, 112 f.
34） 前掲注31）の諸文献参照。
35） Miriam Pohl, a.a.O., IPRax 2013, 112.

で実際的な手続を用意すべきこととなる。

執行許可手続には、重要な機能（裁判が規則の適用領域にあるか否か、判決国において執行力を有するものであるか否か、執行国の強制執行法と整合性を保つものか否かといった審査機能）が存している。また、執行許可宣言は、債務者に対して裁判書とともに送達されて、債務者に情報を提供し、執行力のある裁判であることを認識させ、場合によっては、執行を回避するために任意の履行を促すこととなる。そのため、執行許可手続に備わっているこうした諸機能を、「代替するもの」なくして執行許可手続を廃止すべきかどうかが争点となった。

新規則をみると、執行許可手続に代替するものとして、判決裁判所において作成される証明書（53条）が意義ある存在といえる。また、この証明書の発行に先立って、判決裁判所は、本規則の物的適用範囲が明らかにされたか否かについて審査し、当該裁判が「他の条件を満たす必要なく」判決国において執行可能であることを書式欄にチェックして確認すべきこととしている（附属文書Ⅰにおける「民事及び商事事件における裁判に関する証明書」中の4.4.）。したがって、条件付裁判または仮の執行力のある裁判については、判決国における証明書の発行の段階ですでに、その国の法により必要とされている執行の要件が証明されているか否かが審査されるべきこととなる（このことは、例えばドイツでは、「承認及び執行施行法（AVAG）」7条1項1文により規定されている。）。さらに、当該裁判について執行可能な内容に関する詳細を記載した証明書が定められており（37条2項、42条4項、43条2項、47条3項、54条3項）、出費がかさんでいた翻訳費用も少なくなる。

それにもかかわらず、個別事例において当該裁判が執行国の執行法に調和しないときには、債務名義はこれにできる限り適合するようにすべきものとされている（54条）。しかし、執行するためにさらなる裁判所の裁判を取得する必要がある場合には、そうした適合化による代替を行うべきでない。特に、強制金による制裁を科して不作為命令の強制的な実現を図ろうとする場合に、このことは当てはまる。強制金の額が、判決国の裁判所によってあらかじめ確定されている場合に限り、他の構成国において執行は可能となる（55条）。

また、証明書（53条）は、債務名義と並んで、債務者に対する情報提供の役割を担っており、最初の執行処分に先立って送達されなければならない（43条

1項)。なお、裁判の翻訳については、債務者に自動的に保障されるわけではなく、一定の場合に債務者が申し立てた場合に限られている。

(6) 執行拒絶事由については、特に変更はない。執行許可手続の廃止と公序の存続とは、コインの裏表である。極端に例外的な場合において限定的なコントロールが不可能なときには、相互承認の原則を不変のものとしておくことが、例外なしに妥当するわけではない。本規則の適用範囲は著しく広範であり、また、適用可能な法も非常に多様であるため、「公序による留保(ordre public − Vorbehalt)を放棄した場合に生じるおそれのある結果をそのまま受け容れることは不可能であろう。新45条1項に掲げる承認拒絶事由は、広く普遍的なものである。また、執行に対して複数の抗弁を1つの統一された手続において主張することができるとする規定(41条2項、前文(30))は、複数の並行する手続を避けることに寄与する。

(7) 本規則に基づいて、本案について管轄権を有する裁判所によって命じられた保全処分を含む仮処分の執行に関しては、他の裁判と同様に、他の構成国において執行することができる(2条a号)。仮の処分が、被告を呼び出さずに発令された場合には、債務者に対してあらかじめ裁判を送達しておくことが執行の前提となる。この要件は、執行機関に対して証明されなければならない(42条2項b号およびc号)としている。

(8) 新規則は、おおむね以上のような内容であり、その特徴は、やはり、執行許可手続を廃止している点にあるであろう。もっとも、後にみるように、すでに、「債務名義規則(EuVTVO)」(2004年)、「少額請求手続規則(EuGFVO)」(2007年)、「督促手続規則(EuMVVO)」(2006年)および「扶養規則」(EuUnthVO)(2008年)において、この執行許可手続は廃止済みであって、どれだけ新味があるかについては議論のあるところであることは否めない[36]。

2 ブリュッセルⅡa規則

(1) 2001年3月1日には、離婚および子に対する父母の責任をめぐって、

36) Pfeiffer, a.a.O., ZZP 127, 429. は、新規則の最もシンボリックな効果は、執行許可手続の廃止であるが、実際的な意義は大きくないことを指摘し、執行許可手続の廃止の新規性に対して懐疑的である。

ブリュッセルⅡ規則（EheVO; 2000年5月29日）が[37]、上記のブリュッセルⅠ規則に並ぶ存在となった。また、この規則も、Ⅰ規則と同様に、裁判管轄と並んで裁判の承認・執行という2つを規律している。そして、2005年3月1日に至り、新たに現行の規則（EheVO: 2003年11月27日）が、Ⅱ規則に代わって発効したため、それ以降は、これを「ブリュッセルⅡa規則」と呼んでいる。

(2) このブリュッセルⅡa規則は、従前のブリュッセルⅡ規則が、アムステルダム条約61条c号に規定されている権限に依拠するものであり、また、同条約65条による民事事件における司法協力のための措置であるのと同様に（現在の欧州連合運営条約67条1項・4項、81条）、EUにおける自由、安全および司法の領域を創設するための欧州委員会のアクションプランの1つである。

この規則の目的は[38]、婚姻事件における裁判について承認および執行適格を創出することにある。EU内において、国籍を異にする者の婚姻が増大していることおよび構成国における離婚法の相違に鑑みて、離婚をめぐり足並みが揃わない危険性を生ずることは、理論上に限られず、また、居住移転の自由を阻害するという影響もあるからである。

また、国境を跨る子の監護をめぐる訴訟については、欧州の司法領域において包括的に規律し、子の連れ去り事件における返還を実効性あるものにすることを目的としている[39]。この問題をめぐっては、母親（フランス人）と父親（ドイツ人）とが相互に子を連れ去った、ティーマン（Tiemann）事件（1998年）が背景に存している[40]。子の連れ去りに関するハーグ条約（1980年）13条は、子が返還によって身体的または精神的な害を受ける等の重大な危険が存することの証明があった場合には、返還要請のあった当局は返還義務を負わないとしており（同条1項b号）、こうした公序による留保が発動可能か否かという点が争われた。最終的には、子をフランスへ返還すべきという内容になったため、ドイツとフランスとの間の司法対立は回避された。しかしながら、欧州の司法における

---

37) Stein/Jonas/Wagner[22], EuGVVO, Einleitung vor Art.1 Rdnr.70 ff. 本規則については、半田吉信「国境を越えた子の連れ去りとヨーロッパ監護権条約―ブリュッセルⅡa規則及びハーグ親責任条約―」『千葉大学大学院人文社会科学研究科研究プロジェクト報告書第253号「日独比較民事法」』(2013年) 1頁以下参照。また、64頁以下にブリュッセルⅡa規則の翻訳がある。

38) Rauscher/Rauscher, EuZPR/EuIPR (2010), Einl Brüssel II a-VO, Einleitung Rn.2.

39) Hess, a.a.O., §7, Rn.7 ff..

「相互信頼の原則」に逆行する事態を生じ、これに対する反省に基づいて、ブリュッセルⅡ規則（2000年）の不備が指摘されて、その改正による同Ⅱa規則（2003年）の採択に至った。

(3)　こうしたことを反映して、ブリュッセルⅡa規則は、同Ⅱ規則の親権・面会交流に関する規律の適用領域を著しく拡張することとなった。もっとも、多くの批判のあった、Ⅱ規則2条、すなわちⅡa規則3条による管轄の規律、特に離婚に関する多数の管轄を根拠づける規定は存続したため、法廷地漁りに手を貸し、法的安定性を害しているとの批判も存する。また、離婚抵触法は、従来の指摘にもかかわらず、統一化されていない。家族法上の崩壊に伴う財産法上の紛争（それゆえドイツでは「追加事件（Folgesachen）」と呼んでいる。）、例えば財産性および扶養（Güterstand und Unterhalt）の問題は、ブリュッセルⅡまたはⅡa規則（EheVO）には包摂されず、原則として、民事及び商事事件における裁判管轄並びに裁判の承認及び執行に関する規則の適用範囲となった。そのため、後に、扶養事件については、本規則に代わって、「扶養事件における裁判管轄、適用法、裁判の承認及び執行並びに協力に関する理事会の（EG）4/2009規則」（2008年12月18日）が新たに設けられ、2011年6月18日に発効している。

3　送達規則

(1)　送達規則の目的は[41]、裁判上および裁判外の文書の外国への送達を改善し、迅速化することにある。外国への文書の送達の困難および遅延は、国際的な法的紛争にとって著しい障害であり、送達規則の施行前には、ヨーロッパ内

40)　ドイツ連邦憲法裁判所1998年10月29日決定（BVerfGE 99,145）。Vgl. NJW 1999, 631.
　フランス人の母親とドイツ人の父親との間の2人の子供（3歳と7歳）について、母親がいったんフランスに連れ去った後に、今度は、父親が私立探偵を雇って、ドイツに連れ戻したという事件である。その後、父親が単独の親権を要求したのに対して、母親は、フランスの裁判所で子の返還命令を取得し、ドイツの裁判所に対して、その裁判を承認し、子をフランスへ返還するよう要求した。争点は、子をフランスへ返還することが子の福祉（ハーグ条約13条1項b号）に反するか否かであったが、ドイツの裁判所は、子の福祉に危険は存しないとの判断をし、フランスへの返還を命じた。父親の憲法訴願に対して、ドイツ連邦憲法裁判所も、最終的には、利益衡量の結果、子をフランスに返還すべきであるとした。結果的に、ドイツとフランスとの間の司法対立は回避されたものの、欧州の司法の領域における「相互信頼」に逆行する事態を生じたため、ブリュッセルⅡa規則は、こうしたことに対する反省を踏まえて採択されたものといえる。

においても、送達は数ヶ月を要し、また、場合によってはこれを超えていた。送達に時間がかかることは、原告の利益を害し、訴訟経済にも反するが、他面で、外国に居住する受取人の法的審問権を害するものであってはならない。したがって、送達規則の解釈に当たっては、欧州人権宣言6条に依拠する、公正手続請求権および法的審問請求権を顧慮しなければならない（同19条参照）。特に、送達人と受取人とが、異なる言語を用いており、送達文書が受取人の理解しない言語で作成されている場合には、問題が顕著であり、本規則において調整が試みられている（8条）。

また、こうした当事者の利害のみならず、国家の主権利益も関係する。本送達規則によっても直接送達が可能でないことは、裁判上の送達が主権行為であり、特別な合意がない限りは国家の領域内においてしか行えないとの理解——批判はあるものの——に基づいている。しかし、こうした国家の主権利益は、国境を跨る高権に抵触するため、本規則を通じて、必ずしも十分とはいえないが、制限されることとなった。

(2) 送達の方法として、まず、内国の転達当局から外国の受託当局への送達が、広く行われている方法であるけれども、十分に簡素化されているとはいえない。もっとも、本規則4条2項に関連して、電子的なデータ通信によって迅速化が図られているが、これも必ずしも完全とはいえない。また、12条により、例外的な場合には領事官による送達もある。

次に、本規則は、「郵便による直接送達」を強化し、外国送達の簡素化に著しく寄与している。すなわち、14条により、ハーグ送達条約によっても可能とされていた直接送達を排除することはもはやできなくなった。また、多くの構成国において、配達証明付の書留郵便を用いた直接送達が原則的なものとなった（14条）。

(3) ハーグ送達条約13条1項においては、制限的ながら公序則による留保があったが、本規則によってそうしたものは廃止された。これは、構成国内における送達の嘱託の実施について、外国送達行為をめぐって特別な内容上の審

---

41) Rauscher/Heiderhof, EuZPR/EuIPR (2010), Einl EG-ZustVO 2007 Rn.6 ff.
安達栄司「EUの新しい国際送達規則」成城大学法学会編『21世紀における法学と政治学の諸相』（信山社、2009年）277頁以下。

査をもはやすべきではないということを意味する。

他方、基本となる手続における送達が内国の公序に反する場合に裁判の承認を拒絶することができるか否かに関しては、例えば、ブリュッセルⅠa規則45条1項b号やブリュッセルⅡa規則22条b号及び同23条c号に従うこととなった。被告が送達の種類・方法によって自ら防御することができなかったときは、場合によって、上記の規定により外国裁判を承認しないという事態を生ずることがある。

(4) 以上のように、「郵便による直接送達」が一般化することによって、円滑な送達の実施の方向が強化されることとなった。また、被告が防御の機会を与えられないような送達については公序に反するとして、こうした送達によって開始された手続における裁判を承認しないとする形で、一定の歯止めをかけることとしている。

4 証拠調べ規則

(1) この規則は[42]、2004年1月1日に発効しており、国境を跨る証拠調べについて統一的な手続の枠組みを作ることを目的としている。そこで、通常の場合は、嘱託原則（Rogationsprinzip）に従うこととし、原則として、①受訴裁判所（嘱託裁判所）が、外国の裁判所（受託裁判所）に対して、その国の法に従った証拠調べの実施を求める司法共助嘱託をするという方法に拠ることとしている（10条から16条までの規定）。例外的に、②受訴裁判所が、外国において自ら証拠調べをすることも可能である（17条1項）。ただし、この場合には、証拠調べが任意に基づくものであって、強制力を伴わずに実施できるものでなければならない（同条2項）。本規則は、民事訴訟に関するハーグ条約（1954年）および外国における証拠調べに関するハーグ条約（1970年3月18日）に優先するものである。

(2) 上記のいずれの方法も、ハーグ証拠収集条約が規定する「中央当局」を

---

42) Stein/Jonas/Wagner[22], EuGVVO, Einleitung vor Art.1 Rdnr.74, Rauscher/Jan von Hein, EuZPR/EuIPR (2010), Einl EG-BewVO Rn.1-3.
　春日偉知郎「ヨーロッパ証拠法について」判例タイムズ1134号（2004年）47頁以下、同「続・ヨーロッパ証拠法について」判例タイムズ1140号（2004年）54頁以下参照。

経ずに他の構成国の権限ある受託裁判所に対して証拠調べの実施を直接に要請する、または、受訴裁判所自らが、他の構成国において直接に証拠調べを実施するものであり、簡素化および実効性の面で、大きく前進している。

また、①の方法については、嘱託のすみやかな実施（10条1項）、立会権の保障（11条）、受託裁判所の強制措置（13条）、証言拒絶権の援用による嘱託の実施の拒否（14条）等の詳細が規定されている。さらに、②の方法についても、直接的な証拠調べの嘱託に対しては、受託国の重要な法原則に反する場合に限ってこれを拒否できるとしており、拒否事由が非常に限定されている点に（17条5項c号）注意する必要がある。いずれにせよ、他の構成国の裁判所による迅速で効率的な証拠調べの実施を保障するために、司法協力を積極的に推し進めようとしており、開かれた証拠調べ手続の構築は、望ましいであろう。

5 執行名義規則

(1) 本規則の最大の特徴は、執行許可手続（Exequaturverfahren）を廃止した点であり、しかも、他の規則に先駆けてこれを実現したところに意義がある。その経緯は、以下のようである[43]。

欧州共同体の設立当初から、構成国の間では、1つの共通の市場には司法の領域における協力が欠かせないという認識があった。そのため、民事および商事事件における判決は、各国の法的な障壁を越えて通用しうるようにしなければならず、これによってのみ、すべての市場関係者の平等的な取扱いが可能になるとされた。もっとも、当時は、共同体にこうした課題のための立法権限は付与されておらず、独立した国際条約を介して裁判所の裁判について簡素化された承認および執行手続を試みなければならなかった。すなわち、1968年の「民事および商事事件における裁判管轄及び裁判の執行に関する条約（EuGVÜ）」（ブリュッセル条約）によって、外国裁判の承認および執行が著しく簡素化され、政治的にも構成国間の相互信頼を著しく促進した。その後、1992

43） Rauscher/Pabst, EuZPR/EuIPR (2010) Einl EG-VollstrTiTelVO Rn.1 ff.
春日偉知郎「ヨーロッパ債務名義創設法（「争いのない債権に関するヨーロッパ債務名義の創設のための欧州議会及び理事会の規則」（2004年4月1日））について」国際商事法務32巻10号（2004年）1331頁以下。

年のマーストリヒト条約を経て、学説および欧州共同体の組織内から、「欧州執行名義」の理念が提唱され、また、これに連携して執行判決請求手続の廃止が提案されたが、その当時は結実するに至らなかった。

1997年のアムステルダム条約（1999年に発効）において、自由、安全および司法の領域の構築という政治的目標が採択され、民事事件における司法協力の領域における措置の発令権限が共同体に認められることとなった。そして、民事および商事事件における裁判の承認および執行の改善と簡素化のために、2002年には、ブリュッセルⅠ規則が前記の1968年の条約に代わることとなったが、なおも執行国における承認および執行宣言を必要とするといった基本原則には変更がなかった。

これに先立って、1998年当時すでに、欧州理事会及び欧州委員会は、新たな立法権限を包括的に行使しようと意図していたが、執行許可手続の廃止についてはまだ俎上に載せていなかった。その後の1999年のタンペレでの欧州理事会会議において、民事事件における司法協力の礎としての相互承認の原則が確立され、欧州委員会は、消費者関連の少額請求の債務名義について中間手続を廃止する提案をすべきであるとした。そうした請求をめぐる裁判についてはEUの構成国において、執行のための中間手続や執行拒絶事由を介さずに自動的に承認されるべきであるとされた。これによって、争いのない債権に関して執行許可手続を廃止することが当面の目標とされ、これが他の法領域に対する水先案内人となった。未回収の債権の取立ては、域内市場の円滑な機能に利害をもつ経済圏にとって必須の課題であったからである。そして、2002年4月には、欧州委員会が第一草案を提案し、2004年に本規則の制定となった。

(2) EUは、「欧州執行名義」の概念によって、基本的に、以下に述べる2つの目的を達成しようとしている[44]。だが、その際に、政策的な考慮から、直ちに民事訴訟法の全部の領域に変更を加えるのではなく、当面は一定の領域に限って――本規則では争いのない債権に限る――パイロット・プロジェクトとして変更を試みることとした。

目的の第1は、統一的な手続であって、この手続に基づいて構成国のすべて

44) Rauscher/Pabst, EuZPR/EuIPR (2010) Einl EG-VollstrTitelVO Rn.6 ff.

において直接に執行力のある裁判を作り出すことを構想する点にある。これは、効率的な司法へのアクセスに関係し、裁判が外国において執行されなければならないか否かに関係なく、そもそも手続を介して、まずは裁判（執行名義）自体を取得するということにある。

目的の第2は、裁判の発令後の執行にある。執行名義を作り出した手続の種類に関係なく、裁判が発令された後は、この執行名義は、EU内において自由に通用力を有するものとすべきである。執行へのアクセスは、すべての構成国において、さらなる要件の審査を必要とせずに、可能なものでなければならない。本規則は、主としてこうした目的に関係している。ある構成国において発令された執行名義は、他の構成国においても、内国執行名義と同様に取り扱われることになる（20条1項）。

もっとも、執行名義の成立自体は構成国の手続によって行われるため、本規則は、事後的に見て、こうした構成国の手続が本規則において定められている最小限の要件を満たしているものでなければならないとする。すなわち、ある国の執行名義であって、他の国において執行せられるべきものに対しては、特別の執行判決請求手続において執行力が付与されるということが原則である。他方、本規則は、民事および商事事件において、こうした執行法上の本来の原則からの乖離を試みたものである。判決手続が実施された本来の構成国において、その手続の終結後に、改めて確認手続（6条）を設けて、この手続において欧州執行名義としての性質が付与されて、これに基づいてEUにおいて広く通用することになる。したがって、国内執行名義は、最小限の要件を満たす場合に、欧州執行名義としての地位を得て、すべての構成国において執行力を備えることになる。執行が営まれるであろう潜在的な構成国は、基本的にこれに関与することはない（21条2項）。

こうして、ある構成国において成立した執行名義を他の構成国において執行するための前提要件である執行判決請求——執行許可手続——は、本規則の適用領域において廃止されることとなる。執行名義の対象となる債権は、債務者によって争われないことの証明があった債権である。債権者は、事前の承認または執行宣言なくしてすべての構成国において直接に執行を行い、執行構成国においては公序による審査もほとんど行われない（21条参照）。これによって、国境を跨る債権執行は、域内市場において費用と時間とを著しく節約することができるようになる。このようにして、「原産地国主義（Herkunftslandprinzip）」[45]は、国際民事訴訟法においても実現されるとともに、本規則は、欧州督促手続規則、欧州少額請求手続規則などと相俟って、ヨーロッパ民事訴訟「規則」の「第二世代」を形成することとなる。

(3) 承認拒絶事由についても、判決構成国における審査が要求されており、執行構成国には、執行すべき裁判が執行国の裁判または執行構成国において承認されるべき裁判と抵触するか否かの審査のみが認められているにすぎない（21条参照）。執行構成国は、いかなる中間手続をも経ずに欧州執行名義の執行を義務づけられており、この点において執行法上の「体系の転換」を認めることができる。そして、こうした体系の転換を根拠づけているのは、構成国の正規の司法に対する相互信頼の原則（前文（18））である。

(4) 執行許可手続の廃止に伴って、債務者は、執行構成国における拒絶事由に基づく救済の可能性も否定されることになる。すべての異議は、判決構成国においてあらかじめ主張しておかなければならない。判決構成国における確認手続自体は、債務者の関与なくして行われ、本規則は、この確認に対する真の救済を、6条2項を別として、特に規定していないし、遠隔地および言語の相違を考慮すると、債務者の負担は著しい。債務者保護は著しく制限されている。

他方、債権者にとっては、執行構成国の裁判所の裁判を必要とせず、外国における効率的な執行が可能になる。債権者は、判決手続の裁判所においてEUの全体において直接に執行可能な執行名義を取得でき、特に多数のEU諸国において執行名義の執行を行う場合には著しく有利になる。

もっとも、詳細を省くが、債務者保護の観点から、こうしたことに対する基本法上の疑問が多数浮上していることは確かであり[46]、今後の推移を見守る必要があると考える。

---

45) Hess, Europäisches Zivilprozessrecht, §3 Rn.18.

46) Rauscher/Pabst, EuZPR/EuIPR (2010) Einl EG-VollstrTitelVO Rn.33 ff.

6　少額請求手続規則

⑴　欧州少額請求手続をめぐっては[47]、欧州消費者訴訟の創設という発想を契機として、2005 年春にはすでに草案化されて、欧州委員会は、上限額を 2,000 ユーロとする少額請求のための特別手続を設けることを予定した。しかし、この草案は実現をみずに、2007 年 6 月に欧州少額請求手続の創設に関する規則（本規則）が制定されて、2009 年 1 月に発効するに至った。

主たる目的は、訴額が比較的少額の訴訟について、債務名義を取得するための簡易、迅速かつ低廉な手続を準備することであり、また、個々の構成国における略式手続の相違によって生じている域内市場の競争のひずみに対して、債権者・債務者に対等の条件を保障しようとすることにある（前文（7））。多くの請求権者は、請求額（2,000 ユーロ）に比して不相当な費用がかかるために国境を跨る権利の実現を放棄しているが、実効性のある手続によってそうした国民経済上の損失を減少させることが可能になる。もちろん、市民に寄り添った簡易な手続は、定型的な原告としての消費者を保護することにつながる。

⑵　本規則は、民事および商事事件における国境を跨る訴訟であって、訴額が 2,000 ユーロを超えないものに適用される[48]（2 条 1 項、3 条）。手続は、原則として書面によって行わなければならず（5 条 1 項 1 文）、訴状および答弁書は、定型書式に記載する（4 条 1 項、5 条 3 項）。弁護士強制はない（10 条）。証拠調べについては、裁判所に裁量が広く認められているが（9 条）、最も簡易かつ低廉な証拠方法を用いるべきであるとしている（9 条 3 項）。不服申立てについては、それぞれの国内手続法が適用され（17 条）、欠席手続は規定されていないが、被告は、一定の場合、判決を言い渡した裁判所による判決の審査を求めることができる（18 条）。

⑶　本規則による判決は、他の構成国において執行宣言または承認手続を必

47）　Rauscher/Varga, EuZPR/EuIPR (2010) Einl EG-BagetellVO Rn.25 ff., Stein/Jonas/Wagner[22] (Band 10), Einleitung vor Art.1 EuGVVO Rdnr.76.
　吉田元子「EU 域内における少額請求手続（1）(2 完)」千葉大学法学論集 23 巻 1 号（2008 年）95 頁以下、同 2 号 43 頁以下。

48）　予定されている改正提案 2 条（適用範囲）において（COM (2013) 794 final)、訴額の上限は、1 万ユーロに変更される予定である。
　Bartosz Sujecki, Änderung des Europäischen Verfahrens für geringfügige Forderungen, ZRP 2014, 84 ff.

要とせずに執行できる（20条）。この規定は、執行名義規則20条以下および督促手続規則21条以下の規定に相応している。同様に、不服申立てにかかわらずまたは担保の提供に係らしめることなく、執行可能である（20条1項、15条1項）。強制執行の拒絶（22条1項）または執行の停止もしくは制限（23条）の事由も、前記諸規則の該当する規定に相応している。

(4) しかしながら、手続が簡素化されていることに伴い、例えば、口頭主義の排除、欠席判決の黙示的な容認（7条3項）、不服申立ておよび執行拒絶事由の極端な制限などについて、批判がないわけではない[49]。とりわけ、欧州人権憲章6条およびEU裁判所の公正手続に関する判例との整合性について疑問がもたれている。また、仮執行宣言の効果（15条1項）についても問題視されているほか、執行国における公序によるコントロールの放棄も、執行名義規則におけると同様に、憲法上の批判の対象となっている。さらに、消費者保護の観点からも、被告としての消費者は、外国の管轄に対して保護されていないし、例えば、インターネットによる通信販売を業とする法務部をもつ国際的な企業が原告となり、消費者を被告とする訴訟の場合には、被告にとって、支払額や訴額に見合わない不相当な負担を強いられることになろう。こうした疑問は、今後の留意点としてなお残るであろう。

7　督促手続規則

(1) 支払不能に陥った債務者に対しては、判決手続によるよりも、むしろ督促手続によって簡易、迅速かつ低廉な方法で債務名義を取得した方が得策である場合がしばしば存する[50]。この場合、債権者に発議責任（Initiativlast）が負わされるが、支払命令に対しては債務者が異議を申し立てたときに限り、判決手続へと移行する。こうした国内法上の督促手続の考え方を用いて、国境を跨る訴訟事件に対処しようとするのが督促手続規則であり、少なくとも当事者の一方が、事件の係属する構成国以外の構成国にその住所または居所を有している場

49) Rauscher/Varga, EuZPR/EuIPR (2010) Einl EG-BagatellVO Rn.62.

50) Rauscher/Gruber, EuZPR/EuIPR (2010) Einl EG-MahnVO Rn.1 ff.
野村秀敏「EC督促手続規則―ヨーロッパ執行名義取得のための独自の手続の創設（上）（中）（下）」国際商事法務40巻12号（2012年）1816頁、同41巻1号（2013年）79頁以下、同2号240頁以下。

合に適用される（3条）。また、その手続は、基本的に国内法上の督促手続と変わりがない。

(2)　本規則19条は、執行力のある欧州支払命令によって、執行許可手続を必要とせずに他の構成国において承認および執行ができると規定している。他方、執行名義規則3条1項b号は、内国督促手続により取得した債務名義をもって欧州執行名義とすることができるとし、同5条によって、他の構成国において執行宣言を必要とせずに承認および執行することができるとしている。それゆえ、執行許可手続を廃止した点に（19条）、特に新味があるとは必ずしもいえない。

欧州督促手続の特徴は、むしろ、相違する国内法上の手続の非効率に対して、固有の統一的な規律を行うことによって、請求権の実効性を効率的なものにするという点にある。また、債権者と債務者との間の利益衡量をした結果、批判がなかったわけではないが、債権者側に重きを置いて、欧州支払命令を、定型書式による一定の要件の審査に基づいて発することとし（8条）、債務者には、例外的な場合における事後的な再審査を認めるにとどまっている（20条）。

いずれにせよ、こうしてできあがった欧州督促手続は、それが統一的であるという点に特徴を有しており、民事手続法の他の主要な領域に対して手続統一化を促す重要な契機となるであろうことが期待されている。

(3)　本規則は、民事および商事事件において適用され、申立人が期限の到来している請求権を主張することを前提としている（4条）。契約に基づく債権を通常は予定しており、契約外の債務関係に基づく請求権については、わずかな例外を別として、除外している（2条）。また、少なくとも当事者の一方は、事件の係属する構成国以外の構成国にその住所または居所を有しなければならず（3条）、3条により要求される「国境を跨る関係（grenzüberschreitender Bezug）」が存しないときは、本規則の適用はない。

手続は、構成国における簡素化を目的としているため、方式化を徹底し、裁判所と両当事者間では書面の交換を、しかも、定型書式の利用を求めている。7条1項は、欧州支払命令を求める債権者の申立てを定型書式ですべきことを規定し、また、同2項には必要的記載事項が定められている。

この申立てに基づいて、裁判所は、職権で、本規則の適用可能性について審査をし、また、管轄権および「債権が理由のあるものか否か」を審査する（8条）。裁判所は、要件の不備等について追完および補正を命じ（9条）、要件が主張された債権の一部についてのみ満たされている場合には、その債権の一部に限って欧州支払命令を発する（10条）。申立人が9条の追完または補正に応じないときには、裁判所は申立てを却下する（11条）。申立ての審査は、定型書式における記載に限定されており、形式上および実体上の疑問がないときは、裁判所は、申立書の提出後30日以内に欧州支払命令を発し、これは相手方に送達される（12条〜15条）。

相手方は、この送達後30日以内に、故障の申立てをすることができる。この故障の申立書に相手方は理由を記載する必要はなく、督促手続は、国内訴訟法による通常の民事手続に移行する（16条・17条）。他方、適時に故障の申立てがなされなかったときは、欧州支払命令に対して職権で執行宣言を付与する（18条）。債権者は、改めて執行命令の発令を求める申立て（例えばドイツ民事訴訟法699条1項）をする必要がない点において、国内督促手続のような2段階を経る必要がない——1段階の手続——。こうした点に、欧州督促手続における債権者の負担軽減が図られている。

債務者は、1回の故障の申立期間を徒過すると、支払命令が「明らかに不当に」発令された等の例外を除き（20条）、これ以上の異議の機会を失うこととなる。他方、申立人は、他の構成国における執行宣言手続を経る必要がなく、執行できる（19条）。執行は、21条に則して、それが実施されるべき構成国の国内法に従って行われ、例外的に、22条の要件がある場合に限り拒絶される。

8　訴訟費用援助指令およびメディエーション指令

(1)　訴訟費用援助指令は[51]、裁判管轄、送達、証拠調べ、判決およびその承認・執行といった中心的な問題に関わるものではないが、国境を跨る訴訟について司法へのアクセスを改善するために、訴訟費用の援助のための共通の最小限の規定を定めることを求める指令である。この指令に基づいて、例えばドイ

51）　Stein/Jonas/Wagner[22] (Band 10), Einleitung vor Art.1 EuGVVO Rdnr.84.
訴訟費用援助指令1条1項において、本指令の目的として、本文において述べる内容が規定されている。

ツでは、国内法化がすでになされている。

(2) メディエーション指令は[52]、民事および商事事件の特定の分野について、裁判外紛争処理の問題に関与しようとするものである。指令の計画は、比較的控え目であり、ハードの部分とソフトの部分とに分けられる。執行力、秘密保持および時効に関する6条、7条および8条は、前者に位置づけられる。また、質の確保、利用の促進および情報の提供に関する4条、5条および9条は、構成国に対して、目標を示すものであり、後者に属する。メディエーション指令は、12条1項により、2011年5月21日までに各構成国での国内法化が求められている。

V　むすび

以上、EU民事司法の領域において、構成国の裁判所間における司法協力の努力が、さまざまな規則を通じて着実に稔りをもたらしつつあることを眺めてみた。また、その原動力は、国境を跨る民事・商事事件の実効的で迅速な解決を促進し、EU域内の経済活動や人的交流に伴う法的リスクについて予測可能性を高めることにより、域内市場および生活圏における法的・手続的障害を除去して一層の活性化を図ろうとする意欲のなかに求めることができる、と考えられる。

もちろん、こうした民事司法における協力および調和の前提として、それぞれの構成国の裁判制度およびこれを支える手続法の運用に対する「相互信頼」がなければ、たとえ構成国が、我々からみると比較的均質な裁判制度を備えていると思われるEUにおいてさえも、これを望むべくもないことと考える。そうした意味において、構成国が相互信頼の下に、私権の法的保護の領域において、国境という枠を取り払って、また、伝統的な主権理解から脱皮して、司法

52) Stein/Jonas/Wagner[22] (Band 10), Einleitung vor Art.1 EuGVVO Rdnr.80 ff.
中村匡志「民事及び商事事件における調停の特定の側面に関する2008年5月21日の欧州議会及び理事会指令（欧州共同体2008年52号）」国際商事法務36巻10号（2008年）1309頁以下、中原章雄「EUの調停指令と日本の調停」調停時報173号（2009年）7頁以下。

協力を実現しようとする方向性[53]は積極的に評価すべきものであることは確かである。また、このことは、国際裁判管轄および外国判決の承認・執行をめぐって、緊張関係を孕んでいる国際社会——特にわが国を含む大陸法系諸国とアメリカとの間——の現状を前にして、より一層強く感ずるところである。欧州連合（EU）における司法協力の前向きな姿勢と開かれた民事手続の構築は、まさに他山の石として十分に参考にすべきものであることを確認し、本章を結びたい。

〈規則一覧——正式名称・官報・略称（訳者による）〉

1. 民事及び商事事件における裁判管轄並びに裁判の承認及び執行に関する2012年12月12日の欧州議会及び理事会の（EU）Nr.1215/2012規則
——官報　ABl.（EG）2012 Nr.L 351, 1 ff. 掲載
——略称「ブリュッセルⅠa規則」

2. 婚姻事件及び父母の責任に関する手続における裁判管轄並びに裁判の承認及び執行に関する2003年11月27日の理事会の（EG）Nr.2201/2003規則、並びに（EG）Nr.1347/2000規則の廃止のための理事会の（EG）Nr.2201/2003規則
——官報　ABl.（EG）2003 Nr.L338, 1ff. 掲載
——改正　2004年12月2日（ABl,（EG）2004 Nr.L367, 1 ff.）
——略称「ブリュッセルⅡa規則」

3. 構成国間の民事又は商事事件における裁判上及び裁判外の文書の送達（「文書の送達」）に関する2007年11月13日の欧州議会及び理事会の（EG）Nr.1393/2007規則、並びに理事会の（EG）Nr.1348/2000規則の廃止のための（EG）Nr.1393/2007規則
——官報　ABl.（EG）2007 Nr.L324, 79 ff. 掲載
——略称「送達規則」

4. 民事又は商事事件における証拠調べの領域での構成国の裁判所間の協力に関する2001年5月28日の理事会の（EG）Nr.1206/2001規則
——官報　ABl.（EG）2001 Nr.L174, 1 ff. 掲載
——改正　2008年10月22日（ABl,（EG）2008 Nr.L304, 80 ff.）

53）前記Ⅰ(3)参照。

——略称「証拠調べ規則」

5. 争いのない債権に関する欧州執行名義の成立のための 2004 年 4 月 21 日の欧州議会及び理事会の（EG）Nr.805/2004 規則
——官報　ABl.（EG）2004 Nr.L143, 15 ff. 掲載
——改正　2008 年 10 月 22 日（ABl,（EG）2008 Nr.L304, 80 ff.）
——略称「執行名義規則」

6. 欧州少額請求手続の創設のための 2007 年 7 月 11 日の欧州議会及び理事会の（EG）Nr.861/2007 規則
——官報　ABl.（EG）2007 Nr.L199, 1 ff. 掲載
——改正予定　2013 年 11 月 19 日提案（COM（2013）794final）
——略称「少額請求手続規則」

7. 欧州督促手続の創設のための 2006 年 12 月 12 日の欧州議会及び理事会の（EG）Nr.1896/2006 規則
——官報　ABl.（EG）2006 Nr.L399, 1 ff. 掲載
——改正　2012 年 10 月 4 日（ABl.（EG）2012 Nr.L283, 1 ff.）
——略称「督促手続規則」

8. 国境を跨る訴訟事件において訴訟費用援助に関して共通の最小限の規定を確定することによって法へのアクセスを改善するための 2002 年 1 月 27 日の理事会の 2002/8/EG 指令
——官報　ABl.（EG）2003 Nr.L26, 41 ff.
——略称「訴訟費用援助指令」

9. 民事及び商事事件におけるメディエーションの特定の側面に関する 2008 年 5 月 21 日の欧州議会及び理事会の 2008/52/EG 指令
——官報　ABl.（EG）2008 Nr.L136, 3 ff.
——略称「メディエーション指令」

＊　1. に関しては、「ブリュッセルⅠ規則」の翻訳として、中西康「民事及び商事事件における裁判管轄及び裁判の執行に関する 2000 年 12 月 22 日の理事会規則（EC）44/2001（ブリュッセルⅠ規則）（上）（下）」国際商事法務 30 巻 3 号（2002 年）311 頁以下、同 30 巻 4 号 465 頁以下があり、また、同「民事及び商事事件における裁判管轄及び裁判の執行に関するブリュッセル条約（1）（2 完）」民商法雑誌 122 巻 3 号（2000 年）426 頁以下、同 4・5 号 712 頁以下には詳細な解説が付されている。
2. に関しては、半田吉信「国境を越えた子の連れ去りとヨーロッパ監護権条約、ブ

リュッセルⅡa規則及びハーグ親責任条約」「千葉大学大学院人文社会科学研究科研究プロジェクト報告書第253号『日独比較民事法』」(2013年) 1頁以下参照。また、同書64頁以下にⅡa規則の翻訳がある。

3.に関しては、安達栄司「EUの新しい国際送達規則」成城大学法学会編『21世紀における法学と政治学の諸相』(2009年) 277頁以下に翻訳および解説がある。

4.に関しては、春日偉知郎「ヨーロッパ証拠法について」判例タイムズ1134号 (2004年) 47頁以下に翻訳および解説が、また、同「続・ヨーロッパ証拠法について」判例タイムズ1140号 (2004年) 54頁以下には、ドイツにおける実施法の翻訳および解説がある。

5.に関しては、春日偉知郎「ヨーロッパ債務名義創設法 (「争いのない債権に関するヨーロッパ債務名義の創設のための欧州議会及び理事会の規則」(2004年4月21日) について)」国際商事法務32巻10号 (2004年) 1331頁以下に翻訳および解説がある。

6.に関しては、吉田元子「EU域内における少額請求手続 (1)(2完)」千葉大学法学論集23巻1号 (2008年) 95頁以下、同2号43頁以下に翻訳および解説がある。

7.に関しては、野村秀敏「EC督促手続規則～ヨーロッパ執行名義取得のための独自の手続の創設 (上) (中) (下)」国際商事法務40巻12号 (2012年) 1816頁以下、同41巻1号 (2013年) 79頁以下、同2号240頁以下に翻訳および解説がある。

9.に関しては、中村匡志「民事及び商事事件における調停の特定の側面に関する2008年5月21日の欧州議会及び理事会指令 (欧州共同体2008年52号)」国際商事法務36巻10号 (2008年) 1309頁以下に、また、中原章雄「EUの調停指令と日本の調停」調停時報173号 (2009年) 7頁以下に、それぞれ翻訳および解説がある。

第9章　欧州連合(EU)における民事司法の最前線
――EU証拠規則をめぐるEU裁判所の先決裁定

I　はじめに

(1)　本章は、表題に掲げるように、EU民事司法のうちでも、EU証拠規則[1]をその対象とし、EU裁判所が喫緊の課題として先決裁定によって判断を示した問題について、紹介と若干の検討を加えようとするものである。一見すると、知的関心のみに促された論考にすぎず、わが国における法律問題とは無縁のものを取り扱っているように思えるかもしれない。しかしながら、国境を跨る民事紛争の多発はますます避けがたく、これに対応すべき国際民事訴訟における紛争解決機能の強化について、問題を先送りするだけの猶予はもはや与えられてはいないといっても過言でないであろう。とりわけ、「域外証拠調べ」[2]をめぐっては、以下で述べるように、たとえ条約が存在しているとしても、さまざ

1)　Verordnung (EG) Nr.1206/2001 des Rates vom 28. Mai 2001 über die Zusammenarbeit zwischen den Gerichten der Mitgliedstaaten auf dem Gebiet der Beweisaufnahmen in Zivil-oder Handelssachen, Amtsblatt Nr.L 174 vom 27/06/2001 S.0001–0024.「民事又は商事事件における証拠調べに関するEU加盟各国の裁判所間の協力に関するEU規則（2001年5月28日）」。詳細は、春日偉知郎「『ヨーロッパ証拠法』について」判例タイムズ1134号（2004年）47頁以下参照。

なお、EUの民事司法の全体像については、春日偉知郎「欧州連合（EU）における民事手続法の基本構造―全体の枠組みと各規則の要点―」『欧州連合（EU）民事手続法』（法務資料第464号）（法務省大臣官房司法法制部、2015年）1頁以下参照。本書・第8章。

2)　「域外証拠調べ」とは、本来は、ある国の訴訟において他の国における証拠調べを必要とする場合に、この他国で実施される証拠調べのことをいうが、本章においては、EU証拠規則を対象としている関係上、基本的に、EU構成国内において他の構成国で実施される証拠調べをいう。

まな問題が浮上しており、条約による解決だけに依拠して安穏としていられない現実が存している。

(2) わが国では、民訴法184条が、外国における証拠調べに関して規定を設けており、また、関連して、国際司法共助による証拠収集について、「民事訴訟手続に関する条約（昭和45年条約6号）」のほか、「日米領事条約（昭和39年条約第16号）」や「日英領事条約（昭和40年条約第22号）」などが存するが[3)]、その利用実態や、国内民訴法とこれら条約の規定相互の関係について、具体的な解釈をめぐって理論的な検討が必ずしも十分ではないように考えられる。そうしたこととの関連において、本章で俎上に載せようとするEU証拠規則の解釈をめぐる論点は、直ちに役立つものとはいえないとしても、将来に向けて基礎的な理論の素材として示唆に富むものであることは確かであろう。また、このような意味において、本書の趣旨である、比較民事手続法の観点から実効的な域外証拠調べのあり方を探るための材料を提供するものであると考えている。

Ⅱ EU証拠規則をめぐる問題の所在とその背景

1 問題の所在——EU証拠規則の排他的適用か？

後に（Ⅲ参照）詳しく紹介するが、まずは、実際に問題となった事件を例にあげて、そこでの具体的な問題と、これが民事裁判権の域外適用とその限界の問題にどのように関連しているかについて素描しておこう。

事件は、オランダの受訴裁判所が、ベルギーに居住する被告を法廷地法（オランダ法）に基づいて証人尋問するために呼び出したことに端を発している。他方、被告は、これに代えて、自国でフランス語圏の裁判官による尋問を可能

3) これらについて、旧法（264条）のものとして、谷口安平・福永有利編『注釈民事訴訟法(6)』（有斐閣、1995年）181頁以下（柏木邦良執筆）、また、現行法のものとして、秋山幹男ほか『コンメンタール民事訴訟法Ⅳ』（日本評論社、2010年）108頁以下、兼子一原著『条解民事訴訟法［第2版］』（弘文堂、2011年）1061頁以下（松浦馨・加藤新太郎執筆）のほか、最高裁事務総局・国際民事手続ハンドブック（民事裁判資料252号（2013年））、小林秀之・村上正子『国際民事訴訟法』（弘文堂、2009年）110頁以下参照。

Ⅱ1において示す問題について言及するものとして、門口正人編集代表『民事証拠法大系 第2巻』（青林書院、2004年）279頁、賀集唱ほか編『基本法コンメンタール民事訴訟法2』（日本評論社、2012年）165頁（西口元）がある。

にするために、EU 証拠規則に従った司法共助嘱託を行うべきであるとの申立てをした。しかし、オランダの受訴裁判所はこの申立てを却下し、これに対する不服申立ても同様に却下された。その後、オランダの最高裁は、EU 裁判所に先決裁定[4]の申立てをし、受訴裁判所は証拠調べに際して EU 証拠規則に従った司法共助による証拠調べを行わなければならないのか、それとも、同規則に依拠することは自律法との関係において自由な選択に委ねられる性質のものであるのかという問題についての判断を求めた。すなわち、問題の核心は、EU 域内においては、EU 証拠規則が国内証拠法に優先的（排他的）に適用されなければならないのか否かという点にある。

2 EU 証拠規則の内容
――特に、他の構成国における直接的な証拠調べについて

上記の問題を検討するには、これに先立って、EU 証拠規則の目的や内容について素描しておく必要があろう。詳細は、拙稿に譲るが[5]、本章の理解に必要な限度でその概略を記しておく。

EU 証拠規則（正式には「民事又は商事事件における証拠調べの領域での構成国の裁判所間の協力に関する EU 規則（2001 年 5 月 28 日）」）は、その名称が示すように、EU の民事司法における司法協力の一環として、構成国の裁判所間の協力を目的として制定されたものである。すなわち、EU 域内に限ってではあるが、民事および商事事件における証拠調べの簡素化および迅速化を目的として、ハーグ証拠収集条約[6]による司法共助を介さずに国境を越えて証拠調べを可能にしようとするものである（ハーグ証拠収集条約に対する優先適用（21 条 1 項））。具体的には、証拠調べは、構成国の裁判所が自国の法規に従って、①他の構成国の権限ある裁判所に証拠調べを要請（嘱託）する、または、②他の構成国における直接の証拠調べの許容を要請（嘱託）する、という 2 つの方法のいずれかによって行

4） EU 裁判所の先決裁定については、中村民雄・須網隆夫『EU 法基本判例集』（日本評論社、2007 年）105 頁以下参照。

5） 春日・前掲注 1）1 頁以下。

6） 「民事又は商事事件についての外国における証拠収集に関するハーグ条約」（1970 年 3 月 18 日）については、三井哲夫「国際民事訴訟法の基礎理論―民訴条約・送達条約及びその実施法の素描(3)(4)」法曹時報 22 巻 12 号（1970 年）2358 頁以下、同 23 巻 1 号（1971 年）54 頁以下、多田望『国際民事証拠共助法の研究』（大阪大学出版会、2000 年）参照。

うことを原則としている（1条1項）。そして、前者については10条ないし16条が、また、後者については17条が具体的に規定している[7]。特に、本章が取り上げる問題に密接に関係する後者（直接的な証拠調べ）については、受訴裁判所が、自国法に従って他国において直接に証拠調べを実施するという点で、ハーグ証拠収集条約におけるコミッショナーによる証拠調べ（同条約17条）――これも直接的な証拠調べではある――よりもはるかに他国の主権に対する関与（介入）の度合いが大きいものである。そのため、EU証拠規則17条は、同条が規定する直接的な証拠調べについては、「嘱託裁判所の国の規準に従って定められている裁判所構成員又は鑑定人などの他の者によって実施（する）」（3項）とし、「それが任意に基づくものであり、かつ、強制措置を伴わずに行うことができる場合に限り認められる。」（2項前段）と規定している。しかしながら、他方で、こうした直接的な証拠調べの嘱託があった場合、受託国は原則としてこれを容認しなければならず、非常に限定的な拒否事由がある場合のほか、受託国の重要な法原則（公序）に反する場合にしか、嘱託を拒否することはできないとしている（5項）。この点で、ハーグ証拠収集条約におけるコミッショナーによる証拠調べが個別事案における関係国の同意という要件を課していたため、実務上はほとんど利用されなかったのとは著しく異なる。要するに、ハーグ証拠収集条約とEU証拠規則とでは、域外証拠収集の実効性を拡大するために、原則と例外の関係を逆転したといえる。

なお、EU民事司法の他の規則、例えば、「争いのない債権に関する欧州債務名義の創設のための規則」[8]においても、執行宣言手続を経ない自動承認・執行を規定しているほか（5条）、公序を承認・執行拒絶事由としていない（21条参照）点において、EU証拠規則と同様の規律を指向しており、構成国間相互において裁判手続の障壁を取り除き、司法協力をより一層徹底しようとする姿勢を垣間見ることができる。こうした意味において、構成国間において国家主権（民事裁判権）が相対的に希薄化しているとみることは、あながち的外れとは

7） EU証拠規則17条の訳については、春日・前掲注1）143頁以下参照。

8） 春日偉知郎「ヨーロッパ債務名義創設法（「争いのない債権に関するヨーロッパ債務名義の創設のための欧州議会及び理事会の規則」（2004年4月21日））について」国際商事法務32巻10号（2004年）1331頁以下、春日・前掲注1）31頁以下参照。

いえないであろう。

以上のような経緯のなかで、先に示した問題を顕在化した事件が発生した。節を改めて、紹介と検討を試みることにしよう。

Ⅲ　EU 裁判所 2012 年 9 月 6 日判決[9)]（被告 Lippens 対原告 Kortekaas）

1　〔問題の趣旨〕

この判決は、Ⅱ 1 において素描した問題について、EU 裁判所が初めて先決裁定を下したものである（鑑定が問題となった類似の事件に対する先決裁定については、後述Ⅴ 1 参照）。すなわち、オランダの受訴裁判所が自国法に基づいてベルギーに居住する被告の証人尋問を試みようとした――同国の法律では当事者を証人として尋問する――際に、被告が自国における尋問を求めて、EU 証拠規則に基づく司法共助嘱託によるべきであると主張したため、オランダの裁判所が EU 証拠規則を排他的に――オランダ法に優先して――適用すべき義務を負うか否かが問題となった事件である。

2　〔事実関係〕

X（Kortekaas）らは、ベルギーに住所がある Fortis 社（後に Ageas 社となる。）の取締役である Y（Lippens）によって流布された同社の財務状況に関する情報を信頼して、同社の有価証券を購入したけれども、これによって損害を被ったとして、オランダの裁判所に損害賠償を求める訴えを提起した。この訴訟において、X らは、Y らの主張およびこれに関連する争点について反駁するために、オランダのユトレヒト裁判所（Rechtbank Utrecht）において Y らの証人尋問を求める申立てをした。ユトレヒト裁判所は、2009 年 11 月 25 日にこの申立てを認め、受命裁判官によって証人尋問を行うべきであるとした。他方、Y らは、ベルギーに住所を有するフランス語圏の裁判官によって尋問を行うことを可能にするために、同年 12 月 9 日にユトレヒト裁判所に EU 証拠規則に基づいて司法共助嘱託をすべきであるとの申立てをした。しかし、この申立ては、2010

9）　NJW 2012, 3771; EuZW 2012, 831. Vgl. R. Wagner, Aktuelle Entwicklungen in der justiziellen Zusammenarbeit in Zivilsachen, NJW 2012, 1333 (1338).

年2月3日に却下された。

この却下決定に対するYらの不服申立ては、オランダのアムステルダム裁判所に係属し、同裁判所は、2010年5月18日に上記の却下決定を支持した。その理由は、オランダの民事訴訟法の規定によれば、外国にいる証人を尋問すべき裁判所は、司法共助嘱託を実施する権能を有するが、しかしそうした義務を負っているわけではないというものであった。そこで、このアムステルダム裁判所の決定に対して、Yらは、破棄抗告の申立てをした。

破棄抗告の申立てのあった裁判所は、EU証拠規則について次のように解釈した。すなわち、ある構成国の裁判所が、その国に適用されている手続法に従って他の構成国に居住している証人を呼び出したが、この証人が出頭しなかった場合には、この証人に対して自国の法が定める制裁を科すことについて、EU証拠規則は禁じていないとの見解を採った。しかし、St. Paul Dairy事件の2005年4月28日判決との関係において（後述3〔判旨〕ⓕ参照）、他の構成国に存する証拠を取り調べる際に、EU証拠規則に依拠しなければならないとの義務を負うものではないと解すべきか否かについては問題があると考えた。そこで、オランダ最高裁（HogeRaad）は、本案の手続を停止し、この問題について先決裁定を求める決定をし、この事件はEU裁判所に係属することとなった。

EU裁判所は、結論として、EU証拠規則の排他的適用を否定し、Yの主張を退ける判断をした。

3〔判　旨〕

長文にわたるので、内容を簡潔に示しながら、紹介する。

ⓐ　まず、「先決裁定を求めて提示された問題」の要約部分は以下のようである。

「先決裁定を求めている裁判所は、EU証拠規則（以下、適宜「規則」という。）1条1項に関して次の問題の判断を求めている。すなわち、構成国の受訴裁判所は、他の構成国に居住する当事者を証人として尋問しようとする場合に、EU証拠規則が定める証拠調べの方法を適用しなければならないのか、それとも、その（受訴裁判所の）国の法律に従って証人を呼び出して尋問することができるのか、という点である。」

ⓑ　次に、「EU 証拠規則が適用される証拠調べの方法」と「EU 証拠規則が規定していない問題」との区別に関する部分についてである。

「規則 1 条 1 項によれば、本規則は、構成国の裁判所が、その国内法規に従い他の構成国の権限ある裁判所に証拠調べの嘱託をした場合または他の構成国において自ら直接に証拠調べをすることの許可を求める嘱託をした場合に、適用される。

規則の適用領域は、2 つの領域、すなわち、①規則 10 条から 16 条までの規定により、構成国の権限ある裁判所の嘱託に基づいて他の構成国の受託裁判所が証拠調べを実施する方法と、②嘱託裁判所が、規則 17 条に規定する方法によって自ら証拠調べを直接に実施する方法とに限られている。

これに対して、規則は、ある構成国の裁判所が他の構成国に居住する当事者を呼び出して、出頭を命じた上で直接に証言をさせることを可能であるとしているのか、それともそうしたことを排除しているのか、という点に関しては何ら規定していない。

したがって、規則は、原則として、ある構成国の裁判所が、同規則に定める 2 つの方法のうちのいずれかに従って証拠調べを実施すると決定した場合に限って適用され、この場合にそうした方法に合致した手続を遵守する義務を負う。」

ⓒ　さらに、「EU 証拠規則の創設の目的及びそこから導き出される解釈」に関して次のように述べている。

「また、規則は、その 2 条、7 条、8 条、10 条および 11 条により、域外証拠調べの簡素化、効率化および迅速化を目的としている点にも留意しなければならない。ある構成国の裁判所が他の構成国において証拠調べを嘱託し実施させることによって、自国内の手続の遅延をもたらすべきではない。それゆえに、本規則によって、この領域において生ずるおそれのある障害を取り除くために、デンマークを除くすべての構成国において拘束的な規律が創設されたのである。

本規則を次のように解釈すること、すなわち、ある構成国の裁判所が、自国の国内法に従って、他の構成国に居住する当事者を証人として呼び出して尋問することは、一般的に禁止されているとの解釈は、本規則の目的に即していない。なぜなら、そのような解釈は、法務官等が最終申立て（Beck RS 2012, 81380）

において述べているように、他の構成国に居住するそうした証人を尋問する可能性を制限してしまう結果になるからである。

とりわけ、証人として呼び出された当事者が任意に出頭しようとしており、規則に定められている証拠調べの方法を用いるよりも、権限ある裁判所の国内法に従って尋問する方が、より一層、簡素化、効率化および迅速化に資するような状況の下では、明らかにそのようにいえる。」

ⓓ　また、以下の部分は、「上記ⓒの趣旨を本件に当てはめた部分」であり、本件がEU証拠規則による証拠調べに馴染むものではなく、したがって、EU証拠規則の適用を義務づけられるわけではないとの結論——EU証拠規則の排他的適用の否定——を導いている。

「権限ある裁判所が自国法によって尋問を実施することにより、当事者に対して直接に質問することのみならず、尋問の際に出頭している他の当事者や他の証人の供述との対質を可能にし、補充尋問により証言の信憑性を検証し、事件の事実的側面および法律的側面の双方から検討することも可能になる。したがって、そのような尋問は、規則10条から16条までの規定による受託裁判所による証拠調べの実施とは区別されるものであり、また、規則12条が、一定の条件の下で、コミッショナーが証拠調べに出席して証拠調べに関与することを許容する場合とも区別される。また、確かに、規則17条による直接的な証拠調べは、嘱託裁判所が嘱託国自身の法律による尋問の実施を可能にしているけれども、しかし、そうした証拠調べは、受託国の中央当局または権限ある官庁の同意（Genehmigung）および条件ならびに同条が規定するその他の要件に拘束されている。

その結果、EU証拠規則は、域外証拠調べについて排他的に規定しているのではなく、そうした証拠調べを容易にするものであって、その限りにおいて、規則21条2項が規定しているように、本規則に合致する限りは、証拠調べの簡素化をさらに促進する構成国間における協定または合意について、これを認めると明記している。」

ⓔ　そして、最後に、「本判決の要約部分」を次のように締め括っている（判決文では、ⓔとⓕとは順序が逆になっているが、ここでは理解を容易にするために、順序を入れ替えた。）。

「以上のことから、構成国の管轄裁判所は、自国法に従って、他の構成国に居住する当事者を証人として呼び出して尋問する可能性を有していることは明らかである。

また、管轄裁判所には、正当な理由なくして証人として出頭しない当事者に対して管轄裁判所の自国法によって規定されている結論（制裁――筆者）――共同体法を尊重して適用されるものである限り――を導き出す権限が留保されている。

当裁判所は、したがって、こうした事情の下で、提示された先決裁定問題について次のように回答する。すなわち、構成国の管轄裁判所は、他の構成国に居住する当事者を証人として尋問しようとする場合、証人尋問の実施に際して、管轄裁判所の自国法に従ってその当事者を呼び出して尋問する可能性を有している、と。」

ⓕ　なお、以下は、先に触れた（前述2）別件事件の判決に言及している部分である。

「確かに、EU 裁判所は、St. Paul Dairy 事件判決（EuZW 2005, 401）において、問題となったような事情の下でなされた証人尋問の申請が、本規則に定める規律を回避するための手段として用いられるおそれがあると述べている。すなわち、ある構成国の裁判所の他の構成国における証拠調べの嘱託の実施に関して、すべての市民にとって等しい保障と等しい効果をもたらす規律をそこなうおそれがあると述べている。

しかしながら、同判決における見解があるからといって、構成国の裁判所が、本案について裁判する権限を有し、他の構成国に居住している証人を尋問しようとしている場合に、この裁判所に対して、この証人の尋問を本規則の規定に従って実施することまで義務づけていると解釈することはできない。

また、St. Paul Dairy 事件では、当事者の一方がした証人尋問の申立ては、証人が居住している国の裁判所に対して直接に行われており、本案の裁判について管轄権を有する裁判所に対してなされたものではない点に特徴があり、判決の基礎となった事実関係が相違している。事実、そのような申立ては、本規則の規律を回避する手段として用いられるおそれがある。なぜなら、申立ては、本来なされるべき管轄裁判所から、当該証人を本規則の規定に従って尋問する可能性を奪ってしまうからである。」

以上が、本判決である。

4 まとめ

以上のように、本判決は、EU 証拠規則と国内民事証拠法との関係について、受訴裁判所は、前者を常に優先適用しなければならない義務を負うわけではなく、国内民事証拠法による証拠調べがより合目的的であるならば、これによる手続を実施することができるとしている。EU 証拠規則の排他的適用を否定した点において、その後の先決裁定に対して先例としての意義を有するものである。

Ⅳ EU 証拠規則をめぐる学説との連続性

1 EU 証拠規則と国内法との関係について

この問題をめぐっては、すでに学説は、前記の EU 裁判所 2012 年 9 月 6 日判決（前掲Ⅲ参照）に先立って、EU 証拠規則の排他的適用を否定するという見解を明らかにしており、この点で一致していた。むしろ、逆に、EU 裁判所の判決はこれを踏まえた結果であるといえる。

(1) 例えば、ベルガー（Berger）教授は[10]、通説がハーグ証拠収集条約の優先適用を認めていない[11]ことを援用して、次のように述べている。すなわち、「EU 証拠規則 17 条に規定されている EU 諸国における直接的な証拠調べの可能性は、国内における証拠調べを妨げるものではない。裁判所が EU 証拠規則に従って手続をしなければならないという義務は、どこにも規定されていない。EU 証拠規則は、証拠調べの簡易化を提供するものであって、証拠方法にアクセスする別の方法に対抗する排他的な効果を作り出すものではない。EU の域内において、ある構成国の裁判所が証人を呼び出すことができないとか、証明

10) C. Berger, Die EG-Verordnung über die Zusammenarbeit der Gerichte auf dem Gebiet der Beweisaufnahme in Zivil-und Handelssachen (EuBVO), IPRax 2001, 532 (526 f.).

11) 通説は、ハーグ証拠収集条約の排他性を否定していることについては、MünchKomm ZPO/Heinrich Vor Art.1 HBÜ Rn.2; Stein/Jonas/Berger[23] §363 Anh A Art.1 Rn.8; Nagel/Gottwald, IZPR §8 Rnr.34; Schack, IZVR Rn.808.

問題について書面による回答を求めること（ドイツ民訴法377条3項）ができないとか、などということはありえないはずである。EU証拠規則は、保守的な前提に基づいており、その出発点において、それぞれの国の主権の原則（Souveränitätsprinzip）に固定されている。また、国内民事訴訟上の証拠手続のハーモナイゼーションを放棄している。EU証拠規則の関心事は、むしろ、ヨーロッパの司法の領域において法的援助を統一化し、迅速化することにある。将来的な『ヨーロッパの証拠調べ』は、手続の多様性を特徴としている。将来的には、EU内での他国に存する証拠方法を取り調べようとする裁判官に対して、司法共助、直接的な証拠調べおよび証拠方法の要求（Beweismittelanforderung）といった3つの方法が委ねられる。したがって、ドイツにおいては、EU証拠規則はドイツ民訴法363条（基本的な内容はわが国の民訴法184条に相当する——筆者）の足枷を解くものである。」

このように、EU証拠規則は、自国法による域外証拠収集を排除するものではなく、これと並んで、域外証拠収集の方法を拡充するものとして理解されている。

(2) 同じく、ヤン・フォン・ハイン（Jan von Hein）教授も[12]、以下のように述べている。

「EU証拠規則は、一方で、どのようにして（wie）外国における証拠調べをするか、また、いつ（wenn）その嘱託を行うか、という『方式』については規定しているけれども、他方で、裁判所は、どのような訴訟上の要件の下で、外国に存する証拠の取調べを行わせまたは自らこれを行うことにより、国内における証拠調べの原則から乖離することを許されるか否か（ob）ということについては、『その裁判所が存する国』の法規に委ねている。したがって、EU証拠規則は、自らの適用について、ドイツ民訴法1072条による任意処理（Freischaltung）を必要とする。ハーグ証拠収集条約と同様に、EU証拠規則は、原則として域外証拠収集について排他的効力を有していない。すなわち、外国

12） Rauscher-Jan von Hein, Europäisches Zivilprozessrecht, 4.Aufl. (2015), Art.1 EG-BewVO Rdnr.18.
　ほかに、EU証拠規則の排他的適用を否定するものとして、MünchKomm ZPO/Rauscher § 1072 Rn.3; Schlosser/Hess EuBVO Art.1 Rn.2; vgl. BT-Drs 15/1062, 10.

に存する証拠方法を内国で行う証拠調べにおいて利用可能にする裁判所の措置に関して、排他的な効力をもっていない。

EU 証拠規則の『排他性の原則的否定』は、ヨーロッパの法領域における証拠調べを容易にするという同規則の意義と目的から生じるものである。EU 証拠規則が排他性を有する最高法規ではないという解釈は、同規則 21 条 2 項に表されている法思考にも基づいている。同規則によれば、証拠調べのさらなる簡素化のために加盟各国間で協定や合意を締結するまたは維持する権利を加盟国に留保しているからである。したがって、そうした権利は、内国における証拠調べのための国内法が、外国に存する証拠方法について原則としてより簡素かつより迅速な証拠調べの実施を可能にしている場合には、基本的に認められなければならない。また、排他性理論（Exklusivitätslehre）については、すでにハーグ証拠収集条約との関係で貫徹できなくなっているにもかかわらず、EU 証拠規則の解釈においてこの理論を援用しようとすることは、たとえ、後者が前者よりも加盟国の古典的な国家主権に対してより一層の制約を課しているとしても、評価矛盾を来たすことになろう。」

もっとも、上記の見解に対しては、例えばEU 証拠規則 17 条において、主権の放棄に相当する認可の要件が存し、加盟国は域外証拠収集の一般的な許容を意図した以上は、もはや伝統的な主権留保（EU 証拠規則の適用が各国の判断に留保されているとの考え方）は通用しないという反論がある[13)]。

しかしながら、これに対しては、裁判所のある措置がEU 証拠規則の意味における直接的な証拠調べか否かは、EU 証拠規則の「自律的な解釈」自体によってのみ探知されることであり、加盟国の法に依拠することにより探知されるわけではなく、また、後述するように（2(a)(2)）、個々の証拠方法に応じて決められる問題であるとの再反論を加えており、そうした解釈が妥当であろうと考える。

2　本判決に対する直接の評価

本判決が公刊されて間もないためか、これに対して直接に言及したものは、

13） A. Stadler, Grenzüberschreitende Beweisaufnahmen in der Europäischen Union—die Zukunft der Rechtshilfe in Beweissachen, FS R. Schütze (2002), 1289.

筆者が知る限り、以下の2つである。いずれも結論的には、本判決を肯定している。

(a) ヤン・フォン・ハイン教授の見解[14)]

(1) ヤン・フォン・ハイン教授は、本件の争点について、受訴裁判所は、EU証拠規則に従った司法共助による証拠調べを行う義務を負うのか、それとも同規則は排他性を有するものではなく、したがって、同規則に依拠することの決定は自律法との関係において任意の選択に委ねられるものであるのか、という問題であると指摘している。また、その答えは、前記1(2)と同じであって、どのような要件の下で外国において証拠調べの嘱託を実施させるのか、それとも自らが証拠調べを行うのか（ob)、という問題の答えについては自国の国内法規（例えばドイツ法においてはドイツ民訴法1072条）に委ねられている、と述べている。

その上で、ハーグ証拠収集条約の解釈と同様に——すなわち、アエロスパシアーレ（Aérospatiale）事件[15)]においてアメリカ連邦裁判所の判決が同条約の排他的適用を否定したこととの関連において——、EU証拠規則は、いわゆる域外での証拠方法の取調べについて原則として排他的効力を有していないとする。また、EU裁判所が、そうした帰結を、ヨーロッパの法領域において証拠調べを容易にするというEU証拠規則の意義と目的から導き出したことを正しいと評価する。そして、国家間条約を通じて証拠調べのより一層の容易化を促進するというEU証拠規則21条2項[16)]において示されている法思考も、EU証拠規則を排他的な最高規範であると解釈することを否定していると述べる。またさらに、EU証拠規則がハーグ証拠収集条約よりも古典的な国家主権をより一層制限しようとしているにもかかわらず、後者においてすでに貫徹できなかった排他性理論をEU証拠規則の解釈において再度登場させるようなことになれば、

---

14) LMK 2012, 340744.
15) アエロスパシアーレ（Aérospatiale）事件判決については、小林・村上・前掲注3）132頁参照。
16) EU証拠規則21条2項は、「本規則は、2国又はそれ以上の国が、証拠調べのさらなる簡素化のための相互の協定又は合意が本規則に合致する限り、これを締結する又は維持することを妨げるものではない。」と規定している。

評価矛盾を生じてしまうであろうとしている。

前記1(2)と重複するとはいえ、本判決に則してEU証拠規則の排他性のないことを改めて確認した意味は、それなりに重要であろう。

(2) しかし、より重要なのは、個々の証拠方法について次のような帰結を述べている点にある。すなわち、EU証拠規則の排他的適用は否定されるとしても、個々の具体的な問題については、その適用を必要とする場面が多々あるとの指摘である。

具体的には、①EU証拠規則は、外国の証人を内国の受訴裁判所に呼び出すことについて、その不出頭に対して強制的な制裁を科さない限り、これを認めている。しかしながら、EU裁判所は、少なくとも当事者については、強制的な手段の可能性を容認している。例えば、EU証拠規則は、国際裁判管轄を有するイギリスの裁判所が、法廷侮辱罪の制裁を科して当事者の一方に対して情報請求をすることについて、支障はないとしている（Masri v. Consolidated Contractors Int. [2009] UKHL 43）。また、EU証拠規則は、裁判所が外国の証人に対して証明問題について任意の書面による回答を求めること（ドイツ民訴法377条3項）を禁じてはいない。さらに、EU証拠規則は、証明責任を負っている当事者が外国の証人に対して書面による陳述を提出するよう依頼し、これを書証として（ドイツ民訴法416条）提出するという現在の実務を妨げないとしている。

しかしながら、他方、②ドイツの裁判官が外国において外国の証人の尋問を行うことは、もっぱらEU証拠規則17条の要件の下においてのみ許されるにすぎない。また、内国裁判所が外国に滞在する情報所持者（Auskunftsperson）をビデオ又は電話会議システムの方法によって尋問する（ドイツ民訴法128a条）場合、――その間は裁判所の構成員は内国にいるからという理由で――、一般的な考え方としては、単なる証拠収集の問題にすぎないと考えるかもしれない。けれども、これについては外国における直接的な証拠調べに該当すると解されるから、EU証拠規則17条の要件の下でのみ許容されるものである。いずれにせよ、EU証拠規則の司法共助の可能性は、裁判所がそれによることを強制されているわけではないとしても、例えば、ドイツ民訴法141条1項2文により裁量的な判断をする（期待不可能性を理由として当事者本人の出頭を求めない。）際には考慮すべき問題である。

以上のように、ヤン・フォン・ハイン教授は、前記1(2)において述べられていた反論に対する答えも用意しており、彼の再反論として十分に参考になる。

(b) イヴォ・バッハ (Ivo Bach) の見解[17]

もう一人の論者、イヴォ・バッハは、まず、本判決について以下のような評釈をし、次いで、本判決後に鑑定をめぐってもう1つの先決裁定があったProRail事件（後述V1）に関しても言及している。後者の部分は、後に同事件を紹介した上で示すこととする。

(1) まず、次の2つの問題を指摘した上で、以下のように述べている。すなわち、「判決では、EU証拠規則17条に基づく外国における証拠調べの途が開かれているにもかかわらず、当該証拠方法（証人）をまずは自国に呼び出して、自国において尋問することが望ましいと考えられている。これが許されるか否かについては、2つの点において問題がある。まず、①裁判所が、外国の証拠調べをEU証拠規則に従って行う義務を負うか否か、つまりEU証拠規則を義務的な規定と解するか否か、という問題がある。また、次に、②国際法上どのような範囲で、外国に存する証拠方法（証人）を『能動的に』内国に呼び出すことが許されるかについて、見解が一致していないという問題がある。

前者（①）については、EU証拠規則は任意に選択できる性質のものであるということで決着している。同規則は、受訴裁判所が司法共助の方法で措置することを要求するものではない。受訴裁判所に対して、司法共助の嘱託を義務づけているのではなく、受託国に対してそうした嘱託があったならば、これに従うことを義務づけている。EU裁判所が強調しているように、同規則の文言（判決理由25以下）からも目的（判決理由29以下）からも明らかである。この点は、判決に完全に賛成であり、これ以上言及はしない。

後者（②）については、国際法の側面からみて、受訴裁判所が、証拠方法（証人）を自国に呼び出すことを禁止しているか否か、また、どのような範囲で禁止しているかに関しては、当然のことながら、いまだ解明されていない。ドイツにおける通説は、裁判所のインフォーマルな措置、つまり外国に居住して

17) Ivo Bach, Zivilverfahrensrecht: Kein obligatorischer Charakter der EuBeweisVO bei Vernehmung eines ausländischen Zeugen, EuZW 2012, 833 ff.

いる証人に対して裁判所への出頭を『要請する（bitten）』ことのみを許容している。これに反して、裁判所が出頭義務を課したり、出頭に強制力を用いる場合には国際法違反であるとみなしている。もちろん、本件ではオランダ訴訟法の特殊性によって問題は先鋭化していない。なぜなら、証人として被告Lippensが問題となっているが、裁判所は、当事者に対して訴訟法律関係に基づいて（出頭）命令を発する権限を有するからである。いずれにせよ、EU裁判所は、この問題については判断する権限を欠いている。」

⑵ 関連して、イヴォ・バッハは、本判決の判断がEU送達規則についても妥当するか否か、すなわち、被告が他の加盟国に住所を有している場合に、裁判所は、EU送達規則に従った司法共助の方法で送達を実施しなければならないか、それとも裁判所は、これに代えて、国内送達の方式に依拠することを許されるか、という問題についても言及している。結論のみを示すと、本判決においてEU裁判所がEU証拠規則を任意の選択に委ねられるものであるとした議論を、そのままEU送達規則にも当てはめることができると考えて、本判決はEU送達規則を射程範囲に入れているとの評価をしている。

V　その後のもう1つの判決――EU裁判所2013年2月21日判決

証人尋問に関するEU裁判所2012年9月6日判決に続いて、2013年2月には、さらに、鑑定をめぐって先決裁定が出された。

基本的に前記判決を踏襲するものであり、先例である2012年判決の判断を肯定したため、本章で論じた問題についてのEU裁判所の判断は定着し、加盟各国は、今後こうした基本線に従って域外証拠調べに対応すべきこととなる。

1　EU裁判所2013年2月21日判決[18]（原告ProRail対被告Xpedys）

本件でも、EU証拠規則17条の排他的適用が問題となっており、本判決もまた、結論として排他性を否定している。判決は、長文であるが、必要な部分のみをかいつまんで眺めてみよう。

18） In der Rechtssache C-332/11, http://eur-lex.europa.eu/LexUriServ/LexUrisServ.do?uri

(a)〔事実関係〕

本案訴訟は、X（ProRail——住所はオランダのユトレヒトにあり、オランダの鉄道幹線網を経営している。）らとY（Xpedys——住所はベルギーのブリュッセル）らとを当事者とする訴訟であり、ベルギーとオランダとの間で走行している列車が、2008年11月22日にアムステルダムで脱線事故を起こしたことをめぐるものである。この事故に関して、オランダの裁判所において、Xは、自己の経営するオランダの鉄道網に生じた損害の賠償を請求した。他方、ベルギーの裁判所においては、事故車両の貸主としての地位にあるYが、仮処分の手続において鑑定人の指定を申し立てた。Xは、後者の手続において、鑑定人の指定の申立てが理由のないものであると主張し、予備的に、鑑定人の指定があったとしても、鑑定は車両に関する損害の確定に限定されるべきであり、オランダの鉄道網全体に関する検査を命じてはならないと主張した。

詳細は割愛するが、ブリュッセル商事裁判所は、2009年5月5日にYの申立てを認め、鑑定人を指定し、申立てのあった鑑定の大部分をオランダで実施するよう命じた。そして、鑑定人は、事故の原因、車両に生じた損害およびその範囲を確定するために、オランダの事故現場および損害の確定に関連するすべての現場で検査を実施すべきであるとしたほか、Xが管理する鉄道インフラも検査すべきであるとし、このインフラも事故原因であったかどうか、およびどの範囲でそうかという点も検査すべきであるとした。

そこで、Xは、ブリュッセル控訴裁判所に不服申立てをし、前記と同様の主張をしたほか、予備的に、鑑定人を指定する場合であっても、オランダにおける鑑定人の検査をEU証拠規則の規定に従って行うべきであると主張した。だが、同裁判所は、Xの不服申立てを却下した。

そこで、Xは、さらに最上級裁判所に不服申立てをし、EU証拠規則1条および17条に違反することのほか、ブリュッセルⅠ規則33条[19]の違反も主張し

19） Verordnung (EG) Nr.44/2001 des Rates über die gerichtliche Zuständigkeit und die Anerkennung und Vollstreckung von Entscheidungen in Zivil-und Handelssachen（民事及び商事事件における裁判管轄並びに裁判の承認及び執行に関するEU規則）.

いわゆるブリュッセルⅠ規則33条1項は、「加盟国において言い渡された裁判は、他の加盟国において、その承認について特別の手続を必要とすることなく承認される。」と規定している。同条項は、改正後の「ブリュッセルⅠa規則（2012年）」36条1項に相当する。春日・前掲注1）47頁以下（71頁）参照。

たため、最上級裁判所は次の点についてEU裁判所の先決裁定を求めることとした。すなわち、ある加盟国の裁判所が他の加盟国において直接の証拠調べ——鑑定人による検査——を行おうとする場合に、必ずEU証拠規則1条及び17条に従い他国の官庁の事前の同意を求めなければならないか否か、また、ブリュッセルⅠ規則33条1項は、ある加盟国において発せられた裁判は、他の加盟国において特別の手続を必要とすることなく他国において承認されるとしているが、本件についてどのような意味を有するか、という点である。

より具体的には、ベルギーの裁判所によって命じられた鑑定人による検査が、一部はそれを命じた裁判所が属する国（ベルギー）において、また他の一部は他の加盟国（オランダ）において実施されるべき場合において、後者の部分の直接的な実施については、もっぱらEU証拠規則17条による方法を適用しなければならないのか、それとも同規則の規定を度外視して、鑑定人は、他の加盟国においてその一部を実施しなければならない検査を実施することができるか、という問題である。

(b)〔判　旨〕

(1)　まず、問題の所在について、ブリュッセルⅠ規則との関係も含めて、次のように要約している。

「提示のあった問題は、EU証拠規則については、ブリュッセルⅠ規則33条1項におけるのと同様に、ある加盟国の裁判所が、鑑定人の行う証拠調べを他の加盟国の領土において実施しようとするときには、EU証拠規則の1条1項b号および17条において定められている証拠調べのための手続を適用する義務を負っているか否かという点である。

しかし、ブリュッセルⅠ規則33条は、本問題の回答に何ら影響することはない。なぜなら、提示のあった問題は、他の加盟国における証拠調べに関するものであり、ある加盟国において発令された裁判を別の加盟国が承認するという問題に関するものではないからである。したがって、本問題に対しては、EU証拠規則1条1項b号および17条の解釈に限定して回答すべきである。」

(2)　続いて、EU証拠規則が適用されるのは、加盟国の裁判所が自律的にこれを決めた場合であるとする。

「EU 証拠規則は、その1条1項b号によれば、ある加盟国の裁判所が、その国内法規に従った直接的な証拠調べを行うことの許可を求める嘱託を他の加盟国に対してした場合に適用可能である。また、そうした直接的な証拠調べの要件は、同規則17条に規定されており、同条1項および4項によれば、受託国におけるそうした直接的な証拠調べは、受託国の中央当局または権限ある官庁の事前の同意がある場合に行うことができる。そして、同規則17条3項は、嘱託国の法の規準に従って定められている裁判所構成員または例えば鑑定人などの他の者によって証拠調べを実施することとする、と定めている。

そこで、EU 証拠規則は、原則として、ある加盟国の裁判所が、同規則が定める手続に従った証拠調べを実施するとした場合に限って適用可能である（EU 裁判所 2012 年 9 月 6 日判決 C-170/11――前掲判決）。」

⑶ その上で、EU 証拠規則の目的に基づいた解釈を展開し、本件に当てはめた結論を導いている。

すなわち、「その前文2、7、8、10および11によれば、（EU 証拠規則は――筆者）域外証拠調べの簡素化、効率化および迅速化を目的としている。したがって、ある加盟国の裁判所が他の加盟国において証拠調べをさせることによって、国内手続の遅延をもたらしてはならないということになる。それゆえ、本規則によって、この領域において生じうる障害を除去するために、デンマークを除くすべての加盟国にとって拘束的な規則が創設された。

そして、本規則は、前掲事件の法務官がその最終申立てにおいて述べているように、他の加盟国において証拠調べをする可能性を制限するものではなく、むしろ、この領域における裁判所間の協力を促進することによって、こうした可能性を拡張すべきものである。

すなわち、ある加盟国の裁判所は、鑑定人が他の加盟国において検査を実施すべき際には、EU 証拠規則が定める証拠調べの手続を適用しなければならないという趣旨に同規則1条1項b号および17条を解釈することは、こうした同規則の目的に即していない。一定の状況の下では、そうした検査を命じた裁判所にとって、EU 証拠規則に依拠せずに証拠調べを実施する方が、より簡易で、効果的で、迅速なものとなる。

EU 証拠規則は、域外証拠調べを排他的に規定しているのではなく、証拠調べの負担を軽減し、かつ、その限りにおいて本規則21条2項が明示しているように、証拠調べのさらなる簡易化をもたらす加盟国間における協約や合意が、本規則と合致する限り、同様の目的をもつ他の規律を容認している（前掲2012年判決）。

もちろん、ある加盟国の裁判所が命じた鑑定を他の加盟国で実施することになれば、他の加盟国の主権の行使に対して影響を及ぼし、検査を受ける加盟国の法に従い立入りや他の措置が禁止されまたは権限のある者にのみ許されることもある。そうした事情が存する場合には、域外に対する鑑定を放棄し、かつ本規則21条2項に規定する協定や合意が存しない限りは、本規則1条1項b号および17条が定める証拠調べの手続が、他の加盟国において直接に検査を実施することを可能にする唯一のものである。

本件では、他の加盟国において鑑定人による検査を実施しようとする国内裁判所は、EU証拠規則1条1項b号および17条が定める証拠調べの手続を適用する義務を負わないことは明らかである。」と。

なお、上記の解釈が正しいことの傍証として、EU証拠規則の成立過程における議論に反していないことも示されているが、割愛する。

2　本判決に対する批判

本判決に関しては、担当の法務官イェースキネン（Jääskinen）が、前掲のEU裁判所2012年9月6日判決と同様の問題について、最終申立書面を公表している[20]。その内容は、同判決と正反対のものであったため、先ほどのイヴォ・バッハが、同じ2012年判決の評釈において、次のような批判をしている[21]。

すなわち、彼は、法務官イェースキネンが驚くべきことに、裁判所はEU証拠規則の規定に従って外国における証拠調べを実施する義務を負うとの結論を示しているが、これは誤りであると指摘している。

「法務官イェースキネンは、オランダ鉄道網へのアクセスは、同国の法律および行政法規により制限されているので、（鑑定を実施する際には――筆者）主権

20）　Niilo Jääskinen法務官の2012年5月24日付最終申立書面については、BeckRS 2012, 81380参照。

21）　Ivo Bach, EuZW 2012, 831 (833 ff.).

による援助に依らざるをえないから、EU 証拠規則に従って証拠調べを負う義務があり、この援助を得るために、裁判所は、EU 証拠規則 17 条に定める手続を適用しなければならないとした。イェースキネンは、一般的に以下の原則を示した。すなわち、鑑定人が任意にアクセス可能な情報に基づいてその鑑定を実施することが可能なときは、EU 証拠規則は適用不可能である。他方、加盟国の官庁による援助に基づく場合には、この援助は EU 証拠規則によって定められている手続に従って申し立てられなければならない、と。」

これに対して、イヴォ・バッハは、「Lippens 事件の議論を基にするならば――法務官イェースキネン自身が提案したものである――、ProRail 事件においても同様の結論、すなわち、受訴裁判所は、EU 証拠規則の規定に従うことはできる（kann）が、そうしなければならないわけではない（nicht muss）、との結論に達しなければならないはずである。すなわち、ProRail 事件においても、裁判所が司法共助を求めないまたは自らの証拠調べの許可を求めない限りは、EU 証拠規則の適用の余地はないのである。そうした裁判所による共助嘱託は、鑑定人が関係する加盟国（オランダ）の官庁の下で公開されていない場所へのアクセスを依頼（erbitten）する場合とは同じでない。私見の結論は、EU 証拠規則の手続簡易化という目的によって強く支持されるであろう。要するに、鑑定人が簡単な方法で管轄官庁から直接に必要な援助を受ける場合（本件では鉄道網へのアクセス）、なぜ受訴裁判所は、EU 証拠規則 17 条の煩わしい方法をとる義務を負わなければならないか疑問であるといわざるをえない。それゆえ、ProRail 事件においても、EU 証拠規則は、自らの適用を要求していない、ということが妥当しなければならない。したがって、EU 証拠規則それ自身は、また国際法も、ProRail 事件においてベルギーの裁判所が EU 証拠規則に定められた方法を踏まなければならないことを義務づけるものではない（ドイツ民訴法 404a 条のような「ドイツの」鑑定人が外国で行為する場合は別である。）。」と締めくくっている。

結論として、先に示したように、本判決は、法務官イェースキネンの最終申立書面における意見を採用せずに、Lippens 事件における EU 裁判所 2012 年 9 月 6 日判決に従って、これと同様の結論を導いており、妥当であると評価できる。いずれにせよ、EU 証拠規則は、ハーグ証拠収集条約と同様に、その適用について排他性を否定され、今後はこうした方向の解釈および運用がなされることで決着したといえる。

VI　むすびに代えて

以上に記した内容は、基本的にEU証拠規則の解釈・適用に関するものである。同規則の排他的適用は否定され、域外証拠調べにおいて同規則による証拠調べよりも、より合目的的な国内法による証拠調べの方法が受訴裁判所において存するならば、これを適用することになるとの判断は、同規則21条の解釈からしても当然のことといえよう。また、こうした解釈が、ハーグ証拠収集条約について排他的適用を否定したアメリカの連邦裁判所の解釈を反映した結果であることも明らかになったと考える。

わが国はハーグ証拠収集条約に加盟していない点で、ヨーロッパ諸国とアメリカ合衆国との間の司法摩擦の問題について、若干の距離を置いていることは確かであろう。両者間では、ハーグ証拠収集条約の排他的適用か、それとも、アメリカの自国法による証拠収集の域外適用が可能かどうかが争われ、結局、後者に軍配が上がったことは周知のところである。EU諸国においても、同条約の解釈として、すでにこれを肯定しており、今回の2つの先決裁定によって示されたEU裁判所のEU証拠規則の適用問題に関しても、これを踏まえた同様の解釈が展開されたわけである。

関連して、EU証拠規則の排他的適用の否定の議論はEU送達条約にもそのまま妥当すると考えるならば（Ⅳ2(b)(2)参照）、わが国が加盟しているハーグ送達条約をめぐっても同様に、その排他的適用を否定する考え方が類推される可能性がないわけではないと考える。

翻って、わが国の民訴法184条が規定する外国における証拠調べに関しては、冒頭に述べたように、こうした観点——実効的な域外証拠調べという観点——からの問題提起やこれをめぐる解釈について具体的な検討は必ずしもなされていない。今後の議論の展開の基礎として、本稿がいささかでも寄与することができるならば幸いと思いつつ、本章を結ぶこととする。

第10章　ドイツ仲裁法とその波及
――暫定措置・保全措置をめぐるオーストリア新仲裁法との比較

I　はじめに

(1)　仲裁手続において仲裁廷が発令する暫定措置・保全措置（わが国仲裁法24条）は、仲裁判断の実効性を確保する上で、裁判所が発令する保全処分（同15条）と並んで、その重要性をますます増大しつつある。周知のように、わが国の仲裁法24条はアンシトラル・モデル仲裁法17条に倣ったものであり[1)]、ドイツにおいても、同じくモデル法17条を受容した規定が、ドイツ民事訴訟法1041条（仮の権利保護の措置）――以下の叙述においては、単に「仮の措置」という言葉を適宜用いることとする――として規定されている[2)]。また、これ以外の国の仲裁法も同じような内容の規定を設けており[3)]、仲裁廷による暫定措置・保全措置の必要性を如実に物語っている。

1)　近藤昌昭ほか『仲裁法コンメンタール』（商事法務、2003年）115頁以下。

2)　ドイツ民訴法1041条については、国際的な視点からみて歓迎すべきものであると評価されている。Richard H. Kreidler, Das neue Schiedsverfahren aus ausländischer Sicht, Law of International Business and Dispute Settlement in the 21st Century (2001), S.413 f. もっとも、仮の措置の利用は、「躊躇いがち」であると評価されていることも事実である。Vgl. Hans-Jürgen Schroth, Einstweiliger Rechtsschutz im deutschen Schiedsverfahren, SchiedsVZ 2003, 103.

なお、ドイツの現行仲裁法は、「民事訴訟法典第10編　仲裁手続」（1025条以下）の改正という形式により成立し、1998年1月1日から施行されている。全体像については、春日偉知郎「ドイツにおける仲裁法の改正の動向」JCAジャーナル43巻6号（1996年）468頁以下、同「ドイツ仲裁手続法の『政府草案』について」判例タイムズ924号（1997年）22頁以下、同「ドイツの新仲裁法について（上）(下)」JCAジャーナル46巻7号（1999年）505頁以下・同8号506頁以下参照。

だが、この問題領域において特筆に値するのは、今世紀間もなく施行されたオーストリア新仲裁法が（2006年7月1日）、同法にはこれまでなかった「仲裁廷による暫定措置・保全措置の発令」（オーストリア民訴法593条）を新たに規定したことであろう[4)]。なぜなら、同法は、アンシトラル・モデル法はもとより、改正後およそ8年の経験を積んでいるドイツ仲裁法における解釈・運用に加えて、アンシトラル・モデル法を改正するためのワーキンググループにおける最近の議論[5)]をも取り込んで、新たな制度設計を試みているからである。

(2) 本章は、こうした現状を踏まえて、ドイツ民訴法1041条およびオーストリア民訴法593条における仲裁廷による暫定措置・保全措置の規定について、その具体的内容を紹介するとともに、比較法的な観点から若干の検討を加え、わが国の仲裁法24条の将来像に対する示唆を得ようとするものである。アンシトラル・モデル法の改正論議が示しているように、仲裁法をめぐる世界各国の動向がまだまだ目まぐるしく変化している最中にあって、理論的に必ずしも煮詰まっていない問題を取り上げることについては、筆者の能力からしていささか躊躇を覚える。しかし、他方で、仲裁法が制定・施行されてからそれほど年月を経ていないわが国において、本章で扱おうとする問題が必ずしも十分に論じられてこなかったことも確かであろう[6)]。したがって、この面で国際水準に追いつき、これを追い越すために、思い切って一石を投じ、波紋を広げるの

---

3) 例えば、アンシトラル仲裁規則26条、スイス国際私法法律183条、オランダ仲裁手続法1051条など。スイス国際私法法律およびオランダ仲裁手続法については、『世界の仲裁法規』別冊NBL・78号（2003年）参照。

4) オーストリアは、仲裁法の改正法律（Schiedsrechts-Änderungsgesetz 2006, 1158 Blg NR22.GP BGBl, I Nr.7/2006 (2006-1-13)）によって、アンシトラル・モデル法をベースにした新しい仲裁法を制定し、これを2006年7月1日から施行している。これによって、従来は民訴法577条から599条までの規定において定められていた仲裁法は、同じく新民訴法577条から618条によって規律されることになった。

5) これについては、ジュリスト増刊『新仲裁法の理論と実務』（2006年4月）199頁以下（三木浩一発言）参照。なお、三木教授によると、暫定的保全措置の執行力に関する規定を置くことがアンシトラルの総会で決定され、現在、その立案作業が行われているとのことである。アンシトラル・モデル仲裁法のワーキンググループによる改正作業の近況について、Report of the Working Group on Arbitration and Conciliation on the work of its forty-third session (Vienna, 3–7 October 2005), A/CN.9/589; forty-fourth session (New York, 23–27 January 2006), A/CN.9/592: General Assembly, Official Records Sixty-first session, Supplement No.17 (A/61/17), Report of the United Nations Commission on International Trade Law on the works of its thirty-ninth session (19 June–7 July 2006).

も意味のあることではなかろうかと考えた次第である。

II　ドイツ民事訴訟法1041条とオーストリア民事訴訟法593条

(1)　考察の前提として、まず、仲裁廷による暫定措置・保全措置を規定している上記2つの条文について、その内容を素描して、条文訳を掲げておきたい。

両国ともに、新仲裁法については、民事訴訟法典中に規定されていた従来の仲裁法の規定を全面的に改正して、新たに施行している。そのうち、ドイツ民訴法1041条は、ⓐ仲裁廷による仮の措置の発令権限とその際の担保の提供、ⓑ裁判所による仮の措置の執行許可と必要な関与、ⓒ裁判所による執行許可の決定の取消しまたは変更、ⓓ仮の措置の執行を求めた者の相手方に対する損害賠償義務について、順に1項から4項までの各項において規定している。また、オーストリア民訴法593条は、前記のⓐ（1項）およびⓑ（3項）を規定しているほか、仮の措置の書面による発令・送達（2項）、裁判所による仮の措置の執行の拒否（4項）、執行に先立つ裁判所による相手方に対する審尋（5項）、裁判所による執行の取消し（6項）について規定している。このうち、特に、1項の「相手方の審尋」、2項および5項はドイツ法にはないものであって、新たな工夫が試みられている。

なお、裁判所による保全処分については、ドイツ民訴法1033条およびオーストリア民訴法585条がそれぞれ規定しており、仲裁廷による仮の措置との競合関係については後に言及したい（III 1およびVI 1）。

(2)　ドイツ民訴法1041条とオーストリア民訴法593条[7]の条文訳を以下に

6)　上野泰男「仲裁手続と保全処分」関西大学法学論集39巻4・5号合併号（1990年）355頁以下、松浦馨「仲裁法上の保全処分制度について（立法論）」名城法学50巻別冊（2000年）357頁以下、同「仲裁事件と仮救済」松浦馨・青山善充編『現代仲裁法の論点』（有斐閣、1998年）172頁以下。中野俊一郎「仲裁廷による保全命令の執行」JCAジャーナル48巻8号（2002年）9頁以下などの優れた先行業績があるが、オーストリア新仲裁法にまで言及したものはない。

7)　オーストリア新仲裁法（民訴法577条以下）については、立法理由が記載されているRegierungsvorlage des Schiedsrechts-Änderungsgesetzes 2006, BGBl, I Nr.7/2006 (2006-1-13)に詳しい。また、全体像については、vgl. Walter H. Rechberger, Das neue österreichische Schiedsrecht, ZZP 119 (2006), 261. Hannes Ischia und Peter G. Mayer, Das neue österreichische Schiedsverfahrensrecht, RIW 2006, 885.

示しておこう[8)]。

〈参考条文〉

ドイツ民事訴訟法第1041条（仮の権利保護の措置）

① 当事者が別段の合意をしていない限り、仲裁廷は、当事者の申立てに基づいて、係争物について必要と認める暫定的又は保全的な措置を命ずることができる。仲裁廷は、いずれの当事者に対しても、このような措置を講ずることに関して相当な担保を提供することを求めることができる。

② 裁判所は、当事者の申立てに基づいて、第1項の措置の執行を許可することができる。ただし、裁判所に対してこれに相当する仮の権利保護の措置が既に申し立てられている場合は、この限りでない。裁判所は、この措置の執行に必要であるときは、その措置とは別に命令を発することができる。

③ 裁判所は、申立てに基づいて、第2項の決定を取り消し又は変更することができる。

④ 第1項の措置の命令が当初より不当であることが明らかなときは、その執行を求めた当事者は、相手方に対して、この措置の執行又は執行を阻止するためにした担保の提供によって生じた損害を賠償する義務を負う。損害賠償請求権は、係属する仲裁手続において主張することができる。

オーストリア民事訴訟法第593条（暫定措置又は保全措置の発令）

① 当事者が別段の合意をしていない限り、仲裁廷は、一方の当事者の申立てに基づいて、相手方当事者を審尋した後に、係争物との関連においてこれをしなければ請求を実現することが妨げられ若しくは著しく困難になるであろうため、又は回復しがたい損害が切迫しているため、必要であると認められる暫定的措置又は保全的措置を、この相手方当事者に対して命ずることができる。仲裁廷は、いずれの当事者に対してもそのような措置に関して相当な担保を提供することを要求することができる。

② 第1項の措置は、これを書面で命じなければならない。いずれの当事者に対しても、署名のある命令書を送達しなければならない。1人を超える仲裁人がいる仲裁廷においては、仲裁廷長の署名で足り、又は仲裁廷長に支障があるとき

8） なお、アンシトラル・ワーキンググループが提案しているモデル仲裁法17条の改正条文——以下では「モデル法提案」と呼ぶ——は、以下の内容を規定している。すなわち、第4章・暫定措置（Interim measures）及び保全命令（Preliminary orders）の下に、第17条（暫定措置を命ずる仲裁廷の権限）を規定し、以下順に、同条Aから同条Jまでにおいて、暫定措置の要件（A）、保全命令の申立てと発令要件（B）、保全命令の具体的方法（C）、暫定措置・保全命令の変更・停止・取消し（D）、担保の提供（E）、開示（F）、費用と損害賠償（G）、暫定措置の承認及び執行（H）、承認又は執行の拒絶事由（I）、裁判所による暫定措置の発令（J）について定めている。

は他の仲裁人の署名で足りる。ただし、仲裁廷長又は他の仲裁人は、署名することに支障があることを命令書に記載しなければならない。第606条第2項、第3項、第5項及び第6項が準用される。

③　当事者の申立てに基づいて、最初に申立てのあった時点において危険を負っている当事者の相手方が国内における住所、居所又は常居所を有しているところに存する区裁判所は、また、これ以外の場合には仮の処分の執行に必要な行為が行われる区域内に存する区裁判所は、仲裁廷が命じた措置を執行しなければならない。仲裁廷が命じた措置が国内法に定めのない保全方法を命じているときは、裁判所は、申立てに基づいて相手方を審尋した後に、仲裁廷の措置に最も近似する国内法の保全方法を執行することができる。この場合において、裁判所は、仲裁廷の措置の目的を実現するために、申立てのあった仲裁廷の措置とは別のものにすることができる。

④　裁判所は、以下の場合には、第1項の措置の執行を拒否しなければならない。

1　仲裁廷の住所が国内に存し、かつ、国内仲裁判断について第611条第2項、第617条第6項及び第7項又は第618条に規定する取消原因を生じさせるであろう瑕疵が、仲裁廷の命じた措置に付着しているとき。

2　仲裁廷の住所が国内に存せず、かつ、外国仲裁判断についてその承認又は執行を拒絶する事由となるであろう瑕疵が、仲裁廷の命じた措置に付着しているとき。

3　仲裁廷の命じた措置の執行が、従前に申し立てられ若しくは命じられた国内の裁判所の措置に合致していないとき、又は従前に命じられかつ承認されるべき外国裁判所の措置に合致していないとき。

4　仲裁廷の命じた措置が、国内法に定めのない保全方法を命じ、かつ、国内法の適切な保全方法が申し立てられていなかったとき。

⑤　裁判所は、第1項の措置の執行に関して裁判をするに先立って、申立人の相手方を審尋することができる。申立人の相手方が裁判所の決定に先立って審尋されなかったときは、執行の許可に対して、強制執行法第397条の異議を提出することができる。いずれの場合においても、申立人の相手方は、第4項に規定する執行拒絶事由が存するとの主張をすることができるにとどまる。この手続においては、裁判所は、強制執行法第394条に従い損害賠償請求権について裁判する権限を有しない。

⑥　裁判所は、以下の場合において、申立てに基づいて執行を取り消さなければならない。

1　仲裁廷が定めた措置の適用期間が経過したとき。

2　仲裁廷が、措置を制限し又は取り消したとき。

3　強制執行法第399条第1項第1号から第4号の場合。ただし、そこに定める事由が仲裁廷であらかじめ主張されたが効を奏せず、かつ、これに関する仲裁廷の判断に対して承認拒絶事由（第4項）が対抗しえないときに限る。

4　第1項による担保であって、仲裁廷が命じた措置の執行を不要とするものが提供されたとき。

Ⅲ　暫定措置・保全措置の具体的内容

1　仮の権利保護の複線化とオプティング・アウト（opting-out）

(1)　ドイツにおいてもオーストリアにおいても、旧法は、仲裁廷に暫定措置・保全措置（以下では適宜「仮の措置」と呼ぶ。）を講ずる権限を認めていなかった。しかし、新法においては[9)]、裁判所の保全処分（ドイツ民訴法1033条、オーストリア民訴法585条）と並んで、仲裁廷にも仮の措置を講ずる権限を認めることとし、当事者が仲裁合意によってこれを排除している場合に限って、仲裁廷のこの権限は否定されるとした（ドイツ民訴法1041条1項1文、オーストリア民訴法593条1項1文）。いわゆるオプティング・アウト（opting-out）と呼ばれるものである。

このように、仲裁廷に仮の措置の発令権限は認められたが、しかし、他方で、これを実行する強制権限は認められていないため、関係者が任意に仮の措置に応じない場合には、裁判所の強制執行に頼らざるをえない（ドイツ民訴法1041条2項1文、オーストリア民訴法593条3項1文）。したがって、任意に応じた場合に限って完全な効力を生ずることになるが、仮に任意に応じなかった場合でも、こうした事実は本案における仲裁廷の心証に反映し、傍証的な効果（Indizwirkung）[10)]を生ずることは否定できない。

(2)　こうした、裁判所の保全処分と仲裁廷の仮の措置との、いわゆる「複線化」[11)]は、仲裁合意が存するからといって、より効果的な国家の裁判所による仮の権利保護の道を遮断すべきではなく、当事者には2つの選択肢が与えられている、という考え方によるものである。すなわち、オーストリア法に則して

9)　主に、以下の文献を参考にした。MünchKomm ZPO-Münch² (2001) §1041; Stein/Jonas/Schlosser²² (2002) §1041; Schwab/Walter⁷ (2005) Kap.17a; Musielak/Voit, ZPO⁵ (2007) §1041; Stefan Bandel, Einstweiliger Rechtsschutz im Schiedsverfahren (2000); Mario Leitzen, Die Anordnung vorläufiger oder sichernder Maßnahmen durch Schiedsgerichte nach §1041 ZPO (2002)（以上ドイツ）. Gerold Zeiler, Erstmals einstweilige Maßnahmen im Schiedsverfahren?, SchiedsVZ 2006, 79 ff.（オーストリア）.

10)　Schwab/Walter, Kap.17a Rdnr.2.

11)　Zeiler, SchiedsVZ 2006, 80 f.

いうならば、民訴法585条は強行規定であり、当事者は国家の執行権限を否定できないのに対して、民訴法593条は任意規定であって、仲裁合意によって仲裁廷による仮の措置を回避することが可能となる——オプティング・アウト——。また、その結果、裁判所は、仲裁地や当事者の反対合意に係わりなく、一般的な要件が備わっている場合には仮の権利保護を保障しなければならないことになる。

2　仮の措置の発令要件

(1)　ドイツ法においては、中心的な発令要件として、「(仲裁廷が) 係争物について必要と認める」暫定的または保全的な措置を命ずることができるとしているが、このほかには特に具体的に規定していない。他方、オーストリア法は、「係争物との関連においてこれをしなければ請求を実現することが妨げられ若しくは著しく困難になるであろうため、又は回復しがたい損害が切迫しているため、必要であると認められる」暫定的措置・保全的措置を命ずることができると規定し (オーストリア民訴法593条1項1文)、より具体化している[12)]。

(2)　これについて、オーストリア法の立法理由は、こうした文言は、アンシトラル・モデル法17条にもドイツ民訴法1041条にもなく、アンシトラル・ワーキンググループの提案 (以下では「モデル法提案」と呼ぶ。) を考慮した結果であると述べている[13)]。すなわち、モデル法提案は、ⓐ暫定的保全措置を命じないとすると、損害賠償によって十分に回復することのできない不利益 (Harm) を生ずるおそれがあり、かつ、そうした不利益が、暫定的保全措置を命じたとすると相手方に生ずるであろう不利益よりも実質的に上回ること、ⓑ申立人が本案について勝訴する合理的な可能性のあること、の2つを申立人が証明

12)　オーストリア民訴法593条によると、仮の措置の発令には、①仮の措置の申立ての時点ですでに仲裁廷が構成されていること、②一方の当事者の申立てがあること、③発令に先立って相手方当事者の審尋を必要とすること、④請求の実現が妨げられるもしくは著しく困難になるためまたは回復しがたい損害を生ずるおそれがあるため、係争物に関して仮の措置が必要であると仲裁廷が認めること (前記)、⑤仮の措置の命令が書面で作成され、当事者に送達されること、の5つであり、さらに消極要件として、⑥仮の措置が第三者に対するものでないこと、が必要である (1項・2項) (そのほか1項は担保の提供についても規定している。)。Vgl. Ischia/Mayer, a.a.O., RIW 2006, 885.

13)　BGBl, I Nr.7/2006, 16/58 zum §593.

(satisfy) することを発令要件としている（モデル法提案 Art.17A.1.(a)(b))。いずれにせよ、こうした要件は、オーストリア法の発令要件と並んで、今後わが国の仲裁法 24 条の解釈についても十分に参考になるであろうと思われる。

3　仮の措置の諸類型

(1)　ドイツ法においては、この問題に関して、法律からも立法資料[14] からも解答を導き出すことは困難である。しかし、一般的には、仮の措置は、係争物との関係で必要と認められる措置でなければならず、また、第三者の権利に介入しない限りにおいて認められ、仮処分はもちろん仮差押えも含むが——この点は後述（4(1)）参照——、私的裁判所が行うことのできない人的仮差押え（ドイツ民訴法 933 条）は含まない（基本法 104 条 2 項 1 文参照——裁判官のみが自由剥奪の決定権を有するとの趣旨）と解されている。また、学説によれば、おおむね、以下に示す、3 つの類型（保全措置、規律措置、給付措置）に分類することが可能であるとされている[15]。

(a)「保全措置（Sicherungsmaßnahme)」は、現に存する状態を維持すべきであるとの命令を通じて、将来言い渡される仲裁判断の保全を目的とするものである。この措置は、給付を求める請求権のすべてについて認められるほか、除去、不作為および受忍を求める請求権についても認められる。こうした保全措置の具体例として、係争物の保存のための譲渡禁止・変更禁止のほか、登記への記載を命ずる措置などがある。また、裁判所や受寄者による係争物の保管のほか、腐敗しやすい物の売主による保管もこれに含まれる。このほか、仲裁判断の執行を間接的に保全する目的で、銀行保証書の提出を命ずることなども可能であるとされている。

(b)「規律措置（Regelungsmaßnahme)」は、仲裁手続が係属している期間中の、係争法律関係に関する暫定的な法的規律を目的としている。ここでは、通常は、

14）　Vgl. BT-Drucks.13/5274 (12.07.1996) S.44 ff.

15）「保全措置」、「規律措置」および「給付措置」の 3 類型については、Schwab/Walter, Kap.17a Rdnr.7–9 に従った。

なお、アンシトラルのモデル法提案においては、暫定措置のメニューとして、「紛争の係属中における現状（status quo）の維持または回復」、「現在の又は差し迫った不利益を生ずるであろう行為を予防する措置または仲裁手続自体を阻害するであろう行為を予防する措置」、「資産を保全する措置」および「証拠保全」が規定されている（Art.17.2.(a)～(d))。

本案の請求は形成訴訟の内容に相当するものであり、例えば、継続的法律関係を暫定的に変更しもしくは取り消すこと、または団体の決定を暫定的に取り消すことなどである。また、組合員の代理権限を暫定的に剥奪したり、施工のための担保として申立人が相手方に提供した銀行保証書の暫定的な返還なども含まれる。

(c)「給付措置(Leistungsmaßnahme)」は、給付請求権、除去請求権または受忍請求権について争いがある間の暫定的な執行を目的としている。例えば、契約の履行中に当事者間で紛争が発生した場合に、契約上履行義務のある仕事の継続を命ずること、競争法上の不作為請求権または除去請求権の暫定的な執行、特定の行為の暫定的な禁止(業務執行権の暫定的な剥奪)のほか、陸上競技連盟がドーピング疑惑のある選手に対して競技に出場する許可を与えること——満足的仮処分と同様の効果を生ずる——なども含まれる[16]。

(2) オーストリア法も、基本的にドイツ法とそれほど相違はなく、多様な類型があり、限定的ではないと解されている。具体的には、①仲裁判断の将来の執行を保全すべき措置(譲渡禁止、係争物の供託、銀行保証書の呈示命令など)、②法律関係を暫定的に規律すること、作為・不作為を暫定的に適法であると宣言すること(代理権限の取消し、契約上の役務を暫定的に継続してはならないとする旨の命令)、③満足的仮処分であって、例えば、契約上の役務を継続すべきとする旨の命令、不作為の仮処分、④仮払い(Interimuszahlung)の命令も対象となるが、これについては、申立人が本案において負けた場合に返還が保証されていることが要件となり、担保の提供を条件とすることになる[17]。

(3) なお、仲裁廷は、強制力の行使を禁じられており、強制執行の権限はない。そこで、発令した仮の措置に関係者が任意に応じないときには、裁判所に対して協力を求めざるをえない。しかし、仲裁廷に執行権限がないとしても、仮の措置の発令権限のなかには強制手段の発令権限は含まれており、実質法(lex causae)に従ってまたは公平の枠内で許容されるあらゆる強制力を発動することは可能である。したがって、秩序罰のみならず、不作為を命ずる措置に違反する行為に対して制裁(金)を課すこともできる。

ちなみに、当事者間で、許容する仮の措置を、あらかじめ直接にまたは間接的に決めておくことも可能である[18]。また、仲裁廷は、発令に際して、特定の仮の措置については自らのまたは仲裁人の許可に係わらせるとする旨を定めることもできる[19]。

4　仮の措置をめぐる問題点

ドイツ法、オーストリア法のいずれにおいても、仮の措置の基本的な内容についてはほぼ同じであり、また、第三者に対して仮の措置を発令することはできない点においても同様である。しかし、なお、いくつかの問題も存しており、以下ではこれを眺めてみよう。具体的には、仲裁廷が仮差押え（Arrest）命令を

16）　この具体例として、いわゆるスポーツ仲裁において仮の措置が発令されたけれども、それを発令した団体の機関（ドイツ陸上競技連盟の法律委員会）が、はたしてドイツ民訴法1041条の仲裁廷に該当するか否かが争われた事件がある。

【フランクフルト高等裁判所2001年4月5日決定】（NJW-RR 2001, 1078.）

事案は、国際陸上競技連盟（IAAF）が、ドーピング疑惑のあるディーター・バウマン（Dieter Baumann）選手に対して出場資格を2001年9月16日から2002年2月21日までの間剥奪したことを発端としている。バウマン選手は、2002年2月24・25日に開催されるドイツ屋内陸上選手権大会の男子3,000メートル競走の出場許可を求めたが、相手方であるドイツ陸上競技連盟（DLV）は上記の理由でこれに応じなかった。そこで、バウマン選手は、ドイツ陸上競技連盟の法律委員会の会長に仮の措置の申立てをし、同年2月20日に、相手方は申立人に対して出場許可を与えるべしとの仮の措置の命令を取得した。

これに続く同年2月22日に、フランクフルト高裁の民事部の裁判長は、出場許可を与える仮の措置の執行を申立人（バウマン選手）に許可し、相手方の違反に対しては強制金を課す旨の決定を下した。その結果、バウマン選手は、ドイツ屋内陸上選手権大会に出場したため、上記裁判長は本件を終結し、相手方に費用の負担を命じた。

本件は、これを不服とする相手方（ドイツ陸上競技連盟）が、ドイツ陸上競技連盟の法律委員会は仲裁廷ではない、と争った事件である。しかし、本決定は、信義則に従い、上記法律委員会を仲裁廷であると判断した（決定の詳細については、中野・前掲注6）11頁以下参照）。

ちなみに、バウマン選手は、バルセロナ五輪の陸上5,000メートル競技の金メダリストであり、多数の好成績をあげているが、他方でドーピング疑惑が付きまとっており、別の事件において（LG Frankfurt a M, SpuRt 2001, 114 ff. Vgl. Hans-Jurgen Schroth, Einstweiliger Rechtsschutz im deutschen Schiedsverfahren, SchiedsVZ 2003, 102 f.）、ドイツ陸上競技連盟を相手方としてハンザ都市マラソンの出場許可の仮の措置を求めたが、これについて裁判所は、利益衡量の結果、同連盟が出場許可を与えることは、他のマラソン選手に対する義務に違反することになるとして、バウマン選手の主張を認めなかった。

こうした具体例からも明らかなように、仮の措置が用いられる場面は多様であり、特に満足的仮処分と同様の機能を営む場合などにおいては、その利用がより一層活発化するであろうと思われる。

17）　Zeiler, SchiedsVZ 2006, 82 f.

18）　Schwab/Walter, Kap.17a Rdnr.6.

19）　Stein/Jonas/Schlosser, §1041 Rdnr.13.

発令することができるか否か、証拠保全も仲裁廷による保全措置に含まれるか否か、外国での訴訟追行を差し止める仮処分（antisuit injunction）の発令が可能か否か、の3点である。

(a) 仮差押えの命令

まず、金銭債権を保全するために、相手方の一般財産に対して仮差押えの措置を発令することができるか否かが問題となる。この点の解釈について、オーストリア法においては、今のところ何らの言及もない。他方、ドイツ法の解釈では、ドイツ民訴法916条が規定する仮差押えも、同1041条が規定する仲裁廷による仮の措置に含まれるという点で、特に異論は存しない[20]。立法理由において[21]、仮差押えも仮の措置として認められていることが強く反映しているようであり、また、学説によれば、唯一の裁判例（未公刊）も十分な理由づけのないままこれを肯定しているとのことである。すなわち、立法理由は、ドイツ民訴法1041条が仲裁廷の仮の措置について、係争物との関連において必要と認める措置とのみ規定し、何らの限定をも付しておらず、その範囲において裁判所の保全処分と同様である――この点でモデル法17条と異なる――、と述べているからである。

もっとも、仲裁廷が発令する仮の措置によって、仲裁手続の対象となっていない債務者の財産、すなわち執行の保全に役立つ債務者の一般財産にまで仮差押えの効力が及ぶのは不当ではないか、との議論がありえよう。しかし、これに対して学説は[22]、本案において金銭の支払いを命ずる仲裁判断があり、その執行の際には債務者の一般財産にまで介入する可能性は十分にあるのであって、だからといって仲裁廷にこうした仲裁判断の発令権限がないなどとは考えられないのと同様に、やはり仲裁廷には差押えの権限も認められる、と反論している。

なお、これに付随して、仲裁廷による「制限的な仮差押え（beschränkter dinglicher Arrest）」の許容性についても議論されている。すなわち、上記のよう

20） MünchKomm ZPO-Münch, §1041, Rdnr.9; Schwab/Walter, Kap.17a Rdnr.4; Musielak/Voit, ZPO, §1041, Rdnr.4; Bandel, S.138, Leitzen, S.73.
21） BT-Drucks. 13/5274, S.45.
22） Bandel, S.138 ff.; Leitzen, S.66 ff.

な仲裁廷の発令する仮差押えについては、仲裁廷の裁量によって債務者の一般財産のうち特定の財産に限定して仮差押をすることができるかどうかという問題であり、結論的には肯定されている。なぜなら、ドイツ法においてそうした制限的な執行名義がないわけではない（ドイツ民法1147条や1192条による実体法上の責任制限）。また、手続法上、そうした仲裁廷による制限的な仮差押えを否定する理由もない。むしろ、相手方にとっては、相当性（Verhältnismäßigkeit）の枠内で行われる制限的な仮差押えは有利であり、無制限の仮差押えよりも侵害の度合いが少ない。また、債務者の責任財産を限定することによって、仲裁廷は担保の提供を条件とせずに仮差押え命令を発令しやすくなる点において、申立人にも有利になるからである。このような理由から、制限的な仮差押え命令は肯定されている[23]。

(b) 証拠保全の命令

ドイツ法では、多くの学説は、証拠保全のように、訴訟手続に役立つ仮の措置もドイツ民訴法1041条の仮の措置として認めている[24]。もっとも、証拠保全は暫定的ではないとの理由で、否定する有力説もある[25]。また、証拠保全の措置の保護目的は、証拠調べを求める請求権の保全であって、係争物の保全に直接に関わるというわけではない。しかも、証明妨害に対しては証明責任の転換が可能であり、そうするならば執行は不要である。しかし、仲裁手続において証拠保全の必要性がないわけではなく、また、仲裁廷によって証拠保全の措置が発令されれば、裁判所に対して証拠保全の申立てがあった場合と同様に、その執行はドイツ民訴法1050条により行うことができる。したがって、証拠保全の措置も、仮の措置に含まれると解するのが妥当であろう。

オーストリア法でも、証拠保全が仮の措置の1つとして認められるとする点は同様である。だが、学説が[26]、モデル法提案において証拠保全を仮の措置の1つとして規定していること（Art. 17.2.7(d)）に言及していることは、示唆に富むであろう。すなわち、モデル法提案は、仮の措置として、「紛争を解決する

23） Leitzen, S.74 f.
24） MünchKomm ZPO-Münch, §1041 Rdnr.8; Schwab/Walter, Kap.17a Rdnr.12.
25） Stein/Jonas/Schlosser, §1041 Rdnr.7.

ために関連性がありかつ重要であろう証拠を保全すること」をも掲げており、こうした証拠保全の発令要件として、前述した発令要件（2(2)）について仲裁廷が適当とみなす範囲において適用するとしている（Art. 17A.2.）。

(c) 外国での訴訟追行を差し止める仮処分（antisuit injunction）

紛争解決手段として、仲裁手続のほかに、外国裁判所での訴訟も選択肢として存在するときに、仲裁合意によって外国裁判所での訴訟を回避するという取決めをする場合もある。したがって、仲裁合意の内容として、外国裁判所で訴訟を提起しないことが義務づけられている場合には、外国での訴訟追行を差し止める仮処分もありうる。それにもかかわらず、外国において訴訟を提起されて、費用の負担を余儀なくされた当事者が、そうしたコストを費用賠償によって回復しようとしても必ずしも十分な保障はない。したがって、学説には否定説もあるが[27]、仲裁廷は原則として外国訴訟の差止めの仮処分に消極的であるべきではない。もっとも、その場合に差止めの発令要件として、仲裁廷にとっても執行を援助する裁判所にとっても、外国裁判所の管轄権を否定する仲裁合意があることについて十分な心証をいだいていること、または仲裁廷の管轄権が確定していることが必要である[28]。

ちなみに、モデル法提案においては、この点について議論があったが、外国での訴訟追行を差し止める仮の措置も含まれることを明らかにするために、暫定措置の1つを規定している Art. 17.2.(b)において、「現在の若しくは切迫した不利益を生ずるおそれのある行為又は仲裁手続それ自体を阻害するおそれのある行為（action that is likely to prejudice to the arbitral process itself）を阻止し又は差し控えさせること」との条文を設けて、その趣旨を明文で規定することとしている。

26） Zeiler, SchiedsVZ 2006, 82.
なお、古田啓昌・大河内亮「仲裁手続における証拠収集」JCA ジャーナル 53 巻 5 号（2006 年）5 頁は、わが国の仲裁法 24 条 1 項の暫定・保全措置に証拠保全も含まれると解することは不可能でないとしている。小山昇『仲裁法［新版]』（有斐閣、1983 年）173 頁。

27） Bandel, S.184 ff.

28） Stein/Jonas/Schlosser, §1041 Rdnr.6.

Ⅳ　仲裁廷における発令手続

ドイツ法は、一方の当事者の申立てに基づく仮の措置（ex parte-Maßnahme）を認めるが、オーストリア法は、相手方の審尋を経なければ発令できないとしている点で、両者の間に相違がある（後述 2⑵）。だが、この点以外は、両者の間にそれほどの隔たりはない。

1　ドイツ法

⑴　仮の措置を発令するための一般的要件として、有効な仲裁合意および仲裁適格を備えた係争物が存在していることのほかに、仲裁廷が有効に構成されていることも必要である。したがって、仲裁廷が構成される以前には、原則として仮の措置を発令することはできず、この場合には当事者は裁判所に保全措置を求めざるをえない。ただし、すでに決定している仲裁廷の主任（仲裁廷長）が仮の措置の発令権限を単独で有している場合はこの限りでない[29)]。

仲裁廷が職権で仮の措置を講ずることはなく、当事者が仲裁廷に仮の措置を求める申立てをしなければならないことはもちろんである。申立てがあったときは、仲裁廷は、まず、仮の措置を否定する当事者の合意の存否を審査しなければならない（ドイツ民訴法 1041 条 1 項 1 文）。また、すでに裁判所に保全措置の申立てがなされており、これが認められているときには、手続を停止しなければならない（同条 2 項 1 文）。重複する保全措置の申立てを回避するためである[30)]。

⑵　当事者の公平な取扱いおよび法的審問請求権の保障といった手続原則は、仮の措置の手続においても同様に妥当する（同 1042 条 1 項）。また、仲裁廷は、被保全権利の存在（請求）とこれが容易に回復しがたい不利益を被る差し迫ったおそれがあること（仮の措置の事由）、の 2 つが申立人によって疎明された場合に限って（同 920 条 2 項、936 条参照）、仮の措置を発令することができる。請求および仮の措置の事由の疎明は[31)]、適用される手続法によってその程度を決定されるが、不可欠な最小限の要件である。

29）　Schwab/Walter, Kap.17a Rdnr.19.

30）　BT-Drucks.13/5274 S.45.

31）　MünchKomm ZPO-Münch, §1041 Rdnr.15; Schwab/Walter, Kap.17a Rdnr.20.

(3) 緊急性と密行性が必要とされているため、仲裁廷は、差し迫った危険が存するときは、一方の当事者の申立てに基づいて、相手方を審尋することなく[32]、発令することができる。もっとも、こうしたいわゆる「超法規的」な措置については、担保提供（同1041条1項2文）の要件を正しく判断するために、その発令後すみやかに相手方に法的審問を保障しなければならない。また、これを踏まえて、仲裁廷は、仮の措置を担保提供にかからしめることができる。

2 オーストリア法

(1) 仲裁廷による仮の措置の発令には、当事者の申立てが必要であり、職権で発令することはできない（オーストリア民訴法593条1項1文）。その後の手続については、適用されるべき仲裁法または当事者の合意に従うが、これがないときは仲裁廷に委ねられる。したがって、疎明の程度についても特に定めはなく、仲裁廷は慣例に従うことになる。仮の措置を発令しなかったが本案で申立人が勝訴した場合と仮の措置を発令したが相手方が本案で勝訴した場合とを比較衡量するという選択肢もある。仮の措置を発令しないと請求権の実現が妨げられるかもしくは著しく困難にされるであろうことまたは回復しがたい損害が切迫していることについて、申立人によって疎明（bescheinigen）される必要があるということになろう[33]。

(2) 仮の措置は、相手方を審尋した後においてのみ発令することを許さる（同条1項1文）。したがって、オーストリアに所在地を有する仲裁廷は、一方当事者の申立てに基づく仮の措置（ex parte-Maßnahme）を発令することはできない[34]。ドイツ法がこれを許容しているのとは異なっており、立法理由によると[35]、アンシトラルのワーキンググループの議論を参考にしたことが記されて

32） Schwab/Walter, Kap.17a Rdnr.20.

33） Zeiler, SchiedsVZ 2006, 83.

34） Zeiler, SchiedsVZ 2006, 83. 発令に先行して審尋が必要か否かの議論については、Hans-Jürgen Schroth, „Ex-parte-Entscheidung“ bei vorläufigen Maßnahmen im österreichischen Schiedsverfahren, SchiedsVZ 2004, 72 ff. に詳しい。

35） Regierungsvorlage, BGBl, I Nr.7/2006, 16. zum §593.
ちなみに、モデル法提案では、仲裁廷は、保全命令を発令した後直ちにすべての当事者に通知し、相手方にできるだけ早期に主張する機会を与えなければならないとしている（Art17C.1.2.）。

いる。また、外国仲裁廷が、一方当事者の申立てに基づいて相手方を審尋せずに仮の措置を発令したとしても、こうした一方当事者の申立てに基づく仮の措置は、オーストリアにおいては承認および執行されない（ニューヨーク条約5条(1)(b)参照）[36]。

(3) 仲裁廷は、仮の措置と関連して適当な担保の提供を命ずることができる（同条1項2文）。担保の提供は、一方で、仮の措置の発令によって相手方に生ずる可能性のある不利益の賠償を目的としているが、他方で、仮の措置に対する防御のために相手方に担保を提供させる場合もある（同法593条6項4号）。提供すべき担保の額も種類（現金の提供か銀行保証によるか）も、はたまた誰に提供するかについても、仲裁廷の裁量に委ねられる[37]。

V 裁判所による執行手続

1 ドイツ法

(1) 仲裁廷は、自らが発令した仮の措置について強制執行権限を有しない。そのため、仮の措置が一定の行為の許否の確認を内容としている場合を除き、申立人は、相手方が仮の措置を任意に履行しないときには、その執行のために裁判所の援助を必要とする。例えば注16）に掲げた具体例においては、仲裁廷が相手方（ドイツ陸上競技連盟）に対して申立人（選手）に出場許可を与えるべしとの仮の措置を命じたにもかかわらず、相手方がこれに応じない場合には、裁判所が、その執行のために違反に対して強制金を賦課（ドイツ民訴法888条）して強制執行することになる。このように、裁判所には、仲裁廷が発令した仮の措置の執行を許可する権限が与えられており、仲裁廷の発令した仮の措置に執行力が付与されている点で――オーストリア法も同様である――、わが国の仲裁法およびアンシトラル・モデル法における暫定措置・保全措置とは著しく異なっている。

36） Zeiler, SchiedsVZ 2006, 83.
　ニューヨーク条約5条1項(b)は、判断が不利益に援用される当事者が、仲裁手続について適当な通知を受けなかったことによって防御することが不可能であったことの証拠を提出したときは、仲裁判断の承認および執行を拒否することができる旨を規定している。

37） Zeiler, SchiedsVZ 2006, 83.

(2) 執行許可（Vollziehungszulassung, Vollzugserlaubnis）――執行許可宣言（Vollziehbarerklärung, Vollstreckbarerklärung）に相当する――が当事者の申立てに基づくことは、処分権主義の当然の帰結であり、また、いずれの当事者も申立権能を有する。執行許可があると、これが強制執行の基礎となる。債務名義を規定しているドイツ民訴法794条のカタログには入っていないけれども、同条を制限列挙と解すべきではない。この点について、立法理由は必ずしも明確に述べていないが、学説は一致して認めている[38]。

なお、申立ては、仮の措置が任意に履行されないことを仲裁廷が確定した場合に限って認められる。

(3) 外国仲裁廷が発令した仮の措置についてドイツの裁判所が執行許可を与えることができるか否かについては、学説上争いがある。否定説[39]は、裁判所の執行許可の権限がドイツ民訴法1062条1項3号に基づくものであり、国内に住所を有する仲裁廷による仮の措置に限られる（1025条1項）との理由で、1041条および1061条のいずれからもドイツの裁判所は執行許可の宣言をすることはできないとする（なお、1041条2項1文が、「1項による措置」と明規している点も理由に挙げている。）。しかし、他方で、肯定説[40]は、1062条2項を根拠として、外国仲裁廷によって発令された仮の措置に関しても1041条2項から4項までの規定は類推適用されるとし、1025条2項・3項（適用範囲）が本条項を含めていないのは立法上の不備であるとみなして、外国仲裁廷が発令した仮の措置についてもドイツの裁判所は執行許可を与えることができると結論づけている。現在では、後者の肯定説が多数説といえるのであろう。

(4) 仮の措置の手続は、仲裁廷によって終結されており、裁判所によって改めて行われるべきものではない。裁判所による再度の手続は、実際的でないのみならず、効果的な権利保護と迅速性にも反する。しかし、裁判所は、仲裁廷が発令した仮の措置を実行するための単なる装置であるわけではなく、その措

38) MünchKomm ZPO-Münch, §1041 Rdnr.19; Stein/Jonas/Schlosser, §1041 Rdnr.14.
　ちなみに、アンシトラルのモデル法提案では、「仲裁廷により発令された暫定措置は、拘束力のあるものとして承認されなければならず、かつ、仲裁廷による別段の定めがない限り、それが発令された国のいかんにかかわらず、第17条Ⅰの規定に従い、権限ある裁判所に対する申立てに基づいて執行されなければならない。」（Art. 17H.1）と規定している。

39) Musielak/Voit, ZPO §1041, Rdnr.4.

40) MünchKomm ZPO-Münch, §1041 Rdnr.19; Schwab/Walter, Kap.31 Rdnr.7; Leitzen, S.252 ff.

置が裁判所の法に従い許容できないときには、その執行をすることができない。それゆえ、ドイツ民訴法1041条2項2文は、「この措置の執行に必要であるときは、裁判所は、その措置とは別に命令を発することができる。」と規定している。すなわち、裁判所はいわゆる「郵便配達人」[41]ではないが、その具体的権限は仮の措置をめぐって新たな審理を行うことにまで及ぶわけではなく、執行段階におけるコントロール権能にとどまっている。したがって、執行を求められた仮の措置が裁判所の法に照らして明らかに許容できない場合に限って（公序によって制約される場合に限定）裁判所の審査に服し、裁判所の自由裁量が認められるわけではない[42]。

2　オーストリア法

(1)　オーストリア法においてもドイツ法と同様、仮の措置に執行力が認められているが、仲裁廷には強制執行権限は存せず、執行権能は裁判所に委ねられている（オーストリア民訴法593条3項）。また、このことは、仮の措置を発令した仲裁廷の所在地を問わずに適用されるため、国内の仮の措置についても外国の仮の措置についても、等しくオーストリアの裁判所が執行することになる。さらに、その際には、外国の仮の措置について承認手続（Exequaturverfahren）を必要としない。また、執行障害が存するか否かについては執行手続において審査することになる、ということが黙示的に認められるとの理解がなされている[43]。

(2)　執行手続においては、相手方に対して法的審問が保障されなければならない。その際、相手方が仮の措置の執行に先立って審尋されなければならないか否かについては、裁判所の自由裁量に委ねられる（593条5項1文）——この点は仲裁廷が仮の措置を発令する際とは異なる——。ここでの法的審問の対象は、執行の拒絶事由が存するか否かである（5項3文）。裁判所が執行に先立って相手方を審尋すると決定したときには、この段階で相手方は執行の拒絶事由について事実主張をすることができる。他方、裁判所が法的審問をしなかったときは、相手方は、執行の認可に対して強制執行法397条の異議を提出するこ

41)　Habscheid, Einstweiliger Rechtsschutz durch Schiedsgerichte nach dem Schweizerischen Gesetz über das internationale Privatrecht (IPRG), IPRax 1989, 135.

42)　Schwab/Walter, Kap.17a Rdnr.29, 30.

43)　Zeiler, SchiedsVZ 2006, 84 f.

とができる（5項2文）。

(3) ドイツ法とは異なり、仮の措置の執行については、裁判所に裁量の余地はない。裁判所が執行を拒絶することができるのは、593条4項に掲げる要件が備わっている場合に限られている。その際、同項は、仮の措置を発令した仲裁廷の所在地に従って、国内の仮の措置と外国の仮の措置とを区別している。すなわち、前者の国内の仮の措置については、その措置に、国内仲裁判断に関してオーストリア民訴法611条2項、617条6項および7項または618条に規定する取消事由を生じさせる瑕疵が存している場合に、執行を拒絶しなければならない（593条4項1号）。他方、後者の外国の仮の措置については、その措置に、外国仲裁判断に関して承認または執行の拒絶事由を生じさせる瑕疵が存している場合に、執行を拒絶しなければならない（同条4項2号）。

また、仮の措置が、すでに申し立てられもしくは発令された国内の裁判所の措置またはすでに発令されて承認されるべき外国裁判所の措置に抵触する場合（593条4項3号）、またはすでに発令された外国裁判所の仮の措置が、国内法に定めのない保全方法を命じ、かつ、国内法の適切な保全方法が申し立てられなかった場合にも（4項4号）、その執行を拒絶される。

3 執行をめぐる問題

(1) 特に問題となるのは、外国の仲裁廷が発令した仮の措置を内国で執行する際に、その仮の措置がドイツまたはオーストリアには存在しないものである場合である。こうした場合に関して、ドイツ民訴法1041条2項2文は、「この措置の執行のために必要であるときは、その措置とは別に命令を発することができる。」と規定している。また、オーストリア法においても、外国仲裁廷の発令した仮の措置がオーストリア強制執行法に則したものでないときには、その執行をすることができなくなるおそれがあるため、オーストリア民訴法593条3項において、「仲裁廷が命じた措置が国内法に定めのない保全方法を命じているときは、裁判所は、申立てに基づいて相手方を審尋した後に、仲裁廷の措置に最も近似する国内法の保全方法を執行することができる。この場合において、裁判所は、仲裁廷の措置の目的を実現するために、申し立てのあった仲裁廷の措置とは別のものにすることができる。」と規定し、手当てをしている。

もっとも、オーストリア法によれば、これに対応する申立てを改めてする必要があり、また、これについて相手方を審尋しなければならない。したがって、裁判所は、仮の措置が国内法に定めのない保全方法であって、適切な国内法の保全方法が申し立てられていない場合には、これを拒絶しなければならない[44]（593条4項4文）。

（2）関連して、ドイツ法やオーストリア法には存在しない仮の措置、例えばイギリス法上のマレイヴァ型差止命令（Mareva injunction）または凍結命令（freezing order）[45]の執行について問題となる。こうした「凍結命令」は、債務者に対して特定の資産の処分（例えば銀行口座にある資産を外国に持ち出して処分すること）を禁止する裁判所の命令であり、これに違反した場合には法廷侮辱罪（contempt of court）を科すことも可能である。ドイツ法やオーストリア法においてはこうした内容の仮の措置の定めはないが、この発令によって、債務者の外国に存する資産をも含めて資産全体について複数の債権者のうちの1人だけが優先的に弁済を受けることを防ぐことが可能になる、という実際的な意味がある。また、外国裁判所の仮の措置は、ドイツにおいてこれを発令しえない場合であっても、民事及び商事事件における裁判管轄及び執行に関するブリュッセル条約（EuGVU）の適用範囲においては承認・執行適格を備えている。したがって、ドイツの多くの学説は、外国仲裁廷はドイツ法に定めのない仮の措置を発令することも可能であるとし、公序に反しない限りは執行可能であると考えている。

ちなみに、裁判所の強制執行は、承認・執行が認められた国の法秩序が認めている仮の措置に限られることになるが、これは結果として、執行国の法廷地法（lex fori）が適用されたということを意味するにすぎない。当該仮の措置をドイツ法が認めていない（ドイツ民法施行法6条の公序に基づく外国法の適用の留保の場合も含む。）との理由のみに基づいて、ドイツ以外の外国の仲裁廷がこれを発令することはできないとすることは、仲裁廷の発令権限に不当な制限を加えることになる。なぜなら、外国仲裁廷がこうした仮の措置を発令する時点では、

44） Zeiler, SchiedsVZ 2006, 85.

45） Part25.1(1)(f) Civil Procedure Rules.
Stein/Jonas/Schlosser, §1041 Rdnr.4; Schwab/Walter, Kap.17a Rdnr.5; MünchKomm ZPO-Münch, §1041 Rdnr.12; Bandel, S.164 ff.; Leitzen, S.77 ff.

執行国の法廷地法は何ら関係しているわけではないからである。

VI その他の問題

以下の諸問題については、ドイツ法とオーストリア法との間に顕著な相違はないので、前者に則して述べてみたい。

1 裁判所との競合における仲裁の抗弁

(1) これについてドイツ法に則して述べると[46]、まず、当事者が異なる合意をしている場合や、仲裁廷が構成されていない段階においては、裁判所に対してしか保全措置の申立てをすることはできず、この申立てに対して仲裁抗弁の存在を主張することは認められない。

他方、仲裁廷が構成された後は、異なる合意が存在しない限り、仲裁廷が保全措置の発令権限を有する。したがって、保全措置の発令権限に関して裁判所と仲裁廷との競合が生ずる。だが、この場合に、当事者が仲裁廷に申立てをせずに、裁判所に申立てをした場合には、相手方は仲裁抗弁を提出することはできない。仲裁抗弁は、一般的に、本案の手続においてのみ提出することが可能であるからである。

こうした原則からの唯一の例外は、両当事者が、仲裁合意によって明示的にあらゆる裁判手続における国家の裁判権を排除している場合である。この場合に限って、仲裁廷のみが保全措置を発令することを認められる。

(2) 申立てを仲裁廷にするか裁判所にするかという申立人の選択権は、後者に申立てがなされた時点で失われる（ドイツ民訴法1041条2項1文）。したがって、仲裁廷が保全措置を発令し、その執行の申立てが裁判所になされたけれども、その間に裁判所に保全措置の申立てがなされた場合には、前者は認められなくなる。なぜなら、執行裁判所と保全措置を（新たに）発令する裁判所との間で矛盾する判断の可能性を生ずるが、これは回避すべきであるからである[47]。

なお、裁判所は、みずから保全措置を発令する際に、本案の訴え提起を一定

46） Schwab/Walter, Kap.17a Rdnr.19.

の期間内にするよう命ずることができ、これに応じないときには保全措置の発令を取り消すことができる（ドイツ民訴法 926 条の起訴命令）[48]。

2 担保の提供

仲裁廷は、保全措置を発令する際に、当事者の申立てがなくても、職権で担保の提供を命ずることができる。担保提供命令は、保全措置の発令によって相手方に損害を生ずる可能性があることを要件としている。申立人に支払能力がなさそうな場合に、差し迫った損害にもかかわらず担保提供命令を発令しないことが許されるか否かについては議論の余地がある。しかし、申立人に支払能力がないことが明らかな場合であっても、こうした事情を担保提供命令の発令の障害事由とすべきではない。担保提供がなされていることによって事後の損害賠償請求の執行が容易になるほか、担保提供に固有の威嚇的効果を期待できるからである[49]。

なお、担保提供の額は、相当な額であって、最大でも差し迫った可能的な損害額にとどめることになる。

3 執行許可を命ずる決定の取消しまたは変更

当事者の申立てに基づいて、裁判所は、いったんは命じた保全措置の執行許可の決定を取り消しまたは変更することができる。特に相手方には、裁判所の執行許可に対して不服申立てをすることができないため（ドイツ民訴法 1065 条 1 項 2 文）、この可能性しか残されていない。

保全処分を認可した後の事情変更による取消し（927 条）の場合と類似しているが、ここでは事情変更を要件としていない点で異なっており、取消し・変更は、執行許可を命ずる決定が合目的性を欠くような場合に行われる[50]。

取消しによって、職権で、執行をこれ以上行わず、さらなる執行を取り消し（775 条 1 号前段）、すでに行われた措置を取り消す（776 条 1 文）こととなる。また、変更とは、内容的に、①執行の縮小、つまり一部取消し、②執行の拡大お

47） Schwab/Walter, Kap.17a Rdnr.27.
48） Schwab/Walter, Kap.17a Rdnr.34.
49） Schwab/Walter, Kap.17a Rdnr.32.

よび新たな部分的命令、③他の処分に変更すること、の3者である。

4 損害賠償

仮差押えまたは仮処分の命令が当初から不当なことが明らかな場合の損害賠償義務（ドイツ民訴法945条）と同趣旨の規定であるが、損害賠償は、保全措置の「執行」によって生じた損害のみに限られている点に特徴がある。仮差押えについては、その命令の発令だけならば損害の発生は事実上ほとんどないからである[51]。

損害賠償の請求は、係属している仲裁手続において主張することができる。したがって、本案が終局的な仲裁判断によって終了していない限り、損害を被った者は、仲裁廷において請求するか、それとも新たな訴えによって請求するかの選択が可能である。

この損害賠償は、仲裁合意に当然には拘束されるものではなく、仲裁に伴って解決されるものであるという点で、「特権的な反訴（privilegierte Widerklage）」の一種である（したがって、1046条1項（申立て及び答弁）が、同条3項により適用される。）[52]。

Ⅶ むすび――わが国の仲裁法における暫定措置・保全措置の行方

(1) 仲裁法の領域においては、これまでドイツもオーストリアも、少なくとも先進国といえる状況にはなかった。しかしながら、前者においては現在では1998年の新仲裁法の施行後多くの経験を積んでおり、また、後者においてもドイツ法の大きな影響の下に新仲裁法が2006年7月から施行されていることに鑑みると、もはやこうした評価は必ずしも適切ではなくなっている。むしろ、先進国に限りなく近づいていると評価することができるであろう。

(2) 本章では、ドイツ仲裁法およびその波及効果が顕著なオーストリア仲裁法について、暫定措置・保全措置を対象としてその具体的内容を眺めてみたが、

50） MünchKomm ZPO-Münch, §1041 Rdnr.28.
51） Stein/Jonas/Schlosser, §1014 Rdnr.16.
52） MünchKomm ZPO-Münch, §1041 Rdnr.36.

翻ってわが国の仲裁法のそれと比較してみたときに、以下の諸点において、両国法は十分に参考に値すると思われる。すなわち、仲裁廷が発令した仮の措置の命令が、裁判所によって執行可能であるという意味で、執行力を備えていることに、まず注目しなければならない。アンシトラル・モデル法に先立って、仮の措置に執行力を付与したことによって、逆に、その後のモデル法提案は、こうした考え方を受け容れる結果となっていることは、すでに述べた通りである。また、関連する問題として、仮に執行力を与えるという立法に踏み切った場合に、相手方の一般財産に対する仮差押え命令（制限的な仮差押え命令も含めて）も可能か否かという問題や、第三者に対しても仮の措置の命令を発令することが可能かどうかといった問題も浮上するであろう。さらには、仮の措置の発令に先立って、相手方を審尋しなければならない（必要的審尋）か否かといった問題も生じ、この点については、オーストリア法が参考になるであろう。

(3) このように、暫定措置・保全措置の1つを例に挙げても多様な問題が存していることは明らかであり、彼我の相違を眼前にすると、わが国において仲裁法が施行されて比較的間もないとはいえ、なおも検討を必要とすべき課題が山積していることを思い知らされる。

折しも、アンシトラル・モデル法について改正のためのワーキンググループによる作業が進行中であり、また、ドイツおよび欧州連合（EU）においては、仲裁を含むADR全体についてEU指令提案[53)]が発令されたことに刺激されて、「民事司法の私法化（Privatisierung）」はますます加速している。こうした潮流に照応してみた場合に、わが国の仲裁法はどのように位置づけられるであろうか。今後の活発な議論を希望しつつ、むすびとする。

53） Proposal for a Directive of The European Parliament and of The Council on certain aspects of mediation in civil and commercial matters SEK ((2004)1314) (presented by Commission), (22.10.2004) COM (2004) 718.

なお、このＥＵ指令提案は、その後の2008年に、EU指令（Directive 2008/52/EC OF THE EUROPEAN PARLIAMENT AND OF THE COUNCIL of 21 May 2008 on certain aspects of mediation in civil and commercial matters ((EU) 2008 L 136/3)）として採択されている。これについては、法務省大臣官房司法法制部『欧州連合（EU）民事手続法』（法務資料第464号）（2015年）216頁以下および本書・第8章（259頁）参照。

また、例えばドイツでは、この指令の国内法化が行われて、メディエーション法（Mediationsgesetz）が、2012年6月21日に公布され、同年6月26日から施行されている。

第11章 「オーストリア新仲裁法」について

I はじめに

(1) オーストリア新仲裁法は、世界各国における仲裁法の制定ラッシュの最後を飾るものの1つとして、2006年1月13日に制定され、同年7月1日から施行されている。この新仲裁法は、すでに40ヶ国以上において、アンシトラル・モデル仲裁法（1985年6月21日採択）を受容した新しい仲裁法が制定されているなかにあって、アンシトラル・モデル法はもとより、特に、改正後およそ9年の経験を積んでいるドイツ新仲裁法（1998年1月1日施行）[1] における解釈・運用をも踏まえた立法であり、さまざまな工夫を盛り込んでいる。また、これのみならず、アンシトラル・モデル仲裁法を改正するためのワーキンググループにおける最近の議論をも取り入れながら新たな制度設計を試みている点においても興味深いものといえる。このような意味において、オーストリア新仲裁法は、今後、各国の仲裁法に限らずADR全体に対しても少なからぬ影響を及ぼすものと予想され、こうした領域において特筆に値するものと考える。

(2) 筆者は、すでに、オーストリア新仲裁法における「仲裁廷による暫定措置・保全措置」について考察を試みたことがある[2] が、これは、オーストリア新仲裁法の全体像からみた場合、そのごく一部分を検討したに過ぎない。そこで、本章において、改めて、オーストリア新仲裁法について、その成立過程や

1) 春日偉知郎「ドイツの新仲裁法について（上）（下）」JCAジャーナル46巻7号（1999年）505頁以下・同8号506頁以下参照。

基本原則を素描するとともに、いくつかの主要問題を取り上げて、それらの法的規律の内容を紹介し、若干の言及を試みてみたい。もちろん、すべての条文を紹介・検討することは不可能であるので、本章においては、主要な問題に対象を限定せざるをえない。しかし、そのうち、「仲裁合意」や「暫定措置・保全措置」といった問題については、アンシトラル・モデル法の改正ワーキンググループが、2000年3月からモデル法の改正の主要課題として精力的に取り組み、2006年7月にその改正案を採択したものである[3)]。次節で述べるように、オーストリア新仲裁法の立法作業は、こうしたアンシトラル・モデル法の改正作業とほとんど併行しており、その最終的な成果を取り入れたものとは必ずしもいえないが、随所でその内容を参考にして出来上がったものである[4)]。そうした意味において、オーストリア新仲裁法は、アンシトラル・モデル法の最先端の内容を踏まえながら行われた立法であるといえるであろう。したがって、これを紹介・検討することは、同法の具体像をより鮮明にすると同時に、改正後10数年を経たわが国の仲裁法について、単にその解釈問題に限らず、世界的な潮流に即して将来の課題を探り、これを考えていくための前提作業として意味があるものと考える。

II　オーストリア新仲裁法の成立の経緯と基本的な枠組み

1　オーストリア新仲裁法の成立の経緯

オーストリア新仲裁法における主要な改正問題について検討を試みるに先立って、まずは同法の全体像の紹介を兼ねて、その成立過程を素描しておこう。

(1)　新仲裁法は、旧仲裁法が1895年に制定（1898年施行）された民事訴訟法典第6編特別手続第4章仲裁手続（第577条から第599条までの規定）において規定されていたため、民事訴訟法の同部分の改正という形式によって新たに制定された。すなわち、2006年の、いわゆる「仲裁法の改正法律（Schiedsrechts-

2)　春日偉知郎「ドイツ仲裁法とその波及—暫定措置・保全措置をめぐるオーストリア新仲裁法との比較—」仲裁とADR 2号（2007年）1頁以下参照。本書・第10章。

3)　三木浩一「UNCITRAL国際商事仲裁モデル法2006年改正の概要（上）（下）」JCAジャーナル54巻6号（2007年）2頁以下・同7号12頁以下参照。

4)　その具体例については、本書・第10章参照。

Änderungsgesetz 2006)」によって、民訴法577条から618条として規定されることとなった[5]。旧仲裁法は、国際商事仲裁のほか、第二次世界大戦後の経済復興に伴う仲裁地の争奪などという事態を想定していなかった時代に制定されたものであった。また、1983年の民訴法改正によって若干の条項が追加されたが、当時は、アンシトラル・モデル法（1985年）を参考にする余地もなかったため、結果的に108年という長寿を保った。しかし、1958年に作成された「外国仲裁判断の承認及び執行に関する条約」（ニューヨーク条約）とその後のアンシトラル・モデル法による仲裁の国際化と各国調和の促進、またこれと併行して、1998年から施行されているドイツ仲裁法の影響もあって、もはやオーストリアにおいても仲裁法を改正せざるをえないことは自明のこととなっていた。

(2) こうした背景が存したほかに、裁判外紛争解決のトレンドも作用して、特に、オーストリア公証人会の研究機関であるルードヴィヒ－ボルツマン－インスティテュート（Ludwig-Boltzmann-Institut für Rechtsvorsorge und Urkundenwesen）の支援に基づいて、2000年に、ウィーン大学のヴァルター・レヒベルガー（Walter H. Rechberger）教授が主宰し、チューリヒ大学のパウル・オーバーハマー（Paul Oberhammer）教授が委員長となった「仲裁改革ワーキンググループ（Arbeitsgruppe Schiedsreform)」が発足し、これに連邦司法省の関係者も参加して、革新的意見形成がなされていった。その結果、2002年に、このワーキンググループが作成した「新仲裁手続法草案（Entwurf eines neuen Schiedsverfahrensrechts)」を連邦司法大臣ディーター・ベームドルファー（Dieter Böhmdorfer）に提出する運びとなった（この草案は、前記インスティテュートの頭文字をとって「LBI草案」と呼ばれている。)。もちろん、2006年の前記「仲裁法の改正法律」の政府案（Regierungsvorlage）が完成するまでには、なお3年を要したけれども、政府案は、上記のワーキンググループが作成した草案に即したものであって、「仲裁地としてのオーストリアの地位を魅力のあるものとする」ものであることは確かであった。また、こ

5) BGBl, I Nr.7/2006, S.1 ff. (Schiedsrechts-Änderungsgesetz 2006-Regierungsvorlage).
ここには、条文に続いて、条文ごとの詳細な理由が付されている。以下の記述は、この理由書および次に掲げる文献に依拠した。Walter H. Rechberger, Das neue österreichische Schiedsrecht, ZZP119 (2006), 261 ff., Einführung in das neue österreichische Schiedsverfahrensrecht（インターネット上より入手); Hannes Ischia und Peter G. Mayer, Das neue österreichische Schiedsverfahrensrecht, RIW 2006, 881 ff.

うした仲裁地の誘致は、オーストリア経済の活性化をもたらそうという期待にもつながっており、新法施行後の仲裁手続の利用状況に関心が寄せられている。

2 新仲裁法の基本的な枠組み

(1) こうして成立した新仲裁法は、アンシトラル・モデル法を基礎として、オーストリア仲裁手続法をまったく新しく規律するものとなっている。しかしながら、アンシトラル・モデル法をそのまま受け容れるのではなく、各個の規定についてオーストリア法の環境に適合するように、先行するドイツの改正法にも十分に留意しながら、固有の理念を展開するとともに、部分的に、スイス法、イギリス法およびフランス法をも考慮している。その結果、2006年の仲裁法の改正法律は、商事仲裁手続とこれ以外の国内および国際仲裁手続とを統一的に規律する法律として成立し、国際商事事件のみを規律しているアンシトラル・モデル法の適用範囲を超えるものとなっている。オーストリア民訴法においては、国内仲裁手続と国際仲裁手続とを区別する実質的な根拠はどこにも存しない。

なお、消費者および労働者については、特別な保護を必要とするため、特則を設けている(617条および618条)。

(2) 前述したように、こうした新仲裁法は、民訴法の第6編第4章において規定され、その第8節まではモデル法と同じように、順に、「第1節・総則」、「第2節・仲裁合意」、「第3節・仲裁廷の構成」、「第4節・仲裁廷の権限」、「第5節・仲裁手続の進行」、「第6節・仲裁判断及び手続の終了」、「第7節・仲裁判断に対する不服申立て」および「第8節・仲裁判断の承認及び執行」の各節を置いた上で、これに続いて、独自に「第9節・裁判所の手続」および「第10節・特則」を置いている。

なお、オーストリア新仲裁法が、欧州連合(EU)の諸規定に対して何ら抵触するものではないことも、立法理由中で示されている。

(3) 上記各節のうち、本章においては、主として前半の主要な部分、すなわち、「総則」、「仲裁合意」、「仲裁廷の権限」、「仲裁手続」および「仲裁判断と手続の終了」について眺めてみることとする。基本的に、条文——必要に応じて各節ごとに仮訳を付した——に則して具体的な内容を叙述するが、理解の便宜のために、アンシトラル・モデル法およびドイツ民訴法における条文との対応関係についても言及しながら、各条文の特徴を眺めてみようと思う。

Ⅲ 総 則

総則規定は、仲裁法の適用範囲（577条）、裁判所の活動範囲（578条）、責問義務（579条）および書面による通知の受領（580条）、の4つの内容に関するものである。

(1) 冒頭の577条1項――モデル法1条およびドイツ民訴法1025条と一致している――は、仲裁廷の住所がオーストリアに存する場合に本仲裁手続規定を適用するとし、適用範囲を、595条1項（「仲裁廷の住所」の規定）に則して当事者によって確定される仲裁廷の住所または補充的に仲裁廷自身によって確定される仲裁廷の住所に結びつけている。このようにして、オーストリアに法律上の仲裁地が存する場合には、仲裁法が適用されるだけでなく、常にオーストリアの手続法も適用される仕組みになっている。また、当事者が、別段の合意をしていないときは、仲裁廷は、自らが適切であると認める仲裁地において手続を全部または一部実施することができる（595条2項）。

(2) また、裁判所の活動範囲として、裁判所の介入権限を、本仲裁法に規定している事項に限って認めることとしている（578条）。

(3) 579条――モデル法4条およびドイツ民訴法1027条に依拠している――は、任意規定または当事者の合意に反する仲裁廷の手続法違背に対する責問権（責問義務）について、新たに規定した重要条文である。そうした手続法違背について、当事者がこれを知った後遅滞なく（または規定されている期間内に）異議を述べないときには、もはや事後にこれを主張することはできないとしている点に特徴がある。

(4) 書面による通知の受領に関しては、580条――モデル法3条およびドイツ民訴法1028条を模範としている――が、第一次的に「名宛人に対する交付(persönliche Übergabe)」を、また、補充的に受領者の領域への到達を規定している。オーストリア送達法に従っており、模範としたモデル法3条やドイツ民訴法1028条よりも厳格である。すなわち、受領者または受領権限を有する者が、送達者が適切な調査をしたにもかかわらず明らかにならなかった常居所にいる場合には、仲裁合意の締結の際に通知されまたはその後に相手方もしくは仲裁廷に通知された住所に宛ててした通知は、こうした受領者が「仲裁手続を知っていること」を要件として、受領されたものとみなす、との「到達の擬制」を規定している（同条2項）。

Ⅳ　仲裁合意

1　仲裁合意（581条）と仲裁適格（582条）

(1)　仲裁合意の定義規定である581条は、モデル法7条およびドイツ民訴法1029条に相当するものである。有効な仲裁合意の存在は、仲裁廷の権限を基礎づける要件である。原則として当事者間の合意によるが、例えば懸賞広告のように、当事者の合意に基づかない法律行為による場合もある。

(2)　請求権の客観的仲裁適格についてモデル法には規定はないが、582条は、ドイツ民訴法1030条に倣って新たに規定を設けた。すなわち、原則として、通常裁判所に係属するすべての財産法上の請求権が仲裁合意の対象となりうるとしている。旧法では、仲裁適格の存否は、紛争の対象に関して当事者が和解を締結することができるか否かにより決められていたが、新法では、こうした基準は非財産法上の請求権についてのみ維持されている。

他方、家族法上の請求権（未成年者の扶養料請求権が典型）および主として住居法上の事件については、国家の権利保護の独占領域として、仲裁手続の適用範囲から除かれている。家族法上の請求権については、従来から、主として国家の権利保護の独占領域として認められてきたものである。

また、住居法上の事件については、これを規律する法規が強行規定に属していて、事前に紛争解決に関する当事者の処分権を認めることはこうした強行規定の性質に抵触することになるからである。その上、使用賃貸借法39条に基づく調停手続があるため、仲裁手続の必要性も存しない[6]。

(3)　このほかに、一般条項において、紛争を仲裁手続に付すことを許さない

6）　Regierungsvorlage, S.8.

または一定の要件の下でのみ仲裁手続に付すことを許す旨を規定している場合がある[7]。例えば、労働・社会裁判所法9条2項に基づいて、共同労働法の領域や社会法上の事件における仲裁合意は無効とされている。

なお、消費者については、617条に規定があり、「企業と消費者との間の仲裁合意は、それが紛争の発生後に締結されたものに限り有効となり得る。」(1項) としている。

2 合意の方式 (583条)

(1) 仲裁合意は、原則として書面で締結されなければならない。583条1項は、当事者が署名した書面によるという通常の場合と並んで、当事者間で交換された書面、テレファックス、Eメールまたはその他の報告通知によることも認めているが、これらの場合には、合意の証明を確実に行うことができるものでなければばならない。また、同条2項によれば、1項の方式要件を満たす契約が、仲裁合意を伴っている別の書面を援用し、かつ、仲裁合意が契約の構成要素とされている場合も、仲裁合意として認められる。これによって、普通取引約款、契約書式またはモデル契約書中に記載されている仲裁合意も有効であることが明確化された。

(2) このように、一般的には方式要件の緩和の方向が推し進められたが、アンシトラル・モデル法やドイツ民訴法1031条1項・3項の枠を超えるものにはならなかった。すなわち、LBI草案583条では、仲裁合意の書面方式 (Schriftform) は、「電磁的、光学的又はこれ以外のデータ処理方法といった、あらゆる種類の記録によって充足されるため、署名を必要とすべきではない」ということが意図されていたが、こうした方式要件の緩和は実現しなかった。もちろん、立法のこうした消極的姿勢に対しては、十分な根拠がないのに方式要件の不備をあげつらい、仲裁手続に服することを拒もうとする濫用を助長する結果になる、との批判が述べられている。

(3) また、新法は、仲裁合意の方式の瑕疵は、当事者が遅くとも本案に応答するまでに異議を述べないときには治癒される、としている (583条3項、ドイ

7) Regierungsvorlage, S.8 ff.

ツ民訴法1031条6項)。これは、すでに開始されたまたは終結した仲裁手続が、特に不利な判断を受ける可能性のある当事者から、事後に方式の無効を理由として効力を争われることを防ぐことを目的としており、仲裁手続の経済性や仲裁手続の信頼を維持するという観点から、評価されている。

3 代理の方式

仲裁合意を締結する際の「代理の方式」に関しては、議論が多い。実務では、仲裁合意の締結について、基本となる法律行為について要求されるより以上の厳格な方式を規定すべきではない、という主張がなされていた。しかし他方で、オーストリア民法1008条は、仲裁契約の締結には書面による個別代理(schriftliche Spezialvollmacht)を必要とする旨を規定しており、これとの緊張関係が特に問題とされていた。このような国際的に通用しない要件が、仲裁合意の無効をもたらす主たる原因の1つであったからである。そのため、商法の改正法律(Handelsrechts-Änderungsgesetz)に基づいて2007年1月1日に施行された企業法典(Unternehmensgesetzbuch)の49条1項(支配権に関する規定)および54条1項(商事代理権に関する規定)において、企業によって授権された商事代理権は、当該仲裁合意の締結に関する代理権について疑義がある場合には、これをも包含するものとすると規定した。したがって、企業が営業活動をするために代理権を授与している場合は、仲裁契約の締結について、書面によることも、特別代理によることも必要ではなくなった。また、これによって、オーストリアの仲裁廷における国際的な経済紛争について、従来の問題は満足のいくかたちで解消されることとなった[8)]。

4 仲裁廷と国家の裁判所との関係(584条)

これについては、旧法と同じように規律されているが、新たに詳しく規定された留意点がある。まず、通常裁判権を排除する「仲裁係属」(584条3項)を導入した点である。すなわち、仲裁係属があるにもかかわらず、裁判所に訴えが提起されたときには、この訴えは、却下しなければならない。通常裁判権は、

8) もっとも、企業法典の企業概念に含まれない法人については依然として民法1008条が適用される点は問題として残されている。Vgl. Rechberger, a.a.O., S.269.

仲裁手続において、仲裁廷に権限のない旨の抗弁が適時に――すなわち、592条2項に従い遅くても本案に応答するまでに――提出されたが、仲裁廷の判断が適切な期間内になされていない場合に限って、認められることになる。したがって、ドイツ民訴法1032条2項と異なり、仲裁廷の権限について予防的に確認をする制度は存しない。他方、ドイツ民訴法1032条3項と同様に、裁判所にすでに手続が係属している場合であっても、仲裁手続が開始される可能性は存する。

〈参考条文〉

第581条（定義）

① 仲裁合意とは、当事者間において契約上の又は契約以外の特定の法律関係について生じ又は将来生ずる、すべての又は個別の紛争について、仲裁廷による判断に服する旨の当事者の合意をいう。仲裁合意は、独立した合意の方式又は契約中の条項の方式により締結することができる。

② 本章の規定は、終意処分による法律行為若しくはこれ以外の当事者の合意に基づかない法律行為により又は定款により適法に規律される仲裁廷に対しても、これを準用する。

第582条（仲裁適格）

① 通常裁判所により裁判すべきすべての財産法上の請求については、これを仲裁合意の対象とすることができる。非財産法上の請求に関する仲裁合意については、当事者が紛争の対象について和解を締結することができるものである限り、法的効果を有する。

② 家族法上の請求、並びに、一部分であっても使用賃貸借法又は共同住居使用法に服する契約から生ずるあらゆる請求であって、これらの契約の合意、存続、解除及び法的規律に関する紛争をも含むもの、及び住居所有権法上のあらゆる請求に関しては、これを仲裁合意の対象とすることはできない。本章以外の法規であって、紛争を仲裁手続に服させることを許さず又は特定の要件の下でのみ服させるとする法規については、そこなわれない。

第583条（仲裁合意の方式）

① 仲裁合意は、当事者によって署名された書面により、又は当事者間で交換された書面、テレファックス、Eメール若しくはその他の報告通知であって、合意の証明を確保するものにより、行わなければならない。

② 第1項の方式要件に即した契約が、仲裁合意を含む書面を援用しているときは、仲裁合意を契約の構成要素とする旨がこの援用から明らかである場合には、

これによって仲裁合意は成立するものとする。

③　仲裁合意の方式の瑕疵は、それが遅くても仲裁手続への関与と同時に責問されない場合には、仲裁手続において本案に関与したことによって治癒される。

第584条（仲裁合意と裁判所への訴え）

①　仲裁合意の対象とされている事件について裁判所に訴えが提起されたとしても、被告が異議を述べずに本案について申立て又は口頭弁論を行わない限りは、裁判所は、その訴えを却下しなければならない。ただし、裁判所が、仲裁合意が存在しないこと又はこれが実行不可能であることを確定したときは、この限りでない。こうした手続がなお裁判所に係属しているときであっても、仲裁手続を開始し又は実施し、仲裁判断をすることができる。

②　仲裁廷が、紛争の対象について仲裁合意が存在しないこと又は実行不可能であることを理由として、自己の権限を否定するときは、裁判所は、仲裁廷が事件について権限を有することを理由として、その事件に関する訴えを却下することはできない。裁判所に対する訴えの提起によって、第611条に基づいて仲裁廷が自己に権限がないとした判断の取消しを求める訴えを提起する原告の権利は消滅する。

③　仲裁手続が係属するときは、裁判所又は仲裁廷において主張された請求についてさらに争訟を行うことは許されない。同一の請求を理由として提起された訴えは却下しなければならない。ただし、仲裁廷に権限がないことについて、遅くとも本案への関与と同時に異議を述べたが、これに関する仲裁廷の判断を適当な期間内に得られなかった場合には、この限りでない。

④　裁判所への訴えが仲裁廷に権限があるとの理由により却下され、仲裁廷への申立てが裁判所若しくは他の仲裁廷に権限があるとの理由により却下され、又は仲裁判断の取消手続において仲裁廷に権限がなかったとの理由により仲裁判断が取り消されたときは、裁判所又は仲裁廷に対して遅滞なく訴え又は申立てがなされたときに、その手続は、適法な手続として続行しているものとみなされる。

⑤　手続に先立つ時点において仲裁合意が存在すると主張する当事者は、事後において仲裁合意が存在しないと主張することはもはやできない。ただし、基準時における事情が事後に変更した場合はこの限りでない。

第585条（仲裁合意と裁判所の暫定措置）

当事者が仲裁手続に先立って又は仲裁手続中で裁判所に暫定的若しくは保全的措置を申し立て、又は裁判所がそうした措置を命ずることは、仲裁合意に抵触しない。

V　仲裁廷の権限

仲裁廷の自己の管轄に関する決定権限（592条）と仲裁廷による暫定措置・保全措置（593条）の2つが規定されている。特に、後者の詳細に関しては、筆者の別稿（第10章）をご参照願うこととし、要点を指摘するにとどめたい。

1　仲裁廷の自己の管轄に関する決定（592条）

(1)　592条1項によれば、仲裁廷は、自己の管轄について自ら判断する権限を有する（Kompetenz-Kompetenz）。この場合、仲裁廷の管轄については、本案において判断することもできるし、また、独立した仲裁判断において判断することもできる。もっとも、611条による仲裁判断の取消後に責任問題を生ずるので、費用の嵩む仲裁手続の追行に先立って管轄権の存否を解明する方が、当事者および仲裁人の双方のためになる。

(2)　仲裁廷に管轄権がないとの抗弁は、遅くとも、本案に関する最初の弁論と同時に提出しなければならない。また、事件が仲裁廷の権限を越えるものであるとの抗弁は、本案の申立てがあったときに直ちに提出しなければならない。いずれの場合においても、時機に後れた抗弁の提出は認められない。ただし、当事者の懈怠について十分な弁明があったと仲裁廷が納得した場合には、改めて手続は実施される（同条2項）。

なお、仲裁廷が自己の管轄を肯定した仲裁判断の取消しを求める訴えが裁判所において係属していても、仲裁廷は、仲裁手続を続行し、仲裁判断を言い渡すことができる（同条3項）。

2　暫定措置・保全措置（593条）

(1)　オーストリア法においては、従来は、もっぱら裁判所のみが、一方の当事者の申立てに基づいて相手方当事者に対して暫定措置または保全措置を命ずることが可能であった。しかしながら、新法の施行によって、こうした権限は仲裁廷にも認められることとなり（593条）、仲裁廷による暫定措置・保全措置は、裁判所による広範な仮の権利保護を補完する機能を有することとなった。多くの他の仲裁法規と同様に、593条もまた任意規定である。こうした暫定措置・保全措置については、詳細な定義づけは存せず、仲裁廷に固有の判断であって、仲裁判断やこれ以外の仲裁廷の処分とは区別される、仲裁廷に固有の判断形式である。

(2) 発令要件としては、①仲裁廷が構成されていること、②一方の当事者から暫定措置・保全措置の申立てがあること、③こうした措置が第三者を名宛人とするものでないこと、④相手方当事者の審尋を必要とすること（ex parte-Maßnahme は認められない。）、⑤こうした措置をとることが係争物との関係において必要であると仲裁廷が認めること（場合によっては担保の提供に係らしめる（593条1項）。）、⑥仲裁廷による命令が書面でなされ、かつ、それぞれの当事者に送達されること、が必要である（同条2項）。また、特に、⑤については、暫定措置・保全措置をとらないと請求権の実現が妨げられるまたは著しく困難になるおそれがある場合が、これに当たる。

(3) 暫定措置・保全措置の内容は多様であり、例えば、将来の執行を保全する措置、法律関係を暫定的に規律する措置、作為もしくは不作為を暫定的に認める旨の宣言、仲裁手続中に主張されている請求権を仮執行する措置のほか、暫定的支払いといった措置が、これに当たる。このほか、学説では、証拠保全や文書提出の命令といった、手続の実施を確保することのみを目的とする措置も含まれると解している。

(4) 他方、暫定措置・保全措置の執行については、国家の区裁判所（Bezirksgericht）の権限とされている（593条3項）。保全措置がオーストリア法に規定のないものである場合には、裁判所は、申立てに基づいて相手方を審尋した後に、仲裁廷の措置に最も近似する保全措置を執行することができる。特定の事由（同条4項）が存する場合には、裁判所は、暫定措置・保全措置の執行を拒否しなければならない。また、裁判所は、暫定措置・保全措置の執行に関して裁判するに先立って申立人の相手方を審尋することができる（同条5項）。このほか、裁判所による執行の取消要件が規定されている（同条6項）。

VI　仲裁手続

1　手続原則（594条）

仲裁手続を規律している第5節の諸規定は、基本的に、モデル法18条以下およびドイツ民訴法1042条以下の規定に則したものである。まず、594条1項が当事者に手続形成を委ねている点を特徴の1つとして指摘できる。そうでない場合および法律に規定が存しない場合に限って、仲裁廷による自由な手続形成の余地が認められている。最も有意義な手続原則として、594条2項は、「当事者の公平な扱い」および「法的審問」を規定しており、これらはヨーロッパ人権条約6条に相応するものである。また、同3項は、自分が選択した代理人による手続の代理を認めている。こうした手続原則に違反する場合には、いずれにせよ手続法上の公序を侵害することになる。

2　手続の実施（597条・598条）および証拠調べ（599条）ならびに当事者の懈怠（600条）

(1)　597条は、ドイツ民訴法1047条におけるのと同様、仲裁の申立ておよびこれに対する答弁に関して内容的な要件を定めており、訴えに関するオーストリア民訴法226条に相当する。仲裁手続における仲裁の申立ての変更および補充に関しては、当事者が別段の合意をしておらず、かつ、仲裁廷が遅延を理由に却下していない限り、認めることとしている。また、当事者は、申立てまたは答弁段階からすでに、重要と考えるすべての証拠方法を提出し、利用しようとするこれ以外の証拠方法を示すことができる。

仲裁廷は、当事者が別段の合意をしていないときは、口頭弁論を行うか書面手続によるかについて判断するが（598条）、当事者の申立てがあった場合には口頭弁論を行わなければならない。

(2)　特徴の第2は、仲裁廷が、証拠調べの許容性に関して裁判し、証拠調べを実施し、かつその結果を自由に評価する権限を有する旨を規定しており（599条1項）、強行規定である点にある。また、601条は、モデル法26条およびドイツ民訴法1049条に依拠した規定であり、仲裁廷は、鑑定人を選任し、鑑定に必要な情報等の提供を当事者に求めることができる。もっとも、当事者は、仲裁人と同様に、鑑定人についても忌避できるとしている点においては、モデル法を超えており、ドイツ民訴法 1049 条 3 項の規律に則している。

なお、仲裁廷による鑑定人の選任については、後掲 601 条参照。

(3) 当事者による手続行為の懈怠に関しては、当事者が合意しまたは仲裁廷が定めた期間内に申立人が何らの申立てもしなかった場合には、仲裁廷は手続を終結することとしている（600 条 1 項）。こうした規律は、モデル法 25 条やドイツ民訴法 1048 条 4 項とは異なっており、仲裁廷が懈怠について十分な弁明があったとの心証をいだいたときに認められるとの意味における、懈怠した弁論の追完の余地は申立人に与えられていない。仲裁廷に対して、弁明事由の調査の負担を取り除く趣旨に基づいている。また、仮に懈怠を理由に手続を終結したとしても、申立人は改めて仲裁手続の申立てをすることは可能であり、最終的な権利保護の途を閉ざすことにはならない。

相手方が適時に対応しなかったとしても、仲裁廷は手続を続行する。しかし、懈怠を理由に、申立人の主張を真実であるとみなすことはできず、この点はオーストリア民訴法 396 条（第一回期日における欠席判決）とは異なる。その他の手続行為について一方の当事者が懈怠した場合には、仲裁廷は手続を続行することができ、かつ、実施した証拠調べに基づいて仲裁判断をすることができる。十分な弁明があったときには、懈怠した手続行為の追完は可能である（600 条 2 項）。これらの規定は任意規定であるため、当事者は、懈怠の効果として仲裁判断をすることができる旨を合意することも可能である。

〈参考条文〉

第 594 条（原則）

① 本章の強行規定を除き、当事者は、手続について自由に合意を形成することができる。またその際、当事者は、手続規則を援用することができる。そのような合意がない場合には、仲裁廷は、本節の規定に従い自由な裁量により手続を行わなければならない。

② 当事者は公平に扱われなければならない。それぞれの当事者には法的審問を保障しなければならない。

③ 当事者は自らが選択した者に代理させ又は協議させることができる。この権利については、排除又は制限することができない。

④ 仲裁人が、選任によって負った義務を履行せず又は適時に履行しなかったと

きは、当事者に対して、自らの責めに帰すべき拒絶又は遅延によって生じた損害のすべてについて責めを負う。

第 595 条（仲裁廷の住所）（省略）

第 596 条（手続言語）（省略）

第 597 条（申立て及び答弁）

① 当事者が合意し又は仲裁廷が定めた期間内に、申立人は、自らの要求をし、かつ、請求を基礎づける事実を主張しなければならず、また、相手方は、これについて答弁しなければならない。当事者は、自己にとって重要と考えるすべての証拠方法を提出し又は自ら利用しようと考えるこれ以外の証拠方法を示すことができる。

② 当事者が別段の合意をしていないときは、両当事者は、手続の過程においてその申立て又は主張を変更し又は補充することができる。ただし、仲裁廷が時機に後れたことを理由にこれを許さない場合は除く。

第 598 条（審問及び書面手続）

当事者が別段の合意をしていないときは、仲裁廷は、口頭弁論を実施すべきか否か、又は手続を書面により実施すべきか否かについて決定する。当事者が口頭弁論を排除していないときは、仲裁廷は、一方の当事者の申立てに基づいて、口頭弁論を手続の適切な段階で実施しなければならない。

第 599 条（証拠調べの手続）

① 仲裁廷は、証拠調べの許容性について判断し、証拠調べを実施し、かつ、その結果を自由に評価する権限を有する。

② 当事者は、すべての弁論及び証拠調べのための仲裁廷における会合について、適時に通知を受けるべきものとする。

③ 当事者によって仲裁廷に提出されたすべての書面、書類及びその他の報告書については、相手方当事者に知らせなければならない。仲裁廷がその判断の際に依拠することのできる鑑定及びその他の証拠方法については、両当事者に知らせなければならない。

第 600 条（手続行為の懈怠）

① 申立人が第 597 条第 1 項に基づく申立てを懈怠するときは、仲裁廷は手続を終結する。

② 相手方が第 597 条第 1 項に基づいて合意し又は設定された期間内に答弁することを懈怠するときは、仲裁廷は、当事者が別段の合意をしていない場合、懈

怠のみを理由として申立人の主張を真実とみなすことをせずに手続を続行する。当事者がこれ以外の手続行為を懈怠するときも同様とする。仲裁廷は、手続を続行し、取り調べた証拠に基づいて判断することができる。仲裁廷が懈怠について十分な弁明があったとの心証をいだくときは、懈怠した弁論について追完することができる。

第 601 条（仲裁廷によって選任された鑑定人）

① 当事者が別段の合意をしていないときは、仲裁廷は、

1 仲裁廷が確定した特定の問題について鑑定を実施するために、1 人又は複数人の鑑定人を選任することができる。

2 当事者に対しては、鑑定人に事実に即した情報を提供し、又は手続上重要なすべての書類若しくは物を調査し又は補充することを求めることができる。

② 当事者が別段の合意をしていないときは、鑑定人は、一方の当事者が申し立てる又は仲裁廷が必要とみなすときは、鑑定を実施するために口頭弁論に出席しなければならない。弁論において、当事者は、鑑定人に問いを発し、争いのある問題について自己の鑑定人に供述させることができる。

③ 仲裁廷によって選任された鑑定人に対しては、第 588 条並びに第 589 条第 1 項及び第 2 項（仲裁人の忌避事由及び忌避の手続――訳者）を準用する。

④ 当事者が別段の合意をしていないときは、いずれの当事者も自己の鑑定人を申し出る権利を有する。第 2 項を準用する。

第 602 条（裁判所の援助）（省略）

Ⅶ 仲裁判断と仲裁手続の終了

1 適用すべき法（603 条）

仲裁判断について適用すべき法を規定した 603 条は、モデル法 28 条 1 項から 3 項までの規定およびドイツ民訴法 1051 条に従ったものである。ここでも、当事者の処分自由の原則が働いている。また、事後の手続における不明瞭性をできる限り避けるよう、仲裁合意の段階で可能な限り一義的な内容の合意をしておくことが望まれる。すなわち、特定の国の法規の合意は、その国の実体法を直接に指定したものであって、その国の抵触法を指定したものと解してはならない旨が規定されている。当事者の合意がないときは、仲裁廷が適切であると認める法規を適用しなければならない（同条 2 項）。ドイツ民訴法 1051 条 2 項は（スイス国際私法法律 187 条 1 項も）、手続の対象が最も密接に関係している国

の実質法を適用しなければならないとしているが、これとは明らかに異なっている。むしろ、ここでは、フランス民訴法1496条1項に則している。この点について、立法者は、純粋な国内事件以外は、仲裁手続の性質上、事件を1つの特定の法秩序に帰属せしめることは不可能であり、いかなる仲裁廷もそれ自身1つの法秩序に属する存在ではないからである、と説明している。法選択に関する仲裁廷の広範な自由は、積極的に評価されており、これに伴う危険性があるとはいえ、雑多な抵触法の複雑な拘束なくして個別事案に即した紛争解決作業を可能にするものと考えられている。

なお、衡平に従った判断は、明示的な当事者の授権がある場合に限り仲裁廷に認められている（同条3項）。

2　仲裁人の合議体による判断（604条）

604条は、仲裁人の合議体による判断について規定しており、特に、604条2号は、モデル法には存しないものであり、1人または複数人の仲裁人が正当な理由なく評決に参加しない場合にはその他の仲裁人が判断できるとしている。これによって、「切り詰められた法廷（truncated tribunal）」の問題は解消でき、仲裁廷の閉鎖を回避することができる。

なお、606条は仲裁判断の形式および内容について詳細に規定しており、604条とともに、条文の仮訳によって内容を知ることができるので、省略する。また、607条は、仲裁判断の効力を規定している。

3　和解（605条）

和解については、仲裁廷における和解と合意文言を記載した仲裁判断の形式による和解とに区別されている（605条1号および2号）。和解の要件としては、仲裁手続の過程において当事者が和解適格のある対象について合意し、かつ、仲裁廷に対して和解の調書作成を求めまたは合意文言を記載した仲裁判断の形式を踏むことを求めることである。いずれの場合においても、和解の内容がオーストリアの法秩序の基本原則に反することは許されない。合意文言を記載した仲裁判断の形式による和解には、通常の仲裁判断と同様に執行力があるが、他方、仲裁廷による和解については国によっては承認・執行されないおそれがあるため、前者を用いる利点がある。またさらに、前者については、仲裁判断の形式を踏んでいるため、取消しの訴えによって不服申立てが可能であるという点も指摘しておく必要があろう[9]。

4 仲裁手続の終了（608条）

仲裁手続は、仲裁判断が言い渡された場合または和解が締結された場合のほかに、608条2項により仲裁廷の決定があった場合にも終了する。すなわち、申立人が主張を怠る場合（2項1号）、申立人が申立てを取り下げた場合（2号）、当事者が手続の終了を合意し、仲裁廷に通知した場合（3号）、手続の続行が不可能となった場合——例えば仲裁廷が手続の追行を書面で促したにもかかわらず当事者がこれに応じない場合——（4号）には、仲裁廷は手続の終了を決定する。

〈参考条文〉

第603条（適用すべき法）

① 仲裁廷は、紛争について、当事者によって合意された法規又は法規則に従い判断しなければならない。特定の国の法又は法規の合意は、当事者が明示的に別段の合意をしていない限り、その国の実体法を直接に指定したものであり、その国の抵触法を指定したものではない、と解釈しなければならない。

② 当事者が、適用すべき法規又は法規則を定めなかったときは、仲裁廷は、自らが適切であるとみなす法規を適用しなければならない。

③ 仲裁廷は、当事者が明示的に授権している場合に限り、衡平に従い判断しなければならない。

第604条（仲裁人の合議体による仲裁判断）

① 当事者が別段の合意をしていないときは、以下に掲げるものとする。

1 2人以上の仲裁人の仲裁廷においては、仲裁廷のすべての判断は過半数によらなければならない。手続問題については、当事者又は仲裁廷の全構成員が授権しているときは、仲裁廷長が単独で判断することができる。

2 1人又は複数人の仲裁人が正当な理由なく評決に参加しないときは、この者を除く他の仲裁人が判断することができる。この場合においても、必要とされる過半数は、参加仲裁人及び不参加仲裁人の総数に基づくものとする。仲裁判断に関する評決について、評決に参加しない仲裁人がいることについて

9） Regierungsvorlage, S.23.

は、当事者にあらかじめ通知しなければならない。その他の判断については、当事者に対して評決への不参加について事後に通知しなければならない。

第605条（和解）

① 当事者が、仲裁手続において紛争に関して和解し、かつ、紛争の対象に関して和解を締結する権限を有しているときは、以下の申立てをすることができる。

1 和解の内容がオーストリアの法秩序の基本原則に反しない限り、仲裁廷が和解の調書を作成すること。和解調書は、当事者及び仲裁廷長による署名で足りる。

2 和解の内容がオーストリアの法秩序の基本原則に反しない限り、仲裁廷が、合意された文言による仲裁判断の形式において和解を確定すること。こうした仲裁判断については、第606条に従い言い渡されなければならない。こうした仲裁判断は、本案の仲裁判断と同様の効果を有する。

第606条（仲裁判断）

① 仲裁判断は、書面により作成し、かつ、1人又は複数人の仲裁人がこれに署名しなければならない。当事者が別段の合意をしていないときは、2人以上の仲裁手続においては、仲裁廷のすべての構成員の過半数の署名で足りる。ただし、仲裁廷長又は他の仲裁人が、署名を欠いている理由を記載するものとする。

② 当事者が別段の合意をしていないときは、仲裁判断には理由を記載しなければならない。

③ 仲裁判断には、言渡日、及び第595条第1項に定める仲裁廷の住所を記載しなければならない。仲裁判断は、言渡日に仲裁廷の住所において言い渡されたものとみなす。

④ いずれの当事者に対しても、第1項による仲裁人の署名のある仲裁判断の正本を送付しなければならない。

⑤ 仲裁判断及びその送達に関する文書は、当事者及び仲裁人に共通の文書とする。仲裁廷は、仲裁判断及びその送達に関する文書の保管について当事者と協議しなければならない。

⑥ 仲裁廷長、又はこの者に支障があるときは他の1人の仲裁人が、当事者の求めに基づき、仲裁判断の確定力及び執行力を仲裁判断の正本に付与しなければならない。

⑦ 仲裁判断の言渡しによって、その基礎となった仲裁合意は効力を失う。

第607条（仲裁判断の効力）

仲裁判断は、当事者間で裁判所の確定判決の効力を有する。

第608条（仲裁手続の終了）

① 仲裁手続は、本案の仲裁判断、仲裁廷の和解及び第2項による仲裁廷の決定によって終了する。
② 仲裁廷は、以下の場合に仲裁手続を終了しなければならない。
 1 申立人が第597条第1項により申立てを提起することを怠っているとき。
 2 申立人がその申立てを取り下げたとき。ただし、相手方が申立てに応答し、かつ、仲裁廷が紛争の終局的解決について相手方に正当な利益があると認めるときは除く。
 3 当事者が手続の終了を合意し、かつ、これを仲裁廷に通知したとき。
 4 手続の続行が不可能になったとき、特に、仲裁廷が仲裁手続の終了の可能性を指摘した書面により要請したにもかかわらず、手続において従前活動していた当事者が仲裁手続をもはや進行させないとき。
③ 第606条第4項から第6項までの規定、第609条第5項及び第610条並びに命じられた暫定措置又は保全措置の取消しを義務づける場合を除き、仲裁廷の職務は、仲裁手続の終了によって終了する。

Ⅷ むすび

以上のように、オーストリア新仲裁法は、本章において取り扱った部分に限っただけでも、その内容が多岐にわたり、また、各個の条文も、旧法に比較すると格段に詳細な規定になっている。本章は、その全体像を紹介する過程において、個別問題にも言及することによって、わが国の仲裁法の解釈問題について示唆を得たいとの考えに端を発したものである。

仲裁法に関しては、アンシトラル・モデル法に則した各国の立法努力を通じて、一般的には、それぞれの国の事情を反映しながらも、比較的等質的なあるいは均一的な立法がなされていると評価できるであろう。しかしながら、具体的な問題に焦点を絞ってみると、事情はやや異なり、いわんや細部については、本章で眺めたように、差異は微妙なものにとどまらないといえよう。それゆえ、今後も、比較法の重要性は勝るとも劣らないであろうし、特に国際仲裁の領域における具体的な解釈問題を論じる上では、オーストリア新仲裁法の検討は不可欠であろう。すでに述べたように、同法は、とりわけ最新の立法作業を視野に入れて制定されたものであり、その内容を十分に把握するための地道な作業を継続することが、わが国の仲裁法の解釈にとっても有意義であると考えるからである。

本章では、いくつかの主要な問題について検討したにとどまり、これ以外にも俎上に載せるべき多くの重要な問題については、他日を期すことにせざるをえない。具体的には、「仲裁廷の構成」、「仲裁判断に対する不服申立て」、「外国仲裁判断の承認および執行」および「裁判所の手続」等々、枚挙に暇がない。今後、機会を捉えて、こうした部分の検討も試みることとし、筆を擱くこととする。

初出一覧

本書に収録した各章の初出については下記の通りである。第3章については書き下ろし、第6章については大幅に加筆しているほか、他章についても本書収録に際して加筆修正を施している。また、第1章および第5章には「補論」を付し、初出後の文献についても、できる限り追加した。

第1章　民事裁判における秘密保護の新たな展開
——ドイツ法における模索とわが法への示唆
：判例タイムズ1343号（判例タイムズ社、2011年）64-85頁（原題「インカメラ手続による秘密保護の新たな展開——ドイツ法における模索とわが法への示唆」）

第2章　ドイツにおける行政庁の文書提出義務とその審理
——行政裁判所法におけるインカメラ手続を中心として
：法学研究83巻1号（慶應義塾大学法学研究会、2010年）183-209頁

第3章　スイス連邦民事訴訟法における証拠調べと秘密保護をめぐる規律
——証拠調べにおける協力義務と秘密保護との交錯
：書下ろし

第4章　独立証拠手続の機能
——判例からみた「訴訟前の解明に係る法的利益」
：河野正憲先生古稀祝賀『民事手続法の比較法的・歴史的研究』（慈学社出版、2014年）45-73頁所収（原題「独立証拠手続の最前線——判例からみた「訴訟前の解明に係る法的利益」」）

第5章　医師責任訴訟における法律上の推定規定の意義
——ドイツ民法630h条の推定規定を契機として

:栂善夫先生・遠藤賢治先生古稀祝賀『民事手続における法と実践』(成文堂、2014 年) 395-434 頁所収

第 6 章　弁護士責任訴訟における証明問題への対応
——ドイツ連邦通常裁判所の判例に則して
: 伊藤眞先生古稀祝賀論文集『民事手続の現代的使命』(有斐閣、2015 年) 183-210 頁を元に大幅に加筆

第 7 章　証拠法の国際調和
——現在の試みと将来に向けた試み
: 民事訴訟雑誌 55 号 (日本民事訴訟法学会、2009 年) 1-27 頁

第 8 章　欧州連合 (EU) における民事手続法の基本構造
——全体の枠組みと各規則の要点
:『欧州連合 (EU) 民事手続法 (法務資料 464 号)』(法務省大臣官房司法法制部、2015 年) 1-45 頁所収

第 9 章　欧州連合 (EU) における民事司法の最前線
——EU 証拠規則をめぐる EU 裁判所の先決裁定
: 石川明・三木浩一編『民事手続法の現代的機能』(信山社、2014 年) 519-539 頁所収

第10章　ドイツ仲裁法とその波及
——暫定措置・保全措置をめぐるオーストリア新仲裁法との比較
: 仲裁と ADR 2 号 (仲裁 ADR 法学会、2007 年) 1-15 頁

第11章　「オーストリア新仲裁法」について
: 井上治典先生追悼論文集『民事紛争と手続理論の現在』(法律文化社、2008 年) 601-625 頁所収

事項索引

ア行

カ行

サ行

タ行

ナ・ハ行

マ・ヤ・ラ行

欧文

判例索引

ドイツ

スイス

EU

日本

条文索引（参考条文として記載したもの）

ドイツ

スイス

オーストリア

EU・IBA

春日 偉知郎（かすが いちろう）
関西大学大学院法務研究科教授。
前慶應義塾大学大学院法務研究科教授。筑波大学名誉教授。
専門：民事訴訟法・国際民事手続法。
1949年新潟県上越市にて出生。1977年一橋大学大学院法学研究科博士課程単位取得退学。博士（法学）（一橋大学）。その後、獨協大学法学部専任講師、同助教授を経て、1983年筑波大学社会科学系助教授、1992年同教授。2004年慶應義塾大学大学院法務研究科（法科大学院）教授。2014年4月から関西大学大学院法務研究科（法科大学院）教授。
司法試験考査委員（民事訴訟法担当、1995-2004年）、内閣司法制度改革推進本部労働検討会委員（2001-2004年）、厚生労働省中央労働委員会公益委員（2008-2013年）などを歴任。

主要著書として、
『民事証拠法研究――証拠の収集・提出と証明責任』（有斐閣、1991年）
『民事証拠法論集――情報開示・証拠収集と事案の解明』（有斐閣、1995年）
『民事証拠法論――民事裁判における事案解明』（商事法務、2009年）ほか。

比較民事手続法研究
――実効的権利保護のあり方

2016年6月30日　初版第1刷発行

著　者――――春日偉知郎
発行者――――古屋正博
発行所――――慶應義塾大学出版会株式会社
〒108-8346　東京都港区三田2-19-30
ＴＥＬ〔編集部〕03-3451-0931
〔営業部〕03-3451-3584〈ご注文〉
〔　〃　〕03-3451-6926
ＦＡＸ〔営業部〕03-3451-3122
振替 00190-8-155497
http://www.keio-up.co.jp/
装　丁――――鈴木　衛
印刷・製本――萩原印刷株式会社
カバー印刷――株式会社太平印刷社

Printed in Japan ISBN978-4-7664-2347-1